95,-

Tertiärisierungsdefizite im Industrieland Bundesrepublik Deutschland
Nachweis und politische Konsequenzen

Sozialökonomische Schriften

Herausgegeben von Bert Rürup

Band 5

PETER LANG
Frankfurt am Main · Bern · New York · Paris

Reinhard Grünewald

Tertiärisierungsdefizite im Industrieland Bundesrepublik Deutschland

Nachweis und politische Konsequenzen

PETER LANG
Frankfurt am Main · Bern · New York · Paris

Die Deutsche Bibliothek - CIP-Einheitsaufnahme

Grünewald, Reinhard:

Tertiärisierungsdefizite im Industrieland Bundesrepublik Deutschland : Nachweis und politische Konsequenzen / Reinhard Grünewald. - Frankfurt am Main ; Bern ; New York ; Paris : Lang, 1992
(Sozialökonomische Schriften ; Bd. 5)
Zugl.: Darmstadt, Techn. Hochsch., Diss., 1990
ISBN 3-631-44433-8

NE: GT

D 17
ISSN 0172-1747
ISBN 3-631-44433-8

Printed in Germany 1 2 3 4 6 7

Geleitwort

Die vorliegende Arbeit ist die leicht gekürzte Fassung einer Dissertation, die in den Jahren 1986-1989 vor dem Hintergrund der ökonomischen und gesellschaftlichen Rahmenbedingungen in den 11 alten Bundesländern *vor* der Vereinigung der beiden Teile Deutschlands erarbeitet wurde, und die insofern nur den gesellschaftlichen Diskussionsstand der *damaligen* Zeit und nur die Verhältnisse in den *alten* Bundesländern widerspiegeln kann. Es wurden ganz bewußt keine wesentlichen inhaltlichen Veränderungen vorgenommen, da zum einen der gesamte Text dann sehr leicht seinen inneren gedanklichen Duktus verloren hätte. Zum anderen ist aber auch die Datenlage für die neuen Bundesländer in weiten Bereichen der behandelten Themen selbst gegenwärtig noch immer zu lückenhaft, um valide Aussagen zu ermöglichen.

Vor dem Hintergrund der anhaltenden Beschäftigungsdefizite in der früheren Bundesrepublik einerseits und hoher Beschäftigungsgewinne anderer Industrienationen in den siebziger und achtziger Jahren im Dienstleistungssektor andererseits war es die zentrale Intention der Untersuchung zu verdeutlichen, daß die Bundesrepublik Deutschland zwar im Vergleich zu anderen Industriestaaten keinesfalls als "überindustrialisiert" bezeichnet werden kann, wohl aber in der Bundesrepublik deutliche Angebots- und Versorgungsdefizite im Bereich verbraucherbezogener Dienstleistungen bestehen, die nach Auffassung des Autors im Rahmen einer mittelfristigen, über den Konjunkturzyklus hinausreichenden Wachstums- und Beschäftigungspolitik zur Schaffung neuer Arbeitsplätze genutzt werden sollten.

Sicherlich bleibt einzuräumen, daß sich durch die Veränderungen in Deutschland die in der vorliegenden Arbeit skizzierten Entwicklungsperspektiven des Dienstleistungssektors zumindest in ihrem zeitlichen Horizont verändert haben, da insbesondere die finanziellen Mittel, die im Rahmen der vorliegenden Analyse noch für eine unmittelbare Ausweitung der Beschäftigung im Bereich verbraucherorientierter Dienstleistungen in den westlichen Bundesländern präferiert wurden (z. B. die durch Subventionsabbau gewonnenen finanziellen Mittel), zunächst einmal zur Förderung des Aufbaus der neuen Bundesländer Verwendung finden dürften bzw. bereits Verwendung gefunden haben.

Dennoch zeigt gerade ein Blick auf die Entwicklung der neuen Bundesländer, daß die Schaffung neuer Arbeitsplätze im Dienstleistungssektor durch die deutsche Vereinigung noch nachhaltig an Bedeutung gewonnen hat. Die Einheit hat die gesellschaftlichen und arbeitsmarktpolitischen Probleme in Deutschland keinesfalls revidiert, sondern potenziert. Zur

Oben-Unten-Schichtung im Westen der Bundesrepublik ist nun eine weitere Kluft getreten, nämlich jene zwischen den Menschen in den alten Bundesländern und den neuen Bundesbürgern in Ostdeutschland. Die sozialen Spannungen in der Bevölkerung der größer gewordenen Bundesrepublik dürften bei einer anhaltend angespannten Wirtschafts- und Arbeitsmarktsituation in den neuen Bundesländern (und wenig spricht dafür, daß sich an diesen Rahmenbedingungen in nächster Zukunft Entscheidendes verändern wird) weiterhin zunehmen.

Wesentlich dringlicher als die in der vorliegenden Arbeit detailliert herausgearbeiteten und näherungsweise quantifizierten Angebots- und Versorgungsdefizite im tertiären Sektor der alten Bundesländer sind zudem die Tertiärisierungsdefizite in den neuen Bundesländern. Auch hier sind es im wesentlichen die Bereiche Gesundheit, Pflege, Bildung, Umweltsanierung, Verkehr, Öffentliche Sicherheit, Justiz und Verwaltung, in denen die Versorgungslage zum Teil nur als katastrophal zu bewerten ist.

Insofern gewinnen, und dies macht den Charme der vorliegenden Arbeit aus, gerade die in dieser Analyse sehr detailliert herausgearbeiteten heterogenen Optionen zur Überwindung von Angebots- und Versorgungsdefiziten in diesen Dienstleistungsfeldern vor dem Hintergrund der einschneidenden Veränderungen der politischen Rahmenbedingungen im vereinigten Deutschland deutlich an Relevanz.

Es bleibt dem Verfasser insofern zu wünschen, daß diese gleichermaßen sozialwissenschaftlich wie ökonomisch kompetente Analyse auch und gerade vor dem Hintergrund der sozioökonomischen Veränderungen im größer gewordenen Deutschland in Wissenschaft und Praxis die ihr gebührende Beachtung erfährt.

Prof. Dr. Bert Rürup

Juni 1991

Inhaltsverzeichnis

Abbildungsverzeichnis

Tabellenverzeichnis

Verzeichnis der verwendeten Abkürzungen

ABM	:	Arbeitsbeschaffungsmaßnahmen
APuZ	:	Aus Politik und Zeitgeschichte, Beilage zur Wochenzeitung "Das Parlament"
BAG	:	Bundesarbeitsgemeinschaft der Diplom-Pädagogen e. V.
BSP	:	Bruttosozialprodukt
DAG	:	Deutsche Angestellten-Gewerkschaft
DKG	:	Deutsche Krankenhausgesellschaft
DIW	:	Deutsches Institut für Wirtschaftsforschung, Berlin
ET	:	Erwerbstätige
GdED	:	Gewerkschaft der Eisenbahner Deutschlands
GdP	:	Gewerkschaft der Polizei
GKV	:	Gesetzliche Krankenversicherung
GRV	:	Gesetzliche Rentenversicherung
IAB	:	Institut für Arbeitsmarkt- und Berufsforschung, Nürnberg
ISIC	:	International Standard Industrial Classification of all Economic Activities
MatAB	:	Materialien zur Arbeitsmarkt- und Berufsforschung
MittAB	:	Mitteilungen aus der Arbeitsmarkt- und Berufsforschung
ÖTV	:	Gewerkschaft Öffentliche Dienste, Transport und Verkehr
RWI	:	Rheinisch-Westfälisches Institut für Wirtschaftsforschung, Essen
VGR	:	Volkswirtschaftliche Gesamtrechnungen
WSI	:	Wirtschafts- und Sozialwissenschaftliches Institut des DGB
WZB	:	Wissenschaftszentrum Berlin

1 Dienstleistungen: Terminologische und statistische Abgrenzungen

1.1 Einleitung

Auch wenn im Laufe des Jahres 1989 aufgrund günstiger konjunktureller und saisonaler Rahmenbedingungen und aufgrund bestimmter statistischer Bereinigungen die Zahl der registrierten Arbeitslosen mit 1 947 464 erstmals seit Oktober 1982 wieder die Zwei-Millionen-Grenze unterschritten hat,[1] bleibt Arbeitslosigkeit in der Bundesrepublik Deutschland[2] nach wie vor ein Massenproblem. Denn zum einen wurde im Durchschnitt des Jahres 1989 die Zwei-Millionen-Grenze keinesfalls unterschritten. Nicht enthalten sind in der genannten Zahl der registrierten Arbeitslosen zudem die ca. 400 000 Teilnehmer an arbeitsmarktpolitischen Maßnahmen, die eher als zusätzliche Belastung des Arbeitsmarktes im Raum stehen denn als positive Bilanz,[3] ebenso fehlt in der Statistik der Bundesanstalt für Arbeit aber auch qua definitione die sogenannte "Stille Reserve", d. h. jene Gruppe von potentiellen, erst in der Hochkonjunktur auf den Arbeitsmarkt drängenden Arbeitskräften, (z. B. Frauen, Rentner), die Untersuchungen des *Instituts für Arbeitsmarkt- und Berufsforschung* zufolge im Jahr 1987 immerhin rund 1,2 Mio. Personen umfaßte.[4]

Neben dem anhaltenden Arbeitsplatzdefizit lassen sich in der Bundesrepublik Deutschland zugleich aber auch Tendenzen einer zunehmenden Ungleichverteilung und Konzentration von Beschäftigungsrisiken beobachten. Besorgniserregend ist in diesem Kontext insbesondere die kontinuierlich angewachsene und sich zunehmend auf hohem Niveau stabilisierende

---

1 Vgl. *Bundesanstalt für Arbeit*: Die Entwicklung des Arbeitsmarktes im Mai 1989, in: Amtliche Nachrichten der Bundesanstalt für Arbeit (ANBA) Nr. 6/1989, S. 923

2 Da die inhaltlichen Recherchen zur vorliegenden Untersuchung zu Beginn des Jahres 1990 abgeschlossen wurden, beziehen sich alle folgenden Ausführungen zum Terminus "Bundesrepublik Deutschland" notwendigerweise nur auf das Gebiet der - aus der Sicht des Jahres 1991 - *alten Bundesländer*.

3 Vgl. *Schmid, G.*: Aktive Arbeitsmarktpolitik. Wesentlich zur Wiederherstellung der Vollbeschäftigung, in: WZB-Mitteilungen 40, Juni 1988, S. 19

4 Vgl. *Brinkmann, C./Klauder, W./Reyher, L./Thon, M.*: Methodische und inhaltliche Aspekte der Stillen Reserve, in: MittAB 4/87, S. 387

Zahl an Langzeiterwerbslosen, die im September 1988 bereits 32,3% aller registrierten Arbeitslosen umfaßten.[5] Alles in allem mehren sich somit die Indizien dafür, daß sich die Bundesrepublik Deutschland auf dem Wege zu einer Gesellschaft befindet, in der eine Mehrheit von Arbeitsplatzinhabern mit nach wie vor guten Beschäftigungschancen einer wachsenden Minderheit gegenübersteht, die dauerhaft von stabilen Beschäftigungspositionen und damit verbundenen sozialen Partizipationschancen ausgeschlossen ist.[6]

Unterstellt man nun aber, daß pauschale Vorwürfe an die Arbeitsverwaltung zum Thema "unechte Arbeitslosigkeit" vor allem unfreiwillig Arbeitslose ins Unrecht setzen dürften,[7] und berücksichtigt man ferner neben den *individuellen* Belastungen,[8] den *fiskalischen* Belastungen[9] und den *politischen Gefährdungspotentialen* anhaltender Massenarbeitslosigkeit[10] auch die aktualisierten Arbeitsmarktprojektionen des IAB, die bis

---

5 Vgl. *Institut der deutschen Wirtschaft (Hrsg.)*: Zahlen zur wirtschaftlichen Entwicklung der Bundesrepublik Deutschland. Ausgabe 1989. Köln 1989, Tabelle 18

6 Vgl. *Büchtemann, C. F.*: Bewältigung der Arbeitsmarktkrise? Zehn Jahre Massenarbeitslosigkeit in der Bundesrepublik Deutschland, in: APuZ B 4/85, S. 32 ff.

7 Vgl. hierzu insbesondere *Autorengemeinschaft*: Echte oder unechte Arbeitslosigkeit?, in: MatAB 2/88

8 Hierzu gehören vor allem starke Beeinträchtigungen der sozialen Beziehungen und des Selbstwertgefühls der Betroffenen bis hin zu gesundheitlichen Störungen, oftmals aber auch erhebliche finanzielle Einbußen bis unter die Schwelle des Existenzminimums. Vgl. insbesondere *Brinkmann, C.*: Finanzielle und psychosoziale Folgen der Arbeitslosigkeit, in: MatAB 8/86, S. 6 ff.; *Schober, K.*: Die soziale und psychische Lage arbeitsloser Jugendlicher, in: MittAB 4/87, S. 453 ff.; *Welzer, H./Wacker, A./Heinelt, H.*: Leben mit Arbeitslosigkeit. Zur Situation einiger benachteiligter Gruppen auf dem Arbeitsmarkt, in: APuZ B 38/88, S. 16 ff.; *Brinkmann, C./Spitznagel, E.*: Gesamtfiskalische und individuelle Belastungen durch Arbeitslosigkeit, in: Arbeit und Sozialpolitik 6-7/1988, S. 192 ff.

9 Unter fiskalischen Aspekten ist insbesondere zu berücksichtigen, daß im Durchschnitt gesamtfiskalische Kosten von 26 600 DM pro arbeitslose Person und Jahr entstehen, sich mithin bei 2,229 Mio. Arbeitslosen im Jahresdurchschnitt 1987 Kosten von 59 Mrd. DM errechnen. Vgl. hierzu u. a. *Kühl, J.*: 15 Jahre Massenarbeitslosigkeit - Aspekte einer Halbzeitbilanz, in: APuZ B 38/88, S. 11

10 Völlig zu Recht verweist beispielsweise *Beckmann* darauf, daß in den bislang vorgelegten Studien zu den Auswirkungen von Arbeitslosigkeit primär sozialstrukturelle Differenzierungen und psychosoziale Aspekte im Vordergrund standen und weniger mögliche Auswirkungen auf individuelle politische Einstellungs- und Verhaltensmuster. Problematisch erscheint in diesem Kontext insbesondere die in empirischen Untersuchungen diagnostizierbare Lockerung der Stammwählerbeziehungen im Bereich der von Arbeitslosigkeit betroffenen oder

zum Jahr 2000 selbst bei recht optimistischen Annahmen für das Potential und den Bedarf an Arbeitskräften (mittlere Variante) die Fortdauer fehlender Vollbeschäftigung belegen (vgl. Abbildung 1), dann erscheinen verstärkte beschäftigungspolitische Anstrengungen in der Bundesrepublik Deutschland gegenwärtig dringlicher denn je.

Die Aufgabe, für die heute und in Zukunft Arbeitssuchenden qualitativ und quantitativ befriedigende Arbeitsplätze bereitzustellen, stellt sich aber auch noch aus einer Reihe weiterer Gründe. Zum einen wird das Bestreben, Einkommen durch Teilnahme am Erwerbsleben zu sichern, in Zukunft zweifellos noch weiter anwachsen. Zudem ist Erwerbsarbeit in der Bundesrepublik Deutschland nach wie vor ein elementarer Faktor gesellschaftlicher Integration und persönlicher Identität, und schließlich kann gerade eine hohe Beschäftigungsrate, wie die folgenden Ausführungen noch näher verdeutlichen werden, auch einen entscheidenden Beitrag zur Abmilderung der sich bereits gegenwärtig abzeichnenden steigenden gesellschaftlichen Lasten in der Bundesrepublik Deutschland (wachsende Altenquote, hoher Qualifikationsbedarf der Jüngeren und Erwerbstätigen) leisten.[11]
Im Rahmen der Suche nach neuen und zukunftsträchtigen Beschäftigungspotentialen für die Bundesrepublik wird in der wissenschaftlichen Diskussion nun allerdings vielfach auf die Beschäftigungsentwicklung in den USA verwiesen, wo seit 1960 rund 44 Mio. neue Arbeitsplätze entstanden, davon ungefähr 90% im Dienstleistungssektor.[12] Diese oftmals als amerikanisches "Beschäftigungswunder" bezeichnete Entwicklung ist Teil eines Strukturwandels, den die USA vor anderen Industriegesellschaften durchlaufen hat, und der dazu führte, daß dort gegenwärtig bereits über 70% aller Erwerbstätigen im Dienstleistungssektor tätig sind.[13] Im Gegensatz hierzu sind die sektoralen Wertschöpfungs- und Beschäftigungsanteile in der Bundesre-

---

von Arbeitsplatzverlust bedrohten Personen und die Stärkung rechtsextremer Positionen in der Bundesrepublik Deutschland. Vgl. hierzu im einzelnen *Beckmann, M.*: Radikalisierung oder Apathie? Zu den politischen Verarbeitungsformen der Arbeitslosigkeit, in: Politische Vierteljahresschrift 4/1988, S. 592; *Krieger, H.*, Arbeitsmarktsituation und politische Stabilität. Reaktionsformen abhängig Beschäftigter auf die Arbeitsmarktentwicklung 1977-1985, in: APuZ B 17/86, S. 6 ff.; *Roth, R. A.*: Dispositionen politischen Verhaltens bei arbeitslosen Jugendlichen, in: APuZ B 29/89, S. 32 f.

11 Vgl. *Groser, M.*: Beschäftigung und Arbeitsmarktpolitik im internationalen Vergleich, in: APuZ B 29/89, S. 3

12 Vgl. *Cornetz, W.*: Die Kehrseite des "amerikanischen Beschäftigungswunders", in: Wirtschaftsdienst 12/1987, S. 627

13 Vgl. *Ochel, W./Schreyer, P.*: Das amerikanische "Beschäftigungswunder" - ein Vorbild für die Bundesrepublik?, in: Ifo-Schnelldienst 30/88, S. 9

Abbildung 1: Aktualisierte Arbeitmarktbilanz 1965-2000[14]

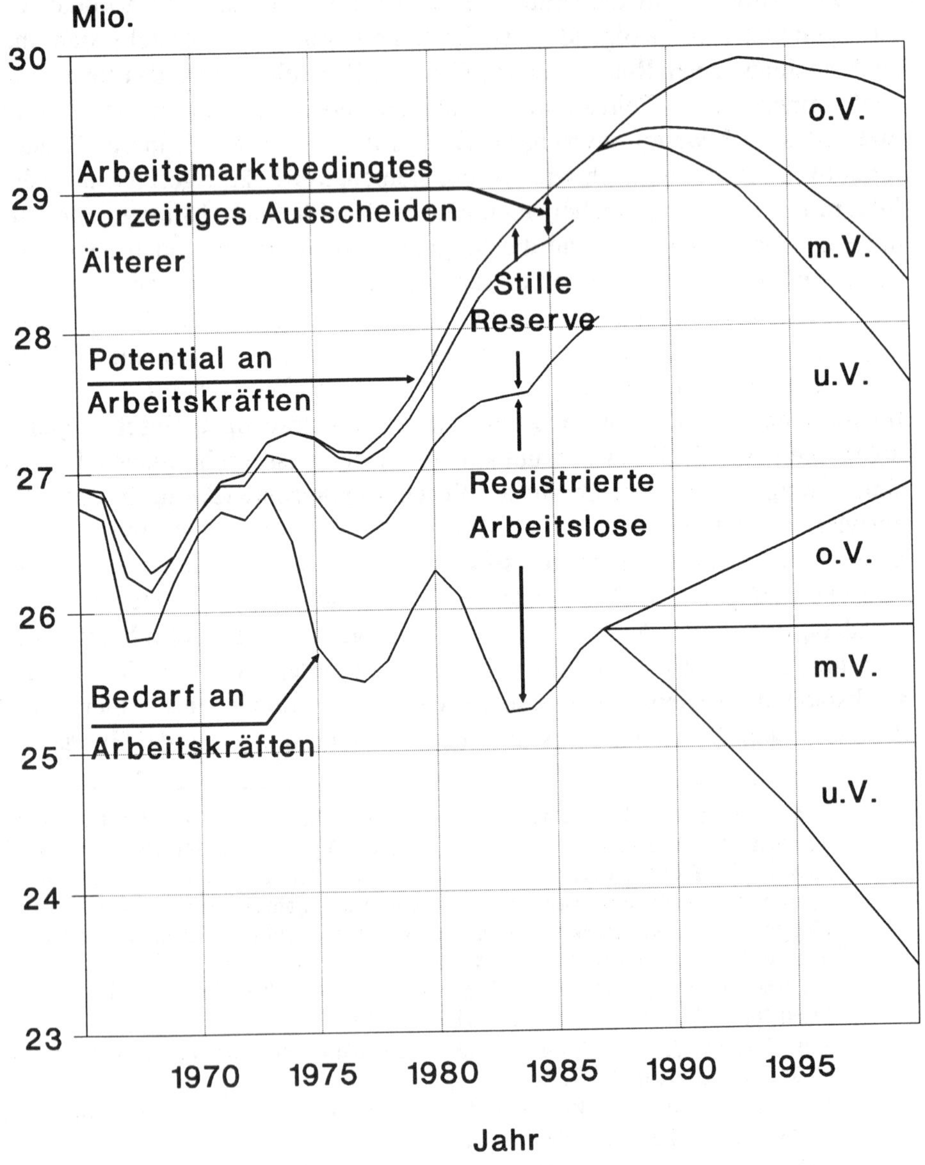

Potential an Arbeitskräften

In den 90er Jahren geht bei allen Entwicklungslinien das Angebot an Arbeitskräften zurück - je nach Annahme früher oder später, stärker oder schwächer.

Obere Entwicklungslinie (o.V.)
Annahme: Sehr viel mehr Frauen wollen bis zum Jahr 2000 berufstätig werden. Es wandern mehr Ausländer zu als ab.
Mittlere Entwicklungslinie (m.V.)
Annahme: Die Erwerbsquoten der Deutschen entwickeln sich weiter so wie bisher. Zu- und Abwanderungen der Ausländer halten sich die Waage.
Untere Entwicklungslinie (u.V.)
Annahme: Die Erwerbsquoten ändern sich nicht. Es wirkt sich lediglich die natürliche Bevölkerungsentwicklung aus.

Bedarf an Arbeitskräften

Auf längere Sicht entscheiden Wachstumsdynamik und Tempo des Strukturwandels, ob auf Dauer zusätzliche Arbeitsplätze entstehen.

Oberer Wachstumspfad (o.V.)
Voraussetzung: Bis zum Jahr 2000 ändert sich die Struktur der Wirtschaft stark; die Arbeitszeit wird kürzer und flexibler. Das Bruttoinlandsprodukt (BIP) wächst pro Jahr um 3%, die Produktivität (BIP/ET) um 2,8%.
Mittlerer Wachstumspfad (m.V.)
Voraussetzung: Das Tempo des Strukturwandels ist nicht höher als bisher; die Arbeitszeit geht wie bisher zurück: Bruttoinlandsprodukt und Produktivität steigen um 2,5%.
Unterer Wachstumspfad (u.V.)
Voraussetzung: Die Kräfte des Wandels lassen nach, die Arbeitszeit wird verkürzt, neue Arbeitszeitformen dringen aber nur langsam vor. Das Bruttoinlandsprodukt steigt nur um 1,2%, die Produktivität um 1,9%.

---

14 Quelle: *Klauder, W.*: Langfristige Arbeitsmarktperspektiven, in: Arbeit und Sozialpolitik 6-7/1988, S. 197

publik Deutschland noch deutlich stärker industrieakzentuiert und der Tertiärisierungsprozeß weitaus weniger weit fortgeschritten, weswegen die Bundesrepublik Deutschland vielfach als "überindustrialisiert" bezeichnet wird.

Allerdings basiert der amerikanische Weg zu mehr Beschäftigung auf deutlich unterschiedlichen sozioökonomischen Rahmenbedingungen. Als entscheidende Determinanten des Beschäftigungsanstiegs in den Vereinigten Staaten genannt werden in der wissenschaftlichen Diskussion vor allem

- die Bevölkerungsentwicklung,
- ein die Neugründung von Unternehmen begünstigendes Klima,
- eine "beschäftigungskonformere" Entwicklung von Löhnen und Lohnnebenkosten,
- die insgesamt größere Flexibilität und Dynamik des Arbeitsmarktes (hierunter sind insbesondere eine geringere Regulierung des Dienstleistungssektors, eine größere geographische und berufliche Mobilität der Arbeitskräfte, eine größere Flexibilität in der Arbeitszeitgestaltung, flexiblere Einstellungs- und Kündigungspraktiken, eine unterschiedliche Steuer- und Sozialversicherungsgesetzgebung, aber auch differenziertere Ausbildungs- und Weiterbildungsmöglichkeiten zu subsumieren), aber auch
- der effizientere Einsatz wirtschaftspolitischer Maßnahmen.[15]

Daß zudem in den USA selbst bei allen beschäftigungspolitischen Erfolgen das zügige Wachstum des Tertiärsektors keineswegs durchweg als positiv und schon gar nicht als Wunder aufgefaßt wird, ist ein Aspekt, der in der Bundesrepublik bislang ebenfalls nur wenig zur Kenntnis genommen wird. Denn obwohl das amerikanische System unter beschäftigungspolitischen Aspekten, wie beschrieben, als überaus effizient zu beurteilen ist, zeigen sich andererseits auch bedeutende Negativa der amerikanischen Entwicklung. Hierzu gehören neben Deindustrialisierungstendenzen, einem langsameren Produktivitätsanstieg, einem deutlichen Verlust an internationaler Wettbewerbsfähigkeit und einem riesigen Budgetdefizit auch eine vermehrte materielle Ungleichheit in der amerikanischen Bevölkerung sowie eine steigende Armut. Dabei sind Verknüpfungen zwischen diesen negativen Entwicklungen und dem Wachstum der tertiären Arbeitsplätze durchaus denkbar. So ließe sich provokativ etwa fragen, ob in der beklagten Schwäche des Verarbeitenden Gewerbes der USA eine Ursache für die Beschäftigungsexplosion im Dienstleistungssektor liegt, oder ob viele Er-

---

15 Vgl. *Cornetz, W.*: Die Kehrseite ..., a.a.O., S. 627; *Wegner, M.*: Die Schaffung von Arbeitsplätzen im Dienstleistungsbereich. Ein Vergleich zwischen den USA und der Bundesrepublik, in: Ifo-Schnelldienst 6/85, S. 10

werbstätige nur deshalb schlecht bezahlte Dienstleistungsarbeitsplätze akzeptieren, weil keine besseren Arbeitsplätze im sekundären Sektor zur Verfügung stehen?[16]

Diese einführenden Bemerkungen verdeutlichen bereits die grundsätzliche Problematik der Bewertung von sektoralen Wirtschaftsstrukturen entwickelter Volkswirtschaften sowie die Problematik einer undifferenzierten Übernahme beschäftigungspolitischer "Erfolgs"-Strategien bestimmter Industriestaaten durch andere Staaten. Ausgehend von diesen ersten Erkenntnissen ist es nun die *zentrale Intention der vorliegenden Arbeit* aufzuzeigen, daß die Bundesrepublik Deutschland zwar im Vergleich zu anderen Industriestaaten keinesfalls als "überindustrialisiert" bezeichnet werden kann, wohl aber in der Bundesrepublik deutliche Angebots- und Versorgungsdefizite im Bereich verbraucherbezogener Dienstleistungen bestehen, die im Rahmen einer mittelfristigen, über den Konjunkturzyklus hinausreichenden Wachstums- und Beschäftigungspolitik grundsätzlich zur Schaffung neuer Arbeitsplätze genutzt werden könnten, und die angesichts der aufgezeigten mittel- und längerfristigen Arbeitsmarktperspektiven in der Bundesrepublik Deutschland hierzu sehr wohl auch genutzt werden sollten.

Zu diesem Zweck sollen zunächst einmal in Kapitel 1.2 vorab die definitorischen Grundlagen von Dienstleistungen erarbeitet und die Schwierigkeiten der statistischen Erfassung und ökonomischen Besonderheiten von Dienstleistungen verdeutlicht werden, bevor Kapitel 2 dann der Frage nach einer möglichen "Überindustrialisierung" der Bundesrepublik Deutschland anhand von drei möglichen Referenz- bzw. Indikatorensystemen nachgeht. Da die Ergebnisse dieser Analysen allerdings, selbst bei großzügiger Auslegung, kaum als Indikatoren einer "Überindustrialisierung" oder aber auch eines "Defizites" im Bereich produktionsorientierter Dienstleistungen gewertet werden können denn eher als erste Anzeichen für einen Rückstand der Bundesrepublik im Angebot an verbraucherbezogenen Dienstleistungen, und zudem auch und gerade die Ergebnisse der in Kapitel 3 im Anschluß durchgeführten Analyse der Versorgungssituation in ausgewählten Bereichen verbraucherorientierter Dienstleistungen in der Bundesrepublik Deutschland im Lichte fachwissenschaftlich anerkannter Versorgungsstandards deutliche, bereits existente oder aber sich mittelfristig abzeichnende Versorgungsdefizite im Bereich verbraucherorientierter Dienstleistungen erkennen lassen, sollen in Kapitel 4 dann Umrisse einer stärker dienstleistungsakzentuierten, qualitativen Wachstums- und Beschäftigungsstrategie für die Bundesrepublik Deutschland der neunziger Jahre skizziert und in

---

16 Vgl. *Cornetz, W.*: Die Kehrseite ..., a.a.O., S. 628

Kapitel 5 schließlich konkrete Optionen für die gezielte Erschließung zusätzlicher Beschäftigungspotentiale im Bereich verbraucherbezogener Dienstleistungen unterbreitet werden. Kapitel 6 wird dann in einer abschließenden Gesamtbewertung die wichtigsten Ergebnisse und Erkenntnisse der vorliegenden Arbeit zusammenfassen und weiterführende Perspektiven umreißen (vgl. Abbildung 2).

Abbildung 2: Struktureller Aufbau der vorliegenden Untersuchung

- *Kapitel 1: Einleitung*
- Arbeitsmarktsituation und Arbeitsmarktperspektiven bis zum Jahr 2000 - Definitorische Grundlagen, statistische Abgrenzungen und ökonomische Besonderheiten von Dienstleistungen - Arbeitshypothese: Die Bundesrepublik Deutschland ist keinesfalls "überindustrialisiert", wohl aber bestehen Angebots- und Versorgungsdefizite im Bereich verbraucherbezogener Dienstleistungen, die im Rahmen einer mittelfristigen, über den Konjunkturzyklus hinausreichenden Wachstums- und Beschäftigungspolitik zur Schaffung neuer Arbeitsplätze genutzt werden sollten.

- *Kapitel 2: "Überindustrialisierung" der Bundesrepublik Deutschland im Lichte ausgewählter Referenzsysteme und Indikatoren zur Bewertung des Industrialisierungsgrades eines Landes*
- "Normalstruktur"- und Drei-Sektoren-Referenzmuster - Internationale Vergleiche sektoraler Produktions- und Beschäftigungsstrukturen - Steigende ökologische und soziale Folgekosten
- Fazit: Weder "Überindustrialisierung", noch Defizit im Bereich produktionsorientierter Dienstleistungen, wohl aber erste Hinweise auf ein "Tertiärisierungsdefizit" im Bereich verbraucherbezogener Dienstleistungen

- *Kapitel 3: Versorgungssituation in ausgewählten Bereichen verbraucherbezogener Dienstleistungen in der Bundesrepublik Deutschland im Lichte fachwissenschaftlich anerkannter Versorgungsstandards*
- Fazit: Deutliche, bereits existente oder aber sich mittelfristig abzeichnende Versorgungsdefizite im Bereich verbraucherorientierter Dienstleistungen (→ Tertiärisierungsdefizite)

- *Kapitel 4: Konzeptionelle Grundlagen einer mittelfristigen, über den Konjunkturzyklus hinausreichenden, stärker dienstleistungsakzentuierten, qualitativen Wachstums- und Beschäftigungsstrategie für die Bundesrepublik Deutschland*

- *Kapitel 5: Optionen zur Erschließung neuer Wachstums- und Beschäftigungspotentiale im Bereich verbraucherorientierter Dienstleistungen in der Bundesrepublik Deutschland*
- Ordnungspolitische Optionen - Arbeitszeitpolitische Optionen - Tarifpolitische Optionen - Steuer- und finanzpolitische Optionen - Sozialpolitische Optionen - Beschäftigungs- und arbeitsmarktpolitische Optionen - Infrastruktur- und verkehrspolitische Optionen - Freizeit- und kulturpolitische Optionen - Informations- und bildungspolitische Optionen

- *Kapitel 6: Resümee*
- Zusammenfassung der wichtigsten Befunde - Potentielle Beschäftigungseffekte und gesellschaftliche Träger der vorgestellten Optionen - Fazit

1.2 Definitorische Grundlagen, ökonomische Besonderheiten und statistische Erfassung von Dienstleistungen

1.2.1 Definitorische Grundlagen von Dienstleistungen

Obwohl das überproportionale Wachstum des Dienstleistungsbereichs als eines der grundlegenden sozioökonomischen Entwicklungsmuster Gegenstand einer Fülle von Thesen über die Zukunft der modernen Industriegesellschaften ist, bleibt die Bedeutung des zentralen Begriffes all dieser Überlegungen weithin im Unklaren. Als Forschungsthema sind Dienstleistungen lange Zeit eher stiefmütterlich behandelt worden.[17] Weder existiert, wie die nachfolgenden Ausführungen verdeutlichen werden, eine allgemein anerkannte Definition des Terminus "Dienstleistung", noch scheint Konsens darüber zu bestehen, welche wirtschaftlichen Bereiche im einzelnen unter diesem Begriff subsumiert werden sollen. Während Abgrenzungen des primären und sekundären Sektors vergleichsweise unproblematisch erscheinen und in den meisten Veröffentlichungen in weitgehend identischer Form vorgenommen werden, erscheinen unter den Termini "Dienstleistungen" und "tertiärer Sektor" eine Fülle äußerst heterogener Wirtschaftszweige, Tätigkeiten oder Berufe.[18]

Aus methodologischer Sicht können die vorliegenden Definitionsversuche grundsätzlich in folgende drei Kategorien eingeteilt werden:

- Aufzählung aller subsumierbaren Fälle (enumerative Definition),
- Abgrenzung der Dienstleistungen von Sachgütern über eine Negativdefinition, oder aber
- explizite Definition durch die Erarbeitung von allgemeinen Begriffsmerkmalen.[19]

---

17 Vgl. *Wegner, M.*: Die Schaffung von Arbeitsplätzen ..., a.a.O., S. 3; *Stille, F.*: Dienstleistungsproduktion und Dienstleistungssektor, in: *Arbeitsgemeinschaft deutscher wirtschaftswissenschaftlicher Forschungsinstitute e. V. (Hrsg.)*: Dienstleistungen im Strukturwandel. Bericht über den wissenschaftlichen Teil der 51. Mitgliederversammlung der Arbeitsgemeinschaft deutscher wirtschaftswissenschaftlicher Forschungsinstitute e. V. in Bonn am 5. und 6. Mai 1988. Berlin 1988, S. 73

18 Vgl. *Schott-Winterer, A./Riede, T.*: Der Begriff "Dienstleistung" - oft benutzt, aber wenig geklärt. Versuch einer soziologischen Bestimmung von Dienstleistungen und sozialen Dienstleistungen als Kategorien für Analysen zentraler sozialstruktureller Entwicklungen moderner Gesellschaften. Frankfurt/Mannheim 1986, S. 28

19 Vgl. *Reim, U.*: Zum Ausbau statistischer Informationen über Dienstleistungen, in: Wirtschaft und Statistik 12/1988, S. 842

Enumerative Definitionen lassen sich sowohl für die Dienstleistungen selbst als Ergebnis der Produktion als auch für die Produzenten von Dienstleistungen formulieren. Basierend auf der Systematik der Wirtschaftszweige beispielsweise werden zu den Dienstleistungen die Bereiche Handel, Verkehr und Nachrichtenübermittlung, Kreditinstitute und Versicherungsgewerbe, Dienstleistungen von Unternehmen und Freien Berufen, Organisationen ohne Erwerbscharakter und private Haushalte sowie Gebietskörperschaften und Sozialversicherung gezählt.[20]

Im Rahmen von *Negativ- bzw. Residualbestimmungen* werden Dienstleistungen vielfach einfach als Nichtwaren bzw. als Intangibles charakterisiert. Der Dienstleistungssektor avanciert damit zum Sammelbecken für alles Immaterielle, seien es nicht unmittelbar sichtbare und physisch meßbare Tätigkeiten, sei es der Umgang mit immateriellen Gütern oder die Befriedigung immaterieller Bedürfnisse.[21] Auch die Systematik der Wirtschaftszweige nimmt insofern neben der bereits angesprochenen enumerativen Definition zugleich eine pragmatische Residualbestimmung des Dienstleistungssektors vor.[22]

Verschiedene Autoren halten allerdings nur die dritte Gruppe von Definitionsversuchen, d. h. die *Erarbeitung allgemeiner Begriffsmerkmale von Dienstleistungen*, für geeignet, zu einer präzisen Abgrenzung des Dienstleistungsbegriffs zu gelangen. An den enumerativen Ansätzen wird kritisiert, daß keine Kriterien erarbeitet werden, die eine Einstufung als Dienstleistung erlauben. Auch Negativdefinitionen stellen nach dieser Auffassung letztlich nur eine wissenschaftliche Verlegenheitslösung dar.[23] Es zeigt sich aber recht schnell, daß auch die Kriterien, die diesen expliziten Definitionsversuchen zugrunde liegen, nur schwer operationalisierbar sind. Zudem verbleiben auch hierbei in der Regel zumindest Randbereiche, die sich einer eindeutigen Zuordnung zum Bereich Dienstleistungen entziehen.[24] Exemplarisch seien im folgenden einige dieser Definitionsansätze vorgestellt.

---

20 Vgl. *ebenda*

21 Vgl. *Heinze, J.*: Jenseits der Drei-Sektoren-Hypothese: Zur Rolle der Dienstleistungen im Strukturwandel, in: Ifo-Schnelldienst 14-15/87, S. 9

22 Vgl. *Meißner, W./Fassing, W.*: Wirtschaftsstruktur und Strukturpolitik. München 1989, S. 118

23 Vgl. *Reim, U.*: Zum Ausbau ..., a.a.O., S. 842

24 Vgl. *Ertel, R.*: Was sind Dienstleistungen? Definitorische Anmerkungen, in: *Pestel, E. (Hrsg.)*: Perspektiven der Dienstleistungswirtschaft. Beiträge zu einem internationalen Dienstleistungssymposium der Niedersächsischen Landesregierung vom 13.-15. Mai 1985 in Hannover. Göttingen 1986, S. 16

In Anlehnung an die neue Nachfragetheorie von *Becker* und *Lancaster* definiert beispielsweise *Zweifel* Dienstleistungen an Gütern als durch Dritte geleistete Inputs zu Produktionsprozessen mit dem Ziel, unter Wahrung der Identität die Eigenschaften eines Objektes zu verbessern, das sich bereits im Besitz des Endverbrauchers befinde.[25] Unter Dienstleistungen an Personen versteht er dagegen Inputs von Seiten Dritter zu Produktionsprozessen, welche die identitätserhaltende Veränderung persönlicher Eigenschaften bezweckten, wobei das Ergebnis maßgeblich vom Input des Leistungsempfängers abhänge.[26]

Völker empfiehlt nach einer ausführlichen Diskussion der seiner Ansicht nach unbefriedigenden diversen Definitionsansätze von Dienstleistungen, zum klassischen Begriff in der Fassung des 1909 erschienenen Handwörterbuchs der Staatswissenschaften zurückzukehren, wonach eine Dienstleistung eine Arbeit darstelle, deren Nutzenwirkung sich unmittelbar auf eine andere Person erstrecke, also ein persönliches Bedürfnis befriedige und insofern einem sachlichen Konsumgut analog sei. *Völker* läßt in diesem Kontext allerdings produktions- und unternehmensbezogene Dienstleistungen ausdrücklich unberücksichtigt.[27]

Anschaulicher als diese doch in hohem Maße intransparenten und nur schwer operationalisierbaren Begriffsbestimmungen erscheinen folgende, stärker pragmatisch ausgerichteten Definitionsansätze. So unterscheidet *Gross* indirekte (produktionsbezogene) und direkte (konsumbezogene) Dienstleistungen, die er jeweils in sach- und personenbezogene Dienstleistungen differenziert, um sich dann aber nur auf den Ausschnitt der direkten, personenbezogenen Dienste zu konzentrieren, worunter er Leistungen versteht, die an Menschen erbracht werden. Damit verengt sich allerdings seine Begriffsbestimmung für die Gesamtheit der Dienstleistungen stark.[28]

Der einseitige Focus auf konsum- und personenbezogene Dienstleistungen in Anlehnung an das *Engel*sche Gesetz steigender Konsumausgaben für Dienstleistungen oder an die *Maslow*sche Bedürfnishierarchie findet sich im übrigen aber auch bei den Vertretern der Drei-Sektoren-Hypothese

---

25 Vgl. *Zweifel, P.*: Dienstleistungen aus ökonomisch-theoretischer Sicht, in: Allgemeines Statistisches Archiv 1/1987, S. 6

26 Vgl. *ebenda*, S. 8

27 Vgl. *Völker, A.*: Allokation von Dienstleistungen. Ein Beitrag zur begrifflichen Klärung und theoretischen Fundierung. Frankfurt am Main/New York 1984, S. 43

28 Vgl. *Gross. P.*: Die Verheißungen der Dienstleistungsgesellschaft. Soziale Befreiung oder Sozialherrschaft? Opladen 1983, S. 14 f.

(*Clark*, *Fisher* und *Fourastié*)[29] sowie in *Bells* Konzept der nachindustriellen Gesellschaft,[30] die ebenfalls auf klare Definitionsansätze und Abgrenzungen verzichten.

Lützel dagegen wählt als Differenzierungskriterium die vorhandene bzw. fehlende Marktbestimmtheit von Dienstleistungen, wobei sich die Abgrenzung und Erfassung der nichtmarktbestimmten Dienstleistungen als erheblich schwieriger gestaltet, da hier das für die marktbestimmten Dienstleistungen typische Produzent-Abnehmer-Verhältnis nicht so ausgeprägt ist und Marktvorgänge nicht beobachtet werden können. Als Beispiele für nichtmarktbestimmte Dienstleistungen nennt er

- vom Staat unentgeltlich bereitgestellte Dienstleistungen, wie z. B. Sicherheits-, Gesundheits- oder Erziehungsleistungen,
- unentgeltliche Leistungen privater Organisationen ohne Erwerbszweck, wie z. B. Leistungen von Kirchen, Sportvereinen oder von karitativen Verbänden,
- die nichtmarktbestimmte Haushaltsproduktion, wie z. B. Leistungen der Hausfrau oder Do-It-Yourself-Tätigkeiten, sowie
- firmeninterne Leistungen, wie etwa Forschungs- und Entwicklungsleistungen.[31]

Von Einem stellt für seine Analysen ein Klassifizierungsschema vor, das zwischen

- distributiven (Handel, Nachrichten, Verkehr),
- konsumbezogenen (haushalts- und freizeitbezogenen Dienstleistungen),
- personenbezogenen (Gesundheits-, Bildungs- und Sozialdienstleistungen) sowie
- produktionsbezogenen Dienstleistungen (Verwaltungsdienste, technische Dienste und Unternehmensdienstleistungen)

unterscheidet. Für jeden dieser vier Teilsektoren vermutet er nicht nur deutlich unterscheidbare Beschäftigungstrends, sondern auch jeweils andere Entwicklungslogiken und Bündel kausaler Erklärungsfaktoren. Statt einer für alle Dienstleistungen generalisierbaren Interpretation oder gar Theorie

---

29 Vgl. *Clark, C.*: The Conditions of Economic Progress. London 1957; *Fisher, A. G. B.*: A Note On Tertiary Production, in: The Economic Journal Vol. 62/1952, S. 820 ff.; *Fourastié, J.*: Die große Hoffnung des zwanzigsten Jahrhunderts. Köln-Deutz 1954

30 Vgl. *Bell, D.*: Die nachindustrielle Gesellschaft. Frankfurt am Main/New York 1975

31 Vgl. *Lützel, H.*: Statistische Erfassung von Dienstleistungen, in: Allgemeines Statistisches Archiv 1/1987, S. 22 ff.

scheint es ihm daher aussichtsreicher, verallgemeinerbare Aussagen für Dienstleistungen nur auf diesen Differenzierungsebenen zu wagen.[32]

Gershuny schließlich beschreibt Dienstleistungen als Zustand, Aktivität oder Gefühl.[33] Aber auch diese Definition scheint angesichts entsprechender Ausnahmen im Bereich handwerklicher Tätigkeiten oder aber auch im Bereich des Informationssektors (Gutachten, Software-Programme), die im Grenzbereich zum produzierenden Gewerbe liegen, zu kurz zu greifen. Aus diesem Dilemma hilft dann allerdings nur noch eine ebenfalls von *Gershuny* stammende Differenzierung, die auf ein semantisches Problem hinweist, das sich letztlich aus verschiedenen, dem englischen Wort "Services" zugrundeliegenden Bedeutungen ableitet. Der Begriff "Services" kann *vier Bedeutungen* umfassen: Eine Wirtschaftsklasse, eine Funktion, einen Beruf oder eine Tätigkeit oder aber auch das Ergebnis einer Leistung. Diese Mehrdeutigkeit scheint auch für das deutsche Wort "Dienste" zu gelten.[34]

Im Lichte dieser Unterscheidung soll allerdings die Suche nach einer umfassenden Definition des Begriffs Dienstleistung abgebrochen werden. Für die Intention der vorliegenden Arbeit erscheint es als ausreichend, die Bestimmung von Dienstleistungen jeweils auf die vier von *Gershuny* genannten Dimensionen hin abzustellen, wobei von der wirtschaftsstrukturellen über die funktionale und berufliche Klassifizierung hin zur Abgrenzung nach Leistungs- und Tätigkeitsmerkmalen eine zunehmende Differenzierung erreicht werden und je nach Fragestellung der Analyse die eine oder andere Kategorie gewählt werden kann. Umrissen werden sollen stattdessen im folgenden kurz die wichtigsten ökonomischen Besonderheiten von Dienstleistungen sowie die wesentlichsten Probleme der statistischen Erfassung von Dienstleistungen, deren Kenntnis für die weitere Argumentationsfolge der vorliegenden Arbeit Voraussetzung ist.

1.2.2 Ökonomische Besonderheiten von Dienstleistungen

Dienstleistungsaktivitäten sind äußerst heterogen. Einige, wie Beratungs- und Bewachungsdienste, sind extrem arbeitsintensiv, andere, wie Verkehr und Nachrichtenübermittlung, Wasser-, Gas- und Stromversorgung dagegen höchst kapitalintensiv.[35] Charakteristisch für Dienstleistungen war

---

32 Vgl. *Einem, E. v.*: Dienstleistungen und Beschäftigtenentwicklung. Discussion Paper IIM/LMP 86-6, Wissenschaftszentrum Berlin. Berlin 1986, S. 7

33 Vgl. *Gershuny, J.*: Die Ökonomie der nachindustriellen Gesellschaft: Produktion und Verbrauch von Dienstleistungen. Frankfurt am Main/New York 1981, S. 69

34 Vgl. *Einem, E. v.*: Dienstleistungen ..., a.a.O., S. 10 f.

35 Vgl. *Wegner, M.*: Die Schaffung von Arbeitsplätzen ..., a.a.O., S. 4

lange Zeit, daß sie in engem Verbund mit dem Kunden erbracht werden, wobei Produktions- und Konsumtionsprozeß räumlich wie zeitlich zusammenfallen, ein Sachverhalt, der gemeinhin als *uno-actu-Prinzip* bezeichnet wird.[36] Als typische Merkmale der Dienstleistungsproduktion galten lange Zeit ferner die fehlende Lagerfähigkeit, die eingeschränkte Transport- und Exportfähigkeit und damit zusammenhängend die Standortgebundenheit der Dienstleistungsproduktion, eine geringe Einkommenselastizität der Nachfrage, eine geringe Preiselastizität, eine geringe Konjunkturreagibilität und eine im Vergleich zur Sachgüterproduktion geringere Produktivitätsentwicklung.[37]

Im Zuge des Einsatzes neuer Technologien im Dienstleistungsbereich haben nun aber viele Dienstleistungen ihre traditionellen Besonderheiten verloren. Charakteristisch für zahlreiche "neuen" Dienstleistungen sind stattdessen nicht nur

- die Überwindung des uno-actu-Prinzips durch die grundsätzlich möglich gewordene Speicherbarkeit und damit Lagerfähigkeit vieler neu entstehender Dienste,
- eine erhöhte Kapitalintensität durch in immer stärkerem Maße zu tätigende Investitionen neuer Dienstleistungsanbieter wiederum im Bereich neuer Technologien,
- eine erhöhte Konjunkturreagibilität der produktionsorientierten Informationsdienstleistungen aufgrund der engen Komplementaritätsbeziehung zum industriellen Sektor, sondern auch und gerade
- bedeutende technikinduzierte Produktivitätsfortschritte im Dienstleistungssektor.

Die Implementation moderner Technologie sowie die Anwendung großindustrieller Organisationsformen haben einige Wirtschaftszweige des tertiären Sektors sogar zu Spitzenreitern in Bezug auf Arbeitsproduktivitätssteigerungen gemacht. Auf der anderen Seite verkörpern Humandienstleistungen immer noch Funktionsbereiche mit unterdurchschnittlicher oder so-

---

[36] Vgl. *ebenda*; *Berekoven, L.*: Der Dienstleistungsmarkt - Sachliche Besonderheiten und empirische Befunde, in: *Pestel, E. (Hrsg.)*: Perspektiven der Dienstleistungswirtschaft ..., a.a.O., S. 31; *Gross, P.*: Die Verheißungen ..., a.a.O., S. 15

[37] Vgl. *Decker, F.*: Einführung in die Dienstleistungsökonomie. Paderborn 1975, S. 232; *Ertel, R.*: Entwicklungen im Dienstleistungsbereich. Bestandsaufnahme für Niedersachsen und qualitative Fragestellungen. Berlin 1979, S. 2 f.; *Albach, H.*: Dienstleistungen in der modernen Industriegesellschaft. München 1989, S. 27 ff.; *Buttler, G./Simon, W.*: Wachstum durch Dienstleistungen. Köln 1987, S. 9

gar rückläufiger Entwicklung der Arbeitsproduktivität (z. B. der Gesundheitsbereich).[38] Alles in allem erscheint somit die Trennungslinie zwischen höheren und niedrigeren Produktivitätszuwächsen nicht länger mehr zwischen dem sekundären und tertiären Sektor, sondern eher zwischen den Sektoren persönlicher Dienstleistungen und den übrigen Wirtschaftszweigen mit hohen Effizienzsteigerungen zu verlaufen, zu denen auch ausgewählte Wirtschaftszweige des tertiären Sektors gehören (übriger Verkehr, Bundespost und unternehmensorientierte Teile der übrigen Dienstleistungen, aber auch Banken und Versicherungen).[39]

1.2.3 Probleme der statistischen Erfassung von Dienstleistungen

Die bereits bei der Definition auftretenden großen Probleme setzen sich bei der statistischen Erfassung von Dienstleistungen fort. Diese wird nicht allein durch die Tatsache erschwert, daß das statistische Ausgangsmaterial, insbesondere über den Wirtschaftsbereich "Sonstige Dienstleistungsunternehmen", sehr lückenhaft und zum Teil erheblich veraltet ist.[40] Hinzu kommt selbst bei Vorliegen allgemein anerkannter theoretischer Definitionen die oftmals schwierige Suche nach operationalen Kriterien von Dienstleistungen, denen sich die vielfältigen realen Erscheinungen eindeutig zuordnen lassen, und die der statistischen Erfassung zugänglich sind. Dieses vor allem von *Grohmann* beschriebene Adäquationsproblem wurde bisher von der amtlichen Statistik nur behelfsweise mit Konventionen gelöst.[41]

Konzeptionelle wenig Probleme bereitet insgesamt noch die statistische Erfassung der *marktbestimmten Dienstleistungen*, bildet doch das gezahlte Entgelt ein gut abbildbares Maß für den Marktwert der verkauften Leistung. Probleme entstehen lediglich in den Fällen, in denen marktbestimmte Dienstleistungen nicht als solche gehandelt werden. Weitaus schwieriger gestaltet sich dagegen die statistische Erfassung der *nichtmarktbestimmten Dienstleistungen*. Da weder Marktvorgänge noch Preise für diese Dienstleistungen existieren, kann deren Wert nicht direkt gemessen werden. Als Ersatzlösungen fungieren insofern oftmals der input- und outputorientierte Ansatz.[42]

---

38 Vgl. *Stille, F.*: Strukturwandel und Dienstleistungen, in: DIW-Wochenbericht 34/87, S. 465

39 Vgl. *ebenda*

40 Vgl. *Lützel, H.*: Statistische Erfassung ..., a.a.O., S. 20

41 Vgl. *Grohmann, H.*: Vom theoretischen Konstrukt zum statistischen Begriff. Das Adäquationsproblem, in: Allgemeines Statistisches Archiv 1/1985, S. 1 ff.

42 Vgl. *Lützel, H.*: Statistische Erfassung ..., a.a.O., S. 24 f.

Der *inputorientierte Ansatz* bestimmt den Wert der nichtmarktbestimmten Dienstleistungen anhand der Summe der Kosten bzw. Aufwendungen, die für deren Erbringung notwendig waren oder sind. Obwohl dieser Ansatz konzeptionell nicht voll befriedigen kann, wird er in der Regel, da statistisch eher realisierbar, angewandt, beispielsweise für die Ermittlung des Wertes der staatlichen Dienstleistungen in den Volkswirtschaftlichen Gesamtrechnungen, für die meisten vorgelegten Schätzungen des Wertes der Haushaltsproduktion oder für die Bestimmung des Wertes von Forschungs- und Entwicklungsleistungen. Aus theoretischer Sicht wäre es allerdings weitaus wünschenswerter, mit Hilfe eines *outputorientierten Ansatzes* den Wert von Dienstleistungen anhand ihrer Wirkungen auf Personen oder Sachen zu bestimmen. Diese Spuren der Dienstleistungen sind gegenwärtig allerdings erst in sehr wenigen Fällen abbildbar, da die amtliche Statistik sich lange Zeit damit begnügte, Inputs mit Margenzuschlägen näherungsweise auf Outputs umzurechnen.[43]

Für differenzierte Fragestellungen vermag dieses traditionelle Vorgehen aber immer weniger zu befriedigen. Insbesondere genügt es zur Ermittlung der Produktivität von Dienstleistungen nicht, lediglich mehr Anbieter von Dienstleistungen besser zu erfassen. Entscheidend für die Outputbestimmung ist vielmehr die Wertung durch einen Markt, sei es jener für die Nutzung von Gütern, für gebrauchte Güter oder der Arbeitsmarkt. Vermehrt erfaßt und in zwei Richtungen verknüpft werden müßten künftig also vor allem die Eigenschaften der als Dienstleistungsempfänger in Frage kommenden Güter und Personen, wobei einerseits die Verbindung zwischen den durch Dienstleistungen verbesserten Eigenschaften und den auf dem Markt erzielten Preisen und Lohnsätzen herzustellen wäre, und andererseits die erfolgte Veränderung der Charakteristika auf die Inputs von Dienstleistungen zurechenbar werden müßte. Aggregierte Daten, auch wenn sie vergleichsweise tief gegliedert sind, werden diesen Zweck sicherlich kaum erfüllen können. Insofern müßte das Schwergewicht vielmehr auf einer Ergänzung vorhandener Mikrodatensätze liegen.[44]

Mit großen Problemen sieht sich die amtliche Statistik aber auch im Hinblick auf die Abgrenzung der Dienstleistungen zu anderen wirtschaftlichen Aktivitäten konfrontiert. Die nur sehr lückenhaft zur Verfügung stehenden Daten der Bundesstatistik basieren auf einer *institutionellen* sowie einer *funktionellen* Abgrenzung des Dienstleistungssektors, wobei einer Verknüpfung dieses unternehmens- bzw. personenorientierten Gliederungs-

---

[43] Vgl. *ebenda*, S. 25 f.; *Zweifel, P.*: Dienstleistungen ..., a.a.O., S. 13 f.

[44] Vgl. *Zweifel, P.*: Dienstleistungen ..., a.a.O., S. 13 f.

schemas in der amtlichen Statistik erst in jüngster Zeit verstärkte Aufmerksamkeit geschenkt wird. Die institutionelle Abgrenzung der Wirtschaftssektoren basiert auf der für den Statistiker kleinsten relevanten Erhebungseinheit, dem Betriebs- bzw. Unternehmenskonzept. Unterschieden wird hierbei zwischen

- der Land- und Forstwirtschaft (Wirtschaftshauptgruppe 0),
- dem Produzierenden Gewerbe (Wirtschaftshauptgruppen 1-3) sowie
- dem Dienstleistungssektor (Wirtschaftshauptgruppen 4-9).

Etwaige tiefere Differenzierungen des institutionellen Dienstleistungsbereiches erfolgen in der amtlichen Statistik nicht einheitlich, sondern nach verschiedenen Wirtschaftszweigsystematiken.

Über *Dienstleistungstätigkeiten* informiert die amtliche Statistik dagegen im Rahmen von Statistiken, die als Erhebungseinheit Personen aufweisen, wie etwa die Volkszählung, der Mikrozensus oder auch die Statistik der sozialversicherungspflichtig Beschäftigten. Unterschieden werden hierbei 344 Berufsordnungen, die sich primären, sekundären und tertiären Funktionen zurechnen lassen.[45]

Ein entscheidender Nachteil der institutionellen Klassifikation nach Wirtschaftsbereichen ist die Vernachlässigung nicht nur der wachsenden schattenwirtschaftlichen Beschäftigung, die sich zum großen Teil im Dienstleistungsbereich ausgedehnt hat, sondern auch der zunehmend an Bedeutung gewinnenden Dienstleistungstätigkeiten im sekundären Sektor, ein Problem, das gerade im Zusammenhang mit der Analyse einer möglichen "Überindustrialisierung" der Bundesrepublik Deutschland in den folgenden Kapiteln noch eine wichtige Rolle spielen wird, da die statistische Abgrenzung in verschiedenen Volkswirtschaften - je nach der Erfassung und dem Auslagerungsgrad von Dienstleistungsaktivitäten - recht unterschiedlich ausfällt und bestehende institutionelle Klassifikationen die Strukturverschiebungen zu den Dienstleistungen daher oftmals nur ansatzweise widerspiegeln.[46]

Für viele Untersuchungen ist es insofern weitaus aufschlußreicher, die Dienstleistungen, wie beschrieben, in *funktionaler* Abgrenzung darzustellen. Allerdings treten bei der statistischen Erfassung von Dienstleistungen in funktionaler Abgrenzung zusätzliche Schwierigkeiten auf, u. a. weil es nur selten möglich ist, additionsfähige Maßeinheiten zu definieren, die alle denkbaren Fälle der Dienstleistungsproduktion subsumieren. Häufig wird daher als Ersatzindikator auf die Anzahl der in bestimmten Dienstleistungs-

---

[45] Vgl. *Albach, H.*: Dienstleistungen ..., a.a.O., S. 33 f.

[46] Vgl. *Wegner, M.*: Die Schaffung von Arbeitsplätzen ..., a.a.O., S. 4; *Stille, F.*: Strukturwandel ..., a.a.O., S. 461

berufen tätigen Personen Bezug genommen. Dabei wird stillschweigend unterstellt, daß alle in einem Dienstleistungsberuf tätigen Erwerbspersonen de facto auch Dienstleistungen erbringen, was in der Praxis sicherlich häufig ebenfalls nicht zutreffend ist, da Dienstleistungen durchaus auch von Erwerbstätigen erbracht werden können, deren Beruf nicht den Dienstleistungsberufen, wie auch immer definiert oder abgegrenzt, zuzurechnen ist.[47]

Resümierend bleibt zum Ende des vorliegenden Kapitels somit festzuhalten, daß die zunehmende Bedeutung von Dienstleistungen in entwickelten Industriegesellschaften sowohl die sozial- und wirtschaftswissenschaftliche Forschung als auch die amtliche Statistik mit entscheidenden neuen Anforderungen konfrontiert. Erforderlich erscheint neben der Verbesserung der definitorischen Grundlagen von Dienstleistungen generell aber auch eine erneute Überprüfung der grundlegenden Voraussetzungen und Paradigmen der ökonomischen Theorie, wobei neben dem Wertbegriff vor allem auch die Frage der economies of scale neu durchdacht werden sollte, da die Optimierung eines Systems offensichtlich nicht länger nur aus der bloßen Addition der optimalen Größen jeder einzelnen Komponente des Systems folgt.[48] Strukturpolitisch ist vor allem der Mut verlangt, sich von der überkommenen, noch von *Smith* und - allerdings in abweichender Form - von *Marx* geprägten Vorstellung zu trennen, die Produktion von Dienstleistungen sei grundsätzlich unproduktiv,[49] eine Perspektive, die auch heute noch

---

47 Vgl. *Lützel, H.*: Statistische Erfassung ..., a.a.O., S. 26

48 Vgl. *Giarini, O.*: Entwürfe zum "Reichtum der Nationen": Einige Kernpunkte und Definitionen zum Thema Dienstleistungswirtschaft, in: *Pestel, E. (Hrsg.)*: Perspektiven der Dienstleistungswirtschaft ..., a.a.O., S. 44 f.

49 So können Dienstleistungen nach Auffassung von *Smith* keinen wesentlichen Beitrag zur wirtschaftlichen Entwicklung erbringen. Auch in der Auffassung von *Marx* gelten alle Zirkulationskosten, zu denen er Handel, Buchhaltung, Kreditwesen und Lagerhaltung zählt, als unproduktiv, da sie den Waren letztlich keinen Wert zusetzen, sondern nur der Formverwandlung der Ware entspringen. Lediglich die Transportkosten nimmt er aus, da die Ortsveränderung der Rohstoffe und Waren Teil der Produktion sei. Dagegen haben *Say* mit seiner Differenzierung zwischen materiellen und immateriellen Gütern und *Malthus* mit der Unterscheidung zwischen unmittelbarer und mittelbarer Produktivität (Dienstleistungen als Fördermittel der Sachgüterproduktion) den Gutscharakter der Dienstleistungen anerkannt und die grundsätzliche Gleichwertigkeit beider Güterarten im produktivitätstheoretischen Sinne betont. Auch das Ökonomische Lexikon vermerkt konsequenterweise, daß die Leistungen von Dienstleistungsbetrieben nicht in das Nationaleinkommen eingehen, daß sie aber zur Verbesserung des Lebensstandards der Bevölkerung beitragen, und daß die Arbeit in ihnen gesellschaftlich notwendig sei. Vgl. zu diesem Themenkomplex insbesondere *Marx*,

die Denkweise zahlreicher neokonservativer wie linker Ökonomen in der Bundesrepublik Deutschland prägt. Es ist wissenschaftlich nicht länger haltbar, daß nur das Produzierende Gewerbe Wachstum und Wohlstand kreiert. Kapitel 4 wird diese Gedanken detaillierter aufgreifen. Aber auch die amtliche Statistik sieht sich mit entscheidenden neuen Herausforderungen konfrontiert, wobei der Erstellung einer aussagekräftigen Dienstleistungsstatistik zweifellos Priorität beizumessen ist. Weiterführende Informationen und mögliche Optionen zu dieser Problematik sind Kapitel 5.9.1 vorbehalten.

Im folgenden Kapitel soll nun aber zunächst einmal die These einer möglichen "Überindustrialisierung" der Bundesrepublik Deutschland im Lichte verschiedener Referenzsysteme und Indikatoren zur Bewertung des Industrialisierungsgrades der Bundesrepublik einer näheren Überprüfung unterzogen werden. Dabei wird in Kapitel 2.1 recht detailliert auf das "Normalstruktur"- bzw. Drei-Sektoren-Referenzmuster eingegangen und in diesem Kontext auch recht ausführlich die Entwicklung des Tertiärisierungsprozesses in der Bundesrepublik Deutschland in den zurückliegenden Jahren nachgezeichnet werden, bevor sich Kapitel 2.2 dann mit internationalen Vergleichen sektoraler Produktions- und Beschäftigungsstrukturen und Kapitel 2.3 schließlich in einem Exkurs mit dem Aspekt steigender ökologischer und sozialer Folgekosten des industrieakzentuierten Wachstumsparadigmas in der Bundesrepublik Deutschland auseinandersetzen werden.

K.: Das Kapital, Band 2, MEW 24. Berlin Ost 1971, S. 131 ff.; *Köhler, J.*: Zur Problematik der produktiven und der unproduktiven Arbeit sowie der Dienstleistungen, in: Wirtschaftswissenschaft 22. Jg. (1974), S. 852 ff.; *Giarini, O.*: Entwürfe zum "Reichtum der Nationen" ..., a.a.O., S. 46; *Ertel, R.*: Entwicklungen im Dienstleistungsbereich ..., a.a.O., S. 1; *Ökonomisches Lexikon (A-K)*, Stichwort "Dienstleistungsbetrieb". Berlin (Ost) 1970, S. 482

2 Die "Überindustrialisierungs"-Hypothesen: Empirisch haltbar? Analyse der Validität ausgewählter Referenzsysteme und Indikatoren zur Bewertung des Industrialisierungsgrades der Bundesrepublik Deutschland

2.1 "Überindustrialisierung" der Bundesrepublik Deutschland im Lichte des "Normalstruktur"-Referenzmusters

2.1.1 Aussagen der "Normalstruktur"-Hypothese

Die wirtschaftswissenschaftliche Diskussion um eine mögliche "Überindustrialisierung" der Bundesrepublik eröffneten Anfang der siebziger Jahre Untersuchungen des *Instituts für Weltwirtschaft*,[1] die - aufbauend auf theoretischen Grundlagen der Drei-Sektoren-Hypothese - Längsschnittregressionen zur sektoralen Verteilung von Bruttowertschöpfung und Beschäftigung in der Bundesrepublik in Abhängigkeit vom Pro-Kopf-Einkommen mit den "Normalstruktur"-Referenzwerten einer internationalen Querschnittsregression diverser OECD-Staaten verglichen. Die hierbei gewonnenen empirischen Befunde deuteten daraufhin, daß in der Bundesrepublik Deutschland im gesamten Referenzzeitraum der Anteil des sekundären Sektors im internationalen Vergleich stets höher sowie die Anteile des primären und tertiären Sektors an der Gesamtbeschäftigung und am Sozialprodukt stets niedriger waren (vgl. Abbildung 3), woraus das Kieler Institut eine "Überindustrialisierung" der Bundesrepublik ableitete.[2]

Auch die Exponenten der Drei-Sektoren-Hypothese (*Clark*, *Fisher* und *Fourastié*) gingen davon aus, daß die Höhe des Pro-Kopf-Einkommens die Struktur der Nachfrage determiniere und sich - bei unterstellter relativer Stabilität von Konsumverhalten und zugrundeliegender Präferenzordnung - die Nachfrage mit steigenden Einkommen zunehmend von dem im primären

---

1 Vgl. *Fels, G./Schatz, K.-W.*: Sektorale Entwicklung und Wachstumsaussichten der westdeutschen Wirtschaft bis 1980, in: Die Weltwirtschaft 1/1974, S. 52 ff.

2 Vgl. *ebenda*, S. 79; *Horn, E.-J.*: Ist die BRD überindustrialisiert?, in: Wirtschaftsdienst 7/1976, S. 349; den Befund einer "Überindustrialisierung" versuchte das *Institut für Weltwirtschaft* in den folgenden Jahren mit weiteren Regressionsanalysen statistisch zu untermauern. Vgl. etwa: *Fels, G./Schmidt, K.-D.*: Die deutsche Wirtschaft im Strukturwandel. Tübingen 1980, S. 193 ff.

Abbildung 3: Die Beiträge der Sektoren zur Beschäftigung in Abhängigkeit vom Pro-Kopf-Einkommen in OECD-Ländern (1971) und der Bundesrepublik Deutschland (1950-1973)[3]

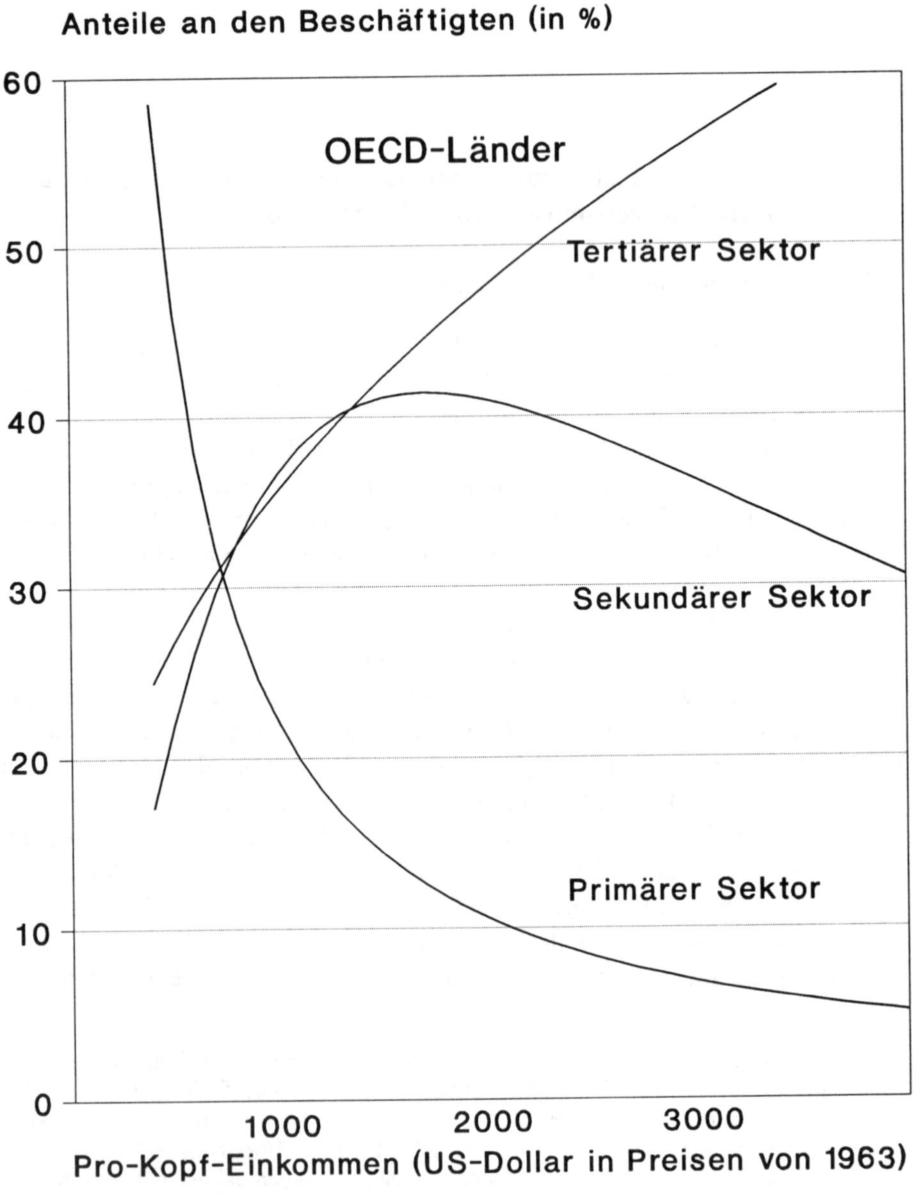

Abbildung 3: Die Beiträge der Sektoren zur Beschäftigung in Abhängigkeit vom Pro-Kopf-Einkommen in OECD-Ländern (1971) und der Bundesrepublik Deutschland (1950-1973) (Fortsetzung)

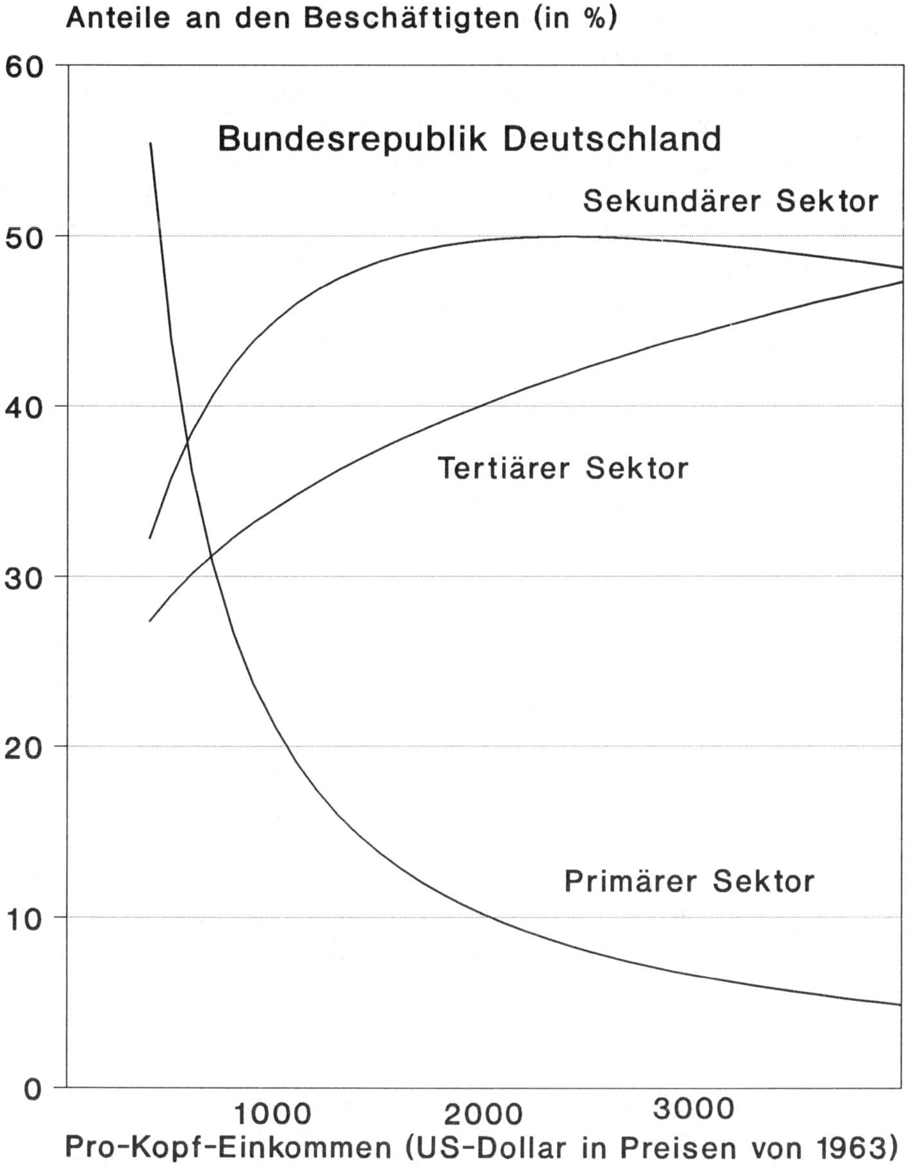

[3] Quelle: *Fels, G./Schatz, K.-W.*: Sektorale Entwicklung ..., a.a.O., S. 55 f.

Sektor angebotenen Grundbedarf über höherwertige, dauerhafte Industriegüter hin zu im tertiären Sektor erstellten Dienstleistungen wende. Zudem unterstellt ein zweites Argumentationsschema der Drei-Sektoren-Hypothese aber auch eine generelle Produktivitätsschwäche des Dienstleistungssektors aufgrund der Dominanz des uno-actu-Prinzips, die erst die im historischen Zeitablauf für den Strukturwandel notwendigen Arbeitskräfteumsetzungen hin zum tertiären Sektor ermögliche.[4]

Da nun aber alle im folgenden kurz skizzierten empirischen Befunde zum sektoralen Strukturwandel in der Bundesrepublik Deutschland daraufhin deuten, daß monokausale Erklärungsansätze der Komplexität des Strukturwandels in der Bundesrepublik in keinster Weise gerecht werden können, und daß dieser Strukturwandel keineswegs nur vom Pro-Kopf-Einkommen und der Produktivitätsentwicklung der Dienstleistungen, sondern überdies von einer Vielzahl weiterer Einflußfaktoren abhängt, verlieren allerdings sowohl "Normalstruktur"- als auch Drei-Sektoren-Hypothese recht schnell ihre grundsätzliche Legitimation als mögliche Indikatoren einer potentiellen "Überindustrialisierung" der Bundesrepublik Deutschland. Diese These soll im folgenden näher erläutert werden.

2.1.2 *Empirische Befunde zum sektoralen Strukturwandel in der Bundesrepublik Deutschland*

Empirische Befunde zur Entwicklung der Brutto-Wertschöpfung und der Beschäftigung in der Bundesrepublik Deutschland nach der Abgrenzung der Volkswirtschaftlichen Gesamtrechnungen[5] scheinen auf den ersten Blick in ihrer Tendenz "Normalstruktur"- und Drei-Sektoren-Hypothese zu bestätigen. Wie Tabelle 1 und Tabelle 2 zu entnehmen ist, hat sich die sektorale Verschiebung von Produktion und Beschäftigung in der Bundesrepublik hin zum Dienstleistungssektor - wie in allen bedeutenden Industriestaaten - mittlerweile eindeutig durchgesetzt. So sind auch in der Bundesrepublik Deutschland bei kontinuierlich steigendem Beschäftigungspotential bereits seit Mitte der siebziger Jahre im Dienstleistungssektor mehr Erwerbstätige beschäftigt als im primären und sekundären Sektor.

---

4 Vgl. *Goergens, E.*: Die Drei-Sektoren-Hypothese, in: Das Wirtschaftsstudium (WISU) 6/1975, S. 66 f.

5 Zur Entwicklung der Struktur der sozialversicherungspflichtigen Beschäftigung vgl. *Dietz, F.*: Strukturwandel auf dem Arbeitsmarkt. Entwicklung bei den sozialversicherungspflichtig beschäftigten Arbeitnehmern nach Wirtschaftszweigen, Berufen und Qualifikationen zwischen 1974 und 1986, in: MittAB 1/88, S. 115 ff.

Tabelle 1: Sektorale Verteilung der Bruttowertschöpfung in der Bundesrepublik Deutschland 1950-1985 (Anteile in Prozent)[6]

Wirtschaftsbereich	1950	1960	1970	1980	1985
Land- und Forstwirtschaft, Fischerei	10,7	5,8	3,4	2,1	1,7
Warenproduzierendes Gewerbe	49,7	53,2	51,7	44,4	42,2
Tertiärer Sektor	39,6	40,9	45,0	53,4	56,1
-Handel und Verkehr	19,9	18,5	16,0	15,9	15,4
-Dienstleistungsunternehmen	11,6	13,6	17,7	23,5	27,0
-Staat, private Haushalte, private Organisationen	8,1	8,8	11,2	14,0	13,6
Insgesamt	100,0	100,0	100,0	100,0	100,0

Gleichzeitig nahm der Beschäftigungsanteil des primären Sektors kontinuierlich ab, während der sekundäre Sektor sein Beschäftigungszenit erst 1970 überschritt und seitdem ebenfalls eine abnehmende Beschäftigung aufweist. Allerdings beschäftigt der industrielle Sektor auch im Jahre 1985 noch immer ca. 41% aller Erwerbstätigen in der Bundesrepublik Deutschland (vgl. Tabelle 2).[7]

---

6 Quelle: *Vogler-Ludwig, K.*: Dynamik der Dienstleistungsproduktion in der Bundesrepublik Deutschland, in: Ifo-Schnelldienst 14-15/87, S. 32

7 Interessant erscheint in diesem Zusammenhang auch die regionale Verteilung der Dienstleistungsbeschäftigung in der Bundesrepublik Deutschland. So verfügte zum 30. Juni 1987 nach der Abgrenzung der Beschäftigtenstatistik der Stadtstaat Hamburg mit 71,9% über den höchsten Beschäftigtenanteil im Dienstleistungsbereich, während Baden-Württemberg nur den niedrigsten Anteil von 43,7% erreicht. Es zeigt sich also, daß - *zumindest in der kurz- und mittelfristigen Perspektive und auf regionaler Ebene* - ein geringer Anteil des tertiären Sektors an der Gesamtbeschäftigung durchaus mit einem ausgeglichenen Arbeitsmarkt zu vereinbaren ist. Vgl. hierzu insbesondere *Becker, B.*: Arbeitnehmer im Dienstleistungsbereich. Ergebnis der Beschäftigtenstatistik, in: Wirtschaft und Statistik 5/1988, S. 337 ff.

Tabelle 2: Sektorale Verteilung der Erwerbstätigkeit in der Bundesrepublik Deutschland 1950-1985 (Anteile in Prozent)[8]

Wirtschaftsbereich	1950	1960	1970	1980	1985
Land- und Forstwirtschaft, Fischerei	24,6	13,7	8,5	5,5	5,4
Warenproduzierendes Gewerbe	42,9	47,9	48,9	44,1	41,0
Tertiärer Sektor	32,5	38,3	42,6	50,4	53,6
-Handel und Verkehr	15,6	18,3	17,9	18,9	18,7
-Dienstleistungsunternehmen	6,7	9,1	11,0	13,6	15,2
-Staat, private Haushalte, private Organisationen	10,2	11,0	13,6	17,9	19,7
Insgesamt	100,0	100,0	100,0	100,0	100,0

Hinter derartigen gesamtwirtschaftlichen Durchschnittsbetrachtungen verbergen sich innerhalb des Dienstleistungssektors allerdings Entwicklungstrends, deren Bedeutung, Komplexität und Entwicklung die monokausalen Argumentationsschemata von "Normalstruktur"- und Drei-Sektoren-Hypothese völlig falsch eingeschätzt hatten.

Als wesentliche Prognosefehler der beiden Hypothesen erwiesen sich in der realen Entwicklung insbesondere

- die nur relativ bescheidene Ausweitung der privaten Verbraucherdienste,
- der weitaus ausgeprägtere Trend zu staatlichen Dienstleistungen,
- die zunehmende Tertiärisierung der industriellen Produktion in der Bundesrepublik,
- die ebenfalls unerwartet hohe Zunahme an Informationsdienstleistungen, die viele Autoren bereits zu Visionen einer sich anbahnenden "Informationsgesellschaft" bewegte, sowie

---

8 Quelle: *Vogler-Ludwig, K.*: Dynamik der Dienstleistungsproduktion ..., a.a.O., S. 33

- keinesfalls in diesem Ausmaß erwartete Produktivitätszunahmen zahlreicher Dienstleistungszweige.

Den Gründen für diese unerwarteten Entwicklungen im Dienstleistungssektor soll im folgenden nachgegangen werden.

2.1.2.1 Bescheidene Ausweitung verbraucherbezogener Dienstleistungen

Wie Neuberechnungen der Konsumverflechtungstabellen des RWI verdeutlichen, gingen vom Privaten Verbrauch zwischen 1960 und 1986 - entgegen allen Erwartungen von *Clark*, *Fisher* und *Fourastié* - keine nennenswerten Impulse für das Wachstum des Dienstleistungssektors aus. Zwar hat der Anteil der Ausgaben für Dienstleistungen generell zugenommen, dies jedoch in erster Linie als Konsequenz steigender relativer Preise sowie eines - zum Teil rein kalkulatorisch - steigenden Aufwands für Wohnungsmieten. Mit konstanten Preisen von 1980 bewertet liegt der Dienstleistungsanteil am Privaten Verbrauch in den achtziger Jahren sogar noch deutlich unter dem zu Beginn der sechziger Jahre.[9]

Diese entgegen den ursprünglichen Erwartungen geringeren Nachfrageimpulse der privaten Haushalte zugunsten des Dienstleistungssektors sind primär auf die geringe Preiselastizität verbraucherbezogener Dienstleistungen zurückzuführen. So reagierten die Haushalte äußerst sensibel auf die relative Verteuerung persönlicher Dienste und nutzten in verstärktem Maße die durch eine zunehmende Technisierung der Haushaltsproduktion wachsenden Möglichkeiten, ihren Dienstleistungsbedarf nicht nur über den Markt, sondern auch in *Eigenproduktion* zu decken. Die Nachfrage aus der Technisierung der Haushaltsproduktion kam somit allerdings den Herstellern von dauerhaften Konsum- und Verbrauchsgütern zugute und eben nicht den Anbietern im tertiären Sektor.[10]

Aber auch viele Dienstleistungsbranchen, wie beispielweise der Einzelhandel, das Gastgewerbe oder auch Kreditinstitute, reagierten auf die zunehmende Bereitschaft der privaten Haushalte zu Do-It-Yourself-Aktivitäten mit einer verstärkten *Ausweitung von Selbstbedienungsformen*, sahen also im Produktionspotential der privaten Haushalte nicht nur eine konkur-

---

9 Vgl. *Döhrn, R.*: Zur strukturellen Entwicklung des Privaten Verbrauchs seit 1960. Eine Neuberechnung der Konsumverflechtungstabellen des RWI, in: RWI-Mitteilungen, Jg. 39 (1988), S. 78 f.

10 Vgl. *Heinze, J.*: Jenseits der ..., a.a.O., S. 5 f.

rierende Produktionsform, sondern auch ein offensiv zu erschließendes Faktorpotential zur Verbilligung ihres Dienstleistungssortimentes.[11]

2.1.2.2 *Trend zu staatlichen Dienstleistungen*

Von "Normalstruktur"- und Drei-Sektoren-Hypothese als Bedarfsdeckungsalternative weiterhin deutlich unterschätzt wurde, wie eingangs bereits erwähnt, aber auch das zunehmende staatliche Angebot an verbraucherbezogenen Dienstleistungen.[12] Gerade von den staatlichen Aufgabenbereichen Bildung, Kultur, Gesundheit und soziale Sicherung aber gingen in der Bundesrepublik in den siebziger Jahren die wesentlichsten Beschäftigungsimpulse für den Dienstleistungssektor aus. So hat allein der Staat in der Zeit von 1973 bis 1983 mit rund 60% zur Schaffung von Arbeitsplätzen im Dienstleistungsbereich beigetragen.[13] Zu einem großen Teil handelt es sich dabei wiederum um Leistungen, die zuvor im Privatbereich ohne Entgelt erfüllt und nun auf Institutionen übertragen wurden, in denen die Arbeitsleistungen erwerbsmäßig erbracht werden.[14] Allerdings sind die staatlichen Beschäftigungszuwächse seit 1980 schwächer geworden.

2.1.2.3 *Zunehmende Tertiärisierung der industriellen Produktion in der Bundesrepublik*

Einen dritten deutlichen Widerspruch zu den nachfrageorientierten Erklärungsansätzen der "Normalstruktur"- und Drei-Sektoren-Hypothese stellt ferner die zunehmende Tertiärisierung der industriellen Produktion in der Bundesrepublik dar, die sich sowohl aus Ergebnissen des Mikrozensus 1987 als auch aus der wachsenden Bedeutung unternehmensorientierter Dienstleistungen ableiten läßt.[15] So übten nach den Ergebnissen des Mikrozensus

---

11 Vgl. *Heinze, J./Schedl, H.*: Eigenproduktion und Schwarzarbeit: Alternativen zur Deckung des Dienstleistungsbedarfs, in: Ifo-Schnelldienst 14-15/87, S. 52. Diese nachfrage- wie angebotsseitigen Verlagerungen im Bereich konsum- und personenbezogener Dienstleistungen veranlaßten im übrigen *Gershuny* dazu, statt eines Trends zur Dienstleistungsgesellschaft einen *Trend zur "Selbstbedienungswirtschaft"* zu konstatieren. Vgl. *Gershuny, J.*: Beschäftigungsstruktur und nachindustrieller Wandel, in: *Pestel, E. (Hrsg.)*: Perspektiven der Dienstleistungswirtschaft ..., a.a.O., S. 67; *Gershuny, J.*: Post-Industrial Society. The myth of the service economy, in: Futures, April 1977, S. 103 ff.

12 Vgl. *Heinze, J.*: Jenseits der ..., a.a.O., S. 6

13 *Wegner, M.*: Die Schaffung von Arbeitsplätzen ..., a.a.O., S. 6

14 Vgl. *Heinze, J.*: Jenseits der ..., a.a.O., S. 6

15 Dabei sollen unter dem Begriff "unternehmensorientierte Dienstleistungen" sowohl die direkten Dienstleistungs-Inputs im warenproduzierenden Sektor als

1987 von den im März 1987 insgesamt 27,1 Mio. Erwerbstätigen in der Bundesrepublik nur noch gut ein Fünftel (5,6 Mio.) vorwiegend Tätigkeiten aus, die sich im weiteren Sinne mit dem Herstellen von Produkten befassen, wie zum Beispiel Anbauen, Gewinnen, Verarbeiten/Bearbeiten, Bauen und Montieren. Alle übrigen, also knapp vier Fünftel der Erwerbstätigen, befassen sich mit Dienstleistungen im weitesten Sinne, d. h. so heterogenen Tätigkeiten wie Maschinen warten, Reparieren, Handel treiben oder Planen/Forschen, wobei wiederum Bürotätigkeiten mit 4,5 Mio. Erwerbstätigen (16,8%) die größte Bedeutung zukommt.[16]

Die wachsende Bedeutung der unternehmensorientierten Dienstleistungen verdeutlichen auch Abbildung 4 sowie die Tatsache, daß in der Bundesrepublik sowohl die direkten Dienstleistungsinputs in der Warenproduktion (gemessen in Beschäftigten mit Dienstleistungsberufen) als auch die mit Hilfe von Input-Output-Tabellen geschätzten Leistungen von Dienstleistungsunternehmen an andere Unternehmen in den zurückliegenden Dezennien zugenommen haben. Insgesamt waren in der Bundesrepublik im Jahre 1980 4,2 Mio. Erwerbstätige des Dienstleistungssektors für andere Unternehmen tätig, dies entspricht einem Anteil an der Gesamterwerbstätigkeit von 15,9%.[17]

Auch in der jüngeren Vergangenheit verzeichneten die externen Anbieter von Dienstleistungen die dynamischste Entwicklung aller marktbestimmten Dienstleistungen in der Bundesrepublik. So wurden alleine zwischen 1977 und 1986 in diesem Bereich 227 000 Arbeitsplätze geschaffen.[18] Eine besondere *Wachstumsdynamik* entfalteten dabei vor allem *die Unternehmensdienstleistungen im engeren Sinne*, d. h. so heterogene Bereiche wie Rechts- und Wirtschaftsberatung, Wirtschaftsprüfung, Forschung und Entwicklung, Werbung, Marktforschung, Architektur- und Ingenieurbüros, das Ausstellungs- und Messewesen oder Schreibbüros), eine besondere *Beschäftigungsdynamik* hingegen die *Finanzdienstleistungen* von Kreditinsti-

---

auch die durch den Dienstleistungssektor für andere Unternehmen erbrachten Dienste verstanden werden.

16 Vgl. *Cornelsen, C.*: Beruf und Tätigkeitsmerkmale der Erwerbstätigen. Ergebnis des Mikrozensus März 1987, in: Wirtschaft und Statistik 12/1988, S. 865

17 Vgl. *Ochel, W./Schreyer, P.*: Beschäftigungsentwicklung im Bereich unternehmensorientierter Dienstleistungen: USA - Bundesrepublik im Vergleich, in: *Arbeitsgemeinschaft deutscher wirtschaftswissenschaftlicher Forschungsinstitute e. V. (Hrsg.)*: Dienstleistungen im Strukturwandel ..., a.a.O., S. 154

18 Vgl. *Gerstenberger, W.*: Wettbewerbsfähige Strukturen gestatten Expansionspolitik. Zusammenfassung der Ergebnisse der Strukturberichterstattung 1987, in: Ifo-Schnelldienst 1/88, S. 21

Abbildung 4: Sektorale und funktionale Entwicklung der Dienstleistungen in der deutschen Wirtschaft 1939-1988[19]

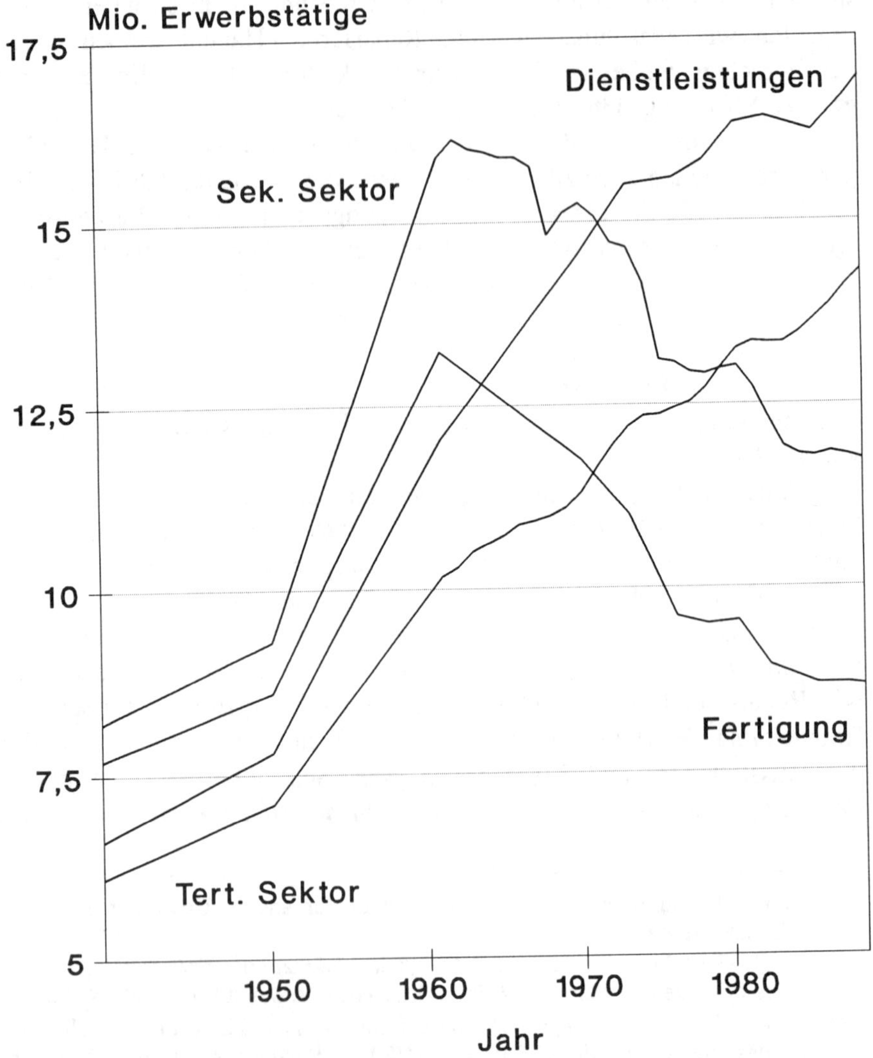

19 Quelle: *Bade, F.-J.*: Der wirtschaftliche Strukturwandel im überregionalen Vergleich - Produktionsorientierte Dienstleistungen als Träger regionaler Wachstumsprozesse, in: *Kemming, H. u. a.*: Tertiärisierung und Stadtstruktur. Zur Notwendigkeit der Neuorientierung städtischen Handelns. Dortmund 1990, S. 12

tuten, Versicherungsunternehmen, der Vermögensverwaltung oder auch Leasing- und Factoringgesellschaften.[20]

2.1.2.4 *Trend zu Informationsdienstleistungen*

Auch die starke Ausweitung der modernen Informationsdienstleistungen, zu der vor allem deren Speicherbarkeit, Übertragbarkeit und damit auch zunehmende Handelbarkeit beigetragen haben,[21] konnten zumindest die Vertreter der Drei-Sektoren-Hypothese verständlicherweise nicht prognostizieren. Abbildung 5 beinhaltet eine Umgruppierung der statistischen Informationen, wobei jene Güter aus dem sekundären und dem tertiären Sektor, die im Zusammenhang mit der Verbreitung der Informations- und Kommunikationstechniken stehen, in einem neugebildeten "quartären" Informationssektor zusammengefaßt sind. Hierbei wird deutlich, daß gerade in den zurückliegenden Jahren nur noch Beschäftigungsgewinne im Bereich der Informationsdienstleistungen zu verzeichnen sind. Aus dem starken Anwachsen der Informationsdienstleistungen sowie deren Verbreitung und rascher Ausdifferenzierung allerdings bereits Rückschlüsse auf eine sich anbahnende "Informationsgesellschaft" zu ziehen, wie dies in jüngster Zeit eine Vielzahl von Publikationen versucht haben,[22] erscheint aber als verkürzte, eindimensionale und damit wenig tragfähige Argumentation. Möchte man sich schon dem Trend, komplexe sozioökonomische Sachverhalte auf plakative Formeln zu reduzieren, nicht vollständig entziehen, dann sollte man im vorliegenden Fall statt eines "Wandels zur Informationsgesellschaft" angemessener eine *"Informatisierung der Industriegesellschaft"* konstatieren.[23]

---

20 *Heinze, J.*: Jenseits der ..., a.a.O., S. 7; *Ochel, W.*: Produzentendienstleistungen: Auch in Europa ein wichtiger Wachstumsbereich, in: Ifo-Schnelldienst 14-15/87, S. 21 ff.

21 Vgl. *Heinze, J.*: Jenseits der ..., a.a.O., S. 7

22 Vgl. etwa *Otto, P./Sonntag, P.*: Wege in die Informationsgesellschaft. Steuerungsprobleme in Wirtschaft und Politik. München 1985; *Späth, L.*: Wende in die Zukunft. Die Bundesrepublik auf dem Weg in die Informationsgesellschaft. Hamburg 1985; *Tietz, B.*: Wege in die Informationsgesellschaft. Szenarien und Optionen für Wirtschaft und Gesellschaft. Ein Handbuch für Entscheidungsträger. Stuttgart 1987

23 Vgl. *Schröder, K. T./Eckert, U./Georgieff, P./Harmsen, D.-M.*: Die Bundesrepublik Deutschland auf dem Weg zur Informationsgesellschaft?, in: APuZ B 15/89, S. 17 ff.

Abbildung 5: Das Vier-Sektoren-Modell der IAB/Prognos-Projektionen bis zum Jahre 2000 (mittlere Variante)[24]

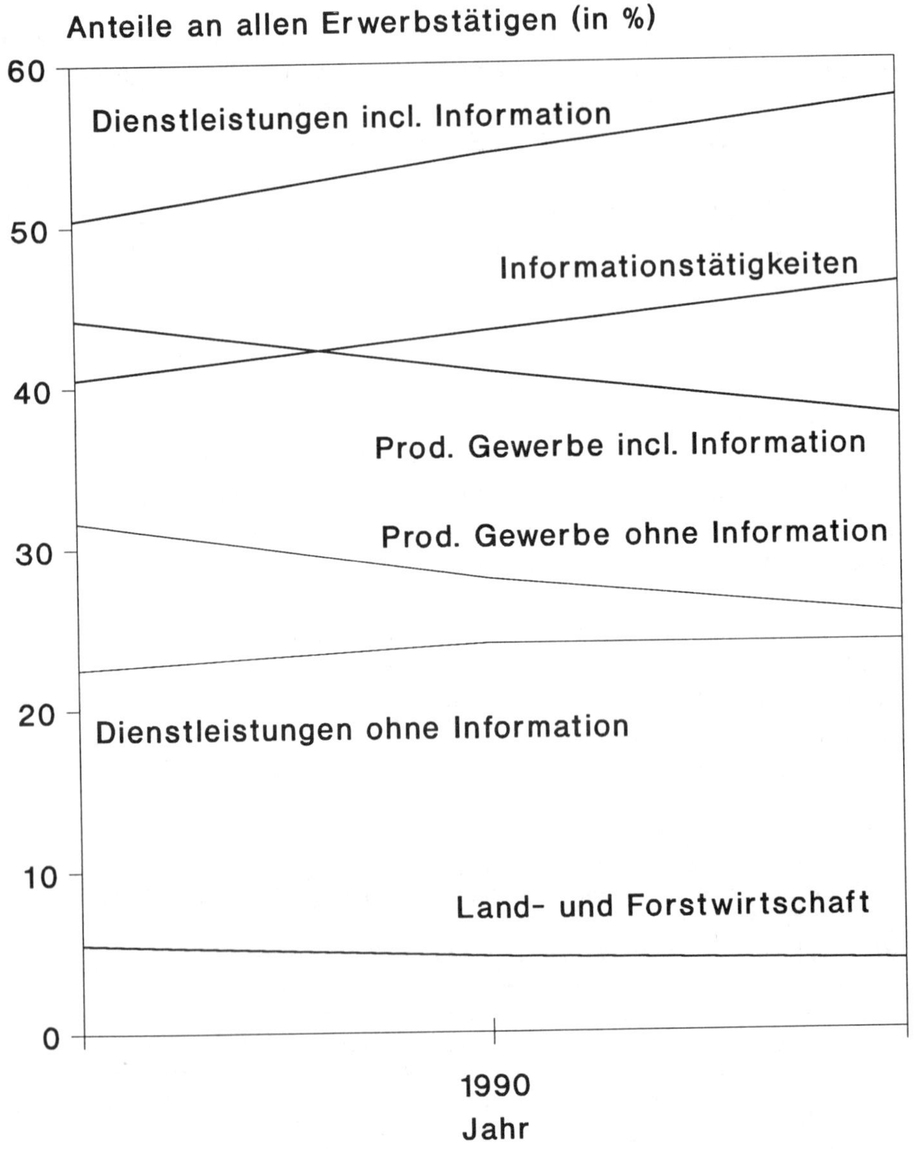

24 Quelle: *Dostal, W.*: Informationstechnik und Informationsbereich im Kontext aktueller Prognosen, in: MittAB 1/86, S. 141

Zudem bleibt aber auch zu berücksichtigen, daß für die künftige Entwicklung der Beschäftigung im Informationsbereich und der Berufsstruktur eine Reihe widersprüchlicher Prognosen vorliegen. So erwarten Projektionen des *Instituts für Arbeitsmarkt- und Berufsforschung* und der *Prognos* AG bis zum Jahr 2000 für die deutsche Volkswirtschaft eine weitere Steigerung des Informationsbereichs auf knapp 50% der Erwerbstätigen (vgl. Abbildung 5).[25]

Demgegenüber gehen andere, auf Input-Output-Analysen basierende Studien von einer Verringerung des Anteils der Berufe aus, die Informationstätigkeiten durchführen, da vor allem Informationsberufe durch die Informationstechnik obsolet würden. Weiterhin kontrovers diskutiert wird damit also die Frage, ob die Informationstechnik neue Märkte und damit neue Beschäftigung zu schaffen vermag oder ob sie vorhandene Informationsaufgaben rationalisieren bzw. substituieren wird. Wie schon in den zurückliegenden Jahren könnten beide Effekte parallel ablaufen und sich somit durchaus auch kompensieren. Für die Berufsstruktur ist allerdings sicherlich davon auszugehen, daß auch künftig, selbst bei unverändertem Anteil der Informationsberufe, im Spektrum der Tätigkeiten erhebliche Verschiebungen erfolgen werden.[26]

2.1.2.5 Produktivitätsentwicklung im Dienstleistungssektor

Als grobe Fehleinschätzung der tatsächlich eingetretenen Entwicklung erwiesen sich schließlich aber auch die Annahmen der Drei-Sektoren-Hypothese zur Produktivitätsentwicklung im Dienstleistungssektor. Insbesondere die Vorstellung eines produktivitätsschwachen und aus diesem Grunde für freigesetzte Arbeitskräfte aus den beiden anderen Sektoren besonders aufnahmefähigen Dienstleistungssektors ist hierbei sehr realitätsfern. Vielmehr erhöhte sich in der Bundesrepublik (allerdings im Gegensatz zu den meisten anderen Ländern) im privaten Dienstleistungsbereich die Arbeitsproduktivität im Zeitraum von 1973 bis 1984 fast ebenso rasch (+2,6%) wie die im Verarbeitenden Gewerbe (+2,8%) und übertraf damit sogar leicht die gesamtwirtschaftliche Produktivitätszunahme (+2,2%).[27]

---

25 Vgl. *Dostal, W.*: Informatisierung und Wandel der Berufsstruktur, in: *Arbeitsgemeinschaft deutscher wirtschaftswissenschaftlicher Forschungsinstitute e. V. (Hrsg.)*: Dienstleistungen im Strukturwandel ..., a.a.O., S. 118

26 Vgl. ebenda

27 Vgl. *Ochel, W./Wegner, M.*: Dienstleistungen in Europa. Ein Überblick über Wachstum, Beschäftigungs- und Produktivitätsentwicklung, in: Ifo-Schnelldienst 14-15/87, S. 14

Produktivitätssteigerungen im Dienstleistungssektor wurden vor allem realisiert durch

- die Ausbreitung von Selbstbedienungsformen,
- die zeitliche Differenzierung und Flexibilisierung des Personaleinsatzes,
- die Übertragung betrieblicher Funktionen an vor- und nachgelagerte Bereiche,
- Veränderungen in den Produktionstechniken sowie
- die Normierung und Standardisierung des Angebots.[28]

Der klaren Tendenz zur *Tertiärisierung der Warenproduktion* steht somit gleichsam eine *Industrialisierung der Produktion von Diensten* gegenüber.[29]

Zusammenfassend lassen also die bisherigen Ausführungen deutlich erkennen, daß die sektoralen Entwicklungslinien entwickelter Volkswirtschaften weitaus weniger einheitlich verlaufen, als dies die verhältnismäßig einfachen und geradlinigen Annahmen der "Normalstruktur"- bzw. Drei-Sektoren-Hypothese prognostizieren. Auch wenn für die Bundesrepublik Deutschland anhand der Veränderungen der Produktions- und Beschäftigungsstruktur in den zurückliegenden Jahren ein kontinuierlicher Trend zum Dienstleistungssektor nachgewiesen werden konnte, ist damit noch keineswegs ein spezifisch-deterministischer Entwicklungsweg im Sinne dieser Hypothesen vorgegeben. Die empirischen Erfahrungen zeigen vielmehr, daß sich die Komplexität des sektoralen Strukturwandels in der Bundesrepublik Deutschland keineswegs auf die beiden monokausalen Erklärungsmuster (Pro-Kopf-Einkommen, Produktivitätsentwicklung) reduzieren läßt, sondern vielmehr von einer Vielzahl von Faktoren bestimmt wird.[30] Damit verlieren aber sowohl "Normalstruktur"-Hypothese als auch Drei-Sektoren-Hypothese ihre Legitimation als Referenzmodelle für einen "Überindustrialisierungs"-Befund.

Problematisch an der "Normalstruktur"-Hypothese erscheint insbesondere die Tatsache, daß trotz einer fehlenden intertemporalen Dienstleistungsdefinition nationale Längsschnittregressionen mit internationalen Querschnittsregressionen verglichen werden.[31] Überdies darf aber auch

---

28 Vgl. *Heinze, J.*: Jenseits der ..., a.a.O., S. 7

29 Vgl. *Meißner, W./Fassing, W.*: Wirtschaftsstruktur ..., a.a.O., S. 115 ff.

30 Vgl. *Voss, G.*: Trend zur Dienstleistungsgesellschaft oder Re-Industrialisierung? Zu einer Fragestellung der Strukturberichte, in: APuZ B 22/82, S. 44; *Löbbe, K.*: 10 Jahre Strukturberichterstattung - Eine Zwischenbilanz, in: RWI-Mitteilungen, Jg. 37/38 (1986/87), S. 465 f.

31 Vgl. *Heinze, J.*: Jenseits der ..., a.a.O., S. 9

nicht übersehen werden, daß die Bereitstellung einer Normstruktur konsequent nur auf autarke Volkswirtschaften ohne internationalen Warenaustausch angewandt werden kann und mit abnehmender Größe und zunehmender außenwirtschaftlicher Verflechtung eine Abweichung von einer Durchschnittsnorm eher wahrscheinlich ist.[32] Allen Visionen von der Dienstleistungs-, Selbstbedienungs-, Informations- oder auch nachindustriellen Gesellschaft schließlich ist gemein, daß sie einzelne Determinanten des Strukturwandels in der Produktion und im Arbeitseinsatz zu zentralen Faktoren für die zukünftige Wirtschafts- und Gesellschaftsentwicklung überhöhen.[33] Verständlicherweise vermag ein solches Vorgehen der Komplexität des sektoralen Strukturwandels in der Bundesrepublik Deutschland ebenfalls in keinster Weise gerecht zu werden.

2.2 "Überindustrialisierung" im Lichte internationaler Vergleiche von sektoralen Wertschöpfungs- und Beschäftigungsstrukturen

2.2.1 Die Problematik internationaler Vergleiche von sektoralen Wirtschaftsstrukturen

Ein zweiter möglicher Maßstab für eine unter Umständen überhöhte Allokation der bundesdeutschen Wirtschaft im Produzierenden Gewerbe ist die Gegenüberstellung nationaler Wirtschaftsstrukturen mit Wirtschaftsstrukturen vergleichbarer Industrieländer. Aus dieser Perspektive geht die relative Dominanz von Produktion und Beschäftigung im Verarbeitenden Gewerbe in der Bundesrepublik gegenüber Japan und vor allem gegenüber den Vereinigten Staaten bei sektoraler Betrachtungsweise zugleich einher mit einem relativ geringeren Beschäftigungsanteil des tertiären Sektors in der Bundesrepublik Deutschland (vgl. Tabelle 3).

So eindrucksvoll derartige internationale Quervergleiche auf den ersten Blick erscheinen mögen, so leicht können sie allerdings zu falschen Schlußfolgerungen führen. Die aufgezeigten sektoralen Differenzen in der Industriebeschäftigung im internationalen Vergleich könnten nämlich aus der wissenschaftlichen Perspektive nur dann als relative "Überindustrialisierung" der Bundesrepublik gewertet werden, wenn sich der Einfluß statistisch-methodischer Abgrenzungsprobleme und nationaler Besonderheiten

---

[32] Vgl. *Meißner, W./Fassing, W.*: Wirtschaftsstruktur ..., a.a.O., S. 107; vgl. hierzu auch die Ausführungen im folgenden Kapitel 2.2

[33] Vgl. *Gerstenberger, W.*: Dienstleistungen: Auf dem Weg zu einer neuen Arbeitsteilung, in: Ifo-Schnelldienst 14-15/87, S. 3

Tabelle 3: Sektorale Beschäftigung in den OECD-Ländern 1960 und 1984 (Anteile in Prozent)[34]

Land	Primärsektor		Sekundärsektor		Tertiärsekt.	
	1960	1984	1960	1984	1960	1984
BR Deutschland	14,0	5,6	47,0	41,3	39,1	53,1
Schweiz	14,6	6,7	46,5	37,7	38,9	55,7
Österreich	22,6	8,5	41,7	37,3	35,7	54,2
Island	22,9	10,6	34,7	36,8	42,4	52,6
Japan	30,2	8,9	28,5	34,8	41,3	56,3
Portugal	43,9	24,5	31,3	34,8	24,8	40,7
Italien	32,6	11,9	33,9	34,5	33,5	53,6
Luxemburg	16,6	4,4	44,9	33,6	38,4	62,0
Frankreich	23,2	7,9	38,4	33,0	38,5	59,1
Großbritannien	4,7	2,6	47,7	32,9	47,6	64,5
Spanien	38,7	18,0	30,3	32,7	31,0	49,3
Finnland	35,2	12,2	32,6	32,6	32,2	55,2
Neuseeland	14,6	11,2	38,7	32,1	46,8	56,7
Belgien	8,7	3,0	45,0	30,3	46,4	66,7
Schweden	15,7	5,1	40,3	29,8	44,0	65,1
Irland	37,3	16,6	23,7	29,2	39,0	54,2
USA	8,5	3,3	35,3	28,5	56,2	68,2

[34] Quelle: *Cuadrado, R. R./Rio, C. del*: Structural Change and Evolution of the Services Sector in the OECD, in: The Service Industries Journal Nr. 3/1989, S. 443

Land	Primärsektor		Sekundärsektor		Tertiärsekt.	
	1960	1984	1960	1984	1960	1984
Norwegen	21,6	7,1	35,6	28,3	42,9	64,6
Australien	11,0	6,2	38,9	28,1	50,1	65,7
Griechenland	57,1	29,4	17,4	27,8	25,5	42,8
Niederlande	9,8	5,0	40,5	26,9	49,7	68,1
Dänemark	18,2	6,7	36,9	26,8	44,8	66,5
Kanada	13,2	5,3	32,7	25,9	54,1	68,8
Türkei	75,9	58,2	10,7	17,0	13,4	24,8
OECD-Länder	21,7	11,6	35,3	31,4	43,1	57,0

auf die Entwicklung der volkswirtschaftlichen Sektoren vollständig ausschließen ließe. Angesichts der in den folgenden Ausführungen aufgezeigten statistischen Probleme bei der sektoralen Abgrenzung, und angesichts der ebenfalls eingehender behandelten Fülle von nationalen Determinanten der Tertiärisierung wird allerdings schnell erkennbar, daß auch Vergleiche internationaler Wirtschaftsstrukturen dem Anspruch an ein valides Referenzsystem zur Bewertung des Industrialisierungsgrades einer Volkswirtschaft *nicht* genügen können. Zudem ist aber auch an dieser Stelle noch einmal daran zu erinnern, daß gesamtwirtschaftlich "richtige" oder optimale Sektoranteile nicht existieren, sondern letztlich durch den Markt bestimmt werden.[35]

2.2.1.1 Statistisch-methodische Restriktionen

Auch wenn die Zahl der Personen, die in Funktionen oder Sektoren tätig sind, in höherem Maße miteinander vergleichbar ist als zum Beispiel

---

35 Vgl. *Schlecht, O.*: Dienstleistungsexpansion als Herausforderung für die Wirtschaftspolitik, in: *Arbeitsgemeinschaft deutscher wirtschaftswissenschaftlicher Forschungsinstitute e. V. (Hrsg.)*: Dienstleistungen im Strukturwandel ..., a.a.O., S. 234

die Wertschöpfung, bei der jeder Vergleich auch noch die Vergleichbarkeit der Preisstrukturen und Annahmen über die zugrunde zu legenden Wechselkurse voraussetzt, werfen bereits internationale Vergleiche sektoraler Erwerbstätigenstrukturen nicht zu unterschätzende Schwierigkeiten auf.[36] So werden beispielsweise in der sektoralen Abgrenzung der Vereinigten Staaten die Beschäftigten fachlich und örtlich abgegrenzten Betriebseinheiten, die Beschäftigten in der Bundesrepublik dagegen gemäß der institutionellen Klassifikation dem Unternehmensschwerpunkt zugeordnet. Internationale Vergleiche von sektoralen Anteilen sind also nicht selten irreführend, weil *große Unterschiede im Grad der Spezialisierung und Auslagerung von Dienstleistungen* bestehen und entsprechende Ländervergleiche leicht *statistische Scheingewinne in der Dienstleistungsbeschäftigung* ausweisen können.[37] Diese Gefahr besteht vor allem dann, wenn Ausgliederungen einen Abbau bisher intern in den Produktionsunternehmen erbrachter Dienstleistungen bzw. den Verzicht des Ausbaus produktionsinterner Serviceabteilungen implizieren.[38]

Neben der unterschiedlichen vertikalen Produktionsstruktur dürfte weiterhin auch die in den USA im internationalen Vergleich hohe *Erwerbsbeteiligung der Frauen* zu einer stärkeren Verlagerung von Haushaltsaktivitäten in den offiziellen Dienstleistungssektor (mit der Folge eines höheren statistischen Wachstums des gesamten Sozialprodukts) geführt haben.[39] In

36 Vgl. *Krupp, H.-J.*: Gibt es in der Bundesrepublik Deutschland einen Rückstand in der Entwicklung von Dienstleistungen?, in: Allgemeines Statistisches Archiv 1/1987, S. 62

37 Definiert man den Grad der Auslagerung als Anteil der im tertiären Sektor für den warenproduzierenden Bereich arbeitenden Beschäftigten an der Gesamtbeschäftigung im Bereich unternehmensorientierter Dienstleistungen, so verdeutlichen die Werte von 36,0% im Jahre 1980 für die Bundesrepublik und 51,2% im Jahre 1982 für die USA, daß die Arbeitsteilung zwischen Industrieunternehmen und dem tertiären Sektor in den USA wesentlich weiter fortgeschritten ist als in der Bundesrepublik. Weiterführende Modellrechnungen für das Referenzjahr 1980 zeigen überdies, daß mehr als ein Viertel des Beschäftigungsrückstandes der Bundesrepublik im Dienstleistungssektor im Vergleich zu den USA alleine durch den höheren Auslagerungsgrad von Dienstleistungen in den Vereinigten Staaten erklärt werden kann. Vgl. *Ochel, W./Schreyer, P.*: Beschäftigungsentwicklung ..., a.a.O., S. 161 ff.

38 Vgl. *Albach, H.*: Dienstleistungen ..., a.a.O., S. 6 ff.; Gerstenberger, W.: Der Dienstleistungsbereich im Spannungsfeld divergierender Kräfte, in: Allgemeines Statistisches Archiv 1/1987, S. 44; *Körner, H.*: Konsequenzen des technischen Wandels für die Entwicklung der Wirtschafts- und Beschäftigungsstruktur. Vervielfältigtes Manuskript. Darmstadt 1986, S. 5

39 Während z. B. im Jahr 1970 die effektiven durchschnittlichen Frauenerwerbsquoten noch annähernd gleich hoch waren, stieg die Quote in den USA bis 1986

Ländern, wie der Bundesrepublik, in denen die Eigenproduktion von Haushaltsleistungen derzeit noch eine größere Rolle spielt, bleiben solche Dienstleistungen aber, da nicht über den Markt erbracht, im Sozialprodukt generell unberücksichtigt und fehlen folglich auch in der Wertschöpfung des Dienstleistungssektors.[40]

Unberücksichtigt lassen viele Vergleiche der sektoralen Beschäftigungsstrukturen schließlich aber auch die *unterschiedliche Arbeitszeitentwicklung* in den zu untersuchenden Ländern. Die alleinige Betrachtung der Erwerbstätigenzahlen überzeichnet also vor allem die Beschäftigungsentwicklung im Dienstleistungsbereich von Ländern mit einer hohen Teilzeitquote.[41]

2.2.1.2 *Nationale Determinanten des Tertiärisierungsprozesses*

2.2.1.2.1 *Sozioökonomische Faktoren*

Neben statistischen Restriktionen erschweren aber auch und gerade nationale Besonderheiten internationale Vergleiche sektoraler Produktions- und Beschäftigungsstrukturen. Zu den nationalen Determinanten der Tertiärisierung gehören zunächst einmal sozioökonomische Faktoren, wie etwa

- die Veränderungen zentraler gesellschaftlicher Wertvorstellungen, die Bevölkerungsentwicklung, die Altersstruktur, die Familiengrößen, die Zahl und Zusammensetzung der Privathaushalte oder der Urbanisierungsgrad,
- länderspezifische Charakteristika auf dem Arbeitsmarkt (Mobilität, Flexibilität oder auch die bereits angesprochene Teilzeit- und Erwerbsquote, insbesondere Frauenerwerbsquote),[42]
- institutionelle Faktoren, wie Regulierungen, das System der sozialen Sicherung und die Bereitstellung von Infrastrukturen,[43] aber auch

---

von 50,4% auf 66,5%, in der Bundesrepublik Deutschland jedoch nur um ca. 3 Prozentpunkte von 48,1% auf 51,4%. Vgl. *Hoffmann, E.*: Beschäftigungstendenzen im Dienstleistungssektor der USA und der Bundesrepublik Deutschland, in: MittAB 2/88, S. 247

40 Vgl. *Deutsche Bundesbank*: Der Dienstleistungssektor in der Bundesrepublik Deutschland als Träger des wirtschaftlichen Wachstums, in: Monatsbericht August 1988, S. 43

41 Vgl. *Ochel, W./Wegner, M.*: Dienstleistungen in Europa ..., a.a.O., S. 11; *Stille, F.*: Strukturwandel ..., a.a.O., S. 467

42 Vgl. *Wohlers, E.*: Die Beschäftigungsentwicklung in den USA, Japan und der EG, in: Wirtschaftsdienst 4/1986, S. 187 ff.

43 Vgl. *Wegner, M.*: Verbraucherdienstleistungen in Europa: Nur bescheidene Ausweitung, in: Ifo-Schnelldienst 14-15/87, S. 18

- die staatliche Abgabenbelastung und/oder die gesamtwirtschaftliche Einkommensverteilung.[44]

Eine besondere Bedeutung kommt bei der Bewertung unterschiedlicher sektoraler Produktions- und Beschäftigungsstrukturen weiterhin den Faktoren "Rohstoffabhängigkeit" eines Landes (im Hinblick auf die Abhängigkeit von industriellen Exporterlösen) sowie "Klima" und "landschaftliche Vielfalt" (im Hinblick auf die Bereitstellung von Freizeit- und Tourismusdienstleistungen) zu. Hierauf soll im folgenden kurz etwas detaillierter eingegangen werden.

2.2.1.2.2 Rohstoffabhängigkeit und außenwirtschaftliche Verflechtung

Die Bundesrepublik Deutschland ist als relativ kleiner und rohstoffarmer Wirtschaftsraum in starkem Maße auf Exporte zur Finanzierung der notwendigen Rohstoffimporte angewiesen. Nicht zuletzt aus diesem Grunde war die Stärkung der Exportfähigkeit der deutschen Industrie in den zurückliegenden Dezennien durchgängig ein besonderes Anliegen der Wirtschaftspolitik.[45] Wie stark in diesen Jahren die Integration der Bundesrepublik in den Prozeß der internationalen Arbeitsteilung zugenommen hat, verdeutlichen sowohl die wiederholte Spitzenposition der Bundesrepublik unter den Exportnationen der Welt Ende der achtziger Jahre[46] und der Offen-

---

[44] So eruieren beispielsweise Regressionsanalysen von *Scharpf* einen stark negativen Zusammenhang zwischen der Abgabenquote eines Landes und den Beschäftigungsanteilen der dort im privaten Sektor erbrachten Dienstleistungen sowie einen positiven, allerdings schwachen Zusammenhang zwischen dem Grad der Lohndifferenzierung und den Beschäftigungsanteilen der privat erbrachten Dienstleistungen. Dies wiederum unterstützt die Vermutung, daß weniger produktive Dienstleistungen ihre Marktfähigkeit vor allem in Ländern mit großen Einkommensunterschieden und niedrigen Abgabequoten behaupten können. Im Gegensatz zu den Vereinigten Staaten mit einer hohen Lohndifferenzierung und den skandinavischen Ländern, für die eine hohe Abgabenquote charakteristisch ist, sieht *Scharpf* in der relativ hohen Abgabenquote der Bundesrepublik, die primär für eine Erhöhung der Transfer-Einkommen und weniger für eine Ausweitung der öffentlichen Dienstleistungen genutzt worden sei, daher auch einen Hauptgrund für den relativ geringen Anteil der verbraucherbezogenen Dienstleistungen im internationalen Vergleich. Vgl. *Scharpf, F. W.*: Strukturen der postindustriellen Gesellschaft, oder: Verschwindet die Massenarbeitslosigkeit in der Dienstleistungs- und Informations-Ökonomie? Discussion Paper IIM/LMP 84-23, Wissenschaftszentrum Berlin. Berlin 1984, S. 9 ff.

[45] Vgl. *Eisbach, J.*: Der Aufstieg der internationalen Wettbewerbsfähigkeit zum Leitstern deutscher Wirtschaftspolitik, in: WSI-Mitteilungen 7/1986, S. 467 ff.

[46] Vgl. *Institut der Deutschen Wirtschaft*: IWD-Informationsdienst Nr. 20/1989, S. 1

heitsgrad der Bundesrepublik von über 60%, der die Referenzwerte konkurrierender Handelsnationen (Japan: 30%; USA: 18%) sehr deutlich übersteigt,[47] als auch die hohen branchenspezifischen Exportquoten von zum Teil über 60% (z. B. bei den Büromaschinenherstellern oder auch bei den Firmen der Feinmechanik und Optik)[48] und die anhaltend hohen Leistungsbilanzüberschüsse der Bundesrepublik Deutschland in den zurückliegenden Jahren.[49]

Der einseitige Focus der Exportförderung auf den industriellen Sektor in der Bundesrepublik Deutschland (z. B. verankert in den frühen "Grundsätzen der regionalen Wirtschaftspolitik" aus dem Jahre 1968 sowie im Investitionszulagengesetz von 1969) gründet sich in erster Linie auf Annahmen der *Export-Basis-Theorie*, die zwischen sog. "basic activities" (Sektoren, die für den Export aus der Region heraus arbeiten) und "non-basic-activities" (Sektoren, die für den regionalen oder lokalen Markt arbeiten) innerhalb einer Region differenziert, und derzufolge sich das Einkommen in einer Region bei gegebener (marginaler) Ausgabenquote für regional erzeugte Güter und Dienstleistungen ausschließlich durch das Exporteinkommen der Region bestimmt.[50] Auch wenn die Export-Basis-Theorie in der wissenschaftlichen Diskussion heute nicht mehr unumstritten ist[51] und zudem vor allem produktionsorientierte Dienste im internationalen

---

47 Vgl. *Fröhlich, H.-P./Schüle, U.*: Außenwirtschaftliche Anpassungszwänge. Produktion und Beschäftigung im Strukturwandel. Köln 1987, S. 6

48 Vgl. *Institut der deutschen Wirtschaft:* IWD-Informationsdienst Nr. 18/1988, S. 5

49 Vgl. *Deutsche Bundesbank*: Die Zahlungsbilanz der Bundesrepublik im Jahre 1988, in: Monatsbericht März 1989, S. 20

50 Vgl. *Geck, H. M./Petry, G.*: Die Förderung des Dienstleistungssektors im Rahmen der regionalen Strukturpolitik. Eine Untersuchung zur theoretischen Grundlage der regionalen Wirtschaftsförderung. Gutachten im Auftrag des Ministeriums für Wirtschaft, Mittelstand und Verkehr Baden-Württemberg. Tübingen 1980, S. 11; *Rüter, G.*: Regionalpolitik im Umbruch. Bayreuth 1987, S. 21; *Schätzl, L.*: Wirtschaftsgeographie. Paderborn 1988, S. 114 ff.; zu einer ausführlicheren Darstellung des Export-Basis-Konzeptes vgl. insbesondere *Rittenbruch, K.*: Zur Anwendbarkeit der Exportbasiskonzepte im Rahmen von Regionalstudien. Berlin 1968, S. 12 ff.

51 Zur Diskussion um die Export-Basis-Theorie vgl. vor allem *Richmann, A.*: Kritik der Export-Basis-Theorie als "Basis" der regionalen Wirtschaftspolitik in der Bundesrepublik Deutschland, in: Raumforschung und Raumordnung 6/1979, S. 268 ff.; *Fritsch, M.*: Export-Basis-Theorie: Einige antikritische Anmerkungen zu einem Beitrag von A. Richmann, in: Raumforschung und Raumordnung 5-6/1980, S. 266 ff.; *Koch, H. H.*: Export-Basis-Theorie: Darstellung und Kritik, in: Das Wirtschaftsstudium (WISU) 5/83, S. 228 ff.; *Frerich, J./Pötzsch, R.*: Tertiärer Sektor und Regionalpolitik. Göttingen 1975, S. 9 ff.

Handel eine zunehmend wichtigere Rolle spielen (häufig lassen sich hochwertige Industriegüter nur exportieren, wenn sie von einem leistungsfähigen Dienstleistungsangebot begleitet sind),[52] behalten Industriegüterexporte für rohstoffärmere Industrienationen gegenwärtig nach wie vor ihre elementare Bedeutung.

Wenn nun aber die Rohstoffabhängigkeit der führenden Industrienationen deutlich unterschiedlich ausgeprägt ist und hieraus, wie gesehen, eine unterschiedliche Intensität der Integration der Industrieländer in den Welthandel resultiert, dann muß sich, selbst bei vergleichbarem Lebensstandard und Entwicklungsstand, unter den Industrienationen notwendigerweise auch eine unterschiedliche Wirtschaftsstruktur ergeben, so daß die bei internationalen Vergleichen erkennbaren Unterschiede in der Wirtschaftsstruktur kaum mehr als Indikatoren für einen unterschiedlichen Entwicklungsstand entwickelter Industrienationen oder gar eine "Überindustrialisierung" der Bundesrepublik Deutschland gewertet werden können.[53] Gerade Vergleiche zwischen der Bundesrepublik Deutschland und den Vereinigten Staaten sind vor diesem Hintergrund sicherlich nur wenig sinnvoll und wissenschaftlich nicht haltbar. Als Vergleichsländer für die Bundesrepublik Deutschland wären vielmehr beispielsweise Japan oder aber auch die Schweiz als ebenfalls rohstoffarme Industrienationen weitaus geeigneter, allerdings zeigen entsprechende Vergleiche dort erwartungsgemäß ebenfalls deutlich ausgeprägtere industrielle Sektoren als beispielsweise in den USA und damit letztendlich auch deutlich geringere Unterschiede zur Bundesrepublik (vgl. hierzu noch einmal Tabelle 3).

Diese Argumente gegen eine "Überindustrialisierung"der Bundesrepublik Deutschland im Lichte der hohen Außenverflechtung vermögen im übrigen auch nicht die erkennbaren *konjunktur, allokations- und beschäftigungspolitischen Dysfunktionalitäten der Außenhandelsstruktur der Bundesrepublik Deutschland* zu entkräften. Hierzu gehören

- die Gefahr einer zunehmenden Export- und Importabhängigkeit der Bundesrepublik Deutschland und einer daraus resultierenden besonderen Anfälligkeit der deutschen Wirtschaft für weltpolitische und weltwirtschaftliche Störungen,[54]

---

52 Vgl. *Krupp, H.-J.*: Gibt es in der Bundesrepublik ..., a.a.O., S. 72

53 Vgl. *Scholz, L.*: Auf dem Weg in die "Informationsgesellschaft"?, in: Ifo-Schnelldienst 20/85, S. 7 f.

54 Vgl. *Arbeitskreis Konjunktur im DIW*: Tendenzen der Wirtschaftsentwicklung 1989/90. Zur außenwirtschaftlichen Problematik, in: DIW-Wochenbericht 26-27/1989, S. 306

- die Gefahr einer stetigen Verminderung des Handlungsspielraums für eine eigenständige, nationale Konjunktur- und Allokationspolitik in der Bundesrepublik bei international enger werdendem Konjunkturverbund zwischen den Volkswirtschaften,[55]
- die grundsätzlich zweifelhafte Interpretation längerfristig anhaltender Leistungsbilanzüberschüsse als Indikator "gesellschaftlichen Reichtums",[56]
- ökologische Bedenken aufgrund der für die Exportproduktion notwendigen Aufrechterhaltung eines - gemessen am Inlandsbedarf - überdimensionierten Produktionsapparates[57] sowie, aus beschäftigungspolitischer Sicht,
- die Benachteiligung von Klein- und Mittelbetrieben, die sich, wie in Kapitel 5.1.4 noch näher empirisch belegt werden wird, durch eine weitaus höhere beschäftigungspolitische Effizienz auszeichnen als die von der industriellen Exportunterstützung bevorzugten Großunternehmen.[58]

All diese Bedenken gegen die Qualität der Außenhandelsstruktur der Bundesrepublik Deutschland sind zwar in ihrer Bedeutung überaus ernst zu nehmen und legen mittel- und langfristig vor allem eine tendenziell stärkere Binnenorientierung und eine erhöhte Nutzung des beschäftigungspolitischen Potentials von Klein- und Mittelbetrieben im handwerklichen und Dienstleistungssektor nahe, da künftig durch eine weiterhin einseitige Begünstigung der industriellen Exportsektoren Nettobeschäftigungseffekte, die über die Expansion des Welthandels hinausgehen, in nennenswertem Umfang sicherlich nicht und in geringem Umfang nur über fragwürdige "beggar-my-neighbour"-Strategien realisierbar erscheinen. Eine "Überindustrialisierung" der Bundesrepublik Deutschland läßt sich aus diesen Gründen allerdings zweifellos nicht ableiten.

---

[55] Vgl. *Hesse, H.*: Aufgaben und Beschränkungen der nationalen Wirtschaftspolitik in einer außenhandelsorientierten Volkswirtschaft, in: *Siebert, H. (Hrsg.)*: Perspektiven der deutschen Wirtschaftspolitik. Stuttgart 1983, S. 126 ff.; *Meißner, W./Zinn, K. G.*: Der neue Wohlstand. Qualitatives Wachstum und Vollbeschäftigung. München 1984, S. 28 f.

[56] Vgl. *Scholz, W.*: Dollarkurs, außenwirtschaftliches Gleichgewicht und soziale Sicherung, in: Arbeits- und Sozialpolitik 1/1988, S. 6; *Czada, P.*: Wirtschaft. Aktuelle Probleme des Wachstums und der Konjunktur. Opladen 1984, S. 283 ff.

[57] Vgl. *Beyfuß, J.*: Deutsche Wirtschaft im Welthandel, in: Wirtschaft und Unterricht 2/1985, S. 2

[58] Vgl. *Zinn, K. G.*: Die Langfristschäden angebotsorientierter Wirtschaftspolitik, in: Gewerkschaftliche Monatshefte 4/1988, S. 231

Ebensowenig ist ein derartiges Postulat allerdings auch als Plädoyer für eine "Entindustrialisierung" bzw. einen etwaigen Rückzug der Bundesrepublik aus der internationalen Arbeitsteilung und einen völligen Verzicht auf Exportüberschüsse im Industriegüterhandel zu verstehen. Die Bundesrepublik Deutschland wird, wie gesehen, aufgrund ihrer Rohstoffabhängigkeit immer zu den Ländern gehören, die stärker als andere in die internationale Arbeitsteilung eingebunden sind. Insofern sind höhere Exportquoten und die Erhaltung der internationalen Wettbewerbsfähigkeit auch Voraussetzung für die Sicherung des Einkommens- und Beschäftigungsniveaus (und damit auch eine *notwendige Voraussetzung für einen wachsenden Dienstleistungsbereich*). Dennoch erscheint mittelfristig, komplementär zu Maßnahmen zur Erhaltung der internationalen Wettbewerbsfähigkeit, gerade eine deutliche Ausweitung der binnenwirtschaftlichen Nachfrage in der Bundesrepublik geboten, da die Bundesrepublik Deutschland Arbeitslosigkeit nur dann überwinden kann, wenn sie die binnenwirtschaftlichen Expansionskräfte im Handwerks- und Dienstleistungsbereich nutzt. Ein primär exportgetriebener Strukturwandel bei schwachem Wirtschaftswachstum kann demgegenüber aus besagten Gründen leicht zum Ausgangspunkt neuer struktureller Schwierigkeiten werden.[59]

2.2.1.2.3 Größe des Wirtschaftsraums und klimatische Verhältnisse

Neben unterschiedlichen Rohstoffverfügbarkeiten spielen für den Tertiärisierungsprozeß eines Landes auch die Größe sowie die klimatische und geographische Vielfalt eines Wirtschaftsraumes eine bedeutende Rolle. Da viele Dienstleistungen (vor allem Konsumentendienste) aufgrund des uno-actu-Prinzips nicht transportierbar und in ihrer Qualität vom Ort des Angebotes abhängig sind, ist in einem großen Wirtschaftsraum die Wahrscheinlichkeit, daß derartige Angebote im Inland bereitgestellt werden können, größer als in einem kleinen Wirtschaftsraum.[60]

Andererseits sind gerade Dienste im Freizeitbereich in hohem Maße von klimatischen Bedingungen und lokalen Besonderheiten, wie dem historischen Baubestand oder der Landschaftsqualität, abhängig. So sind beispielsweise europäische Touristen hinsichtlich eines Badeurlaubs auf südliche Regionen angewiesen, während Amerikaner entsprechende Angebote in einer großen Vielfalt im eigenen Land vorfinden. Vor diesem Hintergrund

---

59 Vgl. *ebenda*, S. 245; *Arbeitskreis Strukturberichterstattung des DIW*: Exportgetriebener Strukturwandel bei schwachem Wachstum. Kurzfassung der Strukturberichterstattung 1987 des DIW, in: DIW-Wochenbericht 6/88, S. 76

60 Vgl. *Krupp, H.-J.*: Gibt es in der Bundesrepublik ..., a.a.O., S. 71

ist es nicht weiter überraschend, daß die Konsumentendienste in den Vereinigten Staaten eine weitaus größere Rolle spielen als beispielsweise in der Bundesrepublik Deutschland oder aber in nordischen Ländern.[61] Zudem beeinflußt der Tourismus nicht nur nachhaltig die Wirtschaftsstruktur in den Reiseländern selbst, Reiseausgaben im Ausland stellen zugleich einen Dienstleistungsimport dar, der, wie gesehen, im Falle der Bundesrepublik Deutschland fast notwendigerweise durch Industriegüterexporte bezahlt werden muß, wodurch wiederum eine tendenzielle Stärkung des industriellen Sektors resultiert.[62]

Resümierend bleibt somit festzuhalten, daß sowohl statistisch-methodische Restriktionen als auch die angesprochenen nationalen Determinanten der Tertiärisierung empirisch als "valide" einzustufende länderübergreifende Vergleiche von Industrialisierungsgraden unmöglich machen und damit auch die normative, eingängige und in der öffentlichen Diskussion der zurückliegenden Jahre oft kritiklos rezipierte Diagnose einer "Überindustrialisierung" der Bundesrepublik *keinesfalls* stützen können. Dennoch ermöglichen entsprechende Vergleiche für den Kontext der vorliegenden Analyse, wie Kapitel 2.2.3 verdeutlichen wird, noch weiterführende Erkenntnisse. Zuvor soll in einem Exkurs aber noch kurz die Position der Bundesrepublik Deutschland im internationalen Dienstleistungshandel skizziert werden.

2.2.2 *Exkurs: Die Position der Bundesrepublik Deutschland im internationalen Dienstleistungshandel*

Wie bereits angedeutet, hat sich die Bundesrepublik in der internationalen Arbeitsteilung sehr einseitig auf die industrielle Produktion spezialisiert.[63] Dagegen umfaßten, wie Tabelle 4 verdeutlicht, die Dienstleistungsexporte der Bundesrepublik Deutschland im Jahre 1986 nur 7,6% des Bruttoinlandsproduktes und 22,6% der Gesamtexporte, Werte, die von fast

---

[61] Vgl. *ebenda*; *Klauder, W.*: Beschäftigungstendenzen der Dienstleistungen in den USA und in der Bundesrepublik Deutschland, in: *Arbeitsgemeinschaft deutscher wirtschaftswissenschaftlicher Forschungsinstitute e. V. (Hrsg.)*: Dienstleistungen im Strukturwandel..., a.a.O., S. 132; *Gray, P.*: Services and Comparative Advantage Theory, in: *Giersch, H. (Ed.)*: Services in World Economic Growth. Symposium 1988. Kiel: Institut für Weltwirtschaft 1989, S. 99

[62] Vgl. *Döhrn, R.*: Reiseverkehr, Freizeitkonsum und Wirtschaftsstruktur. Teil 2: Die Einbindung des Reiseverkehrs in Freizeitkonsum und Wirtschaftsstruktur, in: RWI-Mitteilungen, Jg. 33 (1982), S. 85 f.

[63] Vgl. *Weiss, F. D.*: Dienstleistungen in der internationalen Arbeitsteilung, in: Die Weltwirtschaft 1/1983, S. 135

Abbildung 6: Die Position der Bundesrepublik Deutschland im internationalen Dienstleistungshandel im Jahre 1985[64]

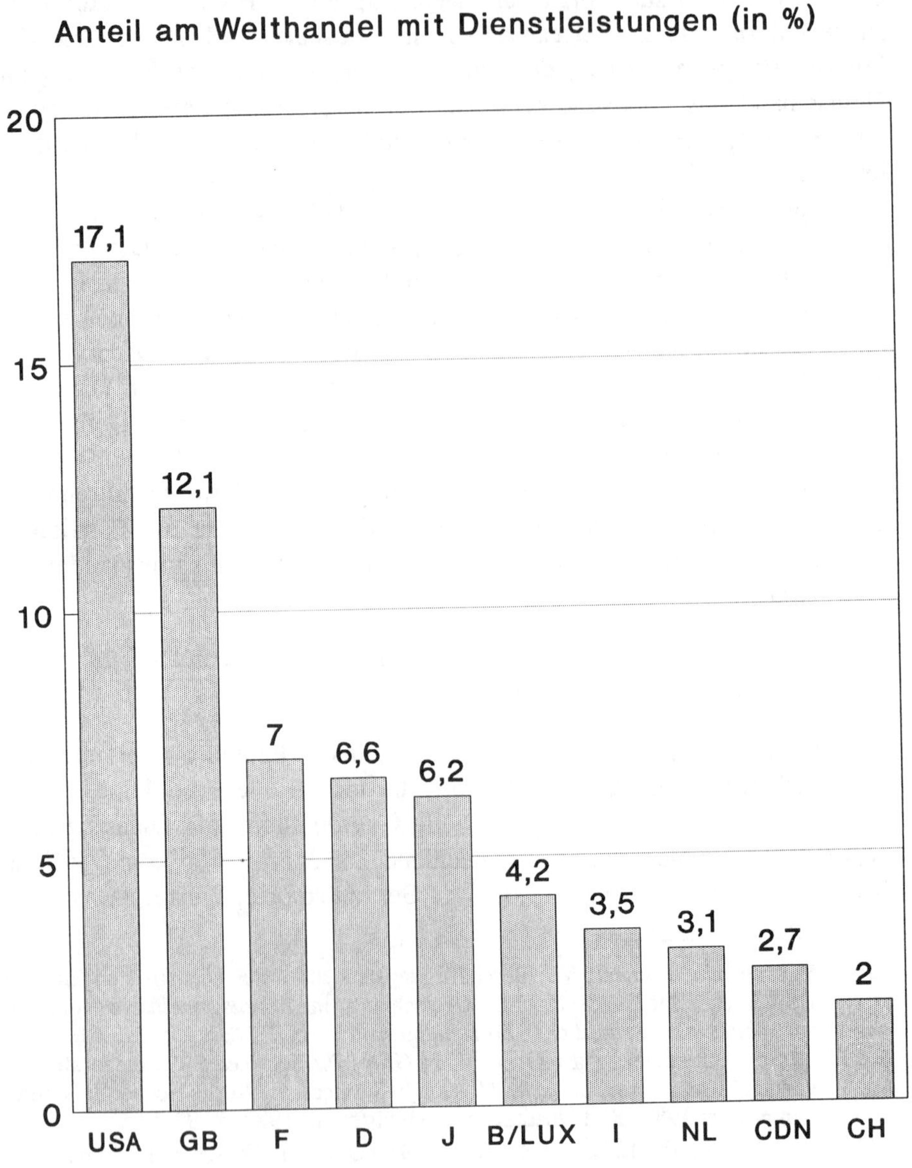

64 Quelle: *Institut der deutschen Wirtschaft*: IWD-Informationsdienst Nr. 18/1987, S. 5

Tabelle 4: Umfang und Struktur der Dienstleistungsexporte der EG-Länder im Jahre 1986[65]

Land	BIP 1986 in Mrd. DM	Dienstleistungsexporte 1986 in % des BIP	in % der Gesamtexporte
BR Deutschland	1 937	7,6	22,6
Frankreich	1 544	9,7	36,9
Italien	1 305	5,2	24,4
Großbritannien	1 188	19,4	49,9
Spanien	496	8,6	42,5
Niederlande	377	16,3	27,8
Belgien/Luxemburg	255	35,3	40,6
Dänemark	178	10,3	28,6
Griechenland	86	8,5	42,9
Portugal	63	9,6	28,1
Irland	53	9,3	15,9

allen anderen EG-Mitgliedsländern (zum Teil deutlich) überschritten werden. Auch rangierte die Bundesrepublik Deutschland mit einem Anteil von 6,6% am gesamten Umsatz des internationalen Dienstleistungshandels im Jahre 1985 deutlich hinter den Referenzwerten der Vereinigten Staaten, Großbritanniens und Frankreichs (vgl. Abbildung 6), wobei sich der Abstand zu Großbritannien und Frankreich seit 1970 sogar noch vergrößert hat.[66]

---

65 Quelle: *Sperber, H.*: Dienstleistungen im EG-Raum: Bedeutung und Perspektiven, in: Wirtschaftsdienst 3/1988, S. 159

66 Die insgesamt dennoch relativ geringe Bedeutung des internationalen Dienstleistungsaustausches, verglichen mit dem internationalen Warenaustausch, die vor allem auch damit zusammenhängt, daß noch immer viele Dienste an Träger gebunden sind (was vor allem bei grenzüberschreitenden Arbeitskräftewanderun-

Im Hinblick auf die gesamtwirtschaftliche und dabei speziell beschäftigungspolitische Bedeutung des Dienstleistungshandels sowie die Fortentwicklung der weltwirtschaftlichen Arbeitsteilung verdient die außenwirtschaftliche Verflechtung der Bundesrepublik im Dienstleistungsbereich gleichwohl hohes Interesse. Denn waren 1982 im *Dienstleistungssektor* lediglich ca. 1,8 Mio. Erwerbstätige indirekt und direkt für den Export beschäftigt,[67] so dürften im Referenzjahr in *Dienstleistungsberufen* dagegen immerhin schätzungsweise 2,2 Mio. Erwerbstätige für die Warenausfuhr und 0,7 Mio. für die Dienstleistungsausfuhr gearbeitet haben, d. h. die in den deutschen Warenexporten indirekt enthaltenen Dienstleistungen sind für die Beschäftigung in der Bundesrepublik von weitaus größerer Bedeutung als die Dienstleistungsexporte selbst.[68]

Diese Zahlen unterstreichen die enge Komplementaritätsbeziehung zwischen internationalen Dienstleistungsaktivitäten und den Warenexporten bzw. Auslandsaktivitäten von Industrieunternehmen bzw. das seit einiger Zeit verstärkt zu beobachtende Phänomen der Lieferungen sogenannter *"complex packages"* oder *"Problemlösungen"* im internationalen Waren- und Dienstleistunghandel, bei denen die Gesamtleistung eine materielle Warenkomponente und gleichzeitig immaterielle Dienstleistungskomponenten umfaßt, wodurch die Grenzen zwischen früher sekundären und tertiären Produkten zunehmend verschwimmen.[69] Es entspricht insofern der deut-

---

gen, aber auch bei Direktinvestitionen vielfach auf den Widerstand der betroffenen Länder stößt), dürfte mit dazu beigetragen haben, daß dieser bis vor wenigen Jahren bei weitem nicht das Interesse fand, das dem Welthandel mit Gütern schon immer zuteil wurde. Nur in Teilbereichen (See- und Luftverkehr, Tourismus) wurde er schon seit längerem stärker beachtet. Inzwischen ist jedoch die Bedeutung der Dienstleistungen im Prozeß der wachsenden außenwirtschaftlichen Verflechtung deutlich geworden, so daß der internationale Dienstleistungshandel erstmals auch in eine GATT-Verhandlungsrunde (Uruguay-Runde) einbezogen wurde. Vgl. *Keppler, H.*: Internationaler Austausch von Dienstleistungen - zur theoretischen Erklärung und politischen Regelung, in: *Arbeitsgemeinschaft deutscher wirtschaftswissenschaftlicher Forschungsinstitute e. V. (Hrsg.)*: Dienstleistungen im Strukturwandel ..., a.a.O., S. 196 f.; *Herrmann, A./Ochel, W.*: Der internationale Handel mit Dienstleistungen - Entwicklung, Wettbewerbsfaktoren, Hemmnisse, in: Ifo-Schnelldienst 14-15/87, S. 55

67 Vgl. *Schumacher, D.*: Dienstleistungsausfuhr und Beschäftigung in der Bundesrepublik Deutschland, in: DIW-Wochenbericht 32/84, S. 401

68 Vgl. *ebenda*, S. 403; *Petersen, H. J. u. a.*: Der internationale Handel mit Dienstleistungen aus der Sicht der Bundesrepublik Deutschland - Entwicklung, Handel, Politik. Berlin 1984, S. 217

69 Vgl. *Herrmann, A./Ochel, W.*: Der internationale Handel ..., a.a.O., S. 63; *Keppler, H.*: Internationaler Austausch von Dienstleistungen ..., a.a.O., S. 183

schen Wirtschaftsstruktur und ihren längerfristigen Perspektiven, künftig die Exportanstrengungen gerade bei humankapitalintensiven gewerblichen Erzeugnissen oder unternehmensbezogenen Dienstleistungen zu forcieren.[70]

Ein verstärktes Engagement der Bundesrepublik im internationalen Dienstleistungshandel lassen überdies aber auch die chronischen Defizite der Bundesrepublik in der Dienstleistungsbilanz wünschenswert erscheinen, und hierbei vor allem

- die hohen Defizite im Bereich "Andere Dienstleistungen", in dem viele Dienstleistungen verbucht werden, die nach allgemeinem Verständnis (neben Kapitalerträgen) eine besondere Domäne wirtschaftlich fortgeschrittener Länder sind, und die nicht zuletzt im Hinblick auf die Erschließung neuer Märkte im Zuge der sich verändernden weltwirtschaftlichen Arbeitsteilung für die Industrieländer interessant sind,
- die vergleichsweise bescheidene Rolle der Kapitalerträge in der Dienstleistungsbilanz, die ebenfalls als Zeichen wirtschaftlicher Reife gelten, sowie
- die unverhältnismäßig hohen Regierungsleistungen auf der Einnahmenseite in der Bundesrepublik, die nur in geringem Umfang Dienstleistungen im engeren Sinne repräsentieren.[71]

Angesichts dieser Forderungen stellt sich aber auch die Frage, ob die deutschen Dienstleistungsunternehmen ihre Angebotsstrukturen an die veränderten Erfordernisse einer sich flexibilisierenden und internationalisierenden Warenproduktion angepaßt haben.[72] Diese Frage wird in der wissenschaftlichen Diskussion kontrovers eingeschätzt. Nach Ansicht des Kieler *Instituts für Weltwirtschaft* werden die Chancen auf den rasch expandierenden Märkten für moderne Dienstleistungen von der deutschen Wirtschaft nicht konsequent wahrgenommen.[73]

Demgegenüber fördert eine *Ifo*-Analyse allenfalls partielle Wettbewerbsschwächen deutscher Anbieter für die Bereiche Wirtschaftsberatung und Informationsdienste zu Tage, woraus allerdings nach Auffassung des

---

70 Vgl. *Petersen, H. J. u. a.*: Der internationale Handel ..., a.a.O., S. 225 f.; *Krupp, H.-J.*: Arbeitsmarktperspektiven des Strukturwandels zu den Dienstleistungen, in: *Bombach, G./Gahlen, B./Ott, A. E. (Hrsg.)*: Arbeitsmärkte und Beschäftigung. Fakten, Analysen, Perspektiven. Tübingen 1987, S. 186 ff.

71 Vgl. *Petersen, H. J. u. a.*: Der internationale Handel ..., a.a.O., S. 92 f.

72 Vgl. *Vogler-Ludwig, K.*: Dynamik der Dienstleistungsproduktion ..., a.a.O., S. 41

73 Vgl. *Institut für Weltwirtschaft*: Zusammenfassung der Strukturberichterstattung 1987 des Instituts für Weltwirtschaft (IfW), Kiel. Abgedruckt in: Bundestagsdrucksache 11/3017, S. 63

Instituts kaum Nachteile für die deutschen Unternehmen, die auf derartige Dienste zurückgreifen, entstehen: "Sie können diese in der Regel zu den gleichen Bedingungen beziehen wie die internationale Konkurrenz. Auch hinsichtlich der Beschäftigungseffekte wirft die Inanspruchnahme ausländischer Dienstleistungsunternehmen keine gravierenden Probleme auf. Die Mehrzahl der modernen unternehmensorientierten Dienste wird vor Ort mit inländischen Arbeitskräften produziert. Wichtig ist, daß ausländische Dienstleistungsproduzenten einen ungehinderten Zugang zum deutschen Markt haben. Die Wettbewerbsposition bei gehobenen Beratungs- und Informationsdiensten hängt entscheidend von der Verfügbarkeit über eine entsprechende Infrastruktur (Netz, Software) und über hochqualifiziertes Personal ab. Hier liegen die Aufgaben staatlicher Politik und nicht im Errichten von Schutzzäunen für inländische Anbieter".[74]

2.2.3 Qualitative Befunde einer internationalen Gegenüberstellung sektoraler Produktions- und Beschäftigungsstrukturen

2.2.3.1 Stabilität der produktionsbezogenen Beschäftigung

Führt man nach diesem kurzen Exkurs abschließend trotz aller bisherigen Einwände gegen internationale Vergleiche sektoraler Beschäftigungsstrukturen dennoch zumindest eine qualitative *Gegenüberstellung* funktionaler Beschäftigungsstrukturen verschiedener OECD-Länder durch, wobei

- aus den Beschäftigungsanteilen der einzelnen ISIC-Branchen neben der Landwirtschaft zwei neue funktionale Gruppierungen *"produktionsbezogene Beschäftigung"* (= Warenproduktion + Produzentendienstleistungen) und *"verbraucherbezogene Dienstleistungen"* gebildet werden, und wobei überdies
- die Beschäftigungsanteile dieser einzelnen Gruppierungen auf die Gesamtzahl der Bevölkerung im erwerbsfähigen Alter (15-64 Jahre) bezogen werden, um den Einfluß unterschiedlicher Arbeitslosen- und Erwerbsquoten zu eliminieren und damit die "relative Beschäftigungsleistung" der drei Funktionsbereiche in den verschiedenen Ländern zu bestimmen,

so zeigt sich zunächst einmal, daß sowohl "produktionsbezogene Beschäftigung" als auch "verbraucherbezogene Dienstleistungen" Arbeitsplätze für jeweils ein knappes Drittel der Bevölkerung im erwerbsfähigen Alter bieten, mithin also die beiden neugegliederten Sektoren im Durchschnitt etwa gleich stark sind und das eindeutige statistische Übergewicht

---

[74] *Vogler-Ludwig, K.*: Dynamik der Dienstleistungsproduktion ..., a.a.O., S. 41

Tabelle 5: Gesamtbeschäftigung, produktionsbezogene Beschäftigung und verbraucherbezogene Dienstleistungen in Prozent der erwerbsfähigen Bevölkerung (15-64 Jahre) in ausgewählten OECD-Ländern 1981[75]

	Gesamtbeschäftigung		Produkt.bez. Beschäftigung		Verbraucherbez. Dienstleistungen	
	Anteil an Bev.	Veränd g. 1973-81	Anteil an Bev.	Veränd g. 1973-81	Anteil an Bev.	Veränd g. 1973-81
Australien	65,2	+ 9,9	30,4	+ 2,3	30,6	+21,1
Belgien	56,8	- 2,1	27,2	- 13,2	27,8	+14,1
BR Deutschland	61,8	- 3,1	34,3	- 8,0	24,1	+10,4
Dänemark	70,9	- 0,7	30,4	- 8,7	34,8	+12,3
Frankreich	60,5	+ 0,7	29,6	- 4,1	25,6	+14,8
Japan	70,5	+ 6,1	33,4	+ 8,0	29,9	+13,2
Kanada	66,3	+24,8	27,0	+17,9	35,6	+33,4
Niederlande	51,9	+ 6,1	23,7	0,0	25,6	+14,1
Norwegen	74,4	+16,8	32,9	+ 8,4	35,0	+34,5
Österreich	63,6	+ 2,7	32,8	+ 4,7	24,2	+23,1
Schweden	79,0	+ 8,9	35,5	- 0,3	39,1	+23,1
Schweiz	71,7	- 4,7	38,7	- 9,5	28,0	+ 4,8
USA	65,9	+18,0	29,2	+13,1	34,4	+24,3
Großbritannien	66,2	- 3,6	32,5	- 13,0	31,9	+ 9,2
Durchschnitt	66,1	+ 5,7	31,3	- 0,2	30,5	+18,0

75 Quelle: *Scharpf, F.-W.*: Beschäftigung in der Dienstleistungsgesellschaft: Nur begrenzte Hoffnung auf Beseitigung der Massenarbeitslosigkeit, in: Internationale Chronik zur Arbeitsmarktpolitik Nr. 20, April 1985, S. 2

der Dienstleistungen bei dieser neuen Gruppierung verschwindet (vgl. Tabelle 5).

Weiterhin ist im Gegensatz zum starken Rückgang der Beschäftigung im Industriesektor zwischen 1973 und 1981 die Entwicklung der *"produktionsbezogenen Beschäftigung"*, wie Tabelle 5 ausweist, weniger einheitlich und im Durchschnitt sogar sehr stabil. Die industrielle Produktion behält insofern offensichtlich ihre Bedeutung für die Beschäftigungsleistung hochentwickelter Volkswirtschaften bei, was selbstverständlich nichts an der fortschreitenden Tertiärisierung der Tätigkeiten, Berufe und Funktionen ändert.

2.2.3.2 Ausgeprägtere Unterschiede im Bereich verbraucherorientierter Dienstleistungen

Im Gegensatz zur Entwicklung im Bereich "produktionsbezogene Beschäftigung" hat die Beschäftigung im Bereich *"verbraucherbezogener Dienstleistungen"* dagegen in allen Ländern zwischen 1973 und 1981 stark zugenommen. Zugleich sind hier die Unterschiede in den Beschäftigungspotentialen zwischen den hochentwickelten Ländern wesentlich größer als bei der produktionsbezogenen Beschäftigung. Zu den Ländern mit einer überdurchschnittlichen Dienstleistungsbeschäftigung gehören Schweden, Norwegen, Dänemark und die Vereinigten Staaten, weit unterdurchschnittlich ist dagegen der Dienstleistungsanteil in der Bundesrepublik, in Österreich, Frankreich und den Niederlanden.
Die sich in diesen Analyseergebnissen andeutende *Konvergenz der Beschäftigungsentwicklung im Bereich "produktionsbezogene Dienstleistungen"* sowie die *Exploration ausgeprägterer Unterschiede im Funktionsbereich "verbraucherbezogene Dienstleistungen"* reduzieren also ebenfalls noch einmal deutlich die Relevanz der "Überindustrialisierungs"-Diskussion. Zugleich verleihen diese Analyseergebnisse der Gegenüberstellung internationaler Beschäftigungsstrukturen aber auch eine völlig andere qualitative Dimension: Was nämlich in den vergangenen Jahren in der wirtschaftswissenschaftlichen und wirtschaftspolitischen Diskussion oftmals vorschnell als "Überindustrialisierung" der Bundesrepublik Deutschland beklagt und dem empirischen Datenmaterial zufolge ganz offensichtlich fehlinterpretiert worden ist, kann, unter Berücksichtigung aller in den zurückliegenden Ausführungen aufgeführten Restriktionen für derartig wertende Stellungnahmen, wenn überhaupt, so doch tendenziell wohl eher als ein sich andeutendes *"Tertiärisierungsdefizit" im Bereich verbraucherbezogener Dienstleistungen* denn als "Überindustrialisierung" der Bundes-

republik gedeutet werden. Diese Einschätzung mag auf den ersten Blick zwar lediglich als Umkehrschluß zur "Überindustrialisierungs"-These erscheinen, erhält aber, wie die folgenden Ausführungen noch näher verdeutlichen werden, insbesondere im Hinblick auf mögliche, aus diesem Befund abzuleitende politische Optionen eine völlig eigenständige Dimension.

Abbildung 7 ist deutlich zu entnehmen, daß es im wesentlichen die Bereiche *humaner Dienste im weitesten Sinne* sind (also die Bereiche Gesundheit, soziale Dienste, Bildung, Ausbildung und Weiterbildung), in denen für die Bundesrepublik statistisch Rückstände ausgewiesen werden. Zwar verbleiben, selbst wenn man Ungenauigkeiten der zugrundegelegten statistischen Abgrenzung unterstellt, auch im Bereich produktionsorientierter Dienste zumindest zwischen der Bundesrepublik und den USA noch immer mit Abgrenzungsproblemen alleine nicht zu erklärende Unterschiede, da die Summe aus Warenproduktion und kommerziellen Diensten in der Bundesrepublik Deutschland vor Großbritannien und Schweden den größten und in den Vereinigten Staaten den niedrigsten Wert aufweist.[76]

Noch evidenter werden diese Unterschiede, wenn man die Betrachtung auf die kommerziellen Dienste focussiert. Wie ein Blick auf Tabelle 6 verdeutlicht, hatten die kommerziellen Dienste Anfang der sechziger Jahre in allen betrachteten Volkswirtschaften einen Erwerbstätigenanteil von etwa 10% und die Differenz zwischen den USA und der Bundesrepublik betrug lediglich 1,8%. Zu Beginn der achtziger Jahre war dieser Anteil in den Vereinigten Staaten, in Großbritannien und in Schweden immerhin auf Werte um 17% gestiegen, während er in der Bundesrepublik nur auf ca. 13% zugenommen hatte. Auch der demnach stark angewachsene Abstand von nunmehr ca. 4% zwischen den USA und der Bundesrepublik kann sicherlich mit Abgrenzungsproblemen alleine nicht erklärt werden.

Auch die bereits angesprochenen regelmäßigen Defizite der Bundesrepublik in der Dienstleistungsbilanz könnten schließlich darauf hindeuten, daß die deutsche Wirtschaft im Bereich kommerzieller Dienste komparative Nachteile hat.[77] Von einem Tertiärisierungs-"Defizit" im Bereich produktionsorientierter Dienstleistungen kann im Lichte dieser Befunde allerdings sicherlich kaum gesprochen werden, da, wie bereits ebenfalls an anderer Stelle erwähnt wurde, faktisch kein Mangel im Angebot oder gar ein Defizit in der in der Versorgung zu erkennen ist.

---

[76] Vgl. *Krupp, H.-J.*: Arbeitsmarktperspektiven ..., a.a.O., S. 183

[77] Vgl. *Weiss, F. D.*: Dienstleistungen ..., a.a.O., S. 135

Abbildung 7: Struktur der Erwerbstätigkeit in der Bundesrepublik Deutschland, den USA, Großbritannien und Schweden im Jahre 1983[78]

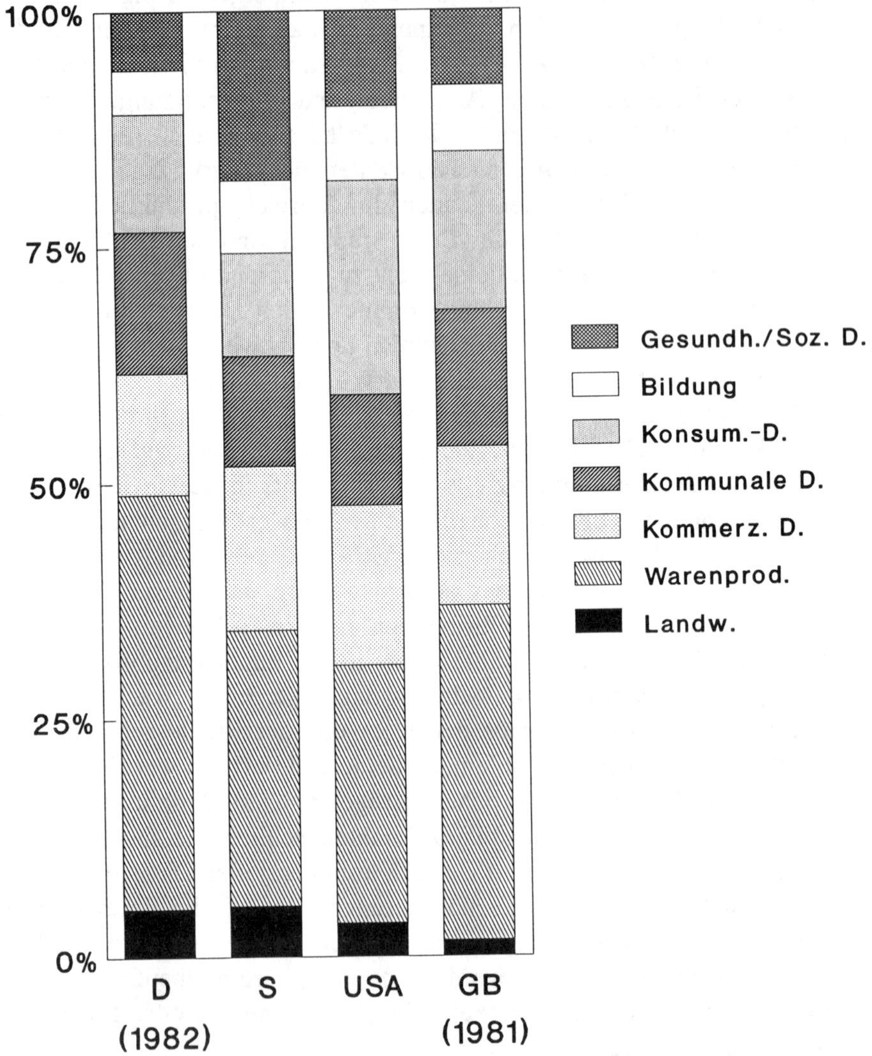

78 Quelle: *Rein, M.*: Women in the Social Welfare Labor Market. Discussion Paper IIM/CMP 85-18, Wissenschaftszentrum Berlin. Berlin 1986, Tabellen 4-7, S. 155 ff.; Zusammenstellung nach *Krupp, H.-J.*: Der Strukturwandel zu den Dienstleistungen und Perspektiven der Beschäftigungsstruktur, in: MittAB 1/86, S. 151

Tabelle 6: Struktur und Entwicklung der Erwerbstätigkeit in der Bundesrepublik Deutschland, den USA, Großbritannien und Schweden (nach Tätigkeiten, in Prozent der Erwerbstätigkeit)[79]

	Anfang der 60er Jahre				Anfang der 80er Jahre			
Wirtschaftsbereich	D 1961	USA 1962	GB 1961	SW 1964	D 1982	USA 1983	GB 1981	SW 1983
Landwirtschaft	13,6	7,5	3,5	12,4	5,1	3,5	1,7	5,4
Warenproduktion	47,6	33,2	46,2	40,8	43,6	26,8	35,2	29,0
Kommunale Dienste	11,8	11,9	14,6	9,2	15,0	11,6	14,5	11,7
Kommerz. Dienste	9,3	11,1	10,3	10,9	12,8	16,7	16,8	17,4
Konsumentendienste	11,1	21,6	16,1	13,7	12,4	22,4	16,8	10,9
Haushaltsdienste	1,3	4,0	1,6	1,7	0,3	1,2	0,0	0,1
"Human"-Dienste	5,4	10,7	7,8	11,2	10,8	17,8	15,0	25,5
Gesundheit	2,3	4,3	3,3	4,4	4,9	7,8	5,8	10,1
Soziale Dienste	1,1	1,0	0,7	2,6	1,3	2,2	2,2	7,8
Bildung	2,0	5,4	3,8	4,2	4,6	7,8	7,0	7,7
Gesamt	100,0	100,0	100,0	100,0	100,0	100,0	100,0	100,0

Deutlichere Unterschiede zwischen den Beschäftigungsstrukturen der Bundesrepublik und der anderer Industriestaaten bestehen demgegenüber gemäß Tabelle 6 nun aber ganz offensichtlich im *Humanbereich,* in dem in der Bundesrepublik zu Beginn der achtziger Jahre nur weniger als 11% aller Erwerbstätigen Arbeit fanden gegenüber mehr als 25%, in Schweden, knapp 18% in den USA und immerhin noch 15% in Großbritannien. Berücksichtigt man überdies die in den USA und Schweden deutlich höhere Frauenerwerbsquote gegenüber der Bundesrepublik Deutschland, dann fällt

[79] Quelle: *Rein, M.*: Women ..., a.a.O.; Zusammenstellung nach *Krupp, H.-J.*: Der Strukturwandel ..., a.a.O., S. 148

die Diskrepanz pro Kopf der Bevölkerung noch größer aus.[80] Dabei sind statistische Abgrenzungsunterschiede als Ursache im Humanbereich weitestgehend auszuschließen, und auch der Faktor internationale Konkurrenz spielt in diesem Bereich eine nur untergeordnete Rolle.[81]

Bemerkenswert ist in diesem Kontext überdies der Befund, daß sowohl Schweden als auch die Vereinigten Staaten, zwei Staaten mit äußerst unterschiedlichen sozialen Organisationsformen also, *mehr* Erwerbstätige im Humanbereich beschäftigen als die Bundesrepublik. Einzuräumen bleibt allerdings, daß in diesen beiden Staaten auch die Teilzeitquote deutlich höher liegt als in der Bundesrepublik, daß also die in Vollzeitarbeitsplätze umgerechnete Differenz durchaus etwas geringer ausfallen könnte.[82] Allerdings stellt auch eine geringere Teilzeitquote aus in Kapitel 5.2 noch näher darzustellenden Gründen für die Bundesrepublik Deutschland eine ernstzunehmende gesellschaftspolitische Herausforderung dar.

Während demnach trotz aller statistischen Probleme internationale Gegenüberstellungen der Erwerbstätigenstruktur im Bereich verbraucherbezogener Dienstleistungen *erste Anzeichen eines Tertiärisierungsdefizites im Bereich verbraucherorientierter Dienstleistungen* liefern, erweist sich die Suche nach ausschließlich binnenmarktorientierten Indikatoren eines Rückstandes dagegen als weitaus schwieriger. Versteht man unter dem Terminus "Tertiärisierungsdefizit" im diesem Kontext nämlich die unzureichende Anpassung des binnenwirtschaftlichen Dienstleistungsangebots an Veränderungen der Dienstleistungsnachfragestruktur, dann wären bei funktionierendem Marktmechanismus kräftige Importzunahmen oder ein knappheitsbedingt deutlicher Preisanstieg für entsprechende Dienstleistungen mögliche Indikatoren eines solchen Defizites.[83] Bereits die diesem Untersuchungsansatz zugrundeliegende Prämisse ist jedoch als weitestgehend realitätsfremd einzuschätzen, da, wie bereits an anderer Stelle erwähnt wurde, gerade im Dienstleistungssektor der Marktmechanismus in weiten Bereichen durch eine fehlende Preiselastizität und fehlende internationale Handelbarkeit sowie hohe Reglementierungen eingeschränkt ist. Auch für die unmittelbar durch den Staat erbrachten Dienstleistungen stehen keine am Markt gebildeten Preise zur Verfügung.

---

80 Vgl. *Krupp, H.-J.*: Beschäftigungsperspektiven des Strukturwandels zu den Dienstleistungen. Referat auf der Sitzung des Kuratoriums der Friedrich-Ebert-Stiftung am 26. April 1986 in Düsseldorf/Neuss, S. 10

81 Vgl. *Krupp, H.-J.*: Arbeitsmarktperspektiven ..., a.a.O., S. 180 ff.

82 Vgl. *Krupp, H.-J.*: Beschäftigungsperspektiven ..., a.a.O., S. 10 ff.

83 Vgl. *Krupp, H.-J.*: Gibt es in der Bundesrepublik ..., a.a.O., S. 69

Vor diesem Hintergrund kann man also binnenwirtschaftlich bestenfalls auf eine Reihe von Bedarfsrechnungen hinweisen, die zum Teil hohe Versorgungsdefizite andeuten. Dies soll in Kapitel 3 in detaillierter Weise erfolgen. Zuvor gilt es aber, wie bereits eingangs angedeutet, in einem kurzen Exkurs vorab noch näher zu klären, ob möglicherweise die - empirischen Befunden zufolge - steigenden ökologischen und sozialen Folgekosten des industrieakentuierten Wachstumstypus in der Bundesrepublik als Indikatoren einer "Überindustrialisierung" gewertet werden können.

2.3 Exkurs: "Überindustrialisierung"der Bundesrepublik Deutschland im Lichte steigender ökologischer und sozialer Folgekosten des industrieakzentuierten Wachstumstypus

2.3.1 Ökologische und soziale Folgekosten des industrieakzentuierten Wachstumstypus und defensive Ausgaben

Der in den fünfziger und sechziger Jahren ausgesprochen kräftige und seit den siebziger Jahren mit abgeflachten Raten verlaufende industrieakzentuierte Wachstumsprozeß hat in der Bundesrepublik Deutschland, bedingt durch die intensive Nutzung des weitestgehend kostenlosen Produktionsfaktors Umwelt und die maximale Externalisierung von abwälzbaren Kostenbestandteilen auf die Natur oder die Gesellschaft, bedingt aber auch durch privatwirtschaftliche Vorteile der Agglomeration spezifische Produktions-, Konsum- und Siedlungsmuster gefördert, deren Konsequenzen nach dem Überschreiten bestimmter Schwellenwerte der Belastbarkeit zur Entstehung von ökologischen und sozialen Folgekosten geführt haben.[84]

Bereits in den fünfziger Jahren veröffentlichte *Kapp* in den USA eine Analyse, die von der damaligen " Wirtschaftswunder"-Euphorie weitaus unbeeindruckt und zudem mit einer überaus erstaunlichen Akribie mögliche ökologische und soziale Folgekosten des industriellen Wachstumstypus prognostizierte.[85] Weitgehend valide Bewertungen der industrieinduzierten Schäden und Verschlechterungen der Umwelt-, Arbeits- und Lebensbedingungen in der Bundesrepublik scheiterten allerdings lange Zeit an der erschwerten verursachergerechten Zurechenbarkeit einzelner Kosten und dem

---

[84] Vgl. *Leipert, C.*: Illusionäres Wachstum. Ökologisch und ökonomisch kontraproduktive Konsequenzen des herrschenden Wachstumskonzeptes, in: Scheidewege, Jahrgang 18 (1988/89), S. 209 f.

[85] Vgl. *Kapp, K. W.*: Soziale Kosten der Marktwirtschaft. Das klassische Werk der Umweltökonomie. Frankfurt am Main 1979

Umfang der Datenmengen. Erst neuere Untersuchungen in der zweiten Hälfte der achtziger Jahre erwiesen sich als geeignet, die immer stärkere Bedeutung der ökologischen und sozialen Folgekosten auch für die Bundesrepublik empirisch zu belegen.

Die Bundesrepublik im Lichte dieser Befunde als "überindustrialisiert" zu bezeichnen, erscheint allerdings angesichts des erneut fehlenden eindeutigen Referenzsystems und vor dem Hintergrund einer weitaus ausgeprägteren ökologischen Ignoranz anderer Industrieländer in West und Ost ebenfalls als eindeutig unangemessen.[86] Trotzdem verweisen auch die vorliegenden Indikatoren auf entscheidende Anpassungzwänge in der Ausgestaltung des wirtschaftlichen Wachstumsprozesses in der Bundesrepublik Deutschland. Auf diese Themenbereiche soll im folgenden kurz näher eingegangen werden. Dazu erscheint es zunächst einmal sinnvoll, den Begriff ökologische und soziale Folgekosten bzw. deren ausgabenwirksamen Reflex "Defensive oder kompensatorische Ausgaben" näher zu konkretisieren, um dann die wesentlichsten empirischen Befunde zu bewerten und hieraus mögliche Optionen abzuleiten.

Unter *defensiven oder kompensatorischen Ausgaben* sollen im Kontext der vorliegenden Arbeit all diejenigen Ausgaben subsumiert werden, mit denen versucht wird, Schädigungen und Verschlechterungen der Lebens-, Umwelt- und Arbeitsbedingungen, die zuvor durch negative Folgewirkungen des industrieakzentuierten Wachstumsprozesses ausgelöst worden sind, zu beseitigen, zu vermindern, zu neutralisieren oder vorbeugend zu vermeiden. Es handelt sich also um Ausgaben zur Verteidigung bzw. Wiederherstellung von Umweltqualitäten und anderen Dimensionen menschlischer Wohlfahrt, die vor allem durch die

- jahrzehntelang stark rohstoff- und energieintensive Produktionsweise in der Bundesrepublik,
- die gesundheitsbeeinträchtigenden Umwelt-, Arbeits- und Sozialbedingungen,
- die umweltbelastenden und gesundheitsschädlichen Konsum- und Verhaltensmuster weiter Bevölkerungskreise,
- das umweltbelastende Energiesystem,
- das ebenfalls stark umweltbelastende und zudem stark unfallträchtige Verkehrssystem sowie

---

[86] Vgl. *Leipert, C.*: Grundfragen einer ökologisch ausgerichteten Wirtschafts- und Umweltpolitik, in: APuZ B 27/88, S. 30; *Strübel, M.*: Umweltpolitik in Europa - Möglichkeiten und Grenzen, in: APuZ B 27/88, S. 15 ff.

- die räumliche Konzentration von Produktion, Verwaltung, Arbeit und Wohnen und die infolgedessen angestiegenen Umweltbelastungen, Bodenpreise, Mieten und Kriminalitätsraten

zerstört worden oder verlorengegangen sind.[87]

Wie diese Ausführungen bereits verdeutlichen, sind es vor allem die Bereiche Umwelt, Verkehr, Wohnen, Sicherheit und Gesundheit, in denen erhebliche ökologische und soziale Folgekosten auftreten. Diese wiederum können sich dabei auf sehr vielfältige Weise äußern, z. B.

- in Produktions- und Einkommenseinbußen (beispielsweise von Forst- und Tourismusbetrieben aufgrund von Waldschäden),
- in Vermögensverlusten (etwa aufgrund zunehmend verseuchter Böden),
- in Wohlfahrtsverlusten und realen Schädigungen durch die Vernichtung von Tier- und Pflanzenarten sowie die Zerstörung landschaftlicher Attraktivität,
- in wachsenden Umweltschutzausgaben des Staates und der Industrie,
- in notwendig werdenden zusätzlichen Transferleistungen sozialstaatlicher Einrichtungen aufgrund von Arbeits- und Verkehrsunfällen, Berufskrankheiten und typischen Zivilisationskrankheiten,
- in steigenden Verkehrsausgaben aufgrund des steigenden Individualverkehrsaufkommens und längerer Verkehrswege, aber auch
- in steigenden Ausgaben für Sicherheitseinrichtungen vor dem Hintergrund einer ungebrochenen Kriminalitätsentwicklung.[88]

Der in dieser Form näher konkretisierte Folgekostenbegriff geht mithin im Bedeutungsgehalt deutlich über den Begriff der negativen externen Effekte oder der sozialen Zusatzkosten, wie ihn die traditionelle ökonomische Theorie benutzt, hinaus. Definitionsmerkmal der hier vorgenommenen dynamischen Betrachtung ist keineswegs ausschließlich die Abwälzung von Kostenelementen auf Dritte oder die Gesellschaft ohne entsprechende Entschädigung. Unter dem Begriff werden hier vielmehr auch die von den Unternehmen als Konsequenz einer verschärften umweltbedingten Gesetzgebung *selbst* getragenen, d. h. *unternehmensintern* erbrachten Ausgaben, subsumiert. Insgesamt berücksichtigt der Begriff aber lediglich die *ausgabewirksamen* ökologischen und sozialen Folgekosten zur Regulierung von wirtschaftsbedingten Schäden und Verschlechterungen, kann demgegenüber

---

87 Vgl. *Leipert, C.*: Defensive Ausgaben. Ist das Bruttosozialprodukt Wohlstandsindikator?, in: WZB-Mitteilungen 40, Juni 1988, S. 25

88 Vgl. *ebenda*

allerdings weder Natur- noch Lebensqualitätsverluste empirisch eindeutig abbilden.[89]

Wachsende ökologische und soziale Folgekosten ließen in der wirtschaftswissenschaftlichen Diskussion bereits Ende der siebziger Jahre die Befürchtung wachsen, daß der gesamtwirtschaftliche Grenzertrag des industrieakzentuierten, "quantitativen" Wachstumstypus immer mehr abnehme, d. h. daß sich Industriegesellschaften ohne entsprechendes Gegensteuern zunehmend dem Stadium näherten, in dem weiteres Wirtschaftswachstum unter Wohlfahrtsgesichtspunkten sinnlos werde, weil die erreichbaren Produktionszuwächse nicht oder gerade ausreichten, um die zusätzlichen ökologischen und sozialen Schäden zu kompensieren bzw. um eine weitere Verschlimmerung der Schadenssituation zu vermeiden.[90] In der sozialwissenschaftlichen Forschung fanden diese Überlegungen schließlich ihr Pendant in der Diskussion über die *"Risikogesellschaft"* als Spätphase der Industriegesellschaft, in der das Ausmaß der Folgen und Gefahren der industriegesellschaftlichen Produktionsweise immanent im Widerspruch zu den institutionalisierten Kriterien und Verfahren der Risikokalkulation, Risikobewertung und Risikovorsorge stehe.[91]

2.3.2 Empirische Schätzungen zur Entwicklung der ökologischen und sozialen Folgekosten

Fragmentarische Ansätze zu empirischen Schätzungen ausgewählter ökologischer und sozialer Folgekosten für die Bundesrepublik Deutschland gab es bereits Anfang der achtziger Jahre.[92] Eine Fülle weiterer Einzelanalysen, etwa zu den Folgekosten der Luftverschmutzung, des Gesundheitswesens oder des Verkehrsbereichs, sind überdies in einem 1988 veröffentlichten Sammelband zusammengefaßt, der in recht anschaulicher Form den

---

89 Vgl. *ebenda*, S. 26

90 Vgl. beispielsweise *Binswanger, H. C./Geissberger, W./Ginsburg, T. (Hrsg.)*: Wege aus der Wohlstandsfalle. Der NAWU-Report. Strategien gegen Arbeitslosigkeit und Umweltkrise. Frankfurt am Main 1980, S. 38

91 Vgl. exemplarisch *Beck, U.*: Risikogesellschaft. Überlebensfragen, Sozialstruktur und ökologische Aufklärung, in: APuZ B 36/89, S. 3 ff.; *Meyer-Abich, K. M.*: Von der Wohlstandsgesellschaft zur Risikogesellschaft. Die gesellschaftliche Bewertung industriewirtschaftlicher Risiken, in: APuZ B 36/89, S. 31 ff.

92 Vgl. *Leipert, C.*: Ökologische und soziale Folgekosten der Produktion. Zum Problem der zunehmenden Unwirtschaftlichkeit der industriegesellschaftlichen Produktionsweise, in: APuZ B 19/84, S. 38 ff.

aktuellen Stand der empirischen Folgekostenbestimmung umreißt.[93] Den ersten *umfassenden Versuch*, den aus Umweltschäden resultierenden volkswirtschaftlichen Schaden für die Bundesrepublik Deutschland näher zu quantifizieren, unternahm *Wicke* im Jahr 1986.[94] Für das Referenzjahr 1984 ermittelte dieser in einer insgesamt noch als überaus konservativ zu bezeichnenden Schätzung eine volkswirtschaftliche Mindest-Schadenssumme von 103,5 Mrd. DM, die rund 6% des BSP der Bundesrepublik im Referenzjahr entspricht.[95]

Leipert errechnet in einer Untersuchung zur Struktur und Entwicklung der defensiven Ausgaben in der Bundesrepublik Deutschland für das Referenzjahr 1985 sogar volkswirtschaftliche Schäden in Höhe von mindestens 10% des BSP, d. h. also knapp 160 Mrd. DM.[96] Trotz schwieriger Abgrenzungsprobleme bei der operationalen Bestimmung defensiver Aufgaben dürfte es sich hierbei ebenfalls noch um weitgehend konservative Schätzungen handeln, da zahlreiche Kostengrößen angesichts begrenzter theoretischer Fundierung, begrenzter Projektlaufzeit, schwieriger Datenlage und (noch) zu geringer Größenordnung nicht in die Analyse einbezogen wurden.[97]

Die Zusammenstellung der Ergebnisse der Studie von *Leipert* in Tabelle 7 verdeutlicht, daß die defensiven Ausgaben in der hier vorgenommenen Abgrenzung im Zeitraum von 1970 bis 1985 nahezu um 250% gestiegen sind. Dabei war das Wachstumstempo in den siebziger Jahren erheblich höher als in den frühen achtziger Jahren. Der Anteil der Defensivkosten am BSP stieg im Betrachtungszeitraum von rund 5,6% auf mindestens 10%, d. h. um knapp 80%. Dies bedeutet, daß zumindest größenordnungsmäßig die Bundesrepublik Deutschland im Jahre 1985 nahezu 5% des BSP mehr als im Jahre 1970 aufwenden mußte, um wachsende Schäden und Verschlechterungen zu kompensieren, die durch vermehrte negative Folgewir-

---

93 Vgl. *Beckenbach, F./Schreyer, M. (Hrsg.)*: Gesellschaftliche Folgekosten. Was kostet unser Wirtschaftssystem? Frankfurt am Main 1988. Sehr kontrovers diskutiert wird in diesem Sammelband insbesondere das elementare Problem aller Folgekostenschätzungen, i. e. das *Problem der Monetarisierung von Folgekosten.*

94 Vgl. *Wicke, L.*: Die ökologischen Milliarden - Das kostet die zerstörte Umwelt und so könnten wir sie retten. München 1986

95 Vgl. *ebenda*, S. 123

96 Vgl. *Leipert, C.*: Folgekosten des Wirtschaftsprozesses und Volkswirtschaftliche Gesamtrechung - Zur Identifikation von steigenden kompensatorischen Ausgaben in der Sozialproduktrechnung. Discussion Paper IIUG rep 87-22, Wissenschaftszentrum Berlin. Berlin 1987, S. 144

97 Vgl. *Leipert, C.*: Defensive Ausgaben ..., a.a.O., S. 27

Tabelle 7: Struktur und Entwicklung der defensiven Ausgaben in der Bundesrepublik Deutschland 1970-1985[98]

Bereich	Absolute Werte in Mrd. DM zu konstanten Preisen (Basisjahr 1980)			Anteile der defensiven Ausgaben am BSP (in v.H.)		
	1970	1980	1985	1970	1980	1985
Umwelt	3,00	29,94	>32,54	0,30	2,01	0,80
Verkehr	30,80	44,90	52,30	2,70	3,00	3,30
Wohnen	5,45	10,14	11,87	0,48	0,67	0,75
Innere Sicherheit	3,91	14,92	19,80	0,34	1,01	1,26
Gesundheit	19,50	37,30	40,70	1,70	2,50	2,60
Arbeit	0,90	0,70	0,70	0,10	0,04	0,04
Insgesamt	63,60	137,90	157,90	5,60	9,30	10,0
Zum Vergleich das BSP zu Marktpreisen: 1970: 1 134,0 Mrd. DM; 1980: 1 485,2 Mrd. DM; 1985: 1 580,8 Mrd. DM						

kungen des Wachstums- und Entwicklungsprozesses ausgelöst worden sind. Diese Ergebnisse können zweifellos als Indikator dafür interpretiert werden, daß es sich beim Phänomen der defensiven Kosten in der Industriegesellschaft keinesfalls um eine "Quantité négligeable", sondern um ein überaus ernstzunehmendes Problem handelt.

Interessant erscheint weiterhin aber auch der Tabelle 7 zu entnehmende Befund, daß das BSP zwischen 1970 und 1985 mit real 446,8 Mrd. DM und damit 39,4% erheblich langsamer stieg als die gesellschaftliche Belastung mit defensiven Ausgaben, die um fast 150% zunahm. Das Wachstumstempo der defensiven Ausgaben übertrifft somit jenes des gesamten BSP um fast das Dreifache (276%). Ferner geht das gesamtwirtschaftliche Wachstum von 446,8 Mrd. DM in dieser Periode, wie Tabelle 7

98 Quelle: *Ebenda*, S. 26

verdeutlicht, einher mit einem Anstieg der defensiven Ausgaben in Höhe von knapp 95 Mrd. DM. Gut 21% des gesamtwirtschaftlichen Wachstums in dieser Periode weisen mithin lediglich ein Wachstum der Defensivkosten aus. Das erzielbare Real-Wachstum im Sinne der Bereitstellung neuer ökonomischer Wahlmöglichkeiten für die privaten Haushalte ohne gleichzeitige Schlechterstellung in anderen Bereichen wird also mit einem immer höheren ökonomischen Preis erkauft.

Bereinigt man schließlich das gesamtwirtschaftliche Wachstum um das Wachstum der Defensivkosten, dann zeigt sich, daß zwischen 1970 und 1985 das reale Wachstum mit lediglich ca. 31% deutlich unter dem unbereinigten Wert von 39,4% lag, d. h. das BSP überschätzt im Zeitablauf zunehmend den echten wirtschaftlichen Wohlstand. Betrug diese Überschätzung 1970 erst ca. 5%, so lag sie 1985 schon bei mindestens 10%. Realiter dürfte diese Überschätzung des Beitrags der marktvermittelten Produktion zur gesellschaftlichen Wohlfahrt durch den Indikator Bruttosozialprodukt allerdings noch sehr viel deutlicher ausfallen, da, wie eingangs erwähnt, alle angesprochenen Analysen lediglich die *ausgabenwirksamen* Kosten der Regulierung von wirtschaftsbedingten Schäden und Verschlechterungen berücksichtigen, *nicht* hingegen Natur- und Lebensqualitätsverluste.[99]

2.3.3 Bewertung des Industrialisierungsgrades der Bundesrepublik im Lichte steigender ökologischer und sozialer Folgekosten

Resümierend bleibt somit festzuhalten, daß ökologische und soziale Folgekosten auch in der Bundesrepublik Deutschland ein nicht zu vernachlässigendes und volkswirtschaftlich zunehmend an Bedeutung gewinnendes Phänomen sind. Die Bundesrepublik im Lichte dieser Befunde als "überindustrialisiert" zu bezeichnen, erscheint allerdings angesichts des erneut fehlenden eindeutigen Referenzsystems und überdies vor dem Hintergrund einer weitaus ausgeprägteren ökologischen Ignoranz in anderen Industrieländern ebenso unangemessen wie eine entsprechende Bewertung im Lichte der bisher analysierten Referenzsysteme. Trotzdem verweisen auch die vorliegenden empirischen Befunde auf bestehende Anpassungszwänge in der Ausgestaltung des wirtschaftlichen Wachstumsprozesses in der Bundesrepublik Deutschland. Dabei erweist es sich auch aus dieser Perspektive für die Bundesrepublik als höchst interessante Option, flankierend zur Förderung eines innovativen industriellen Sektors die gesamtwirtschaftliche Produktion durch die Nutzung binnenwirtschaftlicher Wachstumspotentiale vor

---

[99] Vgl. *Leipert, C.*: Grundfragen ..., a.a.O., S. 34 f.

allem im Bereich ökologischer und sozialer Dienstleistungen umwelt- und sozialverträglicher zu gestalten.

2.4 Zusammenfassende Bewertung des Industrialisierungsgrades der Bundesrepublik Deutschland

Die zurückliegenden Ausführungen lassen erkennen, daß von einer "Überindustrialisierung" der Bundesrepublik Deutschland weder im Lichte der "Normalstruktur"- und Drei-Sektoren-Hypothese, noch im Lichte internationaler Vergleiche von sektoralen Produktions- und Beschäftigungsstrukturen entwickelter Industriegesellschaften oder aber der steigenden ökologischen und sozialen Folgekosten des traditionellen, industrieakzentuierten Wachstumstypus gesprochen werden kann. Gegen eine derartige Bewertung spricht in allen Fällen das Fehlen eines validen Referenzsystems für eine derartige normative Bewertung, was am Beispiel des "Normalstruktur"-Schemas ausführlich dargelegt wurde. Auch valide Indikatoren für ein konkretes "Defizit" im Bereich produktionsorientierter Dienstleistungen ließen sich, trotz gewisser statistischer Auffälligkeiten der durchgeführten Gegenüberstellungen internationaler Beschäftigungsstrukturen, letztlich nicht bestimmen.

Stattdessen ließen die bisherigen Befunde aber sowohl *ein im internationalen Vergleich relativ geringes Angebot an verbraucherbezogenen Dienstleistungen in der Bundesrepublik Deutschland* als auch die *grundsätzliche Vorteilhaftigkeit einer verstärkten Erschließung binnenwirtschaftlicher Wachstumspotentiale im Bereich ökologisch und sozial verträglicher Dienstleistungen für die wirtschaftliche und gesellschaftliche Entwicklung der Bundesrepublik der kommenden Jahre* erkennen. Es liegt daher nahe, an dieser Stelle die "Überindustrialisierungs"-Diskussion abzubrechen und in den kommenden Abschnitten ausschließlich die Frage weiterzuverfolgen, inwieweit sich das in internationalen Vergleichen diagnostizierbare relativ geringe Angebot an verbraucherbezogenen Dienstleistungen - bei aller Vorsicht, die es selbstverständlich auch bei einer derartigen Bewertung zu beachten gilt - auch und gerade aufgrund binnenwirtschaftlicher Indikatoren als Tertiärisierungsdefizit der Bundesrepublik interpretieren läßt, und inwieweit und auf welche Art und Weise sich zudem in diesem Bereich mögliche neue Beschäftigungspotentiale für die Bundesrepublik Deutschland eruieren lassen. Damit ist das weitere Vorgehen der folgenden Kapitel vorgezeichnet.

3 Indikatoren eines Tertiärisierungsdefizites im Bereich verbraucherbezogener Dienstleistungen in der Bundesrepublik Deutschland

3.1 Die Schwierigkeit wissenschaftlich dezidierter Bedarfsprognosen im Bereich verbraucherbezogener Dienstleistungen

Da es in weiten Bereichen der verbraucherbezogenen Dienstleistungen keinen sich gemäß dem Angebot/Nachfrage-Mechanismus selbsttätig regelnden Markt gibt, erweisen sich Bedarfsfeststellungen, die sich - im Gegensatz zu Bedürfnissen, die subjektiv erstrebenswerte Ziele voraussetzen - an gesellschaftlich intersubjektiv anerkannten Erwartungen orientieren, als äußerst schwierige Intention.[1] Ein großer Teil des vorhandenen gesellschaftlichen Bedarfs kann über Marktsteuerung nicht aktiviert werden. Dies gilt für ausgewählte Bereiche personeller Dienstleistungen ebenso wie für investive Bedarfsfelder in den Bereichen Umweltschutz, Energieeinsparung oder aber auch Wohnungsbau, Städtebau und Verkehr.[2] Schwierigkeiten der Feststellung personellen Bedarfs resultieren überdies auch aus der Plastizität des Gutes personale Dienstleistungen.[3]

Grundsätzlich kann Bedarf durch empirische Ermittlung via Umfrage, soziale Indikatoren oder aber auch durch Vergleiche internationaler Versorgungsstandards angenähert werden.[4] Auch staatliche Haushaltspläne oder mittelfristige Finanzplanungen bringen in gewisser Weise Bedarfsvorstellungen zum Ausdruck, die von Regierungs- oder Administrationsinstanzen

---

1 Vgl. *Ferber, C. v.*: Neues Ehrenamt - altes Ehrenamt. Traditionelle Helfer, neue Helfer. Traditionelle Verbände, neue Initiativen, in: *Fink, U. (Hrsg.)*: Der neue Generationenvertrag. Die Zukunft der sozialen Dienste. München 1988, S. 123; *Saekel, R.*: Gesellschaftliches Defizit: Ambulante soziale Dienste, in: WSI-Mitteilungen 5/1978, S. 295

2 Vgl. *Welsch, J.*: Ansätze der Strukturpolitik als Beschäftigungspolitik. - "Mehr Markt" oder beschäftigungsorientierte Strukturpolitik?, in: WSI-Mitteilungen 5/1985, S. 270 f.; *Bäcker, G.*: Die Zukunft der Sozialpolitik, in: APuZ B 21-22/88, S. 24 f.

3 Vgl. *Hegner, F.*: Soziale Dienste zwischen Beruf und Freiwilligkeit, in: *Dierkes, M./Strümpel, B. (Hrsg.)*: Wenig Arbeit, aber viel zu tun. Neue Wege der Arbeitsmarktpolitik. Opladen 1985, S. 121 f.

4 Vgl. *Saekel, R.*: Gesellschaftliches Defizit ..., a.a.O., S. 295

aufgenommen und umgesetzt werden.[5] Bedarfe nach öffentlichen Dienstleistungen werden überdies häufig mit Hilfe von Bedarfskennziffern konkretisiert, wie beispielsweise der "Schüler-Lehrer-Relation" oder aber auch der "Polizeidichte".[6] Alle ermittelten Bedarfsfeststellungen lassen sich letztlich jedoch nur *mit Hilfe einer politischen Vorgabe* bezüglich eines gewünschten Versorgungsniveaus und einer präferierten Verteilung auswerten. Insofern gibt es keinen objektiv "echten" Bedarf, da Voraussetzung hierfür wäre, daß zum einen der Einzelne die Entstehung seiner Bedürfnisse nachvollziehen und die Konsequenzen ihrer Befriedigung übersehen könnte, und zum anderen alle Mitglieder der Gesellschaft gleiche Chancen hätten, ihre Prioritäten erfolgreich in die politische Diskussion einzubringen. Bedarf bleibt also stets eine *subjektive* Kategorie und die Diagnose gesellschaftlicher Bedürfnislagen ein letztlich *politischer* Akt, bei dem die Wissenschaft nur subsidiäre Hilfestellung zu leisten vermag.[7]

Dennoch besteht zumindest in der fachwissenschaftlichen Diskussion in der Bundesrepublik, wie die folgenden Ausführungen näher verdeutlichen werden, weitgehend Einigkeit darüber, daß bereits im gegenwärtigen Dienstleistungsangebot der Bundesrepublik Deutschland eine Reihe von Versorgungsdefiziten bestehen und sich auch für die Zukunft weitere, qualitativ weitgehend neue und zugleich quantitativ relevante, derzeit allerdings noch weitgehend latente Personalbedarfe abzeichnen. Versorgungsdefizite im Angebot an sozialen Dienstleistungen beruhen vor allem darauf, daß die traditionelle Strategie der Sozialpolitik in der Bundesrepublik Deutschland primär auf der Gewährung von Geldleistungen basiert, wichtigen neuen sozialpolitischen Problemfeldern, wie z. B. den Bereichen

- Psychiatrie und Geriatrie,
- Kranken- und Altenpflege,
- Altenhilfe,
- Jugend- und Familienhilfe,
- Hilfen für Sozialgefährdete (Obdachlose, Straffällige, Suchtkranke, Langzeitarbeitslose) und
- Integrationshilfen für Aussiedler, Asylsuchende und ausländische Mitbürger

---

5 Vgl. *Tofaute, H.*: Aufgabenwandel und Beschäftigung im öffentlichen Dienst, in: WSI-Mitteilungen 5/1987, S. 274

6 Vgl. *ebenda*

7 Vgl. *Saekel, R.*: Gesellschaftliches Defizit ..., S. 295; *Vesper, D.*: Tendenzen der Beschäftigungsentwicklung im staatlichen Sektor, in: WSI-Mitteilungen 6/1988, S. 321

sinnvollerweise aber eben nicht primär durch erweiterte monetäre Transfers, sondern fast nur durch persönlichen bzw. personellen Einsatz, d. h. durch soziale Dienstleistungen, begegnet werden kann.[8]

Zusätzliche Dienstleistungsbedarfe zeichnen sich aus diversen, im folgenden ebenfalls noch näher zu konkretisierenden Gründen weiterhin aber auch im Bildungs-, Freizeit- und Umweltschutzbereich ab. Ziel des vorliegenden Kapitels wird es daher sein, diese angesprochenen Tertiärisierungsdefizite sowohl in *qualitativer* als auch - falls möglich - in *quantitativer* Hinsicht genauer zu spezifieren und zu einer Gesamtbedarfsprognose zu aggregieren, um die Größenordnung des Tertiärisierungsdefizites im Bereich verbraucherorientierter Dienstleistungen in der Bundesrepublik Deutschland zu konkretisieren.

3.2 Versorgungsdefizite und Personalbedarfsschätzungen für ausgewählte Bereiche verbraucherbezogener Dienstleistungen in der Bundesrepublik Deutschland

3.2.1 Zur Versorgungssituation im Gesundheitswesen

3.2.1.1 Versorgungsstandards im Gesundheitswesen im internationalen Vergleich und Defizite im Bereich der medizinischen Versorgung in der Bundesrepublik Deutschland

Entscheidende Defizite der medizinischen und pflegerischen Versorgung in der Bundesrepublik Deutschland sind aus der Perspektive der vorliegenden Analyse vor allem deren bereits gegenwärtig relativ geringe Personalausstattung gerade auch im internationalen Vergleich sowie deren unzureichende Ausrichtung auf die künftig weiter anwachsenden Bedarfslagen der psychischen, chronischen und geriatrischen Erkrankungen (und dies sowohl im stationären wie auch im ambulanten Bereich).[9]

---

8 Vgl. *Rürup, B.*: Plädoyer für eine expansive Personalpolitik des Staates zur Wiedergewinnung der Vollbeschäftigung, in: *Markmann, H./Simmert, D. B. (Hrsg.)*: Krise der Wirtschaftspolitik. Köln 1978, S. 446 f.; *Heinze, R. G./Olk, T. /Hilbert, J.*: Der neue Sozialstaat. Analyse und Reformperspektiven. Freiburg im Breisgau 1988, S. 50 ff.; *Bröschen, E.*: Die Lebenslage älterer Menschen im ländlichen Raum - Eine empirische Untersuchung als Grundlage zur Planung von sozialen Diensten. Stuttgart 1983, S. 46

9 Mangels valider Entwicklungsprognosen wird *Aids* im Kontext der vorliegenden Analyse nicht eingehender behandelt, dennoch könnte gerade die Immunschwächekrankheit durchaus zu weiteren Versorgungsengpässen im künftigen Gesundheitswesen führen.

So entfallen beispielsweise, selbst wenn im Jahre 1987 in den bundesdeutschen *Krankenhäusern* immerhin 87 500 Ärzte und annähernd 400 000 Krankenpflegepersonen (incl. Pflegeschüler) tätig waren, rein rechnerisch auf jedes Krankenhausbett in der Bundesrepublik Deutschland lediglich 1,15 Planstellen, während in der Schweiz pro Bett immerhin schon 1,59, in den USA 2,71 und in Schweden schließlich sogar 2,78 Planstellen vorgesehen sind.[10] Interessant ist ferner die Tatsache, daß für die Krankenhauspflege in der Bundesrepublik lediglich ca. 2,8% des BSP ausgegeben wird bei Referenzwerten von 3,6% für Großbritannien, 4,1% für Frankreich, 4,7% für die USA und 5,7% für die Niederlande.[11]

Auch mögliche Zweifel an einem ausgewogenen Verhältnis zwischen der Gesamtzahl der Ärzte in der Bundesrepublik Deutschland und der Zahl der Pflegepersonen werden durch einen internationalen Vergleich verstärkt. So liegt die Bundesrepublik Deutschland in der Arztdichte (insbesondere bei den Fachärzten) in der Spitzengruppe von insgesamt 13 Ländern (vor Dänemark, Schweiz, Schweden, den USA und vielen anderen Ländern), im Hinblick auf das Versorgungsniveau mit Krankenpflegepersonen dagegen rangiert die Bundesrepublik an drittletzter Stelle.[12]

Medizinische Versorgungsdefizite in der Bundesrepublik Deutschland bestehen gegenwärtig allerdings nach wie vor im Bereich der *Psychiatrie* und der *Geriatrie*.[13] So erhalten etwa von den schätzungsweise 6-8 Mio. psychiatrisch behandlungsbedürftigen Bundesbürgern nur 1,6 Mio. spezielle psychiatrische Hilfen durch niedergelassene Nervenärzte und 200 000 durch psychiatrische Krankenhäuser und Abteilungen. Bedenklich erscheint weiterhin, daß rund 3 Mio. der psychiatrisch Behandlungsbedürftigen durch

---

[10] Vgl. *Gräb, C.*: Krankenhäuser 1987, in: Wirtschaft und Statistik 6/1989, S. 374 f.; *Sachverständigenrat für die Konzertierte Aktion im Gesundheitswesen*: Jahresgutachten 1988. Medizinische und ökonomische Orientierung. Vorschläge für die konzertierte Aktion im Gesundheitswesen. Baden-Baden 1988, S. 158

[11] Vgl. *Bundeskrankenhauskonferenz: Arbeitsgemeinschaft Deutscher Schwesternverbände, Deutsche Krankenhausgesellschaft, Deutscher Berufsverband für Krankenpflege, Verband der Krankenhausdirektoren Deutschlands, Marburger Bund, Verband der leitenden Krankenhausärzte Deutschlands*: Verbesserung der Krankenhauspflege nicht kostenneutral. Bonn, 28. November 1989, S. 2

[12] Vgl. *Rückert, W.*: Personelle Rahmenbedingungen für eine angemessene Pflege von Heimbewohnern, in: *Brandt, H./Dennebaum, E.-M./Rückert, W.*: Stationäre Altenhilfe. Problemfelder - Rahmenbedingungen - Perspektiven. Freiburg im Breisgau 1987, S. 107

[13] Vgl. *Der Bundesminister für Jugend, Familie, Frauen und Gesundheit (Hrsg.)*: Ehrenamtliche soziale Dienstleistungen. Bericht eines Arbeitskreises der Gesellschaft für sozialen Fortschritt. Stuttgart 1989, S. 101

sonstige niedergelassene Ärzte anderer Gebietsbezeichnungen (vor allem durch praktische Ärzte, Allgemeinärzte und Internisten, also nicht durch Gebietsärzte der Psychiatrie) versorgt werden, obwohl diese kaum über eine spezielle psychiatrische Fachweiterbildung verfügen.[14] Besonders dringlich ist zudem der Bedarf an Tages- und Nachtkliniken sowie Spezialabteilungen für die rund 500 000 *chronisch psychisch Kranken* in der Bundesrepublik (darunter 60 000 Langzeitpflegefälle), von denen 40 Prozent zwischen 18 und 60 Jahre sind und zumeist nicht fachgerecht in der Familie versorgt werden.[15]

Weiterhin wächst in der Bundesrepublik Deutschland, bedingt durch die verlängerte Lebenserwartung der Bundesbürger sowie durch Veränderungen der Altersstruktur, künftig aber auch die Zahl der *geronto-psychisch Kranken* überproportional. Bereits gegenwärtig leiden 24% der über 65-jährigen Bundesbürger (und bei den über 85-Jährigen wahrscheinlich schon jeder Dritte) unter akuten oder dauerhaften psychischen Störungen. Zugleich gelten 7-8%, d. h. rund 750 000 Ältere und Hochbetagte, gegenwärtig bereits als dringend psychiatrisch behandlungsbedürftig, von denen wiederum lediglich 1% eine adäquate fachärztliche oder stationäre Hilfe erhalten.[16]

Gravierendere Veränderungen der Altersstruktur stehen in der Bundesrepublik Deutschland allerdings in den kommenden Jahren erst noch bevor. So erwarten Prognosen zur Bevölkerungsentwicklung bis zum Jahr 2000 eine nur unwesentlich geringere, danach jedoch stark abnehmende Bevölkerungszahl. Dabei wird Berechnungen des DIW zufolge der Anteil der unter 20-Jährigen von 22,1% im Jahr 1986 auf 15% im Jahr 2040 und der Anteil der 20- bis 60-Jährigen von 57,3% auf 48,3% zurückgehen, während der Anteil der über 60-Jährigen von 20,6% auf 36,8% steigen wird.[17] Der Abnahme der Zahl der Personen in den jüngeren und mittleren Altersgruppen steht mithin eine deutliche Zunahme der Zahl der älteren Personen gegenüber (vgl. Abbildung 8).

---

14 Vgl. *Clade, H.*: Psychiatrie-Reform: Fachabteilungen und Tageskliniken schließen Lücken, in: Arbeit und Sozialpolitik 10/1989, S. 303

15 Vgl. *ebenda*; *Schädle, J.*: Armut unter psychisch Kranken. Chronisch psychisch kranke Menschen haben ein Recht auf ein eigenständiges Leben ohne Armut, in: Blätter der Wohlfahrtspflege 11-12/1989, S. 310

16 Vgl. *Clade, H.*: Psychiatrie-Reform ..., a.a.O., S. 303; *Leidinger, F.*: Eine neue Psychiatrie für die Alten. Die Lage der Gerontopsychiatrie in der Bundesrepublik Deutschland, in: Blätter der Wohlfahrtspflege 10/1988, S. 233

17 Vgl. *Schulz, E.*: Zur langfristigen Entwicklung der Bevölkerung in der Bundesrepublik Deutschland, in: DIW-Wochenbericht 32/88, S. 406

Abbildung 8: Die Bevölkerungsentwicklung der Bundesrepublik Deutschland für ausgewählte Altersgruppen bis zum Jahre 2040[18]

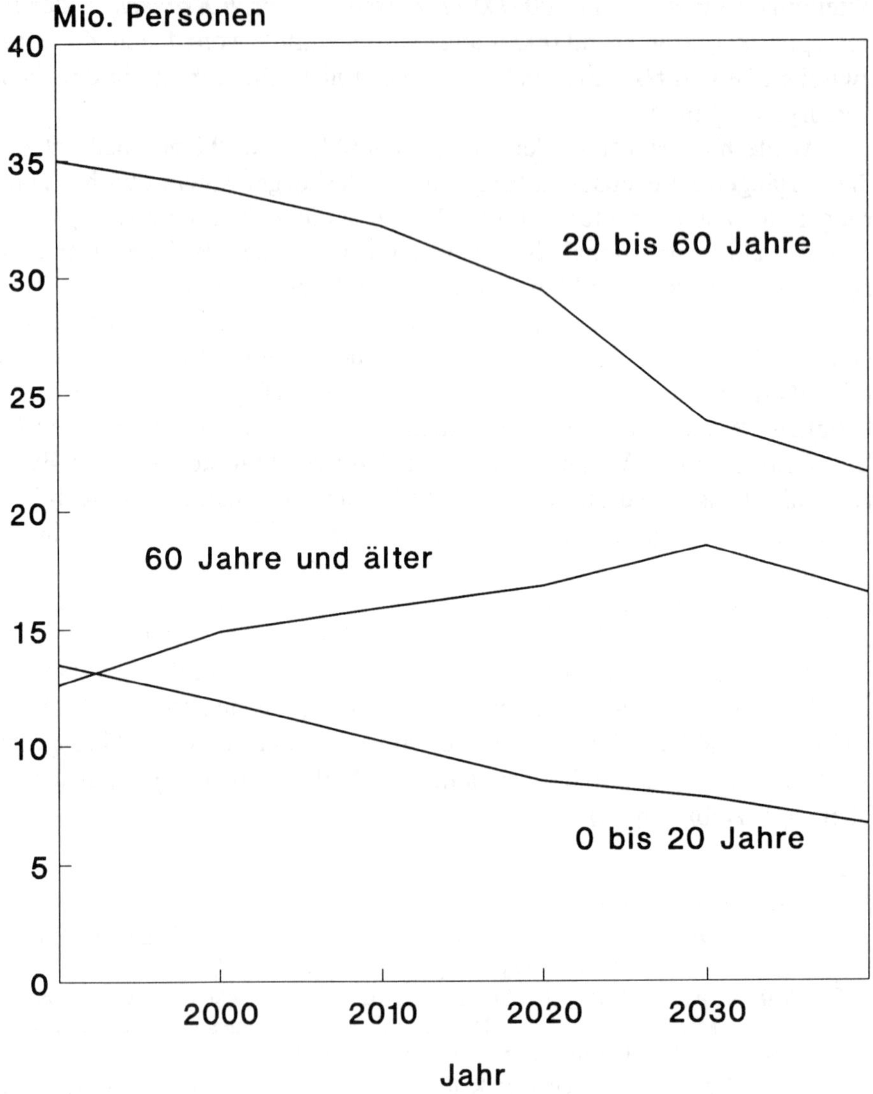

[18] Quelle: *Ebenda*, S. 407

Die durch diese Altersstrukturveränderungen *wachsende Bedeutung des geriatrischem Erkrankungsmusters* in der Bundesrepublik Deutschland unterstreichen Prognosen des *Sachverständigenrates für die Konzertierte Aktion im Gesundheitswesen*, die erwarten, daß allein aufgrund der demographischen Entwicklung bis zum Jahr 2000 die akuten Erkrankungen um rund 11% zurückgehen werden, während zugleich die chronischen Erkrankungen um 2-3% ansteigen dürften.[19] Für diese Herausforderungen scheint die medizinische Versorgung gegenwärtig erst in Ansätzen vorbereitet. So standen im Bundesgebiet zum Jahresende 1987 lediglich 76 Sonderkrankenhäuser für Chronisch-Kranke und Geriatrie mit insgesamt 9 392 Betten zur Verfügung.[20] Nach wie vor gilt das vorherrschende Interesse der bundesdeutschen Medizin primär den Akuterkrankungen und erst in zweiter Linie der Geriatrie und Gerontopsychiatrie. Diese Mängel betreffen insbesondere die Versorgung durch niedergelassene Ärzte als dem wohl wichtigsten ambulanten Gesundheitsdienst für ältere Menschen. Die Bekämpfung von chronischen Erkrankungen und Multimorbidität setzt demgegenüber aber vor allem eine Koordination und Zusammenführung der verschiedenen Bereiche und Institutionen der medizinischen Versorgung, der Pflege und der sozialen Dienste voraus, die gegenwärtig (noch) nicht gegeben ist.[21]

Die *Deutsche Krankenhausgesellschaft* schätzte 1980 die Zahl der in den Krankenhäusern und anderen Einrichtungen des Gesundheitswesens zusätzlich benötigten Ärzte, insbesondere im psychiatrischen und rehabilitativen Sektor, auf mindestens 20 000. Tendenziell haben sich diese damals berechneten Dienstleistungsbedarfe wenig abgeschwächt.[22] Dies verdeutlichen auch eine Einschätzung des *DIW* aus dem Jahre 1984, die ebenfalls einen zusätzlichen Stellenbedarf von 20 000 Ärzten konstatierte,[23] sowie aktuelle Forderungen des *Marburger Bundes* nach Neueinstellung von

---

19 Vgl. *Sachverständigenrat für die Konzertierte Aktion im Gesundheitswesen*: Jahresgutachten 1988 ..., a.a.O., S. 222

20 Vgl. *Gräb, C.*: Krankenhäuser 1987 ..., a.a.O., S. 373; *Der Bundesminister für Jugend, Familie, Frauen und Gesundheit (Hrsg.)*: Ehrenamtliche soziale Dienstleistungen ..., a.a.O., S. 101

21 Vgl. *Dieck, M./Naegele, G.*: "Ältere Menschen in NRW". Zusammenfassung der wichtigsten Ergebnisse eines Gutachtens zur Lage der älteren Menschen und zur Altenpolitik in NRW, in: Sozialer Fortschritt 9/1989, S. 202 f.

22 Vgl. *Deutsche Krankenhausgesellschaft*: Anhaltszahlen. Empfehlungen für die Besetzung der Krankenhäuser mit Pflegekräften und Ärzten von 1951 bis 1979. Bonn 1980; zitiert nach *Tofaute, H.*: Aufgabenwandel ..., a.a.O., S. 275

23 Vgl. *Vesper, D.*: Beschäftigung im öffentlichen Dienst, in: DIW-Wochenbericht 23/84, S. 270

27 000 Medizinern in der stationären medizinischen Versorgung in der Bundesrepublik Deutschland.[24]

3.2.1.2 Versorgungsdefizite im Bereich Krankenpflege

Auch im Pflegebereich der Krankenhäuser wird, trotz grundlegend veränderter Rahmenbedingungen in der medizinischen Versorgung und gegenteiliger Empfehlungen des *Sachverständigenrates für die Konzertierte Aktion im Gesundheitswesen*, der in seinen Gutachten den Krankenkassen und Krankenhausträgern dringend nahelegt, neue Leistungs- und zeitorientierte Anhaltszahlen zur Personalbemessung zu vereinbaren, noch immer auf einen Pflegeschlüssel aus dem Jahre 1969 zurückgegriffen, der den Personalbedarf eines Krankenhauses über die Zahl der durchschnittlich belegten Betten ermittelt.[25] Zwar wurden diese Anhaltszahlen im Jahre 1974 der 40-Stunden-Woche angepaßt. Allerdings unterstellen sie bei der Personalbedarfsermittlung zunächst einmal eine völlig unrealistische Ausfallquote (durch Fortbildung, Urlaub und Krankheit) von pauschal 15%, die heute wegen der extremen Belastungen realistischerweise um sieben bis zehn Prozent höher anzusetzen sein dürfte.[26]

Als Konsequenz veränderter Krankheitsstrukturen und medizinisch-technischer Fortschritte wurden Mitte der achtziger Jahre in der Bundesrepublik Deutschland zudem mehr als 12 Mio. Menschen, d. h. fast 3 Millionen mehr als im Jahre 1970, immer schneller durch die Kliniken geschleust, wobei die durchschnittliche Verweildauer im Referenzzeitraum um fast eine Woche auf 18 Tage gesunken ist mit der Folge intensivierter Pflegebedarfe, oftmals aber auch mit der Konsequenz eines sog. "Drehtüreffekts", d. h. einer raschen Wiedereinlieferung pflegebedürftiger Patienten in eine entsprechende Klinik nach der Entlassung.[27] Wenn immer mehr Schwestern und Pfleger bereits nach wenigen Jahren Arbeit resignieren und aus ihrem Beruf aussteigen, dann liegt das auch und gerade an deren schlechten Arbeitsbedingungen, die durch Schichtdienst, eine hohe Überstundenzahl und eine hohe physische wie psychische Beanspruchung bei gleichzeitig extrem

---

24 Vgl. *Marburger Bund (Hrsg.)*: Ärztlicher Personalbedarf im Krankenhaus. 20 Jahre Anhaltszahlen. Köln 1989

25 Vgl. *Sachverständigenrat für die Konzertierte Aktion im Gesundheitswesen*: Jahresgutachten 1988 ..., a.a.O., S. 158 f.

26 Vgl. *Denia, W.*: Arbeitssituation im Pflegedienst. Auswertung einer Umfrage der Deutschen Angestellten-Gewerkschaft. Hamburg 1988, S. 2 f.

27 Vgl. *Peretzki-Leid, U.*: Aufgabenbewältigung in den Bereichen Gesundheitswesen und soziale Dienste - jetzt und in Zukunft, in: WSI-Mitteilungen 6/1988, S. 340 f.

hoher Verantwortung für die Patienten gekennzeichnet sind. Hinzu kommen geringe Verdienst- und Aufstiegschancen, da Schwestern und Pfleger nach ihrer Ausbildung kaum mehr als eine ungelernte Schreibkraft verdienen und Fort- und Weiterbildung, oft aus eigener Tasche bezahlt, nur selten honoriert werden. Als Konsequenz dieser Entwicklung entscheiden sich schließlich gegenwärtig immer weniger junge Menschen für diesen Beruf, wodurch sich die skizzierten Versorgungsmängel künftig noch weiter verschärfen werden.[28]

Versucht man auch hier wiederum, aus diesen qualitativ skizzierten Versorgungsdefiziten, die unter dem Schlagwort vom *"Pflegenotstand in der Bundesrepublik Deutschland"* Ende der achtziger Jahre in verstärktem Maße auch Eingang in die öffentliche Diskussion gefunden haben, konkrete Bedarfsprognosen zu entwickeln, so induzieren alleine die vereinbarten Wochenarbeitszeitverkürzungen von 40 auf 39 (ab April 1989) und von 39 auf 38,5 Stunden ab April 1990 in den bundesdeutschen Krankenhäusern nach Angaben der *Bundeskrankenhauskonferenz* vom November 1989 rechnerisch einen personellen Mehrbedarf von über 30 000 Planstellen.[29] Insgesamt betrachtet fehlen nach Schätzungen der *Deutschen Angestellten-Gewerkschaft* mindestens 60 000 Mitarbeiter im Pflegebereich der Krankenhäuser.[30]

3.2.1.3 Versorgungsdefizite im Bereich Altenpflege

Neben dem medizinischen und krankenpflegerischen Bereich bestehen schließlich aber auch im Bereich der Altenpflege in der Bundesrepublik Deutschland erhebliche Versorgungsdefizite. Bedarf an Altenpflegedienstleistungen signalisieren auch hier wiederum sowohl die im internationalen Vergleich geringere Versorgungsdichte in der Bundesrepublik Deutschland und qualitative Versorgungsmängel in der aktuellen Altenpflegepraxis als auch die höhere Lebenserwartung sowie der Anstieg der Hochbetagten aufgrund der sich abzeichnenden Veränderungen der Alterstruktur der Bevölkerung der Bundesrepublik Deutschland und die infolgedessen deutlich zu-

---

[28] Vgl. *Denia, W.*: Arbeitssituation ..., a.a.O., S. 3 ff.

[29] Vgl. *Bundeskrankenhauskonferenz: Arbeitsgemeinschaft Deutscher Schwesternverbände, Deutsche Krankenhausgesellschaft, Deutscher Berufsverband für Krankenpflege, Verband der Krankenhausdirektoren Deutschlands, Marburger Bund, Verband der leitenden Krankenhausärzte Deutschlands*: Wachsender Personalmangel im stationären und ambulanten Versorgungsbereich. Bonn, 28. November 1989, S. 1 f.

[30] Vgl. *Denia, W.*: Arbeitssituation ..., a.a.O., S. 25

Tabelle 8: Vergleich des Ist-Bestands (1983) professioneller/institutioneller Altenhilfe in der Bundesrepublik Deutschland mit alternativen Soll-Zahlen auf der Basis von Bedarfsmeßziffern des benachbarten Auslandes[31]

Elemente des (institutionellen) Hilfssystems	Ist-Bestand	Alternative Soll-Bestände gemäß Richtzahlen der Länder		
		Dänemark	Niederlande	Schweiz
Altenheim- und Pflegeplätze	351 000	532 000	776 300	559 000
Vollzeitkräfte in Alten-/ Pflegeheimen	109 000	400 000	350 000	200 000 250 000
Tagespflegeheimplätze	250	26 600	14 800	3 000
Vollzeitkräfte in ambul. sozialpfleg. Diensten	20 000	25 300	142 000	36 600
Heimhelfer		216 000		
Ausbildungsplätze für Altenpfleger	5 000		31 000	

nehmenden chronischen und psychischen Erkrankungsmuster und Hilfs- und Pflegebedürftigkeitsrisiken.[32]

---

31 Quelle: *Rückert, W.*: Die Situation der Altenpflege im internationalen Vergleich, in: *Der Bundesminister für Jugend, Familie, Frauen und Gesundheit (Hrsg.)*: Ehrenamtliche soziale Dienstleistungen ..., a.a.O., S. 156

32 Vgl. *Dieck, M./Naegele, G.*: "Ältere Menschen in NRW" ..., a.a.O., S. 199

Die relativ ungünstige Versorgungssituation in der Bundesrepublik verdeutlichen detailliertere Vergleiche des Ist-Zustandes unseres Altenhilfesystems mit alternativen Soll-Zuständen entsprechend den Maßstäben unserer Nachbarländer (vgl. Tabelle 8), wobei Tabelle 8 die Überlegung zugrunde liegt, daß der Bedarf an sozialpflegerischen Diensten in vergleichbaren Ländern ähnlich ist, um auf dieser Grundlage eine relative Unter- oder Überversorgung abschätzen zu können. Es stimmt nachdenklich, daß die Bundesrepublik Deutschland in allen verglichenen Dimensionen der Versorgungsstandards im Verhältnis zu Dänemark, den Niederlanden und der Schweiz am schlechtesten abschneidet, zumal dieser Rückstand gegenüber den Vergleichsländern auch nicht mit deren unterschiedlichen Sozialleistungssystemen oder mit etwaigen besonderen Anstrengungen dieser Länder in einzelnen Bereichen der Altenpflege erklärt werden kann.[33] Zudem erscheint aber auch die Unterversorgung *im ambulanten und teilstationären Bereich* noch weitaus deutlicher ausgeprägt als im stationären Bereich, der derzeit noch - zumindest teilweise - durch Überkapazitäten im Krankenhausbereich entlastet wird.[34]

An dieser Stelle wird bereits deutlich, daß in der Bundesrepublik Deutschland - entgegen anderslautenden Thesen - gerade *im Bereich ambulanter Pflegeeinrichtungen* keineswegs von einem "flächendeckenden Netz", sondern nach wie vor eher von einer noch sehr lückenhaften Versorgung mit überdies großen regionalen Disparitäten auszugehen ist. Mit - nach verschiedenen Erhebungen - bis zu 36 000 in ambulanten Diensten in unterschiedlichem zeitlichen Umfang tätigen Kranken- und Altenpflegepersonen sowie Haus-, Familien- und Dorfhelferinnen, die umgerechnet etwa 20 000 bis 22 000 Vollzeit-Pflegekräften entsprechen, wird, da das Pflegepersonal nicht nur unmittelbar pflegerisch tätig ist, die häufig als Richtwert verwendete Verhältniszahl von einer ambulant tätigen Pflegekraft je 3 500 Einwohner gegenwärtig weder im Bundesdurchschnitt noch in den meisten Regionen erreicht. Nach verschiedenen Schätzungen dürfte diese Relation heute erst zwischen 1:4500 und 1:5000 liegen, ein Wert, der zum Teil weit unter dem ambulanten pflegerischen Versorgungsniveau westeuropäischer Nachbarländer liegt.[35]

---

33 Vgl. *Der Bundesminister für Jugend, Familie, Frauen und Gesundheit (Hrsg.)*: Ehrenamtliche soziale Dienstleistungen ..., a.a.O., S. 81

34 Vgl. *Rückert, W.*: Die Situation der Altenpflege ..., a.a.O., S. 157

35 Vgl. *Priester, K.*: Ambulant vor stationär? Möglichkeiten und Grenzen der Entlastung des Krankenhaussektors durch ambulante sozialpflegerische Dienste und häusliche Pflege, in: *Deppe, H.-U./Friedrich, H./Müller, R. (Hrsg.)*: Das Krankenhaus: Kosten, Technik oder humane Versorgung. Frankfurt am Main/New

Gleichzeitig gilt aber auch der *stationäre Altenpflegebereich* nach Einschätzung der geriatrischen Forschung in weiten Teilen als weder in baulicher, noch in therapeutischer wie personeller Hinsicht ausreichend auf die Pflegebedürfnisse der Klienten zugeschnitten, so daß die Versorgungssituation in der stationären Altenpflege in der Bundesrepublik Deutschland gegenwärtig vielfach durch Arbeitshetze, Zeitdruck, geringe persönliche Zuwendung, Vernachlässigung therapeutischer und relativierender Zielsetzungen in der Pflege, gefährliche Pflege und medikamentöse Ruhigstellung, fehlende humane Sterbebegleitung, psychische und physische Überforderung des Pflegepersonals sowie ein vorzeitiges "burning out" charakterisiert ist.[36]

Alles in allem fehlen im Bereich der Altenpflege nach Einschätzung der Fachverbände bereits gegenwärtig insgesamt ca. 80 000 Pflegekräfte.[37] Einen deutlichen Anstieg dieses Bedarfes für die nähere Zukunft signalisieren darüberhinaus die bereits skizzierten Veränderungen der Alterstruktur der deutschen Bevölkerung, die auch und gerade in der Altersgruppe der häufiger pflegebedürftigen Personen (über 80 Jahre), der im Jahr 2040 immerhin 8% der Bevölkerung angehören werden,[38] einen deutlichen Niederschlag finden.[39] Da bereits gegenwärtig in der Bundesrepublik über 2,5 Mio. pflegebedürftige Menschen leben, von denen fast 90% zuhause, d. h. nicht in Heimen, versorgt werden,[40] läßt die weitere Zunahme der Zahl der Hochbetagten für die Zukunft *die Aufrechterhaltung einer tragfähigen "Fürsorgereserve" vor allem im Bereich der ambulanten sozialen Hilfs-*

York 1989, S. 146 f.; *Höft-Dzemski, R.*: Ambulante gesundheits- und sozialpflegerische Dienste in der Bundesrepublik Deutschland - Anzahl, Personalstruktur, Leistungsspektrum, Versorgungsdichte, in: Nachrichtendienst des Deutschen Vereins für öffentliche und private Fürsorge Nr. 3/1988, S. 81 ff.; *Dieck, M./Steinack, R.*: Gesellschaftliche Integration, soziale Interaktion, materielle und immaterielle Ressourcen: Aspekte der Situation älterer Menschen in der Bundesrepublik Deutschland. Berlin (West) & Dublin 1987, S. 253

36 Vgl. *Dieck, M./Naegele, G.*: "Ältere Menschen in NRW" ..., a.a.O., S. 203

37 Vgl. *Walz, I.*: Pflegenotstand in Deutschland. Kollaps in der Altenpflege durch ein Bündel von Maßnahmen verhindern, in Berufsverband Altenpflege 5/89, S. 78

38 Vgl. *Schulz, E.*: Zur langfristigen Entwicklung ..., a.a.O., S. 406 f.

39 So steht einer durchschnittlichen Pflegequote von weniger als 3%, bezogen auf die gesamte Bevölkerung, ein Referenzwert von fast 30% bei Menschen von 80 und mehr Jahren gegenüber. Vgl. *Fink, U.*: Zukunftsfelder der Arbeit, in: APuZ B 3/90, S. 19

40 Vgl. *Dennebaum, E.-M.*: Pflegebedürftigkeit im Alter als vordringliches soziales Problem, in: Theorie und Praxis der sozialen Arbeit Nr. 1/85, S. 2 ff.; *Priester, K.*: Ambulant vor stationär? ..., a.a.O., S. 146

dienste zur zweifellos wichtigsten demographischen Herausforderung in der Bundesrepublik Deutschland avancieren.

Diese Forderung erhält eine zusätzliche Legitimation aus der Tatsache, daß sich gleichzeitig von der Angebotsseite her ein *Rückgang des familiären Pflegepotentials* abzeichnet durch

- den Anstieg der Zahl der Ein-Personen-Haushalte,[41]
- das demographisch bedingt rückläufige Potential an jüngeren Pflegepersonen,[42]
- das veränderte generative Verhalten sowie die gewandelten Familienstrukturen und -beziehungen in der Bundesrepublik (sinkende Heirats- und Wiederverheiratungshäufigkeit, weiterer Anstieg der Scheidungs- und Trennungsbereitschaft, geringerer gegenseitiger Verpflichtungscharakter von Familienmitgliedern),[43] aber auch
- durch den zu erwartenden weiteren Anstieg der Erwerbsbeteiligung von Frauen, inbesondere auch von Müttern.[44]

Berücksichtigt man schließlich aber auch

- das demoskopischen Befunden wie auch den Berichten der Wohlfahrtsverbände zufolge ebenfalls rückläufige ehrenamtliche Engagement der Bundesbürger[45] sowie
- das im Verhältnis zur familiären Unterstützung, zur ehrenamtlichen Arbeit, vor allem aber zur Zahl hilfsbedürftiger Menschen derzeit noch geringe Leistungspotential funktionierender Selbsthilfegruppen im Bereich sozialer Dienstleistungen, die zukünftig zwar sicherlich an Bedeutung gewinnen werden und aufgrund ihres demokratisch-solidarischen Charakters sozialpolitisch als überaus förderungswürdig erscheinen,[46] aller Voraussicht nach allerdings niemals die Ausdehnung errei-

---

41 Vgl. *Fink, U.*: Der neue Generationenvertrag. Die Zukunft der sozialen Dienste, in: *Fink, U. (Hrsg.)*: Der neue Generationenvertrag ..., a.a.O., S. 10

42 Vgl. *ebenda*

43 Vgl. *Naegele, G.*: Voran mit der familiären Pflege - Ein Weg zurück! - Neuere Praxiskonzepte zur Beseitigung des Pflegenotstandes, in: WSI-Mitteilungen 7/1985, S. 400

44 Vgl. *Peretzki-Leid, U.*: Aufgabenbewältigung ..., a.a.O., S. 340

45 Vgl. *Lakemann, U.*: Das Aktivitätsspektrum privater Haushalte in der Bundesrepublik 1950 bis 1980. Zeitliche und inhaltliche Veränderungen von Erwerbstätigkeiten, unbezahlten Arbeiten und Freizeitaktivitäten. Eine vergleichende Auswertung empirischer Untersuchungen. Discussion Paper, IIM/LMP 84-19, Wissenschaftszentrum Berlin. Berlin 1984, S. 78 ff.

46 Vgl. hierzu auch Kapitel 5.5.2

chen werden, um den familiären Funktionsverlust ausgleichen oder professionelle Leistungsangebote ersetzen zu können,[47]
so ist bei Aufrechterhaltung von Mindeststandards des Versorgungsniveaus zu einem *gezielten flächendeckenden Ausbau von stationären und vor allem ambulanten Pflege-Dienstleistungen* (Pflegedienste, Hausnotrufdienste etc.) in der Bundesrepublik Deutschland keine realistische Alternative erkennbar. Längerfristig dürfte zudem *ein verstärktes Angebot an teilstationären Einrichtungen* (z. B. Kurzzeit-Vollversorgung, teilstationäre Tagespflegestätten, gerontopsychiatrische Tagespflegekliniken und Tagespflegestätten) an Bedeutung gewinnen, da durch ein solches *Verbundsystem ambulanter Betreuung* oftmals erst die Pflegemöglichkeit durch Angehörige gesichert werden kann.[48]

3.2.2 Versorgungsdefizite im Bereich Altenhilfe und Altenbetreuung

Neben den skizzierten Defiziten im *gesundheitspflegerischen* Bereich bestehen bei der Versorgung der älteren Mitbürger weiterhin auch im Bereich der ambulanten *sozialpflegerischen* Dienste erhebliche Versorgungsdefizite. Nach wie vor sind die institutionalisierten ambulanten Dienste in der Bundesrepublik Deutschland in erster Linie reine Gesundheitspflegedienste, bei denen sich die Pflegenden oftmals aus zeitlichen und emotionalen Gründen außerstande sehen, den kommunikativen und emotionalen Bedürfnissen der Älteren entgegenzukommen. Ambulante Dienste können allerdings den Anforderungen an eine zeitgemäße Altenhilfe solange nicht gerecht werden, als sie nicht durch *flankierende kommunikative sowie soziale und alltagspraktische Hilfen* ergänzt werden, sei es in Form von

- Mahlzeitendiensten (z. B. stationäre Mittagstische, Essen auf Rädern),
- mobilen sozialen Hilfsdiensten (z. B. Begleit- und Besuchsdienste, Fahrdienste),
- Hilfen im Haushalt (Einkaufs-, Koch- und Reinigungshilfen), oder aber in Form von
- Leistungen, die der sozialen Integration und der Aufrechterhaltung sozialer Kontakte dienen (z. B. Altentagesstätten, Fortbildungsakade-

---

47 Vgl. *Bäcker, G.*: Sozialpolitik durch soziale Dienstleistungen - Zukunftsperspektiven des Sozialstaates, in: WSI-Mitteilungen 3/1986, S. 212 ff.

48 Vgl. *Damkowski, W.*: Sozialstationen - ein Konzept ambulanter Versorgung in der Bewährung, in: APuZ B 24-25/87, S. 26; *Höft-Dzemski, R.*: Ambulante gesundheits- und sozialpflegerische Dienste ..., a.a.O., S. 84; *Dieck, M./Naegele, G.*: "Ältere Menschen in NRW" ..., a.a.O., S. 202 f.; *Leidinger, F.*: Eine neue Psychiatrie ..., a.a.O., S. 235

mien, Altensport- und allgemeine Freizeitangebote für Senioren, Seniorenreisen etc.).[49]

Darüberhinaus ist eine Vielfalt weiterer Diensteformen denkbar, die im Einzelfall wichtige und nützliche Hilfe leisten können, und über die in der geriatrischen Forschung derzeit nur wenig aufbereitete Informationen zur Verfügung stehen. Anhand der Nomenklatur des *Deutschen Vereins für öffentliche und private Fürsorge* sei beispielhaft auf Bücherdienste, Vorlese- und Schreibdienste, Telefonhilfen, Besuchsdienste, Reparaturdienste, Ausleihdienste für Pflegegeräte etc. verwiesen. Zu bedenken bleibt aber auch, daß sich die Bedarfssituation der hilfebedürftigen, zu Hause lebenden alten Menschen in den kommenden Jahren durch technische Veränderungen weiter verändern wird. An Bedeutung gewinnen dürften in verstärktem Maße beispielsweise der Verleih von Videokassetten, die Herausgabe bzw. der Verleih von besprochenen Tonbandkassetten u. ä.[50]

Alles in allem erweist sich aber, wie gesehen, die ambulante Versorgung, die in der Tat von der überwiegenden Zahl der Älteren gewünscht wird, nur dann humaner als stationäre Pflege, wenn *quantitativ und qualitativ* ausreichende Angebote zur Verfügung stehen, vor allem für die zunehmende Zahl alleinstehender älterer Menschen, die nicht auf familiäre Hilfepotentiale zurückgreifen können. Dies ist im Moment ganz offensichtlich nicht der Fall, wie bereits aus Tabelle 8 ersichtlich wurde und wie zudem auch Tabelle 9 noch einmal verdeutlicht.

Nur ein Ausbau ambulanter Dienste im großen Maßstab vermag demnach die großen Bedarfslücken zu schließen, die von den Pflegeleistungen der Familien und ehrenamtlichen Helfern, wie gesehen, alleine nicht ausgefüllt werden können.[51] Das *Kuratorium Deutsche Altershilfe* hält hierfür mindestens eine Verdoppelung bis Verdreifachung des Angebots für erforderlich.[52] Nach Schätzungen der *Arbeiterwohlfahrt* wären bundesweit

---

[49] Vgl. *Bäcker, G./Dieck, M./Naegele, G./Tews, H.-P.*: Ältere Menschen in Nordrhein-Westfalen. Wissenschaftliches Gutachten zur Lage der älteren Menschen und zur Altenpolitik in Nordrhein-Westfalen zur Vorbereitung des zweiten Landesaltenplanes. Düsseldorf: Ministerium für Arbeit, Gesundheit und Soziales des Landes Nordrhein-Westfalen (MAGS), April 1989, S. 120 f.; *Haag, G./ Schneider, U.*: Armut im Alter. Einkommen, Wohnen, Gesundheit und soziale Kontakte alter Menschen in der Bundesrepublik, in: Blätter der Wohlfahrtspflege 11-12-/1989, S. 327; *Leidinger, F.*: Eine neue Psychiatrie ..., a.a.O., S. 234

[50] Vgl. *Bäcker, G./Dieck, M./Naegele, G./Tews, H.-P.*: Ältere Menschen in Nordrhein-Westfalen ..., a.a.O., S. 169

[51] Vgl. *Dieck, M./Steinack, R.*: Gesellschaftliche Integration ..., a.a.O., S. 254

[52] *Rückert, W.*: Die Situation der Altenpflege ..., a.a.O., S. 157

Tabelle 9: Vier Indizes zur Versorgungsdichte der Länder mit ambulantem Pflegepersonal (auf Vollzeitbeschäftigung hochgerechnet) - Ergebnisse einer Modellrechnung[53]

Bundes-land	Pflegepersonal je 10 000 Einwohner		Pflegepersonal je 1000 Einwohner 65 Jahre und älter	
	Examinier-tes und nichtexa-miniertes Pflegeper-sonal	davon aus-schließ-lich exa-miniertes Pflegeper-sonal	Examinier-tes und nichtexa-miniertes Pflegeper-sonal	davon aus-schließ-lich exa-miniertes Pflegeper-sonal
Schlesw.-Holst.	4,6	2,6	2,9	1,7
Hamburg	5,3	3,0	2,9	1,7
Niedersachsen	4,1	2,7	2,7	1,6
Bremen	4,4	1,4	2,6	0,8
Nordrhein-Westf.	2,8	2,2	2,0	1,5
Hessen	2,6	2,3	1,7	1,5
Rheinland-Pfalz	3,0	2,9	2,0	1,9
Baden-Württ.	4,0	3,5	2,9	2,6
Bayern	3,0	2,6	2,1	1,8
Saarland	2,5	2,5	1,7	1,7
Berlin	11,0	3,9	5,4	1,9
Bundesrepublik	3,6	2,7	2,4	1,8

53 Quelle: *Höft-Dzemski, R./Deutscher Verein für öffentliche und private Fürsorge*: Bestandsaufnahme der ambulanten sozialpflegerischen Dienste (Kranken- und Altenpflege, Haus- und Familienpflege) im Bundesgebiet. Stuttgart 1987, S. 72

sogar bis zu 250 000 Arbeitsplätze in der Altenbetreuung und Altenpflege zu besetzen.[54]

3.2.3 Zur Versorgungssituation im Bereich Jugend- und Familienhilfe

Entgegen einer weitläufig verbreiteten Ansicht dürften sich die im zurückliegenden Kapitel skizzierten Versorgungsdefizite und die sich daraus abzeichnenden Finanzierungsprobleme für die Ausweitung sozialer Dienste für ältere Menschen nicht, wie vielfach vereinfachend unterstellt wird, dadurch bewältigen lassen, daß man lediglich das Angebot an sozialen Diensten für die jüngere und mittlere Generation kürzt. Auch im Bereich der jüngeren und mittleren Generation sieht sich die Wirtschafts- und Gesellschaftspolitik, wie die folgenden Ausführungen verdeutlichen werden, mit eigenständigen und zumeist auch kostenträchtigen neuen Bedarfslagen konfrontiert.[55] Dabei implizieren nicht nur emanzipatorische Interessen und die steigende Zahl alleinerziehender berufstätiger Elternteile,[56] sondern auch die aus der demographischen Entwicklung und dem sektoralen Strukturwandel in der Bundesrepublik selbst abzuleitenden Anpassungserfordernisse im Bereich der sozialen Sicherungssysteme und auf dem Arbeitsmarkt (Stichwort: Erhöhung der Frauenerwerbsquote!) in den kommenden Jahren vor allem einen mittelfristig höheren Bedarf an *Kinderbetreuungs-Dienstleistungen* sowohl im vorschulischen wie auch im schulischen Bereich in der Bundesrepublik Deutschland.

Nach wie vor ist nämlich vor allem die Versorgungssituation für Kinder unter drei Jahren in der Bundesrepublik mit ca. 45 000 Betreuungsplätzen in *Kinderkrippen und Tagespflegestellen* Ende der achtziger Jahre nur als extrem angespannt zu charakterisieren, und dies, obwohl schon seit mindestens 15 Jahren (laut Mikrozensus) über 30% der Mütter mit Kindern unter drei Jahren erwerbstätig sind, und obwohl in vergleichbaren europäischen Nachbarländern - auch finanziell schlechter gestellten als der Bundesrepublik - mehr öffentlich geförderte Betreuungseinrichtungen angeboten

---

54 Vgl. hierzu die entsprechende Presseinformation der *Arbeiterwohlfahrt* (AWP) vom 31. Oktober 1988

55 Vgl. *Süssmuth, R.*: Die Zukunft sozialer Dienste, in: *Fink, U. (Hrsg.)*: Der neue Generationenvertrag ..., a.a.O., S. 61

56 So hatten im Jahre 1970 lediglich rund 8% aller Familien mit minderjährigen Kindern einen alleinerziehenden Haushaltsvorstand, während der Anteil dieser Einelternfamilien an der Gesamtzahl der Familien heute bereits 18% beträgt. Vgl. *Gutschmidt, G.*: Armut in Einelternfamilien. Die "typisch weibliche Erwerbsbiographie" ist die zentrale Ursache für die Einkommensarmut alleinerziehender Mütter, in: Blätter der Wohlfahrtspflege 11-12/1989, S. 335

werden als in der Bundesrepublik. Das Jugendhilfeangebot versorgt damit nur ca. 2,5-3% aller Kinder unter drei Jahren in der Bundesrepublik oder aber 8% aller Kinder unter 3 Jahren mit erwerbstätigen Eltern. Dies bedeutet nun aber wiederum, daß das öffentliche Jugendhilfeangebot für 92% der unter Dreijährigen mit erwerbstätiger Mutter oder alleinstehendem, erwerbstätigen Vater - das sind nach dem Mikrozensus von 1982 immerhin gut 540 000 Kinder (!) - keine Betreuungsplätze bereithält.[57]

Angesichts dieser Zahlen ist der Sturm der Entrüstung, den die frühere Familienministerin *Lehr* im Januar 1989 mit ihrer Forderung nach mehr Betreuungsplätzen für diese Klientel auslöste, kaum nachzuvollziehen. Im übrigen könnte gerade ein erweitertes Angebot an Betreuungseinrichtungen für Kleinkinder aber auch einen Beitrag zur Reduzierung der hohen Zahl von Schwangerschaftsabbrüchen in der Bundesrepublik leisten, da Frauen, die sich in einer entsprechenden Konfliktsituation befinden, oftmals nicht primär finanzielle Unterstützung, sondern vielmehr vor allem konkrete und praktische Lebenshilfen benötigen, zu denen gerade auch die angesprochenen Betreuungsmöglichkeiten für Kinder gehören.

Gegenüber der Versorgungssituation der Kinder unter drei Jahren mag das Angebot an *Kindergartenplätzen* für drei- bis sechsjährige Kinder mit einem Versorgungsgrad von 79% im Jahre 1986 zwar relativ groß erscheinen, allerdings differiert zum einen dieser Versorgungsgrad mit Extrema von 105,2% in Baden-Württemberg und 53,7% in Schleswig-Holstein regional sehr stark,[58] zum anderen stimmen auch hier - ähnlich wie bei den Kinderkrippen - oftmals die Öffnungszeiten dieser Einrichtungen nicht mit den Arbeitszeiten alleinerziehender Eltern überein. Unzureichend ist überdies auch das Angebot an Ganztagesplätzen mit Mittagsversorgung,[59] aber auch die qualitative Betreuung in Kindergärten und Kinderkrippen ist vielfach durch Gruppenzusammenlegungen aufgrund von Urlaub, Krankheit

---

[57] Vgl. *Schneider, K.*: Tagesangebote für Kinder unter drei Jahren. Standard und Bedarf in der Bundesrepublik Deutschland, in: Blätter der Wohlfahrtspflege 5/1989, S. 115

[58] Vgl. *Der Bundesminister für Bildung und Wissenschaft*: Grund- und Strukturdaten 1989/90. Bonn: November 1989, S. 29. Die Überschreitung der 100%-Marke ergibt sich im vorliegenden Fall daraus, daß faktisch auch unter dreijährige bzw. über sechsjährige Kinder Betreuungsplätze in Anspruch nehmen.

[59] Vgl. *Deutscher Verein für öffentliche und private Fürsorge*: Empfehlungen des Deutschen Vereins zur Berücksichtigung der besonderen Belange alleinerziehender Mütter und Väter, in: Nachrichtendienst des Deutschen Vereins für öffentliche und private Fürsorge Nr. 11/1989, S. 367 f.

oder Teilnahme an Weiterbildungsveranstaltungen des betreuenden Personals beeinträchtigt.[60]

Folgt man den Bedarfsangaben von *Tofaute*, dann könnten, alleine um diesen Mißständen vorzubeugen, in den Kindergärten und Kindertagesstätten der Bundesrepublik rund 30 000 zusätzliche Stellen geschaffen werden.[61] Aktuellere Modellrechnungen, die sowohl demographische Veränderungen als auch verbesserte qualitative Versorgungsstandards (Ausweitung der ganztägigen Angebote, Ausweitung der Öffnungszeiten der Halbtagsangebote, Verbesserungen der Personalrelationen) berücksichtigen, erwarten für den gesamten vorschulischen Kinderbetreuungsbereich bis zum Jahr 2000 - je nach Modellausgestaltung - sogar einen personellen Zusatzbedarf von 40 000 bis 120 000 Beschäftigten.[62]

Das Problem der unzureichenden Abstimmung zwischen Arbeitszeiten erwerbstätiger Frauen und Öffnungszeiten der Kinderbetreuungseinrichtungen setzt sich im übrigen in ähnlicher Form im schulischen Bereich fort. Hier könnte eine Ausweitung von *Ganztagsschulen* über die derzeitige Versorgungsquote von bundesweit 3,6% hinaus (bei wiederum erheblichen regionalen Unterschieden)[63] ebenso wie ein deutlicher Ausbau von *Hortplätzen* bzw. *Hausaufgabenbetreuungsstellen* am Nachmittag über den derzeitigen Versorgungsgrad von 4,4% für die Altersgruppe der 6-10-Jährigen hinaus (ein Wert, der bei Extrema von 28,5% für Berlin und 1,5% für Rheinland-Pfalz ebenfalls starken regionalen Schwankungen unterliegt) die zeitlichen Koordinierungsprobleme erwerbstätiger Mütter erheblich reduzieren helfen.[64] Vorliegende Bedarfsrechnungen zu diesem Themenkomplex sind allerdings Bestandteile von Bedarfsprognosen für den schulischen Bereich und sollen daher erst in Kapitel 3.2.6 der vorliegenden Arbeit vorgestellt werden.

---

60 Vgl. *Schneider, K.*: Tagesangebote ..., a.a.O., S. 117; *Hollmann, E./Irskens, B.*: Kindertagesstättenentwicklung - Bedarf und Flexibilisierung, in: Nachrichtendienst des Deutschen Vereins für öffentliche und private Fürsorge Nr. 12/1988, S. 383

61 Vgl. *Tofaute, H.*: Aufgabenwandel ..., a.a.O., S. 274 f.

62 Vgl. *Klemm, K. u. a.*: Bildungsgesamtplan '90. Ein Rahmen für Reformen. Weinheim und München 1990, S. 75

63 Vgl. *ebenda*, S. 123

64 Vgl. *Galler, H. P./Ott, N.*: Familienlastenausgleich: effizientere Lösungen sind möglich, in: Wirtschaftsdienst 8/1987, S. 407; *Der Bundesminister für Bildung und Wissenschaft*: Grund- und Strukturdaten 1989/90 ..., a.a.O., S. 29; *Deutscher Verein für öffentliche und private Fürsorge*: Empfehlungen ..., a.a.O., S. 368

3.2.4 Versorgungsdefizite im Bereich institutionalisierter Hilfen für Sozialgefährdete

Neben den angesprochenen Versorgungsdefiziten im Gesundheitswesen, im Bereich der Altenhilfe sowie im Jugendhilfebereich ist in den zurückliegenden Jahren in der Bundesrepublik Deutschland ferner auch und gerade in dem äußerst heterogenen Arbeitsfeld der Hilfen für Personen in besonderen sozialen Situationen eine wachsende Bedeutung sich verselbständigender kleiner Arbeitsfelder festzustellen, in denen in der Regel spezielle Hilfebedarfe bestehen.[65] Besonders ausgeprägt sind diese Hilfebedarfe, wie die folgenden Ausführungen näher verdeutlichen werden, vor allem im Bereich der Frauenhäuser, der Nichtseßhaften- und Obdachlosenhilfe, der Hilfen für Straffällige und Strafentlassene, der Suchtkrankenhilfe sowie der Betreuung von Arbeitslosen und Langzeitarbeitslosen.

3.2.4.1 Frauenhäuser

Nach Angaben des 2. Frauenhausberichtes der Bundesregierung gibt es in der Bundesrepublik lediglich ca. 180 Frauenhäuser, die nach einer sehr vorsichtigen Schätzung jährlich 24 000 mißhandelten Frauen und einer vergleichbaren Anzahl von Kindern Zuflucht gewähren. Diese Frauenhäuser sind zumeist überfüllt und verfügen in der Regel nur über eine zu geringe Bettenzahl. Aus dem Frauenhausbericht sowie einer entsprechenden Stellungnahme des *Deutschen Vereins für öffentliche und private Fürsorge* wird ferner deutlich, daß der Bedarf an Frauenhäusern besonders im ländlichen Raum in der Bundesrepublik noch in keinster Weise gedeckt ist und überdies auch für die dringend notwendige Nachbetreuung der mißhandelten Frauen und Kinder nach Verlassen des Frauenhauses zumeist Personal fehlt. Allerdings liegen eigenständige Bedarfsprojektionen zum Arbeitsfeld Frauenhäuser gegenwärtig nicht vor.[66]

---

65 Vgl. *Niedrig, H.*: Daten und Tendenzen der freien Wohlfahrtspflege, in: Theorie und Praxis der sozialen Arbeit Nr. 12/87, S. 421

66 Vgl. *Bundestagsdrucksache 11/2848*: Unterrichtung durch die Bundesregierung: Zweiter Bericht der Bundesregierung über die Lage der Frauenhäuser für mißhandelte Frauen und Kinder, S. 24 ff.; *Deutscher Verein für öffentliche und private Fürsorge*: Zweite Empfehlungen zu den Kosten in Frauenhäusern und zur Übernahme dieser Kosten, Bundestagsdrucksache 11/2848, Anlage 4, S. 46

3.2.4.2 Hilfen für Nichtseßhafte, Stadtstreicher und Obdachlose

Ein zweites, wesentlich umfassenderes soziales Hilfsfeld für Sozialgefährdete mit deutlichen Versorgungsdefiziten in der Bundesrepublik Deutschland stellt nach allgemeinem fachwissenschaftlichen Erkenntnisstand der Bereich der Nichtseßhaften- und Obdachlosenhilfe dar. Nach Einschätzung der *Arbeiterwohlfahrt* "lebten" in der Bundesrepublik Deutschland bereits Anfang der achtziger Jahre mindestens 80 000 *Nichtseßhafte*. Ihre Zahl ist wahrscheinlich deutlich höher und wächst erfahrungsgemäß mit steigender Ausbildungs- und Arbeitslosigkeit.[67] Für die Betreuung dieses Personenkreises standen im Jahr 1987 im wesentlichen nur 233 Heime der freien Wohlfahrtspflege in der Bundesrepublik mit insgesamt rund 12 700 Betten/Plätzen zur Verfügung.[68] Damit hat aber das Hilfesystem für Nichtseßhafte in der Bundesrepublik Deutschland - von Ausnahmen abgesehen - nach wie vor lediglich den Charakter von "Tankstellen" zum zumeist kurzfristigen Verbleib und zum Überleben in großer Armut, ohne den Betroffenen den Ausstieg aus der Nichtseßhaftigkeit zu erleichtern, so daß Nichtseßhaftenhilfe in der Bundesrepublik Deutschland de facto noch immer einer Nichtseßhaftigkeits-Verlängerungshilfe gleichkommt. Nach wie vor wird die Regelhilfe in der stationären Obdachgewährung oder ambulant in der Verzehrgroschengewährung gesehen, und noch immer setzen die Einrichtungen häufig auch selber Bedingungen zum Weggehen, etwa durch die Begrenzung der Verweildauer, durch Sanktionen bei Nichteinhaltung der Hausordnung oder möglicher Behandlungspläne, durch begrenzte Öffnungszeiten sowie durch die Unwirtlichkeit der Ausstattung.

Noch immer fehlen in verstärktem Maße zentrale Beratungsstellen zumindest auf Landkreisebene, in denen möglichst alle freiverbandlichen und öffentlichen Träger zusammenarbeiten, und denen örtlich oder regional vorhandene Übernachtungsmöglichkeiten in Wohnheimen, Wohngemeinschaften, Übergangsheimen oder mitunter auch Pensionen angegliedert sind. Sozialpolitisch wünschenswert wären darüberhinaus aber auch verstärkte sozialarbeiterische Hilfen für die besondere Randgruppe der *Stadtstreicher*, die immerhin etwa 10 bis 15% der Nichtseßhaften in der Bundesrepublik stellen, und die fast vollständig aus dem sozialen Betreuungsnetz herausfallen, etwa in Form einer verstärkten Einrichtung von Aufenthalts-

---

[67] Vgl. *Arbeiterwohlfahrt*: Arbeiterwohlfahrt fordert Neuordnung der Nichtseßhaftenhilfe, in: Theorie und Praxis der sozialen Arbeit Nr. 8/82, S. 291

[68] Vgl. *Bundesarbeitsgemeinschaft der Freien Wohlfahrtspflege*: Gesamtstatistik der Einrichtungen der Freien Wohlfahrtspflege. Stand: 1.1.1987. Bonn: November 1987, S. 17

räumen, Wärmestuben oder aber auch Möglichkeiten zur Mahlzeiteneinnahme, zur Wäschereinigung etc.[69]

Umfassender definiert als die Gruppe der Nichtseßhaften in der Bundesrepublik Deutschland ist schließlich der Kreis der *Obdachlosen*. Als obdachlos gelten in der einschlägigen sozialwissenschaftlichen Forschung nicht alleine Menschen ohne Wohnraum, sondern weiter gefaßt Menschen, die nicht in der Lage sind, die Wohnraumversorgung für sich oder die Familie dauerhaft sicherzustellen.[70] Insofern werden unter diesem Terminus neben von Wohnungsnot aktuell Betroffenen (geschätzte Zahl: ca. 460 000) auch von Wohnungsverlust unmittelbar oder zumindest potentiell bedrohte Menschen, denen entweder eine Räumungsklage oder eine sonstige Verdrängung aus der Wohnung bevorsteht (ca. 300 000), sowie schließlich Menschen, deren Wohnraum den Mindestansprüchen nicht genügt (ca. 700 000; in dieser Zahl dürfte allerdings die zuletztgenannte Gruppe enthalten sein), subsumiert. In Anlehnung an diese definitorische Klassifikation ergibt sich insofern für die Bundesrepublik Deutschland ein aktuell geschätzter Gesamtbestand an Obdachlosen von mehr als 1 Million, der sich nach einschlägigen Prognosen bis zum Jahr 2000 auf ca. 1,5 bis 2 Millionen ausweiten könnte.[71]

Ursachenanalysen zu den Gründen für die Entstehung von Obdachlosigkeit in der Bundesrepublik verdeutlichen, daß den konkreten Anlaß für Kündigungen und Räumungsklagen zwar überwiegend Mietschulden liefern, letztendlich ursächlich jedoch die niedrigen Einkommen der Mietschuldner, die relativ hohen Belastungen durch Miete und Lebenshaltung (letztere wegen des geringeren Einkommens zum Teil über Kredite finanziert) sowie der Mangel an privaten Hilfen bei unerwarteten Einkommens-

---

69 Vgl. *Arbeiterwohlfahrt*: Arbeiterwohlfahrt fordert Neuordnung ..., a.a.O., S. 290 ff.

70 Vgl. *GEWOS Institut für Stadt-, Regional- und Wohnforschung, Hamburg*: Schriftliche Stellungnahme zur Öffentlichen Anhörung des Bundestagsausschusses für Raumordnung, Bauwesen und Städtebau zu dem Antrag der Abg. Frau Oesterle-Schwerin, Frau Teubner und der Fraktion DIE GRÜNEN am 7. 12. 1988, Quelle: Bundestags-Drucksache 11/982, abgedruckt in: Gefährdetenhilfe 1/89, S. 24

71 Vgl. *Specht, T., Bundesarbeitsgemeinschaft für Nichtseßhaftenhilfe, Bielefeld*: Obdachlosigkeit und Wohnungsnot in der Bundesrepublik Deutschland und Maßnahmen zu ihrer Bekämpfung. Schriftliche Stellungnahme zur Öffentlichen Anhörung des Bundestagsausschusses für Raumordnung, Bauwesen und Städtebau zu dem Antrag der Abg. Frau Oesterle-Schwerin, Frau Teubner und der Fraktion DIE GRÜNEN am 7. 12. 1988, Quelle: Bundestags-Drucksache 11/982, abgedruckt in: Gefährdetenhilfe 1/89, S. 19

einbußen sind. In dieser finanziell angespannten Situation der Mehrheit der Mietschuldner führen unerwartete Ereignisse, wie etwa überraschende Arbeitslosigkeit, aber auch Trennung, Krankheit, Mieterhöhungen oder Wohnungskündigung leicht zum finanziellen Zusammenbruch der Schuldner, vor allem dann, wenn öffentliche Hilfen aus Unkenntnis oder häufig in der Situation sozialer Isolation aus Resignation nicht in Anspruch genommen oder von den zuständigen Stellen unzureichend oder zu spät gewährt werden.[72]

Von Obdachlosigkeit bedroht sind zudem erneut vor allem diejenigen Bevölkerungsteile, die auch auf anderen Gebieten soziale Benachteiligungen in Kauf nehmen müssen, wie beispielsweise Großfamilien, alleinerziehende Frauen, bestimmte Gruppen ausländischer Mitbürger oder auch Menschen, die aus der Psychiatrie oder dem Strafvollzug entlassen wurden. Allerdings geraten heute auch zunehmend mehr Familien in finanzielle Schwierigkeiten, die nicht zu den Randgruppen gezählt werden können. Verstärkt werden die skizzierten Probleme durch den aktuellen Zuzug von Aussiedlern und von Bürgern aus dem Osten Deutschlands, deren verstärkte Nachfrage nach Wohnraum allerdings keinesfalls, wie vielfach in der öffentlichen Diskussion vereinfachend unterstellt wird, die Ursache für die steigende Obdachlosigkeit in der Bundesrepublik Deutschland darstellt.[73]

Angesichts der geschilderten Benachteiligungen in der Wohnungsversorgung besteht neben wohnungspolitischen Konzepten, die auf die Verbesserung der Wohnungsversorgung benachteiligter Gruppen zugeschnitten sind, auf kommunaler Ebene vor allem ein Defizit an präventiven und integrativen Dienstleistungen, die den Zyklus von Armut und Wohnungsnot wirksam durchbrechen können. Hierzu gehört vor allem eine konsequente Ausweitung präventiver Beratungsdienste zur Vermeidung neuer Obdachlosigkeit, wie z. B. der Schuldnerberatung,[74] eine intensive Gemeinwesenarbeit mit den betroffenen Menschen zur Auflösung aller Notunterkünfte, Schülerhilfen, Berufs- und Arbeitshilfen, Vorschularbeit und Gesundheits-

---

72 Vgl. *Institut Wohnen und Umwelt*: Schriftliche Stellungnahme zur Öffentlichen Anhörung des Bundestagsausschusses für Raumordnung, Bauwesen und Städtebau zu dem Antrag der Abg. Frau Oesterle-Schwerin, Frau Teubner und der Fraktion DIE GRÜNEN am 7. 12. 1988, Quelle: Bundestags-Drucksache 11/982, abgedruckt in: Gefährdetenhilfe 1/89, S. 23

73 Vgl. *ebenda*

74 Vgl. *ebenda*

beratung, aber auch Öffentlichkeitsarbeit und die Bildung einer Lobby für die in Not geratenen Menschen.[75]

3.2.4.3 Hilfen für Straffällige und Strafentlassene

Ähnlich wie Klienten der Frauenhäuser und der Nichtseßhaften- bzw. Obdachlosenhilfe sind auch Straffällige und Strafentlassene auf soziale Betreuungs- und Beratungsdienste angewiesen, die ihnen die spätere Re-Integration in die Gesellschaft erleichtern, oder aber die sie mit dem Ziel eines konkreten Neubeginns gleichsam ansteuern können. Versorgungsdefizite in der Straffälligenhilfe bestehen in der Bundesrepublik Deutschland gegenwärtig allerdings nach wie vor im Bereich beratender Dienste in persönlichen, familiären, wirtschaftlichen und beruflichen Angelegenheiten (z. B. Arbeitsvermittlung, Schuldenregulierung, Gewährung finanzieller Überbrückungshilfen, Gewährung von Unterkunftsmöglichkeiten, Beschäftigungs-, Ausbildungs- und Freizeitprogramme). Als besonders defizitär erweist sich in der Alltagspraxis derzeit zudem die Versorgung und Betreuung von straffällig gewordenen Alkohol- und Drogenabhängigen sowie von Ausländern der zweiten und dritten Generation, bei denen sich häufig persönliche, familiäre, wirtschaftliche und berufliche Schwierigkeiten bündeln. Resozialisierungsbemühungen werden hier (namentlich im Fall der Suchtabhängigen) auf eine überaus harte, manchmal nicht zu bestehende Probe gestellt. Nicht selten muß sich die Straffälligenhilfe dabei auf beratende Hilfen und die Vermittlung in besonders qualifizierte und spezialisierte (Therapie-) Einrichtungen beschränken.[76]

Auch wenn aktuellere Bedarfsprognosen zu den angesprochenen Problembereichen zur Zeit nicht vorliegen und auch vorliegende Kriminalitätsprognosen für die kommenden Jahre durch eine Reihe von Unwägbarkeiten gekennzeichnet sind,[77] steckt dennoch sicherlich der bereits 1980 in einem *Prognos*-Gutachten ermittelte personelle Zusatzbedarf von 24 000 Stellen für den Bereich Kriminalität bzw. sozial abweichendes Verhalten[78] den quantitativen Bedarfsrahmen zumindest nach unten hin ab.

---

75 Vgl. *Iben, G.*: Armut der Obdachlosen und Nichtseßhaften. Zur Problemgeschichte der Wohnungsnot - Ursachen und Perspektiven, in: Blätter der Wohlfahrtspflege 11-12/1989, S. 320

76 Vgl. *Müller-Dietz, H.*: Aufgaben freier Straffälligenhilfe im Wandel sozialer Problemlagen, in: Bewährungshilfe 1-2/89, S. 132 f.

77 Vgl. *ebenda*, S. 130

78 Vgl. *Der Bundesminister für Arbeit und Sozialordnung (Hrsg.)*: Soziale Dienstleistungen als Träger potentiellen Wachstums und ihr Beitrag zum längerfristigen Abbau der Arbeitslosigkeit. Bonn 1980, S. 169

3.2.4.4 Hilfen für Suchtkranke

Defizite im sozialen Dienstleistungsangebot bestehen in der Bundesrepublik Deutschland, wie eingangs bereits angedeutet, weiterhin auch im Bereich der stationären und ambulanten Suchtkrankenhilfe. Nach Schätzungen der *Deutschen Hauptstelle gegen die Suchtgefahren e. V.* lebten 1988 in der Bundesrepublik bereits 1,5-1,8 Mio. Alkoholkranke, 450 000 bis 800 000 Medikamentenabhängige und 60 000 bis 80 000 Drogenabhängige. Valide Angaben über den Umfang des pathologischen Spielverhaltens und von Eß-Störungen stehen dagegen noch aus, da vorliegende Schätzungen sehr stark differieren oder von unterschiedlichen Definitionen der Problematik ausgehen.[79]

Bemerkenswert und zugleich bedenklich sind im Kontext der Suchtproblematik aber nicht nur diese hohen absoluten Betroffenenzahlen, sondern weiterhin auch und gerade der wachsende Anteil von *Frauen* an der Gesamtzahl aller Suchtkranken, der 1950 noch rund 8% betrug, heute dagegen bereits bei 30% mit steigender Tendenz liegt, sowie die hohe Quote von *Jugendlichen bzw. jungen Erwachsenen*, die immerhin mindestens 10% aller Suchtkranken stellen.[80]

Da nach fachwissenschaftlichem Erkenntnisstand auch die Entstehungsbedingungen des Mißbrauchsverhaltens und die Motive zum exzessiven Konsum der unterschiedlichsten Substanzen weitgehend auf einer Häufung psychosozialer Risikofaktoren beruhen (hierbei spielen vor allem die Faktoren Einsamkeit, soziale Isolation, Arbeitslosigkeit, Obdachlosigkeit, aber auch ein zunehmender und übersteigerter gesellschaftlicher Individualisierungsdruck eine maßgebliche Rolle),[81] gehören zu den entscheidenden Defiziten der Suchtkrankenhilfe in der Bundesrepublik Deutschland derzeit

---

[79] Vgl. *Ziegler, H.*: Jahresstatistik 1988. Zur Versorgung Suchtkranker, in: *Deutsche Hauptstelle gegen die Suchtgefahren e. V. (Hrsg.)*: Infodienst 1989, S. 4

[80] Vgl. *Fachausschuß "Gesundheitspolitik" und Koordinierungskreis "Suchtkrankenhilfe" der Arbeiterwohlfahrt*: Hilfen für Suchtkranke und Suchtgefährdete - Kernaussagen der Arbeiterwohlfahrt, in: Theorie und Praxis der sozialen Arbeit Nr. 6/89, S. 204

[81] Vgl. Bundestags-Drucksache 10/5856: *Unterrichtung durch die Bundesregierung*: Bericht der Bundesregierung über die gegenwärtige Situation des Mißbrauchs von Alkohol, illegalen Drogen und Medikamenten in der Bundesrepublik Deutschland und die Ausführung des Aktionsprogramms des Bundes und der Länder zur Eindämmung und Verhütung des Alkoholmißbrauchs, S. 5 f.; *Schmieder, A.*: Der Tag geht, die Alkoholiker kommen, in: Psychologie Heute 9/1989, S. 62

- die nach wie vor mangelhafte sozial- und psychotherapeutische Flankierung des Behandlungsangebotes in den stationären und ambulanten Einrichtungen der Suchtkrankenhilfe,[82]
- das mangelnde Angebot an "Hilfen aus einer Hand" im ambulanten Bereich[83] sowie
- die oftmals fehlende soziale Unterstützung und Lebensbegleitung im Bereich der Nachsorge (insbesondere bei Suchtkranken mit sozialen Problemen besteht ein großer Bedarf an begleitenden Beratungsangeboten in sozialen Fragen, in Fragen der beruflichen Rehabilitation und Wiedereingliederung, an geschützten Arbeitsplatzangeboten, Beschäftigungsmöglichkeiten in Arbeitsprojekten und Selbsthilfefirmen sowie an Hilfen am Arbeitsplatz, bei der Schuldenregulierung und an freizeitpädagogischen Hilfen).[84]

Gesellschafts- und sozialpolitisch überaus bedenklich erscheint zudem die im System der Suchtkrankenhilfe der Bundesrepublik Deutschland festzustellende weitestgehende Ausgrenzung von

- Suchtkranken mit erheblichen körperlichen, psychischen, geistigen und sozialen Schädigungen (chronisch Suchtkranke, Suchtkranke mit neurologischen bzw. psychiatrischen Zusatzdiagnosen, in psychiatrischen Einrichtungen aufbewahrte und zum Teil hospitalisierte Klienten, "Drehtürpatienten", Altfixer),
- Suchtkranken, die wegen ihres sozialen Status benachteiligt sind (Frauen, junge und ältere Menschen, Behinderte, Suchtkranke aus sozialen Brennpunkten, Nichtseßhafte, Ausländer),
- Menschen, die im Zusammenhang mit der Suchterkrankung straffällig geworden sind, sowie von
- Menschen, die unter nichtstoffgebundenen Suchtproblemen leiden.[85]

Immerhin beläuft sich alleine die Zahl der chronisch Suchtkranken in der Bundesrepublik auf etwa 300 000 Personen.[86] Hohe Bedeutung im Be-

---

82 Vgl. *Stürmer, W.*: Zukünftige Anforderungen an die ambulanten und stationären Einrichtungen der Suchtkrankenhilfe auf Grund vorliegender Planungsdaten, in: *Deutsche Hauptstelle gegen die Suchtgefahren (Hrsg.)*: Mitarbeit in der Suchthilfe. Motive - Konflikte - Impulse. Hamm 1988, S. 100 ff.

83 Vgl. *ebenda*, S. 102

84 Vgl. *Fachausschuß "Gesundheitspolitik" und Koordinierungskreis "Suchtkrankenhilfe" der Arbeiterwohlfahrt*: Hilfen für Suchtkranke ..., a.a.O., S. 208

85 Vgl. *ebenda*, S. 207

86 Vgl. *Andritsch, F.*: Zum aktuellen Stand der Versorgung chronisch Abhängigkeitskranker in der Bundesrepublik Deutschland, in: Suchtgefahren 35(1989), S. 312

reich der Suchthilfe kommt schließlich aber auch dem weiteren *Ausbau präventiver Aufklärungsarbeit* zu, sei es im Rahmen institutionalisierter Beratungsstellen, sei es in Form eines intensivierten "street works" in der Drogenhilfe oder aber auch in Form von drogenfreien und erlebnisorientierten Freizeit- und Kulturangeboten für Jugendliche.[87]

Einen Orientierungswert für den aggregierten Gesamtbedarf an zusätzlichem Personal im Bereich der Suchtkrankenhilfe in der Bundesrepublik Deutschland zur Kompensation der aufgezeigten Versorgungsdefizite liefert erneut lediglich das *Prognos*-Gutachten aus dem Jahre 1980, demzufolge im besagten Aufgabenbereich mindestens 30 000 zusätzliche Mitarbeiter benötigt werden.[88] Auch diese Schätzung dürfte - ähnlich wie im Falle der Straffälligenhilfe - vor dem Hintergrund der skizzierten aktuellen Versorgungsmängel erneut eher nach oben hin zu korrigieren sein.

3.2.4.5 Hilfen für Arbeitslose und Langzeitarbeitslose

Auf die psychosozialen Probleme von Arbeitslosen und Langzeitarbeitslosen in der Bundesrepublik Deutschland schließlich wurde in Kapitel 1 der vorliegenden Arbeit bereits ebenso hingewiesen wie auf die absehbar anhaltenden Arbeitsplatzdefizite in der Bundesrepublik auch in den kommenden Jahren. Beratungs- und Betreuungsangebote für Arbeitslose und Langzeitarbeitslose werden daher auch zumindest im kommenden Jahrzehnt nichts von ihrer Dringlichkeit verlieren.

Die berufliche Wiedereingliederung von Langzeitarbeitslosen setzt vor allem die Begleitung durch ein geschultes Ausbildungs- und Betreuungspersonal voraus, das jederzeit als Ansprechpartner der Klienten für berufliche und private Probleme zur Verfügung steht, und das diese gegebenfalls auch immer wieder zum Durchhalten motiviert.[89] Ein entscheidendes Defizit der gegenwärtigen Beratungs- und Betreuungsangebote für Arbeitslose in der Bundesrepublik Deutschland liegt nun aber immer noch in deren Konzeption als reaktive Leistungen, d. h. entsprechende Leistungen können nur in Anspruch genommen werden, wenn Hilfebedürftige die Betreuungsstellen

---

87 Vgl. *Fachausschuß "Gesundheitspolitik" und Koordinierungskreis "Suchtkrankenhilfe" der Arbeiterwohlfahrt*: Hilfen für Suchtkranke ..., a.a.O., S. 206 ff.; Bundestags-Drucksache 10/5856: *Unterrichtung durch die Bundesregierung*: Bericht der Bundesregierung über die gegenwärtige Situation des Mißbrauchs von Alkohol ..., a.a.O., S. 6 ff.

88 Vgl. *Der Bundesminister für Arbeit und Sozialordnung (Hrsg.)*: Soziale Dienstleistungen ..., a.a.O., S. 120

89 Vgl. *Fink, U.*: Zukunftsfelder ..., a.a.O., S. 16

aufsuchen. Diese Notwendigkeit des aktiven Herantretens an institutionalisierte Hilfen führt jedoch gerade bei Arbeitslosen und Langzeitarbeitslosen vielfach zu einer Beeinträchtigung des Selbstwertgefühls und zu individuellen Schuldzuweisungen und wirkt somit restriktiv auf das Hilfesuchverhalten in Krisensituationen, während aktive Hilfsangebote demgegenüber individuelle Schuldzuweisungen verringern und Hilfesuchverhalten zweifellos erleichtern könnten. Beratungsangebote für Arbeitslose sollten deshalb sinnvollerweise aktive Hilfsangebote entwickeln und umsetzen, was allerdings wiederum nur bei einer verbesserten personellen Ausstattung der Arbeitsverwaltung möglich sein wird.[90]

3.2.5 Versorgungsdefizite im Bereich Integrationshilfen für Aussiedler, Asylsuchende und Ausländer

Neben den bisher angesprochenen Versorgungsdefiziten in den Bereichen Gesundheitswesen, Alten- und Jugendhilfe sowie Hilfen für Sozialgefährdete zeichnet sich gegenwärtig auch im Bereich der Integrationshilfen für Aussiedler, für Asyl beantragende ausländische Mitbürger und für ausländische Mitbürger ganz allgemein in der Bundesrepublik Deutschland ein weiterer wichtiger, zum Teil erst in Umrissen erkennbarer zusätzlicher Dienstleistungsbedarf ab.

So haben seit 1950 rund 1 623 000 *Aussiedler* in der Bundesrepublik Deutschland Aufnahme gefunden.[91] Seit 1987 ist deren Zahl vor allem aufgrund der humanitären Bemühungen der Bundesregierung und im Gefolge der politischen Liberalisierung in den Staaten Ost- und Südosteuropas sprunghaft angestiegen (1987: ca. 78 500; 1988: ca. 202 700; 1989: ca. 377 000).[92] Schätzungen gehen davon aus, daß in den Staaten Ost- und Südosteuropas noch ca. 3,2 bis 4 Mio. Deutschstämmige leben. Wieviele von diesen Menschen ausreisewillig sind, ist zwar empirisch kaum exakt zu bestimmen, da der individuelle Ausreiseentschluß entscheidend von der Stabilität der Wirtschaftslage in den entsprechenden osteuropäischen Staaten be-

---

90 Vgl. *Kieselbach, T.*: Die gesellschaftliche Verarbeitung von Massenarbeitslosigkeit: Gesundheits- und sozialpolitische Konsequenzen aus der Arbeitslosenforschung, in: Theorie und Praxis der sozialen Arbeit Nr. 4/85, S. 132 f.

91 Vgl. *Haberland, J.*: Die Eingliederung von Aussiedlern und Zuwanderern, in: Nachrichtendienst des Deutschen Vereins für öffentliche und private Fürsorge Nr. 3/1989, S. 75

92 Vgl. *Fleischer, H./Proebsting, H.*: Aussiedler und Übersiedler - Zahlenmäßige Entwicklung und Struktur, in: Wirtschaft und Statistik 9/1989, S. 583 f.; *Bundesministerium des Innern, Pressedienst*: Mitteilung des Bundesministers des Innern vom 5. Januar 1990, S. 1

einflußt wird.[93] Gerade vor diesem Hintergrund aber ist zu erwarten, daß die Problematik der Integration von Aussiedlern in der Bundesrepublik Deutschland in den kommenden Jahren noch an Bedeutung gewinnen dürfte.

Bemühungen um Integration und berufliche Vermittlung der Aussiedler in der Bundesrepublik Deutschland setzen zunächst einmal die Vermittlung von Sprachkenntnissen voraus, da zunehmend mehr Neuankömmlinge die deutsche Sprache nicht mehr ausreichend beherrschen.[94] Notwendig erscheint vor dem Hintergrund der skizzierten Zukunftsperspektiven und angesichts der gegenwärtig bereits überlasteten sozialen Infrastruktur überdies aber auch der Ausbau von Beratungs- und Betreuungsstellen, die Informationen vor allem zu Fragen der Wohnraumbeschaffung, der Arbeitsaufnahme, der schulischen Eingliederung von Kindern und Jugendlichen sowie der finanziellen staatlichen Hilfen in der Bundesrepublik Deutschland anbieten.[95] Auch Schuldenberatung wird gegenwärtig als weiteres wichtiges Bedarfsfeld in der Aussiedlerberatung diskutiert, da viele Aussiedler offensichtlich den Verlockungen der Konsumgesellschaft und den Strategien der Werbewirtschaft in der Bundesrepublik nicht immer gewachsen sind.[96]

Relativ spekulative Züge trägt ebenfalls eine Einschätzung der künftigen Entwicklung der Zahl der zu betreuenden *Asylbewerber* und offiziell anerkannten Asylanten in der Bundesrepublik Deutschland. Wissenschaftlich dezidierte Prognosen sind hier nicht möglich, da die Zahl der als Asylsuchende offiziell Anerkannten ebenso wie die Zahl der nach Ablehnung eines entsprechenden Gesuchs lediglich in der Bundesrepublik Geduldeten entscheidend von der Anerkennungs- bzw. Abschiebepraxis der kommenden Jahre beeinflußt wird. Immerhin betrug die Quote der abgelehnten Asylbewerber im Jahr 1988 91,4% (bei insgesamt 103 000 betroffenen Personen).[97]

---

93 Vgl. *Leciejewski, K.*: Zur wirtschaftlichen Eingliederung der Aussiedler, in: APuZ B 3/90, S. 55

94 Vgl. *Restle, D.*: Aussiedlerintegration: Herausforderung und Chance, in: Bundesarbeitsblatt 5/1989, S. 26 f.

95 Vgl. *ebenda*, S. 28; *Kraus, R.*: Integration von Aussiedlern in der Bundesrepublik Deutschland. Anmerkungen zur gegenwärtigen Ist- und Bedarfssituation, in: Nachrichtendienst des Deutschen Vereins für öffentliche und private Fürsorge Nr. 9/1988, S. 262 f.; *Haberland, J.*: Die Eingliederung ..., a.a.O., S. 75

96 Vgl. *Blaschke, D.*: Aussiedler - Eine Problemskizze aus der Sicht der Arbeitsmarkt- und Berufsforschung, in: Arbeit und Sozialpolitik 8-9/1989, S. 239

97 Vgl. *Fleischer, H.*: Entwicklung der Ausländerzahl seit 1987, in: Wirtschaft und Statistik 9/1989, S. 597

Dennoch sprechen die Erfahrungen der zurückliegenden Jahre und die Entwicklung in den betroffenen Krisengebieten der Welt keinesfalls für einen Rückgang der weltweiten Migrationen und damit - bei Wahrung der gegenwärtigen Abschiebepraxis in der Bundesrepublik Deutschland - auch nicht für einen deutlichen Rückgang der zu betreuenden Klientel mit entsprechenden Dienstleistungsbedarfen in den Bereichen Sprachvermittlung, Beratung und sozialpflegerische Betreuung.

Nach der Fortschreibung der Ergebnisse der Volkszählung vom Mai 1987 lebten schließlich Ende Dezember 1988 in der Bundesrepublik Deutschland knapp 4,5 Mio. *ausländische Mitbürger*.[98] Auch für diesen Personenkreis existieren eine Vielzahl von Bedarfsfaktoren, die ebenfalls eine Ausweitung der Dienstleistungsangebote angeraten erscheinen lassen. Priorität kommt auch in diesem Kontext der Ausweitung von Sprachkursangeboten bei. Nach wie vor sind 63% der ausländischen Mitbürger aus den klassischen Anwerbeländern nach eigenen Angaben nicht in der Lage, deutsche Zeitungen zu lesen, und 44% beklagen, sich nicht adäquat in deutscher Schriftsprache ausdrücken zu können, wodurch die Partizipation am gesellschaftlichen Leben in der Bundesrepublik verständlicherweise erheblich eingeschränkt wird.

Gerade eine im Umfeld zunehmend ausländerfeindlicher Tendenzen in der Bundesrepublik wünschenswert erscheinende Verbesserung der sprachlichen Artikulationsfähigkeit ausländischer Mitbürger ist jedoch mit dem gegenwärtigen Angebot an Sprachkursen offensichtlich nicht möglich. Nur 7% der Ausländer aus den klassischen Anwerbeländern gaben in entsprechenden Untersuchungen Sprachkurse als Ort des Kenntniserwerbs der deutschen Sprache an. Neben beruflichen und familiären Belastungen und unzureichenden Ansprachemethoden seitens der Weiterbildungsträger ist diese Weiterbildungsabstinenz vor allem auf fehlende wohnortnahe Kursangebote zurückzuführen.[99]

Neben dem Mangel an Sprachkursen ist durch den in der regierungsamtlichen Ausländerpolitik aufrechterhaltenen Mythos des temporären Charakters der Migration lange Zeit aber auch die quantitative und qualitative Entwicklung der Ausländerarbeit in der Bundesrepublik Deutschland ent-

---

98 Vgl. *ebenda*, S. 595

99 Vgl. *Der Bundesminister für Arbeit und Sozialordnung (Hrsg.)*: Situation der ausländischen Arbeitnehmer und ihrer Familienangehörigen in der Bundesrepublik Deutschland. Repräsentativuntersuchung der Friedrich-Ebert-Stiftung. Bonn 1986, S. 379; *Klemm, K. u. a.*: Bildungsgesamtplan '90 ..., a.a.O., S. 239

scheidend behindert worden.[100] Sichtbarster Ausdruck dieser politischen Fehlentwicklungen ist die nach wie vor festzustellende "Ghettoisierung" der Wohnbezirke ausländischer Mitbürger. Auch in der Ausländer-Sozialberatung ist die Versorgung gegenwärtig - trotz erheblich verbesserter personeller Ausstattung - noch immer durch eine Ungleichbehandlung der nationalen Gruppen sowie die fortgesetzte Aufgaben- und Kompetenzanhäufung der Sozialberatung gekennzeichnet, die nach den Grundsätzen des Bundesministeriums für Arbeit weitgehend alle Aufgaben der Ausländerarbeit, die Vertretung und Vermittlung der Interessen und Bedürfnisse der ausländischen Bevölkerung, die Planung von Maßnahmen und eine flächendeckende wie auch wohnortbezogene Beratung bewältigen soll. Dieses konzeptionelle Erscheinungsbild kontrastiert deutlich zur differenzierten Arbeitsteilung und der Struktur des deutschen Sozialwesens. Klagen der ausländischen Sozialberater über die hohen Betreuungsrelationen, die schlechten Arbeitsbedingungen und die fachliche und innerverbandliche Isolierung, die auch den schwachen innerverbandlichen Einfluß der ausländischen Sozialberater andeuten, sind insofern keine Seltenheit.[101]

Neben aktuellen qualitativen Defiziten im Bereich der institutionalisierten Dienste für Ausländer sprechen aber auch die künftigen strukturellen Verwerfungen der demographischen Entwicklung in der Bundesrepublik Deutschland sowie die für 1993 vorgesehene Öffnung des Europäischen Binnenmarktes für eine Ausweitung integrativer Dienste für Ausländer im Rahmen einer liberaleren Ausländerpolitik in der Bundesrepublik. So könnten zum einen gerade Ausländer der zweiten und dritten Generation in den kommenden Jahren wesentlich dazu beitragen, den zu erwartenden Bedarf an qualifizierten Arbeitskräften in der Bundesrepublik zu decken und damit zugleich der Gefahr entgegenwirken, daß die Bundesrepublik durch die wachsende demographische Alterslastigkeit - vor allem im Vergleich zu den jungen aufstrebenden Industrieländern (nicht nur in Fernost) - in eine ökonomische und mentalitätsmäßige "Alterssklerose" verfällt. Zu bedenken bleibt andererseits, daß der angestrebte Europäische Binnenmarkt mit seiner Freizügigkeit jüngere Arbeitskräfte geradezu attrahieren und gleichzeitig das Angebot an Arbeitskräften spätestens ab der Jahrhundertwende mehr

---

100 Vgl. *Puskeppeleit, J.*: Entwicklungslinien und -perspektiven der Sozialdienste, in: Informationsdienst zur Ausländerarbeit 1/1989, S. 17 f.; *Tränhardt, D.*: Die Bundesrepublik Deutschland - ein unerklärtes Einwanderungsland, in: APuZ B 24/88, S. 8 ff.

101 Vgl. *Fialka, P.*: Zur Notwendigkeit einer Weiterentwicklung der Sozialdienste, in: Informationsdienst zur Ausländerarbeit 1/1989, S. 20; *Puskeppeleit, J.*: Entwicklungslinien ..., a.a.O., S. 15

und mehr zu einem zentralen Standortfaktor in der Europäischen Gemeinschaft avancieren wird.[102]

Alles in allem ist demnach eine *soziokulturell ausbalancierte Förderung von Einwanderungen, die primär auf die Integration von "Ausländern verwandter Kulturen" aus unseren Nachbarländern abzielt*, noch immer eine der billigsten Politiken zur Abfederung der langfristig vorprogrammierten Bevölkerungsstrukturprobleme der Bundesrepublik.[103] Zugleich wäre eine entsprechend liberalere Einwanderungspolitik aber auch aus multikulturellen und gesellschaftspolitischen Erwägungen heraus eine überaus reizvolle Herausforderung. Nimmt man diese Herausforderung ernst, dann impliziert dies allerdings notwendigerweise ebenfalls eine Ausweitung integrativer Beratungs- und Betreuungsdienste für die neu zu erwartenden ausländischen Mitbürger.

3.2.6 Defizite im Bereich Bildung und Weiterbildung

Auch im Bildungsbereich zeichnen sich vor allem durch Veränderungen der Qualifikationsanforderungen bereits gegenwärtig eine Reihe neuer Bedarfsfelder ab. So wird sich nach Schätzungen der *IAB/Prognos*-Projektionen in der Bundesrepublik bis zum Jahre 2000 der Trend zur Höherqualifizierung des Arbeitskräftebedarfs ebenso fortsetzen wie der Strukturwandel zugunsten des tertiären Sektors, der tertiären Tätigkeiten in den Sektoren, der sektoralen Querschnittsberufe sowie der Informationstätigkeiten. Demnach wird sich der Bedarf an Arbeitskräften ohne Ausbildungsabschluß von derzeit rd. 30% auf unter 20% verringern, der Anteil der Arbeitsplätze für die Fachschulebene mit 6-7% im wesentlichen unverändert bleiben und der Anteil der Qualifikationsebenen "Betriebliche Ausbildung/Berufsfachschule" und "Hochschule" auf Werte zwischen 58 und 60% (1982: 53%) bzw. 13 und 15% (1982: 8,5%) steigen.[104] Qualifizierungs- und Bildungsdienstleistungen fällt also bei der Bewältigung des sozioökonomischen Strukturwandels in der Bundesrepublik künftig zweifellos auf allen Vermittlungsebenen eine überragende Bedeutung zu.

---

[102] Vgl. *Erichsen, R.*: Zurückkehren oder bleiben? Zur wirtschaftlichen Situation von Ausländern in der Bundesrepublik Deutschland, in: APuZ B 24/88, S. 25; *Rürup, B.*: Mittel- und langfristige Perspektiven der soziodemographischen Entwicklung der Bundesrepublik Deutschland: Herausforderung und Optionen. in: ZAR 3/1989, S. 101 f.

[103] Vgl. *Rürup, B.*: Mittel- und langfristige Perspektiven ..., a.a.O., S. 102

[104] Vgl. *Rothkirch, C. v./Tessaring, M.*: Projektionen des Arbeitkräftebedarfs nach Qualifikationsebenen bis zum Jahre 2000, in: MittAB 1/86, S. 105

Insofern erscheint bereits im *Bereich der schulischen Erstausbildung* angesichts der sich gegenwärtig bereits abzeichnenden Überalterung der Lehrerschaft und des damit verbundenen wieder ansteigenden Lehrerersatzbedarfes Mitte der neunziger Jahre, aber auch angesichts der enormen bildungspolitischen Chancen, die eine verbesserte Lehrer-Schüler-Relation gerade für die Bewältigung der sozioökonomischen Problemfelder der Zukunft eröffnen könnte,[105] eine weiterhin restriktive Einstellungspolitik der öffentlichen Hand aus gesamtgesellschaftlicher Sicht weitgehend dysfunktional, selbst wenn in diesem Bereich derzeit noch ein Kapazitätsüberhang an Lehrkräften gegenüber zu versorgenden Schülern zu diagnostizieren ist.[106] Modellrechnungen auf der Basis des Jahres 1987, die neben demographischen Entwicklungen und einer leicht verbesserten Schüler-Lehrer-Relation auch zusätzliche bedarfssteigernde Faktoren, wie etwa die Einführung eines 10. allgemeinbildenden Schuljahres für alle, den Ausbau ganztägiger Schulangebote in der Bundesrepublik und die Verbesserung der Lehrerversorgung der Teilzeit-Berufsschule berücksichtigen, ermitteln immerhin bis zum Jahr 2000 einen zusätzlichen Bedarf an Lehrern von mehr als 100 000 Personen.[107]

Berechnungen der Kultusministerkonferenz vom März 1989 zerschlagen weiterhin aber auch im derzeit völlig überlasteten *Hochschulbereich* die lange Zeit noch gehegte Hoffnung, daß es dort in den nächsten 2 Jahrzehnten zu einer spürbaren Entlastung kommen. Kalkulierte die Kultusministerkonferenz zuvor noch langfristig mit weniger als einer Million Studenten, so muß nach den Zahlen von 1989 von einem Sockelbestand von mindestens 1,1 bis 1,2 Millionen Studenten auf Dauer bei zwischenzeitlichen Spitzen von über 1,5 Millionen ausgegangen werden.[108] Angesichts dieser Projektionen wird evident, daß das von der Bundesregierung im

---

105 Zu denken ist in diesem Zusammenhang insbesondere an einen Abbau von Unterrichtsdefiziten, eine stärkere Unterrichtsdifferenzierung, eine Erweiterung von ganztägigen Bildungsangeboten, eine verstärkte Betreuung von ausländischen Schülern, eine verstärkte Betreuung von behinderten Kindern sowie eine Verbesserung der Bildungs- und Schulberatung. Vgl. *Putzhammer, H.*: Personalbedarf im Bildungswesen - eine politische Größe, in: WSI-Mitteilungen 6/1988, S. 369 f.

106 Vgl. *ebenda*, S. 368; *Felderer, B.*: Wirtschaftliche Auswirkungen einer schrumpfenden Bevölkerung, in: Wirtschaftsdienst 6/1983, S. 295

107 Vgl. *Klemm, K. u. a.*: Bildungsgesamtplan '90 ..., a.a.O., S. 138

108 Vgl. *Kultusministerkonferenz*: Prognose der Studienanfänger. Studenten und Hochschulabsolventen bis 2010. Ergebnisse einer Überprüfung der Berechnungen aus dem Jahre 1987 (Stand: März 1989), in: *Westdeutsche Rektorenkonferenz*: Informationsdienst - Dokumentation Nr. 16/1989, S. 39

Frühjahr 1989 beschlossene Überlastprogramm den sich abzeichnenden Bedarf der Universitäten bei weitem nicht decken kann. Das Programm dürfte lediglich zur Finanzierung von etwas mehr als 10 000 Studienplätzen ausreichen, benötigt würden dagegen, wollte man allen Studierenden einen Studienplatz anbieten, mehr als 650 000, da 1986 an den Hochschulen in der Bundesrepublik Deutschland nur knapp 790 000 Studienplätze als ausgebaut galten.[109] Selbst wenn derartige Größenordnungen selbstverständlich fiktive Größenordnungen bleiben müssen, könnte man dennoch rhetorisch fragen, wie die Hochschulen bei der knappen Personal- und oft unzureichenden Sachausstattung künftig ihrem Auftrag gerecht werden sollen, die Wissenschaft in Forschung, Lehre und Studium zu pflegen und weiterzuentwikkeln? Wie können sie zudem ihrem Anspruch, die wichtigsten Träger der Grundlagenforschung zu sein und durch ihren Wissenstransfer zur Lösung konkreter Probleme in Wirtschaft und Gesellschaft beizutragen, künftig gerecht werden (und dies insbesondere vor der unzweifelhaften Gewißheit, daß die Zukunft unserer Gesellschaft mehr noch als in der Gegenwart von Wissenschaft, Technik, Kunst und Kultur geprägt sein wird)?

Seit Jahren schon existieren Konzepte, mit denen, ohne die Hochschulstrukturen auf Dauer unzulässig auszuweiten, die Probleme gemildert werden könnten. Innerhalb kürzester Zeit ließen sich etwa viele der fehlenden Hochschullehrerstellen mit Wissenschaftlern besetzen, die, habilitiert und in Forschung und Lehre gut ausgewiesen, bei der seit Jahren praktizierten Sparpolitik keine Verwendung in den Universitäten finden. Zweifellos wäre eine derartige Lösung im Moment kostenintensiv, allerdings darf nicht übersehen werden, daß um das Jahr 2000 viele der in den goldenen Jahren der Hochschulexpansion 1960 bis 1974 mit jungen Wissenschaftlern besetzten Stellen durch Pensionierung freiwerden. Auf jeden Fall könnten auf diese Weise die drängendsten Probleme der Universitäten beseitigt werden. Immerhin müßten nach Angaben von *Vesper* im Hochschulbereich zusätzlich 25 000 Stellen für wissenschaftliches und 10 000 Stellen für nichtwissenschaftliches Personal geschaffen werden, wollte man die Anfang der 70er Jahre erreichte Relation Studenten/Lehrkraft wiederherstellen.[110] Differenziertere Modellrechnungen, die in einem Komponentenmodell den Bedarf an wissenschaftlichem Personal für die vier Aufgabenbereiche Lehre, Forschung, Ausbildung des wissenschaftlichen Nachwuchses sowie weitere

---

[109] Vgl. *Klemm, K. u. a.*: Bildungsgesamtplan '90 ..., a.a.O., S. 149

[110] Vgl. *Vesper, D.*: Finanzpolitische Probleme am Ende der 80er Jahre, in: DIW-Wochenbericht 25/89, S. 281

Dienstleistungen ermitteln, kommen - bei sofortiger Realisierung - sogar zu einem Gesamtbedarf von annähernd 40 000 zusätzlichen Stellen.[111]

Neben dem bisher angesprochenen Bereich der beruflichen Erstausbildung zeichnet sich auch im *Bereich beruflicher Weiterbildung* ein erheblicher Dienstleistungsbedarf ab. Ausgeprägte Qualifikationsdefizite bestehen bei den Arbeitskräften in der Bundesrepublik vor allem im Hinblick auf die Nutzung und Anwendung neuer Technologien, die die Einführung und Durchsetzung grundlegend neuer Verfahren und Produkte in den Betrieben und auf den Märkten behindern und somit retardierend auf das gesamtwirtschaftliche Wachstum wirken.[112] Deutliche Qualifizierungsdefizite weisen zudem viele Arbeitslose in der Bundesrepublik auf.[113] Qualifizierungsmaßnahmen können zwar Arbeitslosigkeit nicht beseitigen, sie können aber zumindest vorhandene Qualifikationen bewahren oder aber durch zusätzliche Qualifikationen die Vermittlungschancen verbessern helfen. Qualifizierungsbedarf erfordert derzeit überdies, wie bereits an anderer Stelle erwähnt, die hohe Zahl an Aussiedlern sowie ausländischen Mitbürgern.

Zu berücksichtigen bleibt aber auch, daß angesichts der skizzierten demographischen Entwicklung in der Bundesrepublik der Strukturwandel in der Bundesrepublik in Zukunft in wachsendem Umfang von Erwerbspersonen mittleren und höheren Alters und von Frauen mit zum Teil unzureichender beruflicher Qualifikation und Berufserfahrung bewältigt werden muß. Gerade im Hinblick auf den sich abzeichnenden Facharbeitermangel und die bevorstehende Öffnung des EG-Binnenmarktes sollten Wirtschafts- und Gesellschaftspolitik in der Bundesrepublik Deutschland ein essentielles Interesse an der Förderung und Qualifizierung dieser Frauen haben.[114] Das

---

111 Vgl. *Klemm, K. u. a.*: Bildungsgesamtplan '90 ..., a.a.O., S. 185

112 Vgl. *Klauder, W.*: Technischer Fortschritt und Beschäftigung. Zum Zusammenhang von Technik, Strukturwandel, Wachstum und Beschäftigung, in: MittAB 1/86, S. 6; *Staudt, E./ Schepanski, N.*: Innovation, Qualifikation und Organisationsentwicklung. Folgen der Mikrocomputertechnik für Ausbildung und Personalwirtschaft. 1. Teil, in: Zeitschrift Führung und Organisation 5-6/1983, S. 311; *Klauder, W.*: Tendenzen und Entwicklung des Arbeitsmarktes und der Qualität der Arbeit, in: *Simonis, U. E. (Hrsg.)*: Mehr Technik - weniger Arbeit? Plädoyers für sozial- und umweltverträgliche Technologien. Karlsruhe 1984, S. 48

113 Vgl. *Tessaring, M.*: Arbeitslosigkeit, Beschäftigung und Qualifikation: Ein Rück- und Ausblick, in: MittAB 2/88, S. 177

114 Vgl. *Engelen-Kefer, U.*: Der Arbeitsmarkt in der Bundesrepublik Deutschland - Zur aktuellen Lage und zu den Entwicklungstendenzen, in: Gewerkschaftliche Monatshefte 2/89, S. 79

Ziel der Weiterbildung sollte schließlich aber auch keinesfalls nur einseitig auf die Anpassung der Qualifikationen von Berufstätigen an die Anforderungen der Arbeitswelt reduziert werden, sondern in einem umfassenderen Anspruch auch eine den Bedürfnissen des Einzelnen wie der Gesellschaft entsprechende Integration oder Reintegration bestimmter Situationsgruppen in Wirtschaft, Kultur und das soziale Leben insgesamt ermöglichen. Weiterbildung wird damit auch im *Freizeitbereich* an Bedeutung gewinnen.[115]

Modellrechnungen, die neben der demographischen Entwicklung, der zukünftigen Qualifikationsstruktur und den Problemgruppen des Arbeitsmarktes auch die Verwissenschaftlichung der Lebensbereiche sowie die europäische Integration berücksichtigen, ermitteln für den Bereich der außerschulischen Weiterbildung bis zum Jahr 2000 einen zusätzlichen Bedarf an hauptberuflichem pädagogischen Personal von 4650 Personen[116] und für den Bereich der beruflichen Weiterbildung - je nach Rahmenbedingungen - zwischen 1060 und 2130 Kräften.[117] Insgesamt läßt sich damit also für den Bildungs- und Weiterbildungsbereich - alles in allem und unter Berücksichtigung der zugrundeliegenden Modellannahmen - ein personeller Zusatzbedarf von mehr als 130 000 Personen konstatieren.

3.2.7 Freizeitdienstleistungen

Weitaus schwieriger als Überlegungen zum künftigen Bedarf in den bisher angesprochenen Bereichen Gesundheit, Alten- und Jugendhilfe, Hilfen für Sozialgefährdete, Hilfen für Aussiedler, Asylsuchende und ausländische Mitbürger sowie Dienstleistungen im Bildungsbereich gestaltet sich der Versuch einer empirischen Spezifikation des künftigen Bedarfs an Freizeitdienstleistungen in der Bundesrepublik Deutschland. Uneindeutig und nur indirekt möglich ist zunächst einmal die Ableitung eines Bedarfs an Freizeitdienstleistungen aus den Bedürfnissen ausgewählter Gruppen, die sich angesichts ihrer psychologischen Diffusion und Dynamik sowie ihrer Abhängigkeit von gesellschaftlichen und situativen Randbedingungen einer präzisen und konstanten Beschreibung weitgehend entziehen. Spezifischer Freizeitbedarf entzieht sich angesichts der Komplexität seiner Randbedingungen, seiner Substituierbarkeit und der Äquivalenz konkurrierender Güter und Tätigkeiten bisher ebenfalls weitgehend zuverlässigen mittel- und

---

115 Vgl. *Kühl, J.*: Bevölkerungsentwicklungen und öffentlicher Dienstleistungsbedarf, in: WSI-Mitteilungen 6/1988, S. 335; vgl. hierzu auch das folgende Kapitel 3.2.7

116 Vgl. *Klemm, K. u. a.*: Bildungsgesamtplan '90 ..., a.a.O., S. 242

117 Vgl. *ebenda*, S. 253

langfristigen Prognosen.[118] Überdies sei aber auch noch einmal daran erinnert, daß sich zahlreiche Bedarfsfelder im Freizeitbereich zweifellos mit anderen, in den zurückliegenden Ausführungen bereits thematisierten künftigen Bedarfsfeldern (etwa im Bildungsbereich oder aber im Bereich der Altenhilfe) decken dürften, so daß Doppelzählungen nicht ausgeschlossen werden können. Trotz dieser Restriktionen soll in den folgenden Ausführungen der Versuch unternommen werden, zumindest *qualitativ* Determinanten für eine Ausweitung des Bedarfs an Freizeitdienstleistungen zu skizzieren, die erkennen lassen, daß es sich auch bei diesem Dienstleistungsbedarfsfeld ebenfalls keineswegs um eine "Quantité négligeable" handelt. Allerdings muß auf quantitative Bedarfsprognosen verzichtet werden.

Maßgebliche Determinanten für die Entwicklung des Bedarfs an Freizeitdienstleistungen in der Bundesrepublik in den kommenden Jahren sind die in demoskopischen Umfragen sich abzeichnenden *Veränderungen der Wertstrukturen der Bundesbürger im Zuge verringerter Arbeitszeiten*, aber auch die derzeit noch weitgehend ignorierten *psychosozialen Probleme einer weiteren Ausweitung der individuell verfügbaren Zeit*.

Abbildung 9 deutet an, wie sich die Arbeitszeit in den zurückliegenden 4 Jahrzehnten in der Bundesrepublik Deutschland verkürzte. Freizeitforscher sehen im Rückgang der individuellen Arbeitszeit und der zunehmenden Dominanz der frei zur Verfügung stehenden, disponiblen Zeit bereits die Konturen einer sich entwickelnden *Freizeit-Arbeitsgesellschaft*, die sich spätestens im Jahre 2010 durchgesetzt haben werde, wenn 200 freien Tagen dann nur mehr 165 Arbeitstage gegenüberständen.[119] Bewußt wird in diesem Zusammenhang aber der Terminus "Freizeitgesellschaft" vermieden. Denn trotz deutlicher Reduzierung der Arbeitszeiten sind 400 Jahre Arbeitsethos an den Menschen, den Strukturen und Institutionen der Gesellschaft nicht spurlos vorübergegangen. Wie die einschlägigen Publikationen zur Wertewandeldiskussion in der Bundesrepublik ausweisen, geht die wachsende Freizeitorientierung des Lebens insbesondere nicht mit einem Verlust, wohl aber mit einem *Funktions- und Sinneswandel der Arbeitsmoral der Bundesbürger* einher.[120]

---

118 Vgl. *Deutsche Gesellschaft für Freizeit*: Freizeit-Lexikon. Erkrath 1986, S. 31 f.

119 Vgl. *ebenda*, S. 32 f.

120 Vgl. *Inglehart, R.*: Wertwandel in westlichen Gesellschaften: Politische Konsequenzen von materialistischen und postmaterialistischen Prioritäten, in: *Klages, H./Kmieciak, P. (Hrsg.)*: Wertwandel und gesellschaftlicher Wandel. Frankfurt am Main 1979, S. 279 ff.; *Klages, H.*: Wertorientierungen im Wandel. Rückblick, Gegenwartsanalyse, Prognosen. Frankfurt am Main 1984; *Pawlowsky, P.*: Arbeitseinstellungen im Wandel. Zur theoretischen Grundlage und empirischen

Da sich die Qualität des Lebens in der Freizeit verändert hat, ändern sich auch die Ansprüche an die Qualität von Arbeit und Leistung. Abgesehen von der Mehrheit der älteren Generation, die arbeitsorientiert aufgewachsen und geprägt ist, werden sich in Zukunft nach Auffassung der sozialwissenschaftlichen Forschung bei den übrigen Bevölkerungsgruppen tendenziell Arbeits- und Freizeitorientierung des Lebens die Waage halten und eine ganzheitliche Sicht des Lebens zwischen Arbeitsethos und Muße-Idee wichtig und möglich werden.[121] Dabei wird Arbeit als Symbol für sinnvolle menschliche Tätigkeit auch inmitten wachsender Freizeit weiterhin ihren Wert behalten, allerdings zunehmend in Form freiwilliger Arbeiten und Eigenleistungen in der Freizeit.[122] Insofern prognostizieren eine Reihe von Autoren neben dem Einstieg in eine *"Arbeits-Freizeit-Gesellschaft"* für die Bundesrepublik ebenfalls einen graduellen Übergang in eine *"Tätigkeitsgesellschaft"*.[123]

Mit diesen sozioökonomischen Veränderungen zeichnen sich nun aber gleichzeitig eine Reihe neuer Lebensziele ab, die vielfach zu gegenwärtig noch weitgehend unterschätzten neuen Bedarfsfeldern im Bereich personenbezogener Freizeitdienste führen dürften. Hierzu gehören insbesondere die Lebensziele "Gesünder leben", "Geselliger leben", "Genußorientierter leben", "Aktiver leben" und "Bewußter leben" (vgl. Abbildung 10). Zur Umsetzung dieser Ziele werden sowohl Erholungszonen und Orte der Selbstverwirklichung für Menschen mit unterschiedlicher Lebensweise und vielfältiger Herkunft sowie unterschiedlicher Kultur und Lebenslage benötigt. Überdies bedarf es aber auch vielfältiger Dienste von Kulturarbeitern, von Kulturpädagogen, Freizeitpädagogen, Medienpädagogen, von Animateuren und Freizeitberatern sowie von Sozialarbeitern und Sozialpädagogen, die

---

Analyse subjektiver Indikatoren der Arbeitswelt. München 1986; *Klipstein, M. v./Strümpel, B.*: Wertewandel und Wirtschaftsbild der Deutschen, in: APuZ B 42/85, S. 29 f.

121 Vgl. *Opaschowski, H. W.*: Der Struktur- und Wertewandel von Arbeit und Freizeit und seine Auswirkungen auf die Bildungsbedürfnisse von Erwachsenen, in: *Bundeszentrale für politische Bildung (Hrsg.)*: Zukunft der Weiterbildung. Eine Standortbestimmung. Bonn 1988, S. 230

122 Vgl. *Opaschowski, H. W.*: Psychologie und Soziologie der Freizeit. Opladen 1988, S. 33

123 Vgl. *Espenhorst, J.*: Wege aus der Krise in die Zukunft der Arbeit. Von der Arbeits- in die Tätigkeitsgesellschaft, in: APuZ B 6/83, S. 20; *Dahrendorf, R.*: Die Arbeitsgesellschaft in der Krise, in: liberal 1/1986, S. 61; *Guggenberger, B.*: Wenn uns die Arbeit ausgeht. Die aktuelle Diskussion um Arbeitszeitverkürzung, Einkommen und die Grenzen des Sozialstaates. München 1988, S. 145 ff.

Abbildung 9: Empirische bzw. prognostische Veränderungen des Jahres-Zeitbudgets in der Bundesrepublik Deutschland zwischen 1950 und 2010[124]

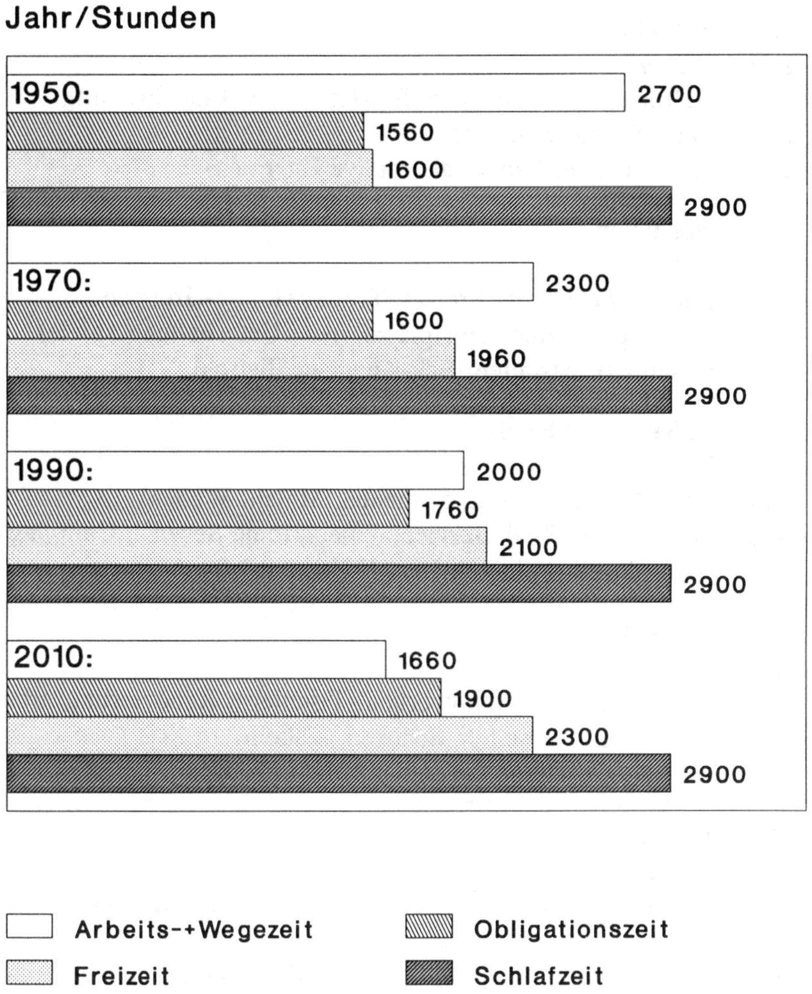

124 Quelle: *Opaschowski, H. W.*: Psychologie und Soziologie ..., a.a.O., S. 31; *Obligationszeit* = Zeit für Hygiene und Gesunderhaltung, Essen und Einkäufe, Erledigungen, Besorgungen und soziale Verpflichtungen; *Freizeit* = disponible, freiverfügbare Zeit

Abbildung 10: Neue Lebensziele und Bedarfsfelder im Freizeitbereich[125]

Nach Ansicht des B.A.T. Freizeit-Forschungsinstituts kristallisieren sich im 21. Jahrhundert folgende Lebensziele heraus, die zu potentiellen Wachstumsfeldern der Zukunft werden:
Gesünder leben *Bedarfsfelder:* - Körperkultur (Schönheitspflege,Bio-Kosmetik, Fitneßtraining) - Badekultur (Sauna, Massage) - Ökologiekultur (Bio-Läden, alternative Energien)
Geselliger leben *Bedarfsfelder:* - Clubkultur (Sport-Clubs, Freizeit-Treffs, Hobby-Gruppen) - Spielkultur (Spielräume, Spielplätze, neue Unterhaltungsspiele) - Kneipenkultur (Gaststätten, Eck-Kneipen, Bistros)
Genußorientierter leben *Bedarfsfelder:* - Mußekultur (Musik, Lesen, Sprachen, Malen, Weben) - Wochenendkultur (Party-Service, Video-Home-Service, Camping) - Zerstreuungskultur (Videotheken, Freizeitparks)
Aktiver leben *Bedarfsfelder:* - Do-it-yourself-Kultur (Heimwerken, Tischlern, Renovierungsarbeiten) - Hobbykultur (Handarbeiten, Stricken, Häkeln) - Bewegungskultur (Joggen, Tennis)
Bewußter leben *Bedarfsfelder:* - Sicherheitskultur (Lebensversicherung, Altersvorsorge, Gesundheitsurlaub) - Verbraucherkultur (Preisbewußtsein, Verbraucherberatung) - Beteiligungskultur (Mitarbeit in Eltern-, Mieter-, Bürgerinitiativen)

---

125 Quelle: *Institut der deutschen Wirtschaft*: IWD-Informationsdienst Nr. 18/1987, S. 8

eine schöpferische Verbindung von Selbstfindungszeit, Emanzipationszeit, Humanzeit und Tätigkeitszeit herstellen helfen.[126]

Auch die klassischen Bildungsinstitutionen Schule und Volkshochschule mit ihren wenig freizeitmotivierenden, arbeitsähnlichen Strukturen und ihrem Pflicht- und Ernstcharakter werden zunehmend ergänzt werden müssen durch neue Lernstätten für die Freizeit, etwa in Form freier Bildungsclubs mit freiwilligen oder freiberuflichen Animatoren oder aber in Form innovativer Freizeitseminare und Ferienakademien.[127] Ferner gilt es auch dem steigenden Bedarf an Freizeitdienstleistungen durch die künftige "jüngere" Seniorengeneration in ausreichendem Maße Rechnung zu tragen, die sich im Gegensatz zu früheren Generationen - zumindest im frühen Patriarchenalter - meist noch gesünder, unternehmungslustiger und leistungsfähiger fühlt als es je zuvor Menschen ihres Alters waren, und die zudem als "Generation der Erben" über so viel Vermögen verfügen wird wie keine Generation zuvor.[128]

Freizeitdienstleistungen gewinnen allerdings nicht nur aufgrund individuell veränderter Wertestrukturen und erweiterter Möglichkeiten zur Selbstverwirklichung an Bedeutung. Trotz (oder gerade wegen) der grundsätzlich höheren Zeitsouveränität der Menschen in der Gestaltung ihrer Lebensverhältnisse werden eine zunehmende Vereinsamung und Langeweile, Freizeitstreß, aber auch eine Reihe neuer Gesundheitsrisiken durch Freizeitaktivitäten zu den entscheidenden *psychosozialen Problemen der wachsenden Freizeit* gehören, die von den Betroffenen vielfach ohne eine begleitende pädagogische und präventiv-medizinische Betreuung und Beratung nicht gelöst werden können.[129]

Wie eingangs erwähnt, erscheint allerdings eine empirische Spezifikation dieser sich abzeichnenden neuen Freizeitdienstleistungs-Bedarfsfelder nicht möglich, da im Freizeitbereich einer Professionalisierung offensichtlich dadurch Grenzen gesetzt sind, daß die entsprechenden Dienstleistungen vielfach auch in Eigenleistung erbracht werden oder aber Defi-

---

126 Vgl. *Kühl, J.*: Bevölkerungsentwicklungen ..., a.a.O., S. 333; *Opaschowski, H. W.*: Arbeit. Freizeit. Lebenssinn? Orientierungen für eine Zukunft, die längst begonnen hat. Opladen 1983, S. 101 ff.; *Agricola, S.*: Berufsarbeit und berufliche Anforderungen im Freizeitbereich, in: BAG-Mitteilungen 31/88, S. 21 ff.

127 Vgl. *Opaschowski, H. W.*: Der Struktur- und Wertewandel ..., a.a.O., S. 233; *Fromme, J./Nahrstedt, W./Oberpenning, D.*: Berufsfeldforschung und Berufspolitik für Freizeitpädagogik und Kulturarbeit, in: BAG-Mitteilungen 31/88, S. 30

128 Vgl. *Gross, P.*: Der neue Zeitvertrag. Eine Aufgabe für alle Bundesanstalten?, in: *Fink, U. (Hrsg.)*: Der neue Generationenvertrag ..., a.a.O., S. 134; *Wahl, S.*: Vermögen älterer Menschen, in: Bank Information 8/88, S. 8

129 Vgl. *Opaschowski, H. W.*: Psychologie und Soziologie ..., a.a.O., S. 135 ff.

zite im Angebot an Freizeitdienstleistungen auch durch andere Berufsgruppen und Branchen gedeckt werden können, mithin von eigenständigen Berufsfeldern im Freizeitbereich nicht gesprochen werden kann.[130] Gerade die große Zahl von Beschäftigten in Arbeitsbeschaffungsmaßnahmen, von Zivildienstleistenden in Freizeittätigkeitsfeldern sowie von Personen, die in den für den Freizeitbereich relevanten Grauzonen des Erwerbsverhaltens anzutreffen sind (alternative Betriebe, schattenwirtschaftliche Erwerbsformen) oder häufig ohne Bezahlung ehrenamtlich oder als mitarbeitende Familienangehörige tätig sind,[131] unterstreichen aber noch einmal die These, daß der gesellschaftliche Bedarf an Freizeitdienstleistungen bereits gegenwärtig in der Bundesrepublik Deutschland größer ist als dies im allgemeinen angenommen wird und zudem vor dem Hintergrund der skizzierten Zukunftsperspektiven auch künftig weiter anwachsen wird.

3.2.8 Umweltschutz- und Verkehrs-Dienstleistungen

3.2.8.1 Personeller Bedarf im Umweltschutz- und Verkehrsbereich

Ein großer personeller wie investiver Bedarf besteht in der Bundesrepublik weiterhin auch im Umweltschutz- und Verkehrsbereich.[132] Hierbei sind insbesondere die *Kommunen* als entscheidende staatliche Durchführungsinstanzen in den kommenden Jahren gefordert, durch den Ausbau personeller Dienstleistungen sowie die verstärkte ökologische Orientierung öffentlicher Unternehmen und Einrichtungen die Defizite im Vollzug staatlicher Auflagen zu beseitigen, eine flächendeckende und systematische Erfassung des Umweltzustandes zu ermöglichen, umweltgerechte Stadtentwick-

---

130 Vgl. *Agricola, S.*: Freizeit als Beruf. Ein Widerspruch in sich - Das Anforderungsprofil für Freizeitberufler, in: Animation November/Dezember 1988, S. 169 ff.

131 Vgl. *ebenda*, S. 171; *Bisping, P./Hilles, K.*: Arbeitsfreie Zeit - eine Belebung für den Arbeitsmarkt?, in: BAG-Mitteilungen 31/88, S. 11 f.

132 Noch einmal sei in diesem Zusammenhang daran erinnert, daß in die vorliegende Untersuchung nur die - aus der Sicht des Jahres 1991 - *alten* Bundesländer einbezogen werden konnten. Insofern bleibt einzuräumen, daß gegenwärtig gerade im Umweltschutz- und Verkehrsbereich die personellen und investiven Bedarfe in den neuen Bundesländern zweifellos als weitaus dringlicher einzustufen sind als die im folgenden skizzierten Bedarfe in den alten Bundesländern. Dennoch zeigen die folgenden Ausführungen noch einmal recht eindrucksvoll, daß auch in den alten Bundesländern de facto erhebliche Bedarfe bestehen, die derzeit lediglich von der Tagesaktualität verdrängt werden, und denen mittelfristig ebenfalls Rechnung getragen werden muß.

lungskonzepte voranzutreiben und mit einer Ausweitung der Informations- und Beratungsdienste umweltgerechtes Verhalten zu fördern.[133]

Der Bedarf an zusätzlichen Stellen im Umweltschutz läßt sich quantitativ allerdings nur sehr schwer abschätzen. Angesichts der allgemein anzutreffenden Feststellung über mangelnde personelle und sachliche Ausstattungen darf aber als gesichert gelten, daß zur Behebung der ökologischen Defizite allein im Bereich der öffentlichen Verwaltungen mindestens 10 000 Stellen fehlen.[134] Faßt man allerdings den Umweltbereich weiter und bezieht auch die Bereiche Gewerbeaufsicht, Abfallwirtschaft, Wasservorsorge, Pflege und Bewirtschaftung von Wald und Landschaft und die Überwachung von Emissionen mit in die Überlegungen ein, dann weisen vorliegende Schätzungen einen Bedarf von bis zu 100 000 Stellen aus.[135]

Am Beispiel der Bekämpfung des Waldsterbens läßt sich exemplarisch die hohe Sinnhaftigkeit derartiger Maßnahmen unterstreichen, denn verzichtet man mittel- und langfristig auf derartige Maßnahmen, stirbt nicht nur der Wald, sondern das Waldsterben weitet sich mehr und mehr auch in ein Bodensterben aus mit entsprechenden Gefahren für die Sicherung der Nahrungs- und Trinkwasserproduktion. Unterlassener Umweltschutz auf diesem Gebiet aus kurzfristigen Kostenüberlegungen kann also für die Bundesrepublik langfristig zu weitaus höheren volkswirtschaftlichen Gesamtkosten führen.[136]

Neben den Kommunen hat auch die *Deutsche Bundesbahn* als einer der größten Arbeitgeber der Bundesrepublik erhebliche ökologische wie beschäftigungspolitische Bedeutung. Die daraus resultierende Verantwortung haben Bundesregierung und Bahnmanagement bis Ende der achtziger Jahre allerdings nicht wahrgenommen. Vielmehr hat die Deutsche Bundesbahn durch die vorgenommene Reduzierung der Beschäftigtenzahl um mehr als 60 000 alleine seit 1983 die Krise auf dem Arbeitsmarkt zusätzlich verschärft. Konsequenz dieser drastischen Sanierungsmaßnahmen sind zum einen ein hoher Leistungsdruck auf die im Schichtdienst arbeitenden Beschäftigten, der seinen Ausdruck nicht nur in der hohen Zahl von 4 Mio. Überstunden im Jahr findet, sondern auch in der Tatsache, daß 90% der

---

133 Vgl. *Brum, H./Huter, O.*: Kommunale Umweltpolitik - Dienstleistungen und Investitionen für den Ausbau der ökologischen Infrastruktur, in: WSI-Mitteilungen 6/1988, S. 350

134 Vgl. *ebenda*, S. 345

135 Vgl. *Tofaute, H.*: Aufgabenwandel ..., a.a.O., S. 275

136 Vgl. *Brondke, H.*: Pflege und Bewirtschaftung von Wald und Landschaft als gesellschaftliche Aufgabe mit beschäftigungspolitischen Bezügen, in: WSI-Mitteilungen 6/1988, S. 381

Beschäftigten krankheitshalber vorzeitig aus dem Dienst ausscheiden, zum anderen aber auch ein aus der ökologischen Perspektive bedauerlicher umfassender Leistungsabbau der Bahn in fast allen Bereichen des Angebots.[137] Zweifellos erscheinen ohne flankierende grundlegende Richtungskorrekturen in der Verkehrspolitik der Bundesrepublik deutliche Beschäftigungsausweitungen im Bereich der Deutschen Bundesbahn über die als unabdingbar geltende Mindestforderung nach 4200 Neueinstellungen zur Deckung des durch Arbeitszeitverkürzung in 1989 und 1990 entstandenen zusätzlichen Bedarfes nur bedingt als sinnvoll. Im Zusammenhang mit den in Kapitel 5.7.2 näher umrissenen verkehrspolitischen Maßnahmen kommt allerdings einer deutlichen Beschäftigungsausweitung der Deutschen Bundesbahn zur Verbesserung des Leistungsangebots eine elementare Bedeutung zu.[138]

3.2.8.2 Investive Bedarfsfelder im Bereich Umweltschutz und Verkehr mit Beschäftigungsauswirkungen auf den dienstleistungsnahen Bereich handwerklicher Klein- und Mittelbetriebe

Wie zahlreiche Untersuchungen der zurückliegenden Jahre verdeutlichen, bestehen in der Bundesrepublik weiterhin auch in verschiedenen klassischen Infrastrukturbereichen große Lücken der investiven Bedarfsdeckung mit entsprechenden Beschäftigungspotentialen für dienstleistungsnahe handwerkliche Klein- und Mittelbetriebe. Betrachtet man auch hier wiederum zunächst einmal den Bereich der *Deutschen Bundesbahn*, dann weist der Bundesverkehrswegeplan 1985 an neuen Vorhaben des Streckenneubaus und Streckenausbaus 13,319 Mrd. DM als vordringlichen Bedarf und 4,337 Mrd. DM in der Kategorie Planungen aus. Alle Projekte sollen nach Abschluß der planerischen Vorbereitungsphase in den neunziger Jahren realisiert werden. Über dieses nationale Investitionsprogramm hinaus existiert ferner ein erheblicher Neu- und Ausbaubedarf im Bereich des in der Vergangenheit oft stiefmütterlich behandelten grenzüberschreitenden Schienenverkehrs.[139]

Deutlich höher als die bisher angegebenen Werte ausfallen müßte der investive Bedarf der Deutschen Bundesbahn allerdings dann, wenn neben rein verkehrspolitischen Anforderungen auch die *ökologische und soziale*

---

137 Vgl. *Graichen, R.*: Das öffentliche Transportunternehmen Deutsche Bundesbahn als Instrument beschäftigungssichernder Verkehrs- und Umweltpolitik, in: WSI-Mitteilungen 6/1988, S. 363

138 Vgl. *ebenda*, S. 364

139 Vgl. *ebenda*, S. 362 f.

Tabelle 10: Beschäftigungseffekte des Verkehrswegebaus - Arbeitsplätze je 1 Mrd. DM Investitionen[140]

	primär direkt (Bau und Ausrüst.)	primär indirekt (Zulieferbetriebe)	sekundär (Multiplikatoreffekte)	gesamt
Eisenbahnfernstrecken				
-IABG	9 200	9 600	2 800	21 600
-Straßenliga	18 800		3 760	22 560
Schienenpersonennahverkehr				
-IABG	10 300	9 600	3 000	22 900
-Straßenliga	19 920		3 980	23 900
Autobahnen				
-IABG	7 500	9 300	2 500	19 300
-Straßenliga	12 010		2 400	14 410

Dimension der einzelnen Verkehrssysteme in der Bundesrepublik berücksichtigt wird, denn Ende der achziger Jahre entfielen mehr als 95% aller sozialen Kosten des Verkehrs in der Bundesrepublik alleine auf den Straßenverkehr. Da aber der überwiegende Teil dieser sozialen Kosten nicht dem jeweiligen Verursacher angelastet wird, sondern von der Allgemeinheit getragen werden muß, wird in der Bundesrepublik mithin gerade das Verkehrssystem am massivsten subventioniert, das die höchsten Umweltschäden verursacht.

Die deutlichen volkswirtschaftlichen Kosten-Vorteile der Bundesbahn verdeutlicht aber auch ein Vergleich der spezifischen sozialen Kosten der einzelnen Verkehrssysteme je Tonnen- bzw. Personenkilometer (tkm bzw. Pkm), die beim Automobil 5,9 Pfennige und beim Luftverkehr 6,6 Pfennige je Pkm, bei der Bahn dagegen nur 0,8 Pfennige je Pkm bzw. tkm betragen, ein Wert, der nur noch von der Binnenschiffahrt (0,4 Pfennige je tkm) unterboten wird.[141] Die ökologische Dimension legt es insofern nahe, im

[140] Quelle: *Ebenda*, S. 362

[141] Vgl. *ebenda*, S. 360

Rahmen einer umfassenden Umstrukturierung der Verkehrspolitik in der Bundesrepublik die Investitionen der Deutschen Bundesbahn deutlich auszuweiten. Daß Investitionen im Bereich der Deutschen Bundesbahn, wie einschlägige Untersuchungen verdeutlichen (vgl. Tabelle 10) zudem beschäftigungspolitische Vorzüge gegenüber Straßenbauinvestitionen aufweisen, ist ein positiv zu wertender Begleitaspekt, der ebenfalls nicht unerwähnt bleiben sollte.

Ein weiterer großer investiver, ökologisch sinnvoller und zugleich arbeitsplatzintensiver Beschäftigungsbereich stellt schließlich der Bereich der *Umweltsanierung* durch verstärkte Maßnahmen zur Luftreinhaltung, zur Energieeinsparung sowie zur Sanierung von Altlasten und zur Reparatur der oft überalterten kommunalen Abwasserkanalisationen dar. Vor allem der *Förderung der Energieeinsparung* kommt angesichts zunehmender Restriktionen im Bereich der Verbrennung fossiler Energieträger (Schädigung der Ozonschicht) und bei der Nutzung der Kernkraft (Reaktorsicherheits-, Endlagerungs- und Akzeptanzprobleme) sowie angesichts derzeit noch fehlender wirtschaftlicher Alternativen der Energiegewinnung für die wirtschaftliche Zukunft aller Industriestaaten eine überragende Bedeutung zu. Neben der Stabilisierung der Versorgungssituation, der hohen Umweltverträglichkeit sowie der Verminderung der Abhängigkeit von zusätzlichen Energieimporten sind gerade Energiesparmaßnahmen, wie z. B. die Wärmedämmung, zugleich aber auch in der Regel äußerst arbeitsintensiv und können damit Beschäftigungspotentiale vor allem für Klein- und Mittelbetriebe im dienstleistungsnahen Handwerks- und Baubereich erschließen.[142] Einschlägige Beschäftigungsprognosen gehen davon aus, daß durch verstärkte Maßnahmen zur Wärmedämmung, den Ausbau der Fernwärmenetze und der industriellen Kraft-Wärme-Kopplung sowie durch den Bau von Blockheizkraftwerken bei einem jährlichen Investitionsvolumen von rund 5 Mrd. DM in diesen Sektoren über 100 000 Arbeitsplätze geschaffen werden könnten.[143]

Auch für die *Sanierung der mehr als 36 000 Altlasten-Deponie-Standorte in der Bundesrepublik* weist das Umweltbundesamt in den nächsten zehn Jahren einen Investitionsbedarf von mindestens 17 Mrd. Mark aus,

---

142 Vgl. *Brunowsky, R.-D./Wicke, L.*: Der Öko-Plan. Durch Umweltschutz zum neuen Wirtschaftswunder. München 1984, S. 130 f.

143 Vgl. *Eißel, D.*: Herausforderungen und Möglichkeiten einer kommunalen Arbeitsmarktpolitik, in: APuZ B 38/88, S. 31 f.; *Maier, H. E.*: Schafft Energieeinsparung Arbeitsplätze? Qualitatives Wachstum durch kleine Unternehmen. Wiesbaden 1986; *Möller, G.*: Ansätze zur Reduzierung überzyklischer Arbeitslosigkeit durch energiesparende Techniken. Dissertation: Darmstadt 1988

andere Schätzungen reichen sogar noch weit darüber hinaus und rechnen mit bis zu 50 Mrd. Mark.[144] Überdies weisen bis zu 20% der 270 000 Kilometer langen *Abwasserkanalisation* in der Bundesrepublik (ohne die 600 000 Kilometer langen Industrieabwasserkanäle) Schäden auf, die das Grundwasser gefährden. Zunehmende Schwierigkeiten bereitet schließlich auch die *Aufbereitung von Trinkwasser*, die langfristig nur durch den *Bau leistungsfähigerer Kläranlagen* gewährleistet werden kann.[145]

Wie diese Ausführungen verdeutlichen, bestehen also auch im Umweltschutzbereich hohe investive Bedarfe, die bei einer entsprechenden Ausweitung der öffentlichen Investitionstätigkeit zu einer deutlichen Ausweitung der Beschäftigung im dienstleistungsnahen Bereich handwerklicher Klein- und Mittelbetriebe führen könnte. Die Liste investiver Bedarfe ließe sich im übrigen noch weiter ergänzen, wenn man über die genannten Maßnahmen hinaus beispielsweise auch die Bereiche Stadterneuerung, Verkehrsberuhigung, Bau von Ortsumgehungen, Ausbau des öffentlichen Personennahverkehrs, den Bereich abfallwirtschaftlicher Zukunftsmaßnahmen oder aber auch den umfassenden Bereich des Wohnungsneubaus und Wohnungsausbaus berücksichtigen würde. Allerdings tangieren diese Bedarfsfelder den Dienstleistungsbereich größtenteils nur noch peripher, so daß eine eingehendere Darstellung im Rahmen der vorliegenden Analyse unterbleiben soll.[146]

---

144 Eine zügige Inangriffnahme der Altlastenproblematik gebieten aber nicht nur ökologische und gesundheitliche, sondern auch finanzielle Bedenken aufgrund einer Flut möglicher Regreßansprüche an Kommunen nach entsprechenden ersten gerichtlichen Erfolgen betroffener Grundstückseigentümer Ende der achtziger Jahre. Vgl. *Eißel, D.*: Herausforderungen ..., a.a.O., S. 31; *Brunowsky, R.-D.*: Das Ende der Arbeitslosigkeit. Alternativen zum herrschenden Nichtstun. München 1988, S. 156 f.

145 Vgl. *Eißel, D.*: Herausforderungen ..., a.a.O., S. 31; *Brunowsky, R.-D.*: Das Ende der Arbeitslosigkeit ..., a.a.O., S. 155

146 Zu Details vgl. insbesondere *Reidenbach, M./Knopf, C.*: Der kommunale Investitionsbedarf Mitte der 80er Jahre. Eine Einschätzung, in: *Deutsches Institut für Urbanistik*, Aktuelle Information, April 1985, S. 4 ff.; *Görhely, T./Rußig, V.*: Bauvolumen: Trendwende erst Mitte der neunziger Jahre. Ausgewählte Ergebnisse der Ifo-Bauvorausschätzung 1988-1998, in: Ifo-Schnelldienst 35-36/88, S. 13 ff.; *Behring, K./Goldrian, G.*: Verstärkte Diskrepanzen auf den Wohnungsmärkten in Sicht. Ausgewählte Ergebnisse einer Ifo-Wohnungsnachfrageprognose bis 1995, in: Ifo-Schnelldienst 8/89, S. 5 ff; *Bartholmai, B.*: Lage und Perspektiven am Wohnungsmarkt, in: DIW-Wochenbericht 24/89, S. 267 ff.

3.2.9 Sonstige Dienstleistungsangebotsdefizite

Die Auflistung von Dienstleistungsangebotsdefiziten in der Bundesrepublik Deutschland läßt sich im Prinzip für eine Reihe weiterer öffentlicher Aufgabengebiete fortsetzen. So sind beispielsweise nach Ansicht der *Gewerkschaft "Öffentliche Dienste, Transport und Verkehr" (ÖTV)* mindestens 5000 zusätzliche Mitarbeiter in der *Arbeitsverwaltung* notwendig, um die Leistungs- und Vermittlungsverpflichtungen der Bundesanstalt zu gewährleisten.[147]

Im *Polizeibereich* hält die *Gewerkschaft der Polizei* angesichts eines deutlichen Anstiegs der Kriminalitätsrate bei gleichzeitigem Rückgang der Verbrechensaufklärungsquote in den zurückliegenden Jahren, aber auch und gerade angesichts eines künftig erweiterten Aufgabenfeldes der Polizei und der derzeitigen Arbeitsbedingungen in den einzelnen Polizeistationen eine Aufstockung der Polizeistärke um mindestens 50 000 Kräfte für notwendig. So fehlten alleine 10 000 Beamte zur Umsetzung von Arbeitszeitverkürzungen und weitere 10 000 zur Intensivierung des Umweltschutzes, zur Überwachung von Gefahrguttransporten sowie zur Überwachung lebensmittelrechtlicher Vorschriften. Bis zu 30 000 zusätzliche Stellen wären nach Meinung der GdP überdies wünschenswert, um die Möglichkeit verstärkter präventiver polizeilicher Arbeit voranzutreiben und durch Einführung einer 5. Dienstschicht einen entscheidenden Beitrag zur Humanisierung der Polizeiarbeit der Zukunft zu leisten.[148]

Auch im Bereich der *Steuerverwaltung* sowie der *Justiz* bestehen schließlich nach Einschätzung des *DIW* noch immer - allerdings nicht detaillierter quantifizierte - Personaldefizite, u. a. bedingt durch die immer komplexer werdende Gesetzeslage und den raschen Anstieg von Streitfällen. *Tofaute* schätzt diese Defizite auf mehrere 10 000.[149]

---

[147] Vgl. *Tofaute, H.*: Aufgabenwandel ..., a.a.O., S. 275

[148] Vgl. *Bienert, M.*: Verbesserung der Dienstleistungen und Möglichkeiten zur Unterstützung der Vollbeschäftigungspolitik am Beispiel des Polizeidienstes, in: WSI-Mitteilungen 6/1988, S. 377

[149] Vgl. *Vesper, D.*: Tendenzen der Beschäftigungsentwicklung ..., a.a.O., S. 328; *Tofaute, H.*: Aufgabenwandel ..., a.a.O., S. 275 f.

3.3 Resümee

Zieht man daher zum Abschluß des Analyseteils der vorliegenden Arbeit ein erstes Zwischenresümee, so bleibt festzuhalten, daß die aufgezeigten Befunde deutliche Hinweise auf hohe ungedeckte personelle Dienstleistungsbedarfe in der Bundesrepublik Deutschland erkennen lassen. Insgesamt aggregieren sich bereits die in den zurückliegenden Ausführungen konkret quantifizierten Zusatzbedarfe in den angesprochenen Dienstleistungsbereichen, wie Tabelle 11 zu entnehmen ist, auf 734 200 bis 966 200 Beschäftigte. Deutlich höher würden diese Ergebnisse zudem ausfallen, wenn auch zu den weiterhin angesprochenen Arbeitsfeldern (Obdachlosenhilfe, Hilfen für Arbeitslose und Langzeitarbeitslose, Integrationshilfen für Aussiedler, Ausländer und Asylanten, Freizeitdienstleistungen) konkrete Bedarfsprognosen vorliegen würden.

Selbst wenn nun aber gewisse Abstriche an der inhaltlichen Validität dieser Kennziffern keinesfalls in Frage gestellt werden sollen, da Bedarfsprognosen dieser Art zweifellos in ihrer Größenordnung vielfach zumindest tendenziell als überzogen (da von partikulären Optimalvorstellungen geleitet) gelten müssen, unterstreichen dennoch die vorgestellten Ergebnisse (gerade auch im Zusammenhang mit den Befunden der internationalen Gegenüberstellung sektoraler Beschäftigungsstrukturen aus Kapitel 2) eindrucksvoll das *Tertiärisierungsdefizit der Bundesrepublik Deutschland im Bereich verbraucherbezogener Dienstleistungen*.

Aus der allgemeinen Feststellung eines Tertiärisierungsdefizites der Bundesrepublik im Bereich der verbraucherorientierten Dienste läßt sich jedoch noch keine operationale Regel zur Bestimmung des Umfangs und der Struktur öffentlicher und privater Dienstleistungen ableiten, da beispielsweise die *Frage der Finanzierung und der alternativen Verwendung öffentlicher Mittel einschließlich der hieraus resultierenden Effekte* nicht ausgeklammert werden darf.[150] Zudem lassen sich aber auch, wie eingangs bereits erwähnt, alle ermittelten Bedarfsfeststellungen letztlich *nur mit Hilfe einer politischen Vorgabe bezüglich eines gewünschten Versorgungsniveaus und einer präferierten Verteilung* auswerten.

Insofern sollen in den Ausführungen des folgenden Kapitels zunächst einmal grob die Rahmenbedingungen und konzeptionellen Grundlagen einer wünschenswert erscheinenden, stärker binnenwirtschaftlich orientierten, qualitativen Wachstumsstrategie für die Bundesrepublik Deutschland skizziert werden. Da diese Ausführungen sehr rasch aber noch einmal nachhal-

---

150 Vgl. *Ertel, R.*: Entwicklungen im Dienstleistungsbereich ..., a.a.O., S. 165 f.

Tabelle 11: Personelle Zusatzbedarfe in ausgewählten Dienstleistungsbereichen in der Bundesrepublik Deutschland

Bereich	Bedarf	Quelle
Gesundheit	> 160 000	
- Ärzte (Psychiatrie, Rehabilitation)	20 000 - 27 000	*DKG, Marb.Bund*
- Krankenpfleger	60 000	*DAG*
- Altenpfleger	80 000	*Walz*
Sozialpfleg. Altenhilfe	170 000	*Arbeiterwohlfahrt*
Jugend-/Familienhilfe (Kinderbetreuung)	30 000 - 120 000	*Tofaute, Klemm*
Betreung von Sozialgefährdeten	> 50 000	
- Frauenhäuser, Obdachlose	*	
- Straffällige	24 000	*Prognos*
- Suchtkranke	30 000	*Prognos*
- Arbeitslose	*	
Integration von Aussiedlern, Asylsuchenden und Ausländern	*	
Bildung und Weiterbildung (Jahr 2000)	> 130 000	
- Lehrer	100 000	*Klemm*
- Hochschulpersonal	25 000 - 35 000	*Klemm, DIW*
- Weiterbildung	6 000	*Klemm*
Freizeit	*	

Bereich	Bedarf	Quelle
Umweltschutz und Verkehr	160 000	
	- 250 000	
- Öffentliche Verwaltung	10 000	
	- 100 000	*Tofaute*
- Deutsche Bundesbahn	4 200	*GdED*
- Bausektor	150 000	*Wicke*
Sonstige Bereiche	25 000	
	- 55 000	
- Polizei	20 000	
	- 55 000	*GdP*
- Arbeitsverwaltung	5 000	*ÖTV*
- Finanzverwaltung/Justiz	*	
Mindestsumme	734 200 - 966 200	

tig den lebensqualitätserhöhenden Charakter der angesprochenen sozialen und ökologischen Dienstleistungen unterstreichen und überdies auch die hohe Bedeutung des Arbeitsmarktsegments "Verbraucherbezogene Dienstleistungen" für die Erschließung neuer (und vor allem zusätzlicher) Beschäftigungspotentiale in der Bundesrepublik Deutschland verdeutlichen, erscheint die sich in Kapitel 5 anschließende Suche nach Optionen zur flankierenden Unterstützung der Ausweitung der entsprechenden Dienstleistungsbereiche in der Bundesrepublik aus der politischen wie auch der wissenschaftlichen Perspektive nicht nur empfehlenswert, sondern zugleich das Gebot einer verantwortungsbewußten, zukunftsorientierten und über den Konjunkturzyklus hinausreichenden Wachstums- und Beschäftigungspolitik für die neunziger Jahre.

4 Wirtschafts- und gesellschaftspolitische Optionen für die Bundesrepublik Deutschland der neunziger Jahre - Konzeptionelle Grundlagen einer stärker dienstleistungsakzentuierten, qualitativen Wachstumsstrategie

4.1 Stationen der Wachstumsdiskussion in der Bundesrepublik Deutschland und Umrisse eines alternativen, stärker dienstleistungsakzentuierten Wachstumsparadigmas

Galt eine hohe Zuwachsrate der gesamtwirtschaftlichen Produktion in allen Industriestaaten bis in die siebziger Jahre hinein noch nahezu unwidersprochen als wichtigster gesellschaftlicher Wohlfahrtsindikator, so wuchs im Laufe der beiden letzten Jahrzehnte in der nationalen wie internationalen Diskussion allerdings rasch die Erkenntnis, daß das traditionelle "quantitative" Wachstumsparadigma im Hinblick auf die Erhöhung der individuellen wie auch der gesellschaftlichen Wohlfahrt zunehmend dysfunktionale Konsequenzen aufweist.[1] So sind die negativen Auswirkungen auf die natürliche und soziale Umwelt in Kapitel 2.3 bereits eingehend behandelt worden. Gerade die hierbei erörterten defensiven Ausgaben sind ein ökonomischer Ausdruck von ökologischen, technischen, sozialen und räumlichen Fehlentwicklungen in der Industriegesellschaft Bundesrepublik, durch deren Aufdeckung eine Politik des globalen und möglichst hohen Wirtschaftswachstums diskreditiert wird[2].

Angesichts des in Kapitel 3 eingehend dargelegten gesellschaftlichen (und zudem arbeitsintensiven) Bedarfs in der Bundesrepublik Deutschland stellt allerdings auch die Forderung nach "Nullwachstum" keine sinnvoll erscheinende Alternative zum traditionellen Wachstumsparadigma dar.[3] Auch die ökologische Perspektive spricht im übrigen eher *für* und keinesfalls *gegen* wirtschaftliches Wachstum, da ein nominales "Nullwachstum" zwar zweifellos einen mäßigenden Einfluß auf den gesamtwirtschaftlichen Mate-

---

[1] Vgl. *Leipert, C.*: Theoretische und wirtschaftspolitische Konsequenzen aus der Kritik an der Wachstumsgesellschaft, in: APuZ B 25/81, S. 32

[2] Vgl. *Leipert, C.*: Bruttosozialprodukt und Wachstumsillusion, in: Wirtschaftsdienst 10/1989, S. 486

[3] Vgl. *Meißner, W./Zinn, K. G.*: Der neue Wohlstand ..., a.a.O., S. 93

rial- und Energiedurchsatz und damit auch die Umweltbelastung durch Produktion und Konsum impliziert, sich andererseits aber für die Umweltpolitik bei stagnierendem Wachstum die Finanzierungsbedingungen und Umsetzungschancen verschlechtern, da Umweltschutz ständig im Wettbewerb mit anderen gesellschaftspolitischen Zielsetzungen um Finanzierungsmöglichkeiten konkurrieren muß.[4]

Schließlich sei in diesem Zusammenhang aber auch noch einmal auf die neben der *Entstehungsdimension* vielfach in Vergessenheit geraten zu sein scheinende *Einkommens- bzw. Verteilungsdimension wirtschaftlichen Wachstums* hingewiesen: Wirtschaftswachstum wird gegenwärtig (und wohl auch noch in absehbarer Zeit) gemessen an der Zunahme des Bruttosozialproduktes, d. h. der Summe aller in einer Volkswirtschaft im Laufe eines Jahres erzeugten Güter und Leistungen, bei deren Erstellung Geldeinkommen entsteht, wobei es meßtechnisch gleichgültig ist, ob dieses Wachstum (oder präziser: die bei der Erzeugung von Gütern und Leistungen entstehenden Einkommen) durch verstärkte Produktion industrieller und möglicherweise umwelt- und ressourcenbelastender Güter oder aber durch die Herstellung umweltfreundlicher Produkte oder auch die Erbringung von ökologisch verträglicheren verbraucherbezogenen Dienstleistungen entsteht. Solange diesen Dienstleistungen also von Käuferseite ein *geldwerter Nutzen* beigemessen wird, kann volkswirtschaftliche Wertschöpfung durchaus auch mit der Produktion dieser Dienste geschaffen werden und braucht sich keinesfalls auf die Produktion materieller landwirtschaftlicher oder industrieller (und potentiell umweltschädlicher) Produkte zu beschränken.[5] Damit stellt aber auch die Forderung nach Wachstum bzw. gesamtwirtschaftlichen Einkommenssteigerungen keinen diametralen Gegensatz zu umweltpolitischen Forderungen und Notwendigkeiten mehr dar.

Wie diese Ausführungen verdeutlicht haben dürften, erscheint es vielmehr notwendig, die Wachstumsdiskussion in der Bundesrepublik differenzierter zu führen als dies bisher der Fall gewesen ist. Wirtschaftswachstum behält für die Bundesrepublik nach wie vor eine hohe Bedeutung, insbesondere zur Bekämpfung der Arbeitslosigkeit, für eine konsequente Umwelt-

---

4 Vgl. *Meißner, W.*: Ökologie und Ökonomie, in: Ifo-Schnelldienst 18/83, S. 20

5 Insofern wäre es auch durchaus vorstellbar, daß ein Land wie die Schweiz seine volkswirtschaftliche Wertschöpfung *ausschließlich* auf Dienstleistungen gründet, etwa als internationales Vermögensverwaltungs-, als globales Versicherungs- oder als europäisches Weiterbildungszentrum, als führende Gesundheits-, Forschungs- und Fremdenverkehrsnation, als Messe-, Kongreß- und Museumsland etc. Vgl. *Afheldt, H.*: Wohlstand mit Dienstleistungen, in: Innovatio 1/2 '89, S. 27

politik, aber auch zur Stabilisierung der sich abzeichnenden technologie- und demographieinduzierten Finanzierungsengpässe bei den sozialen Sicherungssystemen. Allerdings kann, wie gesehen, die Rückgewinnung "wirtschaftswunderlicher" und vorrangig industrieinduzierter Wachstumsraten sowohl aus ökologischen wie auch aus beschäftigungspolitischen Gründen ebensowenig Ziel einer angemessenen Wachstumsstrategie sein wie "Nullwachstum". Vielmehr geht es um die *Änderung der Richtung des Wachstums und damit seiner Qualität*. Gefragt ist nicht länger eine undifferenziertes Wachstum um jeden Preis, dessen vermeintliche Wohlfahrtswirkungen ausschließlich an der nominellen Erhöhung des Bruttosozialprodukts gemessen werden, sondern vielmehr eine umweltfreundliche und beschäftigungsfördernde Wachstumsstrategie, die die gegenwärtig bereits zur Verfügung stehenden und für die nähere Zukunft sich abzeichnenden technisch-naturwissenschaftlichen Optionen für die industrielle Produktion konsequent nutzt und damit bestehende Arbeitsplätze sichert, zugleich aber auch durch eine verstärkte Förderung von verbraucherorientierten Dienstleistungen die einzigen, größenordnungsmäßig relevanten zusätzlichen Beschäftigungsfelder der Zukunft zu erschließen versucht[6].

4.2 Produktionsorientierte Komponenten qualitativen Wachstums

Wie in Kapitel 2.2 bereits angedeutet, wird aufgrund der hohen Außenhandelsabhängigkeit der Bundesrepublik Deutschland die volkswirtschaftliche Bedeutung des industriellen Sektors für Produktion und Beschäftigung sicherlich auch in Zukunft größer bleiben als in vergleichbaren Industrieländern, so daß der sektorale Strukturwandel zweifellos nicht den Übergang zu einer "nachindustriellen" Gesellschaft einläutet. Nach wie vor sind zur Aufrechterhaltung der internationalen Wettbewerbsfähigkeit und zur Sicherung bestehender Arbeitsplätze in der Bundesrepublik Deutschland hohe Produktivitätsfortschritte bei der industriellen Produktion erforderlich, und es wäre insofern wenig sinnvoll, das Wissen, die Erfahrung, die erfolgreiche Technologie und die hohe Produktivität des industriellen Sektors im

---

6 In diesem Zusammenhang sollte man im übrigen auch nie die veränderten Implikationen wirtschaftlichen Wachstums bei einem hohen Ausgangsniveau aus dem Blickfeld verlieren. So erhöhte sich bei einem realen Wirtschaftswachstum in der Bundesrepublik Deutschland von 1,5% im Jahr 1988 das BSP immerhin um rund 30 Mrd DM. Angesichts einer schrumpfenden Bevölkerung und des bereits erreichten hohen Lebensstandards ist dies eine beachtliche gesamtwirtschaftliche Leistung. Vgl. *Biedenkopf, K. H.*: Zu Perspektiven der Wirtschaftspolitik. Bonn 1988, S. 25

Rahmen einer qualitativen Wachstumsstrategie nicht offensiv zu nutzen.[7] Gerade im Hochtechnologiebereich, im Bereich der Informations- und Kommunikationstechniken, aber auch auf dem Markt für Umwelttechnik verfügen deutsche Unternehmen, wie einschlägige Untersuchungen bestätigen, über gute Wettbewerbspositionen.[8] Zudem eröffnet gerade auch der Einsatz von Mikroelektronik in diesen Bereichen die Möglichkeit zu umweltverträglicheren Produktionsformen, da mikroelektronisch gesteuerte Produktionsanlagen erheblich weniger Energie und Rohstoffe verbrauchen als traditionelle Produktionsanlagen und darüberhinaus auch neue Möglichkeiten der Energie- und Materialeinsparung auf allen Ebenen eröffnen.[9]

Aus der *beschäftigungspolitischen Perspektive* sollte man sich andererseits darüber im klaren sein, daß hohe Produktivitätsfortschritte im industriellen Sektor spürbaren Beschäftigungsausweitungen im Verarbeitenden Gewerbe weitestgehend entgegenstehen[10] und eine weitere Expansion des Außenhandelsüberschusses aus den in Kapitel 2.2 bereits genannten Gründen wenig realistisch und zudem auch wenig empfehlenswert erscheint. Eine qualitative Wachstumsstrategie, die *primär* auf den Hochtechnologiebereich setzt, kann insofern *wenig* zu Lösung des Beschäftigungsproblems in der Bundesrepublik beitragen.[11]

Zudem wurde in der Bundesrepublik Deutschland in den zurückliegenden Jahren aber auch die lange Zeit gültige Kausalkette zwischen höheren Gewinnen, höheren Investitionen und damit auch höherer Beschäftigung durch einen Faktor modifiziert, der in der beschäftigungspolitischen Diskussion bisher kaum eine Rolle gespielt hat, i. e. *die erwartete Rendite-Differenz zwischen den durch Investitionen erzielbaren Gewinnen und den*

---

7 Vgl. *Binswanger, H. C./Geissberger, W./Ginsburg, T. (Hrsg.)*: Wege aus der Wohlstandsfalle ..., a.a.O., S. 214 ff.; *Pestel, E.*: Jenseits der Grenzen des Wachstums. Bericht an den Club of Rome. Stuttgart 1988, S. 62; *Blazejczak, J./Kirner, W./Krupp, H.-J.*: Perspektiven der wirtschaftlichen Entwicklung in der Bundesrepublik Deutschland bis zum Jahre 2000, in: DIW-Wochenbericht 25/87, S. 344

8 Vgl. *Gerstenberger, W.*: Entwicklung der Wettbewerbsfähigkeit der deutschen Industrie, in: Ifo-Schnelldienst 7/88, S. 3 ff.; *Arbeitskreis Strukturberichterstattung des DIW*: Exportgetriebener Strukturwandel ..., a.a.O., S. 77 ff.; *Schreyer, M./Sprenger, R.-U.*: Umwelttechnik: Marktchancen durch den ökologischen Umbau unserer Industriegesellschaft, in: Ifo-Schnelldienst 10/89, S. 8 ff.

9 Vgl. *Härtel, H.-H.*: Wachstums- und Struktureffekte des Umweltschutzes, in: Wirtschaftsdienst 5/1988, S. 248

10 Vgl. *Glastetter, W.*: Investition und Beschäftigung, in: Wirtschaftsdienst 11/1988, S. 562

11 Vgl. *Stille, F.*: Innovationsprobleme und Strukturwandel in der Bundesrepublik Deutschland, in: APuZ B 10/89, S. 52 f.

Realzinsen der Staatsanleihen. Die maßgebliche Determinante für die zurückhaltende Investitionsneigung der Unternehmen in den zurückliegenden Jahren (und damit auch das relativ geringe Wachstum der privaten Beschäftigung) dürften demnach nicht etwa die keineswegs zu niedrigen Gewinne selbst, sondern die bei steigenden Realzinsen schrumpfende Rendite-Differenz zwischen Investitionen und Finanzanlagen gewesen sein. Damit scheiterte in den achtziger Jahren in der Bundesrepublik aber auch eine erfolgreiche Vollbeschäftigungspolitik nach keynesianischem Muster, wie sie in den sechziger und siebziger Jahren praktiziert worden ist, an der durch die amerikanische Geldpolitik entscheidend bestimmten Realzinshöhe.[12]

Fragwürdig bleiben schließlich aber auch zumindest übertriebene Erwartungen an den künftigen Beschäftigungsbeitrag des Bereichs produktionsbezogener Dienstleistungen, dessen Bedeutung in den zurückliegenden Jahren oftmals in fast schon euphorisch anmutender Weise überhöht worden ist, da den nach funktionalen Kriterien gebildeten Bereich "produktionsbezogene Beschäftigung", wie gesehen, in den zurückliegenden Jahren im OECD-Durchschnitt eine weitgehende Stabilität auszeichnete. Änderungen des Auslagerungsgrades von produktionsbezogenen Dienstleistungen dürften demnach beschäftigungspolitisch - *zumindest im internationalen und längerfristigen Durchschnitt* - weitgehend ein *Null-Summen-Spiel* bleiben und letztlich lediglich eine zunehmende Änderung der vertikalen Organisationsstruktur der Warenproduktion in den untersuchten Ländern implizieren.[13] Dies schließt sicherlich nicht aus, daß *kurzfristig und auf nationaler Ebene* mögliche, durch den effizienteren Einsatz von Arbeitskraft induzierte negative Beschäftigungseffekte von Auslagerungen durch Wachstumseffekte dieser Rationalisierungen kompensiert oder sogar übertroffen werden können und zugleich die so erhöhte internationale Konkurrenzfähigkeit des Dienstleistungs- wie auch des Warenproduzierenden Sektors zusätzliche Wachstumschancen auf den Exportmärkten eröffnen kann.[14] Entscheidende Beschäftigungsbeiträge in einer Größenordnung, die das Problem der Mas-

---

[12] Vgl. *Scharpf, F. W.*: "Modell Deutschland" nach zehn Jahren. Erklärungen und Folgerungen für die Beschäftigungspolitik, Vortrag vor der Klaus-Dieter-Arndt-Stiftung am 12. November 1986 im Wissenschaftszentrum Bonn, Bonn 1986, S. 17 ff.

[13] Vgl. *Lamberts, W.*: Dienstleistungsproduzenten und Warenproduzenten in der Marktwirtschaft, in: RWI-Mitteilungen, Jg. 37/38 (1986/87), S. 525

[14] Vgl. *Ochel, W./Schreyer, P.*: Beschäftigungsentwicklung ..., a.a.O., S. 172

senarbeitslosigkeit in der Bundesrepublik Deutschland deutlich abmildern könnten, sind davon allerdings sicherlich ebenfalls nicht zu erwarten.[15]

Gleiches gilt im übrigen auch für den Bereich hochproduktiver verbraucherbezogener Informations-Dienstleistungen, bei denen durch die technisch möglich gewordene Aufhebung des uno-actu-Prinzips durch massenhaft vervielfältigte Software Produktivitätssteigerungen möglich werden, die denen im industriellen Sektor zumindest gleichkommen oder diese sogar noch übertreffen. Hier dürfte insbesondere mit Nachfrageschranken aufgrund der prinzipiell begrenzten individuellen Konsumzeit der Verbraucher zu rechnen sein.[16] Spürbare Beschäftigungsausweitungen in der Bundesrepublik Deutschland lassen sich mithin künftig wohl nur noch durch die Ausweitung der produktivitätsschwächeren verbraucherorientierten Dienstleistungen erzielen.

4.3 Qualitatives Wachstum durch verbraucherbezogene Dienstleistungen

Verbraucherbezogene Dienstleistungen bieten allerdings nicht nur im Hinblick auf beschäftigungspolitische Ziele Vorteile, sie wirken aufgrund ihrer geringen Konjunkturreagibilität auch gesamtwirtschaftlich konjunkturstabilisierend[17], schaffen, wie eingangs bereits erwähnt, volkswirtschaftliches Einkommen und können, wie in Kapitel 3 gesehen, in weiten Bereichen auch stärker den Wünschen der Bürger nach qualitativer Bedürfnisbefriedigung gerecht werden als dies etwa Produkte industrieller Massenfertigung vermögen, wodurch sie wiederum einen entscheidenden Beitrag zur Erhöhung der Lebensqualität in der Bundesrepublik Deutschland leisten.[18] Den in Kapitel 3 angesprochenen Dienstleistungen werden ferner, sieht man

---

[15] Im übrigen sind aber auch im Hinblick auf eine Ausweitung der produktionsorientierten Dienstleistungen vor allem die *Unternehmen* gefordert, während von staatlicher Seite dagegen, sieht man einmal von dem Ausbau einer leicht zugänglichen und kostengünstigen Telekommunikationsinfrastruktur und gewissen ordnungspolitischen Korrekturen ab, wenig Impulse für die Ausweitung dieser Dienstleistungen gegeben werden können. Vgl. *Krupp, H.-J.*: Gibt es in der Bundesrepublik ..., a.a.O., S. 73 f.

[16] Vgl. *Scharpf, F. W.*: Strukturen der post-industriellen Gesellschaft ..., a.a.O., S. 25 f.

[17] Vgl. *Albach, H.*: Dienstleistungen ..., a.a.O., S. 159

[18] Zum Konzept der "Lebensqualität" vgl. insbesondere *Glatzer, W./Zapf, W.*: Lebensqualität in der Bundesrepublik, in: *Glatzer W./Zapf, W. (Hrsg.)*: Lebensqualität in der Bundesrepublik. Objektive Lebensbedingungen und subjektives Wohlbefinden. Frankfurt am Main 1984, S. 391 ff.

einmal vom traditionellen Verkehrsbereich und ausgewählten Freizeitbereichen ab, ökologische Vorzüge gegenüber der industriellen Produktion zugeschrieben.[19]

Aber auch die Art der Leistungserstellung im Bereich verbraucherorientierter Dienste weist schließlich eine Reihe qualitativer Elemente auf. So scheinen durch die geringe Standardisierbarkeit, die in Kontakt mit dem Nachfrager erfolgende Leistungserstellung, die zumeist größere Eigenverantwortung, die größeren Dispositionsspielräume sowie durch verstärkte Mitspracherechte generell günstige Voraussetzungen für eine hohe Identifikation und subjektive Zufriedenheit des Dienstleistungsproduzenten mit seiner Arbeit vorzuliegen. Auch flexiblere betriebliche Arbeitszeitregelungen im Bereich verbraucherorientierter Dienstleistungen können, wenn sie den Beschäftigten eine größere Flexibilität in der persönlichen Einteilung von Arbeits- und Freizeit erlauben, zu höheren Differenzierungsmöglichkeiten im Lebensstil führen und sind insofern für die vorliegende Fragestellung ebenfalls grundsätzlich als positiv zu bewerten. Schließlich bietet eine Ausweitung des Dienstleistungsbereichs auch die Chance für vermehrte selbständige Existenzen.[20]

Zweifellos haben allerdings alle hier aufgeführten qualitativen Vorteile einen ambivalenten Charakter. Überschaubarkeit, individuelle Einflußnahme, direkte Identifikationsmöglichkeiten und Dispositionsspielräume finden sich nämlich keineswegs bei allen Dienstleistungsarbeitsplätzen. Vielfach scheint sich eine *Polarisierung in Arbeitsplätze mit größeren Dispositionsspielräumen und höheren Qualifikationen einerseits und in hohem Maße arbeitsteilige Arbeiten mit dem Charakter von Hilfs- oder Anlerntätigkeiten andererseits* abzuzeichnen. Zudem weisen viele persönliche Dienstleistungen in der Bundesrepublik Deutschland noch immer ein geringes Sozialprestige auf. Aber auch Teilzeitbeschäftigungen sind dann problematisch, wenn sie nicht allen Arbeitnehmern offenstehen, mit stärkerer Fluktuation und niedrigerer Qualifikation einhergehen und zum Teil nur dazu dienen, Saison- und Stoßgeschäfte zu überbrücken, letztlich also die Bedingungen für die Flexibilisierung von der Personaleinsatzplanung eines

---

19 Vgl. *Härtel, H.-H.*: Wachstums- und Struktureffekte ..., a.a.O., S. 247 f.

20 Vgl. *Link, F. J.*: Wachstum im Wandel. Chancen für mehr Qualität. Köln 1989, S. 29; *Ertel, R.*: Entwicklungen im Dienstleistungsbereich ..., a.a.O., S. 160 ff.; *Mertens, D.*: Gedanken zur Ambivalenz der Expansion des tertiären Sektors, in: *Arbeitsgemeinschaft deutscher wirtschaftswissenschaftlicher Forschungsinstitute e. V. (Hrsg.)*: Dienstleistungen im Strukturwandel ..., a.a.O., S. 54

Betriebs einseitig diktiert werden.[21] Ebenso kann die stärkere Integration der Arbeitnehmer in kleineren Organisationen durchaus mit der verminderten Ausnutzung formaler Rechte und Aufstiegschancen erkauft werden, die in anonymen, größeren Organisationseinheiten gewährt und wahrgenommen werden.[22] Schließlich stellt sich, wie in Kapitel 5.1 noch ausführlicher dargestellt werden wird, im Zusammenhang mit der Option verstärkter Existenzgründungen andererseits das Problem der Scheinselbständigkeit.[23] Alle diese Ausführungen verdeutlichen, daß von einem "qualitativen Selbstläufer" Tertiärisierung sicherlich *nicht* auszugehen ist. Allerdings birgt gerade der Bereich verbraucherorientierter Dienstleistungen neben hohen qualitativen auch hohe Gestaltungspotentiale, die es im Rahmen einer qualitativen Wachstumsstrategie offensiv zu nutzen gilt.

4.4 Wohlfahrtsindikatoren eines stärker dienstleistungsakzentuierten, qualitativen Wachstums

Eine stärker dienstleistungsakzentuierte, qualitative Wachstumsstrategie kann sich schließlich aber auch nicht ausschließlich auf das traditionelle Sozialproduktkonzept als Wohlfahrtsindikator beschränken, das wohlstandsmindernde Effekte wirtschaftlichen Wachstums (wie beispielsweise Umweltkapital oder Umweltqualität) in den Volkswirtschaftlichen Gesamtrechnungen ebenso vernachlässigt wie wohlstandsmehrende Wachstumseffekte (wie zum Beispiel die in Haushaltsproduktion, Eigenarbeit oder aber auch die in der Schattenwirtschaft erbrachten Dienstleistungen).[24] Da die Volkswirtschaftlichen Gesamtrechnungen zudem über Marktpreise nur den Tauschwert, nicht aber den Gebrauchswert von Gütern messen, können hierbei überdies gerade Bedürfnisse, Bedürfnisintensitäten und Grade der

---

21 Vgl. hierzu auch Kapitel 5.2

22 Vgl. *Ertel, R.*: Entwicklungen im Dienstleistungsbereich ..., a.a.O., S. 161 f.

23 Vgl. *Geuenich, M.*: Dienstleistungen und qualitatives Wachstum, in: *Deutscher Gewerkschaftsbund (Hrsg.)*: Informationen zur Wirtschafts- und Umweltpolitik 15/1988, S. 13

24 Vgl. *Simonis, U. E.*: Kriterien qualitativen Wirtschaftswachstums - Neuere Forschungsrichtungen, in: Universitas 2/1982, S. 158; *Abb, F./Weeber, J.*: Systeme sozialer Indikatoren, in: Das Wirtschaftsstudium (WISU) 4/89, S. 239; *Majer, H.*: Wachstumskrise bis 2000, in: *Majer, H. (Hrsg.)*: Neue Wege der Wachstumsanalyse. Ein interdisziplinärer Ansatz. Frankfurt am Main/New York 1986, S. 83; *Link, F. J.*: Wachstum im Wandel ..., a.a.O., S. 11 ff.; *Biedenkopf, K. H.*: Zu Perspektiven ..., a.a.O., S. 27

Bedürfnisbefriedigung (= Gebrauchswerte) nicht zum Ausdruck gebracht werden.[25]

Seit Beginn der siebziger Jahre sind nun allerdings eine Reihe interessanter, methodisch unterschiedlicher Ansätze zur Qualifizierung des Wachstumsziels entwickelt worden, die entweder das Sozialprodukt korrigierend zu erweitern versuchen oder aber sich vollständig vom Bruttosozialprodukt lösen (Sozialindikatorenansätze). Ein erster unkonventioneller Ansatz zur *Korrektur des Bruttosozialprodukts* und zur verbesserten Abbildung gesellschaftlicher Wohlfahrt findet sich in Arbeiten von *Nordhaus/Tobin* ("Measure of Economic Welfare")[26] sowie dessen Fortführung durch eine japanische Forschergruppe ("Net National Welfare"). Grundidee dieses Ansatzes ist es, die Volkswirtschaftlichen Gesamtrechnungen aussagefähiger zu gestalten durch Subtraktion wohlfahrtsmindernder Aufwendungen *von* bzw. durch Addition wohlfahrtsmehrender Aggregate *zu* der traditionellen Sozialproduktrechnung.[27]

Eine zweite, vom Ansatz her ähnlich aufgebaute Option ist die jährliche Vorlage eines *Berichts zur Entwicklung der ökologischen und sozialen Folgekosten in der Bundesrepublik Deutschland* in Verbindung mit dem Jahreswirtschaftsbericht der Bundesregierung, wie ihn die Fraktion der *GRÜNEN* in der 11. Legislaturperiode im Deutschen Bundestag forderte, um sowohl Entscheidungsträger als auch weite Bevölkerungskreise in verstärktem Maße für die Problematik des bisherigen Wirtschaftswachstums zu sensibilisieren.[28] Allerdings steht die Bundesregierung entsprechenden Plänen skeptisch gegenüber. In einer im Juli 1988 veröffentlichten Antwort auf eine entsprechende Anfrage macht sie vor allem methodische und

---

25 Vgl. *Simonis, U. E.*: Kriterien ..., a.a.O., S. 158 f.

26 Vgl. *Nordhaus, W./Tobin, J.*: Is Growth Obsolete? National Bureau of Economic Research. New York 1972

27 Vgl. *Simonis, U. E.*: Kriterien ..., a.a.O., S. 162; *Majer, H.*: Qualitatives Wachstum und Lebensqualität: definitorische und analytische Zusammenhänge, in: *Majer, H. (Hrsg.)*: Qualitatives Wachstum ..., a.a.O., S. 41; *Leipert, C./Simonis, U. E.*: Alternativen wirtschaftlicher Entwicklung. Problembereiche, Ziele und Strategien, in: *Simonis, U. E. (Hrsg.)*: Ökonomie und Ökologie. Auswege aus einem Konflikt. Karlsruhe 1980, S. 123; *Abb, F./Weeber, J.*: Systeme sozialer Indikatoren ..., a.a.O., S. 239

28 Vgl. *Bundestagsdrucksache 11/1920*: Entschließungsantrag der Abgeordneten Frau Saibold, Sellin, Stratmann und der Fraktion DIE GRÜNEN zu der Unterrichtung durch die Bundesregierung - Drucksache 11/1733 - Jahreswirtschaftsbericht 1988 der Bundesregierung

statistische Bedenken geltend, die die Aussagefähigkeit derartiger Berechnungen relativierten.[29]

Die Bundesregierung selbst setzt im Hinblick auf die Verbesserung der amtlichen Statistik in Zusammenarbeit mit dem Statistischen Bundesamt vor allem auf die Ergänzung der Volkswirtschaftlichen Gesamtrechnungen durch entsprechende Satellitensysteme. So arbeitet das Statistische Bundesamt zur Zeit bereits an ersten Bausteinen für ein sogenanntes *Umweltsatellitensystem*. Da für Satellitensysteme (noch) kein einheitliches, international anerkanntes Konzept besteht,[30] ist es das primäre Ziel des Statistischen Bundesamtes, ausweisbare umweltökonomische Vorgänge in der VGR über die Input-Output-Rechnung darzustellen, diese mit nicht-monetären Indikatoren zu verknüpfen und die daraus resultierenden "Umwelt-Input-Output-Tabellen" durch Tabellen oder Konten zu ergänzen, die die entsprechenden Einzelaspekte auch in ihrer zeitlichen Entwicklung wiedergeben.[31]

Neben den bereits konkreten Bemühungen um ein Satellitensystem Umwelt werden im Statistischen Bundesamt aber auch bereits erste Vorüberlegungen für eine bessere *Einbeziehung der Haushaltsproduktion und Selbstversorgungswirtschaft in die Volkswirtschaftlichen Gesamtrechnungen* angestellt. Auch hier deuten sich Präferenzen für neu zu schaffende Satellitensysteme an. Eine entsprechend konzipierte Einbeziehung der Haushaltsproduktion in die Volkswirtschaftlichen Gesamtrechnungen, deren Wert immerhin auf 30-50% des BSP geschätzt wird,[32] wäre zweifellos zur Darstellung der ökonomischen Bedeutung der Leistungen in privaten Haushalten und im Hinblick auf langfristige Untersuchungen zur Wohlstandsentwicklung sinnvoll, jedoch sind die entsprechenden Aktivitäten derzeit, wie erwähnt, über den Status von Vorüberlegungen noch nicht hinaus gelangt.[33]

---

29 Vgl. *Bundestagsdrucksache 11/2627*: Antwort der Bundesregierung auf die Kleine Anfrage des Abgeordneten Sellin und der Fraktion DIE GRÜNEN - Drucksache 11/2389: Forschungsaufträge und Forschungsergebnisse über ökologische und soziale Folgekosten des Wirtschaftens, S. 10

30 Zur Konzeption von Satellitensystemen vgl. *Reich, U. P./Stahmer, C. u. a.*: Satellitensysteme zu den Volkswirtschaftlichen Gesamtrechnungen. Stuttgart/Mainz 1988

31 Vgl. *Klaus, J./Ebert, W.*: Satellitensystem "Umwelt", in: Wirtschaftswissenschaftliches Studium (WiSt) 2/1989, S. 61

32 Vgl. hierzu die Übersicht verschiedener Schätzungen bei *Schäfer, D.*: Haushaltsproduktion in gesamtwirtschaftlicher Betrachtung, in: Wirtschaft und Statistik 5/1988, S. 309

33 Vgl. *ebenda*, S. 317

Grundsätzlich *mehrdimensional* angelegt sind schließlich Versuche zur Ermittlung der Lebensbedingungen der Bevölkerung mit Hilfe von *Sozialindikatoren.*[34] Neben der OECD haben in den zurückliegenden Jahren auch eine Reihe anderer Institutionen, Länder und nichtamtliche Einrichtungen Systeme sozialer Indikatoren entwickelt, so z. B. die Vereinten Nationen oder aber auch die Europäische Gemeinschaft. In der Bundesrepublik hat das Sozialpolitische Entscheidungs- und Indikatorensystem (SPES) der Universitäten Frankfurt und Mannheim auf dem Gebiet der Wohlstandsermittlung durch soziale Indikatoren einen wichtigen Beitrag geleistet.[35]

Auch Systeme sozialer Indikatoren sehen sich allerdings trotz ihrer grundsätzlichen Vorteilhaftigkeit für die Abbildung von gesellschaftlichen Wohlfahrtselementen mit einer Reihe von Problemen konfrontiert. So existiert zunächst einmal kein wissenschaftlich abgesichertes Konzept zur Abbildung sozialer Indikatoren, so daß bereits die Auswahl der Ziele und der Faktendarstellung Werturteile impliziert. Überdies können Probleme bei der Operationalisierung der Unterziele durch soziale Indikatoren entstehen. Die Verwendung von in ihren Ausgestaltungen unterschiedlichen sozialen Indikatoren wirft in solchen Systemen zudem große Gewichtungs- und Aggregationsprobleme auf. Ferner fallen bei der Datenerhebung erhebliche zeitbedingte und materielle Aufwendungen an. Schließlich dürfte die internationale Vergleichbarkeit der Wohlstandssituation in den verschiedenen Ländern durch die Verwendung unterschiedlicher Systeme sozialer Indikatoren im Vergleich zur Sozialproduktsmessung eher schwieriger sein (Vergleichbarkeitsproblem).[36]

Zieht man an dieser Stelle also ein abschließendes Fazit, so bleibt festzuhalten, daß eine einseitige Ausrichtung der Wohlfahrtsmessung auf das BSP im Rahmen einer stärker dienstleistungsakzentuierten, qualitativen Wachstumsstrategie mit Sicherheit zu kurz greifen muß. Allerdings geht auch die vielfach geäußerte Kritik am Bruttosozialprodukt letztlich am Kern des Problems vorbei. Das Bruttosozialprodukt behält als Informationsbasis für die Prognose und Beeinflussung konjunktureller Entwicklungen, als internationale Vergleichsgröße volkswirtschaftlicher Gesamtrechnungen, aber auch als zukünftige Bemessungsgrundlage der Beiträge für die Europäische

---

[34] Vgl. *Simonis, U. E.*: Kriterien ..., a.a.O., S. 164

[35] Vgl. *Abb, F./Weeber, J.*: Systeme sozialer Indikatoren ..., a.a.O., S. 242

[36] Vgl. *Simonis, U. E.*: Kriterien ..., a.a.O., S. 164; *Masberg, D.*: Zur Entwicklung der Diskussion um "Lebensqualität" und "qualitatives Wachstum" in der Bundesrepublik, in: *Majer, H. (Hrsg.)*: Qualitatives Wachstum. Einführung in Konzeptionen der Lebensqualität. Frankfurt am Main/New York 1984, S. 17; *Abb, F./ Weeber, J.*: Systeme sozialer Indikatoren ..., a.a.O., S. 242 f.

Gemeinschaft seine grundsätzliche Legitimation. Um überdies allerdings gerade auch gesamtgesellschaftliche Wohlfahrtsaspekte besser abbilden zu können, kann eine Strategie zur Ausweitung verbraucherbezogener Dienstleistungen daneben - je nach untersuchungsleitender Idee - ergänzend auf Satellitensysteme oder Sozialindikatoren als Instrumente der Partialanalyse aber keinesfalls verzichten[37].

Verläßt man an dieser Stelle nun das vorliegende Kapitel und wendet sich im folgenden konkret den Optionen zur Förderung der Ausweitung von Produktion und Beschäftigung im Bereich verbraucherorientierter Dienstleistungen in der Bundesrepublik Deutschland zu, so bieten hierbei grundsätzlich 8 Politikfelder sinnvoll erscheinende Ansatzpunkte für entsprechende Fördermaßnahmen von seiten des Staates oder aber auch von seiten der Tarifpartner. Besprochen werden daher in den Kapiteln 5.1-5.8 im einzelnen

- *ordnungspolitische*,
- *arbeitszeitpolitische*,
- *tarifpolitische*,
- *steuer- und finanzpolitische*,
- *sozialpolitische*,
- *arbeitsmarkt- und beschäftigungspolitische*,
- *umwelt- und verkehrspolitische* sowie
- *freizeit- und kulturpolitische Optionen*.

Nicht unmittelbar beschäftigungswirksam, dennoch als flankierende Maßnahmen keineswegs von geringerer Bedeutung für die Ausweitung der angesprochenen Dienstleistungsbereiche sind zudem *informationspolitische* sowie *bildungspolitische* Maßnahmen, die ergänzend zum Abschluß des folgenden Abschnitts in Kapitel 5.9 ebenfalls näher vorgestellt werden sollen.

---

37 Vgl. *Hölder, E.*: Das Bruttosozialprodukt - ein zentraler Maßstab wirtschaftlichen Wachstums, in; Wirtschaftsdienst 10/1989, S. 490; *Zimmermann, H.*: Grenzen einer Erweiterung der Volkswirtschaftlichen Gesamtrechnung, in: Wirtschaftsdienst 10/1989, S. 496

5 Optionen zur Erschließung zusätzlicher Wachstums- und Beschäftigungspotentiale im Bereich verbraucherbezogener Dienstleistungen in der Bundesrepublik Deutschland

5.1 Ordnungspolitische Maßnahmen

Viele Dienstleistungen im sozialen, Gesundheits-, Bildungs, und Freizeitbereich werden, wie im Analyseteil der vorliegenden Arbeit deutlich wurde, in der Bundesrepublik Deutschland traditionell vom Staat oder von öffentlichen Körperschaften erbracht. Da künftig ein vorrangig auf der Expansion des Staatssektors basierender Ausbau des Dienstleistungsangebots (nach schwedischem Muster) in der Bundesrepublik aufgrund des dadurch zu erwartenden Anstiegs der Abgabenbelastung allerdings in immer geringerem Maße von der Öffentlichkeit akzeptiert werden dürfte,[1] beinhalten die Schwierigkeiten der Expansion des öffentlichen Sektors gleichsam die Schwierigkeiten eines bedarfsgerechteren Ausbaus des Dienstleistungsangebots in der Bundesrepublik.[2]

Abhilfe kann hier nur eine Neuabgrenzung zwischen privaten, gemeinwirtschaftlichen und öffentlichen Aktivitäten und/ oder die Entwicklung alternativer Organisationsformen der Dienstleistungsbereitstellung, zum Beispiel im genossenschaftlichen Bereich oder im Bereich alternativer, selbstverwalteter Unternehmen, leisten. Nur auf diese Weise können im öffentlichen Sektor die notwendigen finanziellen Spielräume geschaffen werden, um den bedarfsgerechteren Ausbau der Dienstleistungen in der Bundesrepublik auch ohne einen deutlichen weiteren Anstieg der Staatsquote zu erreichen.

Damit erhält allerdings auch die Privatisierungsdimension in der vorliegenden Untersuchung eine erweiterte Akzentuierung: Während in der traditionellen ordnungspolitischen Privatisierungsdiskussion die Frage im Vordergrund stand, wie durch die Aufgabe ausgewählter staatlicher Tätigkeiten eine Reduktion der Staatsquote erreicht werden kann, ist für die fol-

---

1 Vgl. *Scharpf, F. W.*: Strukturen ..., a.a.O., S. 29

2 Vgl. *Krupp, H.-J.*: Perspektiven der wirtschaftlichen Entwicklung in der Bundesrepublik Deutschland, in: *Körner, H./Uhlig, C. (Hrsg.)*: Die Zukunft der Globalsteuerung. Bern und Stuttgart 1987, S. 22 f.

genden Überlegungen die Frage von besonderem Interesse, wie der Dienstleistungssektor im notwendigen Umfang expandieren kann, ohne den Staatsanteil unangemessen auszuweiten.[3]

Die Privatisierungsdiskussion behält im Kontext der folgenden Überlegungen zumindest partiell allerdings durchaus auch ihren "traditionellen" ordnungspolitischen Charakter. Insbesondere ist nicht auszuschließen, mangels statistischer Restriktionen allerdings kaum belegbar, daß als Konsequenz vermehrter staatlicher Aktivität im Bereich verbraucherorientierter Dienstleistungen die Spielräume für privatwirtschaftliche Aktivitäten eingeschränkt werden und öffentliche Unternehmen zudem andere Preise setzen als private Anbieter, so daß die Preissignale für private Produktions- und Konsumentscheidungen verfälscht werden.[4]

Als Konsequenz all dieser Überlegungen sollen im folgenden zunächst einmal grundsätzliche Privatisierungspotentiale im öffentlichen Sektor aufgezeigt und in einer weiteren Überlegung dann auf wiederentdeckte Organisationsformen zwischen Staat und Markt im genossenschaftlichen Bereich hingewiesen werden, bevor sich Kapitel 5.1.3 schließlich mit ordnungspolitisch konformen Optionen zur Förderung neuer selbständiger Existenzen auseinandersetzt.

5.1.1 Privatisierung ausgewählter öffentlicher Dienstleistungen

Aus der ökonomischen Perspektive sollten Dienstleistungen grundsätzlich dann privatisiert werden, wenn sie bei annähernd gleichen Qualitäts- und Versorgungsstandards in privatwirtschaftlicher Regie zu geringeren Kosten erbracht werden können. Allerdings erweist sich das Kriterium "Kostenvorteil" nur bedingt als operationalisierbar. Soweit sich nämlich empirische Kostenvergleiche zwischen öffentlich bzw. privatwirtschaftlich erbrachten Dienstleistungen auf Daten der Volkswirtschaftlichen Gesamtrechnungen beziehen, sind die beim Staat, aber auch bei privaten Dienstleistungsunternehmen unübersehbaren Probleme der Leistungsbewertung zu berücksichtigen, soweit Fallstudien zur vergleichenden Analyse herangezogen werden, ist nicht sicher, daß tatsächlich identische Sachverhalte vorliegen und alle relevanten Nebenbedingungen berücksichtigt werden.[5] Zudem

---

[3] Vgl. *ebenda*, S. 27 f.

[4] Vgl. *ebenda*, S. 36 f.; *Löbbe, K.*: Staatliche Eigenproduktion und öffentliche Unternehmen in der Bundesrepublik Deutschland, in: RWI-Mitteilungen, Jg. 39 (1988), S. 90 ff.

[5] Vgl. *Löbbe, K.*: Staatliche Eigenproduktion ..., a.a.O., S. 111; zur Übersicht über entsprechende Fallstudien vgl. *ebenda*, S. 104 ff.

ist zu beachten, daß die Freistellung vom allgemeinen Wettbewerbsgebot bei einer Reihe öffentlich erbrachter Dienstleistungen ja gerade aufgrund branchentypischer Faktoreinsatzrelationen und Effizienzbedingungen sowie aufgrund spezieller gemeinwirtschaftlicher Aufgabenzuweisungen an öffentliche Unternehmen erfolgte, wie etwa bei der Deutschen Bundesbahn, so daß auch hier Kostenvergleiche unangemessen erscheinen.[6]

Aus der *politischen* Perspektive ist für die Privatisierungsdiskussion hingegen vor allem die Unterscheidung zwischen *Eingriffsverwaltung* und *Leistungsverwaltung* von Bedeutung. In den Bereichen, in denen die öffentliche Verwaltung mit Geboten, Anordnungen, Verboten etc. in das Leben des Bürgers eingreift und oft weitreichende, persönliche, wirtschaftliche und soziale Veränderungen durch den Eingriff impliziert, muß sich die Frage der Privatisierung vom Ansatz her verständlicherweise anders stellen als in den Bereichen, in denen die öffentliche Verwaltung durch Kultur- und Sportstätten, Kinder- und Altenbetreuungseinrichtungen oder auch Verkehrseinrichtungen ein breit gefächertes Leistungsangebot erbringt, das der Bürger nach seiner Wahl annehmen kann oder nicht.[7] Während demnach die Aufgaben der hoheitlichen Eingriffsverwaltung für eine Privatisierung weitgehend ausscheiden, verbleiben für eine Privatisierung in erster Linie die im Rahmen der Leistungsverwaltung erbrachten öffentlichen Dienstleistungen.[8] Dabei gibt es in der wissenschaftlichen Diskussion weitgehenden Konsens über die für eine Privatisierung geeignet erscheinenden Dienstleistungen.[9]

6 Vgl. *Vesper, D.*: Zur gesamtwirtschaftlichen Bedeutung öffentlicher Unternehmen, in: DIW-Wochenbericht 11/85, S. 134

7 Vgl. *Deutscher Städtetag*: Möglichkeiten und Grenzen der Privatisierung öffentlicher Aufgaben. Köln 1986, S. 13 f.

8 Vgl. *ebenda*, S. 14 f.; allerdings wäre auch bei der Erfüllung hoheitlicher Aufgaben zu prüfen, ob nicht in bestimmten Bereichen Freie Berufe in verstärktem Maße durch Auftragsvergabe in die Leistungserstellung einbezogen werden können, etwa bei der Prüfung, Feststellung und Beurkundung ausgewählter Tatbestände durch Prüfstatiker, öffentlich bestellte Sachverständige oder Vermessungsingenieure. Vgl. *Broder, H.*: Möglichkeiten und Kriterien der Privatisierung durch Verlagerung öffentlicher Dienstleistungen auf freiberuflich Tätige, in: Der Gemeindehaushalt 3/1985, S. 53

9 Dabei ist der Begriff Privatisierung weit auszulegen. Er schließt die Auftragsvergabe an Private ebenso ein wie die vollständige Übertragung von Leistungserbringung und Leistungsfinanzierung oder auch nur die Übertragung der Leistungserstellung bei Aufrechterhaltung staatlich finanzieller Förderung. Vgl. *ebenda*, S. 55 f.; *Picht, C.*: Möglichkeiten einer verstärkten Verlagerung öffentlicher Dienstleistungen auf freiberuflich Tätige. Berlin 1984, S. 14 f.

So sind bei *Hilfstätigkeiten (Annex-Aufgaben) der öffentlichen Verwaltung* Übertragungen an private Leistungsersteller in weitem Maße vorstellbar und von einigen Kommunen auch schon durchgeführt worden, so zum Beispiel die Privatisierung von Gebäude- und Glasreinigungsdiensten, von Druckerei- und Buchbinderarbeiten, von Bewachungssystemen für öffentliche Gebäude, von bestimmten Fortbildungsmaßnahmen für öffentliche Bedienstete, von Wäschereiarbeiten in Krankenhäusern, Alten- oder Kinderheimen, von Küchen kommunaler Einrichtungen, von Werkstätten oder aber von Schreibarbeiten.[10]

Bei *Aufgaben der Leistungsverwaltung*, insbesondere im Bereich kommunaler Einrichtungen und wirtschaftlicher Unternehmen, kommen sicherlich Schulen, Theater, Museen, Bibliotheken, Volkshochschulen, Krankenhäuser, Kindergärten oder Bäder für eine Privatisierung ohne Zuschüsse der öffentlichen Hand in nennenswertem Umfang nicht in Betracht, da nur durch die öffentliche Hand das flächendeckende Angebot für alle Bevölkerungskreise zu erbringen sein wird.[11] Anders verhält sich die Situation dagegen bei *kommunalen Einrichtungen oder Leistungen, deren öffentliche Trägerschaft durch die gesellschaftliche Entwicklung zweifelhaft geworden ist* oder bei denen partielle Teile für eine Privatisierung in Betracht kommen. Hierunter zu subsumieren sind beispielsweise

- die Übertragung der Unterhaltung öffentlicher Grünflächen sowie der Betreuung von kommunalem Waldbesitz auf Private,
- die Übertragung oder Verpachtung von Parkflächen und Parkhäusern oder aber von abtrennbaren Teilen von Sportstätten (etwa Tennisplätze, Eisbahnen),
- die Privatisierung kommunaler Leihhäuser (Pfandleihanstalten), aber auch
- die Übertragung abtrennbarer Teile von öffentlichen Bädern auf Private (z. B. medizinische Bäder, Wannenbäder etc.).[12]

Bei der Privatisierung von Aufgaben der Leistungsverwaltung ist schließlich aber auch, trotz der in letzter Zeit spürbar werdenden Zurückhaltung bei manchen Trägergruppen, die *Übertragung auf freigemeinnützige Einrichtungen* in Teilbereichen (Altenheime, Krankenhäuser, Kindergärten) weiter ausbaubar. Oft bieten hier die verfügbaren personellen und sachlichen Kapazitäten der gemeinnützigen Träger günstigere Voraussetzungen für die Trägerschaft als die entsprechenden Ressourcen der öffentlichen

---

10 Vgl. *Deutscher Städtetag*: Möglichkeiten und Grenzen ..., a.a.O., S. 58 f.

11 Vgl. *ebenda*, S. 59

12 Vgl. *ebenda*, S. 59 f.

Hand. Selbst eine Übertragung von Aufgabenbereichen mit gekoppelter Subvention könnte in diesen Bereichen bei Aufrechterhaltung des Leistungsangebots und Preisstabilität zu Entlastungseffekten für die öffentliche Hand führen.[13]

5.1.2 Reaktivierung genossenschaftlicher Organisationsformen und Förderung selbstverwalteter, alternativer Betriebe

Im Hinblick auf eine Neuabgrenzung zwischen dem staatlich, gemeinwirtschaftlich und privatwirtschaftlich erbrachten Angebot an verbraucherorientierten Dienstleistungen kommt ferner auch den neuentdeckten Genossenschaften und alternativ-ökonomischen Beschäftigungsexperimenten eine nicht zu unterschätzende Bedeutung zu. Eine Reaktivierung des Genossenschaftsgedankens und die Förderung selbstverwalteter wirtschaftlicher Betätigung stellen nicht zuletzt aufgrund des Arbeitsmarktdrucks der qualifiziert Ausgebildeten in diesen Bereichen eine ernstzunehmende Alternative zur staatlichen, gemeinwirtschaftlichen und privatwirtschaftlich-erwerbswirtschaftlichen Expansion des Dienstleistungsangebots im Humanbereich dar.[14]

In der jüngeren Vergangenheit ist bereits in zahlreichen Publikationen eine Neubelebung des Genossenschaftsgedankens zu verzeichnen. Ein mögliches Vorbild für die Ausweitung der Zahl der *Genossenschaften* in der Bundesrepublik Deutschland, die Anfang 1985 bei rund 10 300 lag, und die knapp 14 Mio. Mitglieder umfaßten,[15] ist die gemeinnützige Wohnungswirtschaft und zwar weniger in ihrer heutigen Realgestalt als in der ursprünglich intendierten ordnungspolitischen Logik des Wohnungsgemeinnützigkeitsgesetzes (WGG) von 1940 als gesellschaftlich abgegrenzter Sektor.[16] Entsprechend diesen Vorgaben war die gemeinnützige Wohnungswirtschaft eine solidarisch-subsidiäre Form, die eine Verbindung zwischen den Vor-

---

13 Vgl. *ebenda*, S. 60 f.

14 Vgl. *Krupp, H.-J.*: Der Strukturwandel ..., a.a.O., S. 155 f.; zur ordnungspolitischen Abgrenzung der einzelnen Unternehmensformen in der Bundesrepublik Deutschland vgl. insbesondere *Boettcher, E.*: Die Genossenschaft im Verhältnis zu erwerbswirtschaftlichen und gemeinwirtschaftlichen Unternehmen sowie zur Gemeinnützigkeit, in: *Engelhardt, W. W./Thiemeyer, T. (Hrsg.)*: Genossenschaft - quo vadis? Eine neue Anthologie. Baden-Baden 1988, S. 86

15 Vgl. *Vogel, H.-J.*: Genossenschaftsidee und solidarische Gesellschaft, in: Die Neue Gesellschaft/Frankfurter Hefte 2/1986, S. 116

16 Vgl. *Novy, K.*: Renaissance der Genossenschaften - Realismus oder Utopie?, in: *Berger, J. u. a. (Hrsg.)*: Selbstverwaltete Betriebe in der Marktwirtschaft. Bielefeld 1986, S. 86 f.

teilen privater Selbsthilfe und Initiative und den Möglichkeiten staatlicher Umverteilung und Chancensicherung herstellte. Auch wenn die gemeinnützige Wohnungswirtschaft heute aufgrund historischer Erfahrungen (Neue Heimat) viel an öffentlicher Reputation verloren hat, erscheint doch gerade der Wohnungssektor für eine Erneuerung des genossenschaftlichen Gedankens prädestiniert.[17]

Analog zum Sektor der gemeinnützigen Wohnungswirtschaft sind durchaus auch Sonderregelungen für weitere genossenschaftlich organisierte Versorgungsbereiche vorstellbar, etwa im Bereich sozialer und ökologischer Dienstleistungen. Um hierbei unerwünschte Wettbewerbsverzerrungen zum privaten Sektor zu vermeiden, müßten allerdings die entsprechenden Betätigungsfelder deutlich abgegrenzt werden, etwa als staatlich geschützte Reformfelder. Legitimierbar wären solche geschützten Reformfelder unter der Voraussetzung, daß das genossenschaftliche Angebot neben eigenen zusätzlich auch öffentlichen Interessen gerecht zu werden versucht, z. B. in den Bereichen Arbeitsbeschaffung und Umweltschutz. Vermögens- und Überschußbindungen könnten überdies privaten Mitnahmeeffekten vorbeugen und auf diese Weise die protektionistische Sonderbehandlung legitimieren.[18]

Eine verstärkte staatliche Beachtung könnten neben Genossenschaften in Zukunft aber auch die *selbstverwalteten, alternativen Betriebe* finden, die in den letzten Jahren im kommunalen Bereich eine Renaissance erlebt haben, und die stadtteilorientiert und in enger Kooperation Dienstleistungen vor allem im Humanbereich, im Kulturbereich, im Einzelhandel und im Gastgewerbe anbieten.[19] Nach ersten groben Schätzungen gab es in der Bundesrepublik Deutschland und in Berlin Mitte der achtziger Jahre insgesamt rund 4 000 dieser selbstverwalteten Unternehmen mit ca. 24 000 Arbeitsplätzen.[20] Zu den differenzierenden Momenten dieser alternativen Betriebe gegenüber anderen wirtschaftlichen Bereichen gehören der Primat

---

17 Vgl. *ebenda*, S. 82 ff.

18 Vgl. *ebenda*, S. 91

19 Vgl. *Müller, M.*: Neue Ansätze zu einem alten Vorhaben: Zur Aktualität des Genossenschaftsgedankens, in: Die Neue Gesellschaft/Frankfurter Hefte 12/1984, S. 1134 f.; *Döhrn, R.*: Neue Beschäftigungsformen innerhalb und außerhalb der offiziellen Wirtschaft, in: *Arbeitsgemeinschaft deutscher wirtschaftswissenschaftlicher Forschungsinstitute e. V. (Hrsg.)*: Dienstleistungen im Strukturwandel ..., a.a.O., S. 224

20 Vgl. *Gerstenberger, W.*: Wachstumsfelder am Rande der offiziellen Wirtschaft, in: Ifo-Schnelldienst 26-27/86, S. 18; *Kück, M.*: Alternative Ökonomie in der Bundesrepublik. Entstehungsanlässe, wirtschaftliche Bedeutung und Probleme, in: APuZ B 32/85, S. 26 ff.

der Bedarfsorientierung der Produktion, der vor das Gewinnstreben tritt, sowie das Bemühen, im Rahmen der inneren Organisationsstrukturen hierarchisierende Formen der Arbeitsteilung weitestgehend zu vermeiden. Allerdings ist vielfach der Übergang zwischen alternativer Ökonomie, regulärer Wirtschaft und kommerziellen Initiativen fließend, wobei sich zahlreiche alternative Objekte mit der Dauer ihres Bestehens oftmals immer stärker an traditionelle Organisationsstrukturen und Arbeitsteilungsmuster assimilieren.[21]

Da selbstverwaltete Unternehmen im Gegensatz zu den traditionellen Genossenschaften weitestgehend am freien Markt operieren und ebenfalls nicht über die für Genossenschaften typische überbetriebliche Infrastruktur verfügen, gehören mangelhafte ökonomische und soziale Sicherung derzeit vielfach ebenfalls zu den Charakteristika alternativer ökonomischer Betätigung.[22] So können viele Betriebe oftmals nur deshalb überleben, weil Helfer außerhalb des eigentlichen Projektes ihre Arbeitskraft unentgeltlich zur Verfügung stellen.[23] Zudem verfügte noch in den frühen achtziger Jahren der weitaus größte Teil der von ihren Projekten lebenden Mitglieder alternativer Betriebe lediglich über Einkommen zwischen 600 DM und 1200 DM im Monat, wobei die Einkommensgrenze bis zu ca. 1800 DM reichte.[24]

In den letzten Jahren scheint sich die Tendenz zur Selbstausbeutung allerdings etwas gebessert zu haben, wie der Trend zu steigenden Durchschnittslöhnen mit fortdauernd längerer Existenz von Betrieben in Selbstverwaltung verdeutlicht, die zwischenzeitlich im allgemeinen bei 1000 DM bis 1400 DM, in Einzelfällen (etwa in der Softwarebranche) sogar bei bis zu 3300 DM liegen.[25] Diese Einkommen setzen sich aber aus einem breiten Spektrum von Finanzierungsformen zusammen, wobei direkte Subventionen durch kommunale Haushalte und indirekte Subventionen über das System sozialer Sicherung dominieren (Projektmitarbeiter erhalten zum Beispiel Sozialhilfe, ABM-Förderung oder Arbeitslosenunterstützung), während demgegenüber Spenden oder Mitgliedsbeiträge sowie Verkaufserlöse oft

---

21 Vgl. *Schwendter, R.*: Alternative Ökonomie. Geschichte, Struktur, Probleme, in: APuZ B 26/89, S. 41; *Döhrn, R.*: Neue Beschäftigungsformen ..., a.a.O., S. 210 ff.

22 Vgl. *Schaper, K.*: Sozial- und arbeitsmarktpolitische Auswirkungen neuer sozialer Bewegungen, in: APuZ B 44/86, S. 28

23 Vgl. *Döhrn, R.*: Neue Beschäftigungsformen ..., a.a.O., S. 210

24 Vgl. *Kaiser, M.*: "Alternativ-ökonomische Beschäftigungsexperimente" - quantitative und qualitative Aspekte. Eine Zwischenbilanz, in: MittAB 1/85, S. 102

25 Vgl. *Schwendter, R.*: Alternative Ökonomie ..., a.a.O., S. 45

nur von sekundärer Bedeutung sind.[26] Bedeutung erlangt alternative Beschäftigung zudem nur für bestimmte Alters- und Berufsgruppen, so vor allem für weibliche Personen mit Hochschulausbildung, die erst vor relativ kurzer Zeit ihr Studium abgeschlossen haben.[27]

Eine Anerkennung und Förderung der selbstverwalteten Unternehmensform, z. B. durch Erweiterung des deutschen Gesellschaftsrechts, das gegenwärtig keinerlei Rechtsform anbietet, die eine rechtsverbindliche und dauerhafte Verankerung der Selbstverwaltung in den Unternehmensverfassungen erlaubt, durch gezielte staatliche Hilfen (Darlehen, Zuschüsse, Kreditvermittlungen und Haftungsassoziationen, selbstverwaltete Gründerzentren, externe Beratungsangebote) oder aber auch durch die Einführung einer in Kapitel 5.5.3 noch näher zu konkretisierenden bedarfsorientierten, integrierten sozialen Grundsicherung scheint sowohl aus versorgungs- und beschäftigungspolitischen Gründen als auch im Hinblick auf die Bedeutung dieser Unternehmen für die Entfaltung kreativer kultureller und sozialer Tätigkeiten sinnvoll.[28] Es wäre politisch unklug, diese handwerklich-technischen, technologisch-innovativen und auf die soziale und ökologische Gestaltung des Gemeinwesens hin ausgerichteten Initiativen nicht als Dienstleistungsangebotspotentiale und zugleich unorthodoxe Beschäftigungsfelder zu fördern.

5.1.3 Förderung von Existenzgründungen

5.1.3.1 Beschäftigungswirkungen von Existenzgründungen

Ordnungspolitisch zu fördernde Beschäftigungspotentiale bestehen in der Bundesrepublik Deutschland allerdings nicht nur im genossenschaftlichen und alternativ-ökonomischen Sektor: Nach den aufsehenerregenden Arbeiten von *Birch*[29] und weiteren amerikanischen Autoren rückte in der Bundesrepublik vielmehr auch die Bedeutung von Klein- und Mittelbetrieben als Motor zur Schaffung neuer Arbeitsplätze immer stärker in den Vordergrund des wissenschaftlichen Interesses.[30] Auch in der Bundesrepu-

---

26 Vgl. *Schaper, K.*: Sozial- und arbeitsmarktpolitische Auswirkungen ..., a.a.O., S. 27 f.

27 Vgl. *Steinjan, W.*: Zweiter Arbeitsmarkt. Möglichkeiten und Grenzen. Köln 1986, S. 37 f.

28 Vgl. *Kück, M.*: Alternative Ökonomie ..., a.a.O., S. 35ff.

29 Vgl. *Birch, D.*: Who creates Job? The Public Interest 65, Fall 1985, S. 3 ff.

30 Vgl. *Albrecht, W. R.*: Klein- und Mittelunternehmen (KMU) und die Selbstheilungskräfte des Marktes, in: Sozialer Fortschritt 10/1988, S. 236

blik deutete sich nämlich in den siebziger und achtziger Jahren, wie in den meisten Industrieländern, ein Ende der seit der Frühzeit der Industrialisierung festzustellenden Zentralisierung der Beschäftigung an.[31] Diese Trendumkehr dürfte vor allem auf neue, technikinduzierte Flexibilisierungspotentiale zurückzuführen sein, die die Wettbewerbsfähigkeit kleiner Betriebe gegenüber großen Unternehmen deutlich steigern können, und die prinzipiell die Möglichkeit einer Renaissance der kleinbetrieblichen und handwerklich organisierten Fertigung eröffnen.[32]

Das Ausmaß möglicher Beschäftigungswirkungen von Neugründungen war statistisch allerdings lange Zeit nicht exakt abbildbar, da es in der in der Bundesrepublik Deutschland keine amtliche Existenzgründungsstatistik gibt. Auch heute noch sind die zum Problemkreis der Existenzgründungen mittelbar auswertbaren amtlichen Zählwerke größtenteils nicht aktuell und enthalten darüberhinaus nur Bestandszahlen, die gerade über die weitaus interessanteren Entwicklungsvorgänge keine Auskunft geben. Zwar werden, um dennoch Informationen über Umfang und Entwicklung von Existenzgründungen zu erhalten, zum Beispiel vom *Verband der Vereine Creditreform e. V., Neuss*, Eintragungen in das Handelsregister ausgewertet oder aber von Industrie- und Handelskammern Gewerbemeldungen ausgewertet, allerdings sind diese Verfahren mit erheblichen Unsicherheiten behaftet.[33]

Um diese statistischen Lücken zu schließen und das Datenangebot im Bereich der Existenzgründungsstatistik zu erweitern, hat das *Institut für Mittelstandsforschung* im Jahre 1985 eine modifizierte Aufbereitung der bei der Bundesanstalt für Arbeit vorhandenen Daten über alle sozialversicherungspflichtig Beschäftigten angeregt, die Rückschlüsse auf das Gründungs- und Abgangsgeschehen und die davon ausgehenden Beschäftigungs-

---

31 Vgl. *Sengenberger, W.*: Mehr Beschäftigung in Klein- und Mittelbetrieben: Ein Flexibilitätsgewinn?, in: WSI-Mitteilungen 8/1988, S. 494

32 Vgl. *Piore, M. J./Sabel, C. F.*: Das Ende der Massenproduktion. Studie über die Requalifizierung der Arbeit und die Rückkehr der Ökonomie in die Gesellschaft. Berlin 1985

33 So sind beispielsweise aufgrund von handelsrechtlichen Bestimmungen nur Vollkaufleute zur Eintragung in das Handelsregister verpflichtet, während bei einem beträchtlichen Teil der Neugründungen kein in kaufmännischer Weise eingerichteter Geschäftsbetrieb und deshalb auch keine Registereintragung erforderlich ist. Problematisch bei der Heranziehung der Gewerbeanmeldungen ist vor allem die Tatsache, daß vom juristischen Vorgang der An- und Abmeldung eines Gewerbes auf den ökonomischen Tatbestand der Gründung oder Liquidation geschlossen wird. Zu Details vgl. *Weitzel, G.*: Bescheidene Beschäftigungswirkungen durch Neugründungen, in: Ifo-Schnelldienst 7/86, S. 5 f.

effekte für die zurückliegenden Jahre ermöglicht. Erste Ergebnisse dieser statistischen Aufbereitung legten *Cramer* im Jahr 1987[34] und *Cramer/Koller* im Jahr 1988 vor.[35] *Albach* hat nun in einer 1989 veröffentlichten Studie diese Ansätze weiter ausgebaut und erstmals für eine detaillierte Erfassung des Dienstleistungssektors in der Bundesrepublik Deutschland nutzbar gemacht.[36] Für die Diskussion um die beschäftigungspolitische Bedeutung kleiner und mittlerer Betriebe ergeben sich daraus eine Reihe interessanter Erkenntnisse:

Tabelle 12: Beschäftigtengrößenklassenstruktur im Dienstleistungssektor (ohne Handel) in der Bundesrepublik Deutschland 1977, 1981 und 1985[37]

	1977			
Beschäftigten-	Betriebe		Beschäftigte	
größenklasse	absolut	v.H.	absolut	v.H.
1	185 134	36,2	185 134	3,9
2-9	259 790	50,9	1 003 066	21,3
10-19	34 150	6,7	453 164	9,6
20-49	19 315	3,8	581 736	12,4
50-99	6 348	1,2	434 584	9,2
100-499	5 184	1,0	1 035 474	22,0
500-999	530	0,1	356 552	7,6
1 000 und mehr	285	0,1	655 558	13,9
Insgesamt	510 736		4 705 268	

---

34 Vgl. *Cramer, U.*: Klein- und Mittelbetriebe: Hoffnungsträger der Beschäftigungspolitik?, in: MittAB 1/87, S. 15 ff.

35 Vgl. *Cramer, U./Koller, M.*: Gewinne und Verluste von Arbeitsplätzen in Betrieben - der "Job-Turnover"-Ansatz, in: MittAB 3/88, S. 361 ff.

36 Vgl. *Albach, H.*: Dienstleistungen ..., a.a.O., S. 54 ff.

37 Quelle: *Ebenda*, S. 58 f.

	1981			
Beschäftigten-	Betriebe		Beschäftigte	
größenklasse	absolut	v.H.	absolut	v.H.
1	198 575	35,1	198 575	3,7
2- 9	292 033	51,5	1 140 463	21,3
10-19	39 731	7,0	526 819	9,8
20-49	22 178	3,9	669 564	12,5
50-99	7 318	1,3	500 172	9,3
100-499	5 789	1,0	1 161 378	21,7
500-999	620	0,1	419 706	7,8
1 000 und mehr	345	0,1	742 325	13,9
Insgesamt	566 589		5 359 002	

	1985			
Beschäftigten-	Betriebe		Beschäftigte	
größenklasse	absolut	v.H.	absolut	v.H.
1	212 605	34,9	212 605	3,7
2-9	315 680	51,8	1 232 313	21,5
10-19	42 543	7,0	565 087	9,9
20-49	23 361	3,8	705 636	12,3
50-99	8 014	1,3	548 069	9,6
100-499	6 189	1,0	1 230 407	21,5
500-999	687	0,1	466 633	8,1
1 000 und mehr	348	0,1	771 669	13,5
Insgesamt	609 427		5 732 419	

Tabelle 13: Einzelkomponenten der Beschäftigungsentwicklung im Dienstleistungssektor in der Bundesrepublik Deutschland 1977 bis 1985 (nach Betriebsgrößen)[38]

Betriebs-größe	Betriebe absolut	Betriebe v.H. der Grössen-klasse 1977	Veränderung der Beschäftigung absolut	Veränderung der Beschäftigung v.H. der Grössen-klasse 1977	Beitrag zum Gesamt wachst. in v.H.
Betriebe mit ansteigender Beschäftigung					
1-19	112 686	23,5	435 637	26,5	42,4
20-99	11 469	44,7	218 030	21,5	21,2
100-499	3 014	58,1	198 587	19,2	19,3
>500	549	67,4	135 780	13,4	13,2
Insgesamt	127 718	25,0	988 034	21,0	96,2
Neue Betriebe					
1-19	295 945	61,8	806 148	49,1	78,5
20-99	7 377	28,7	279 841	27,5	27,2
100-499	799	15,4	142 131	13,7	13,8
>500	88	10,8	81 576	8,1	7,9
Insgesamt	304 209	59,6	1 309 696	27,8	127,5
Betriebe mit sinkender Beschäftigung					
1-19	76 258	15,9	- 173 797	- 10,6	- 16,9

38 Quelle: *Ebenda*, S. 75

Betriebs-größe	Betriebe absolut	v.H. der Grös-sen-klasse 1977	Veränderung der Beschäftigung absolut	v.H. der Grös-sen-klasse 1977	Bei-trag zum Gesamt wachst. in v.H.
20-99	9 215	35,9	- 126 092	- 12,4	- 12,3
100-499	1 659	32,0	- 100 920	- 9,7	- 9,8
>500	225	27,6	- 90 481	- 8,9	- 8,8
Insgesamt	87 357	17,1	- 491 290	- 10,4	- 47,8
		Betriebsschließungen			
1-19	200 652	41,9	- 493 648	- 30,1	- 48,1
20-99	4 346	16,9	- 161 480	- 15,9	- 15,7
100-499	479	9,2	- 88 197	- 8,5	- 8,6
>500	41	5,0	- 35 964	- 3,6	- 3,5
Insgesamt	205 518	40,2	- 779 289	- 16,6	- 75,9
		Betriebe mit stabiler Beschäftigung			
1-19	89 478	18,7			
20-99	633	2,5			
100-499	32	0,6			
>500	----	----			
Insgesamt	90 143	17,6			
		Insgesamt			
	609 427		1 027 151	21,8	100,0

So hat zunächst einmal die Zahl der Beschäftigten im Dienstleistungsbereich in *allen* in Tabelle 12 aufgeführten Beschäftigtengrößenklassen zugenommen, d. h. - im Gegensatz zum Trend in anderen Wirtschaftsbereichen - auch im Größenbereich "500 und mehr Beschäftigte" (von 1,01 Millionen auf 1,24 Millionen). Dieser Beschäftigungszuwachs überdauerte zudem die Rezessionsjahre zu Beginn der achtziger Jahre, in denen demgegenüber Großbetriebe des Produzierenden Gewerbes in erheblichem Umfang Arbeitsplätze abbauten. Branchenspezifisch fiel hierbei der Anstieg des Betriebsstandes sowie die Gründungsintensität in jedem Jahr bei den ausschließlich unternehmensorientierten Dienstleistungen höher aus als bei den Dienstleistungen für Unternehmen und Haushalte und hier wiederum höher als bei den ausschließlich haushaltsorientierten Diensten.[39]

Wie ein Blick auf Tabelle 13 zeigt, setzt sich zudem die Erhöhung des Betriebstandes um 19% im Dienstleistungssektor aus sehr hohen Fluktuationsraten zusammen. So machen in Relation zum Betriebsbestand von 1977 die Neugründungen in der Periode 1977-1985 fast 60% aus, während umgekehrt rund 40% der Betriebe des Ausgangszeitspunktes im Jahre 1985 nicht mehr am Markt agierten. Die Fluktuationsrate im Dienstleistungsbereich - gemessen als Quotient aus der Zahl der Zu- und Abgänge und dem ursprünglichen Bestand - beträgt also nahezu 100%, der Referenzwert für das Produzierende Gewerbe demgegenüber lediglich 62% (Abgangsquote 29,3%, Zugangsquote 32,2%).

Für die vorliegende Arbeit sind diese Befunde vor allem deshalb von herausragendem Interesse, weil von der hohen Fluktuation im tertiären Sektor insgesamt erhebliche Arbeitsplatzgewinne ausgehen. So standen 1 309 696 neu geschaffenen Arbeitsplätzen durch Gründungen im Stichtagsvergleich 1977/85 779 289 Arbeitsplätze gegenüber, die durch Betriebsschließungen fortgefallen sind. Der daraus abzuleitende Zuwachs von 530 407 Beschäftigten entspricht zugleich 51,6% der gesamten Beschäftigungszunahme im tertiären Sektor und ist damit größer als der Beschäftigungsgewinn bei denjenigen Betrieben, die während des gesamten Zeitraums 1977/85 existierten.

Die *positiven Beschäftigungseffekte des Fluktuationsgeschehens* sind in erster Linie die Konsequenz eines deutlichen Überschusses der Zahl der Gründungen über die Zahl der Liquidationen, sie sind aber auch darauf zurückzuführen, daß im Bundesdurchschnitt mit jeder Gründung mehr Arbeitsplätze geschaffen wurden als durch Betriebsschließungen verloren gingen. So beziffert sich der Beschäftigungsgewinn durch einen neuen Dienst-

[39] Vgl. *ebenda*, S. 60 ff.

leistungsbetrieb auf durchschnittlich 4,3 Arbeitskräfte, wohingegen eine Liquidation einen Verlust von 3,8 Arbeitskräften (jeweils ohne Inhaber) bedeutete. Hierbei sind es wiederum die kleineren Größenklassen, bei denen die Fluktuation die höchsten Beschäftigungsgewinne impliziert hat, während mit zunehmender Betriebsgröße sowohl der positive Beschäftigungseffekt neuer Firmen als auch der Beschäftigungsabbau der Schließungen kontinuierlich zurückgehen. So betrug der saldierte Beschäftigungseffekt von Gründungen abzüglich Schließungen alleine in der Gruppe der Kleinbetriebe mit weniger als 20 Arbeitskräften 312 500 Arbeitsplätze (= 30,4% der gesamten Arbeitsplatzzunahme im Dienstleistungsgewerbe).[40]

Neben dem Fluktuationsgeschehen konnten aber auch die Betriebe, die sich zwischen 1977 und 1985 am Markt behaupteten (und hier erneut vor allem Kleinbetriebe) ihre Beschäftigung ausweiten, während zugleich auch hier wiederum die geringsten Beschäftigungsimpulse von den Großbetrieben ausgingen (vgl. Tabelle 14).

Tabelle 14: Beschäftigungsentwicklung im Dienstleistungssektor bei den 1977 und 1985 bestehenden Betrieben[41]

Beschäftigtengrössenklassen im Jahre 1977	Zahl der Betriebe	Beschäftigte 1977	Beschäftigte der identischen Betriebe 1985	Veränderung absolut	Veränderung in v.H.
1-19	278 422	1 147 716	1 409 556	261 840	22,8
20-99	21 317	854 813	946 751	91 938	10,8
100-499	4 705	947 277	1 044 944	97 667	10,3
500 und mehr	774	976 146	1 021 445	45 299	4,6
Insgesamt	609 427	3 925 925	4 422 696	496 744	12,7

40 Vgl. *ebenda*, S. 74 ff.

41 Quelle: *Ebenda*, S. 79

Resümierend bleibt an dieser Stelle daher festzuhalten, daß die These der beschäftigungspolitischen Überlegenheit kleiner und mittlerer Betriebe im Dienstleistungssektor durch die aufgezeigten Befunde eindrucksvoll bestätigt werden kann. *Klein- und Mittelbetriebe* waren in den zurückliegenden Jahren, wie sowohl die Veränderungsraten der Beschäftigung in den einzelnen Größenklassen als auch der Beitrag der jeweiligen Betriebsgrößen an der gesamten Arbeitsplatzzunahme zum Ausdruck bringen, der *Motor des Beschäftigungswachstums im Dienstleistungssektor schlechthin.* Auch bei der Betrachtung der Arbeitsplatzdynamik in den Branchen des Dienstleistungssektors wird die Überlegenheit der kleineren Betriebe bei der Schaffung von Arbeitsplätzen evident, da in jedem Dienstleistungszweig von der untersten Beschäftigtengrößenklasse wesentlich stärkere Beschäftigungsgewinne ausgegangen sind als auf der Basis des Anteils dieser Größenklasse im Basisjahr zu erwarten gewesen wäre. Damit ist also die Wachstumsüberlegenheit der Kleinbetriebe keineswegs nur auf größenspezifische Besonderheiten bei einigen wenigen Dienstleistungsbranchen zurückzuführen.[42]

Angesichts dieser beschäftigungspolitischen Vorzüge kleiner und mittlerer Betriebe liegt es nahe, in einem nächsten Schritt das mögliche Existenzgründungspotential in der Bundesrepublik Deutschland zu eruieren, um im Anschluß dann angemessen erscheinende Optionen zur Existenzgründungsförderung zu erarbeiten.

5.1.3.2 Existenzgründungspotential in der Bundesrepublik Deutschland

1985 gab es in der Bundesrepublik Deutschland 2,431 Millionen Selbständige.[43] Der Trend zur Selbständigkeit ist einerseits sicherlich *Reflex der verbesserten Rahmenbedingungen für die selbständige Tätigkeit und gezielter staatlicher Förderung*, andererseits sind aus Erhebungen der jüngeren Vergangenheit, die sich mit den Motiven für Neugründungen auseinandergesetzt haben, aber auch *Interdependenzen zwischen der zunehmenden Zahl an Existenzgründern und der ungünstigen Arbeitsmarktlage* erkennbar. So waren im Jahre 1983 17,6% der Gründer vor Beginn ihrer selbständigen Tätigkeit arbeitslos und 43,4% bezeichneten ihren bisherigen Arbeitsplatz als unsicher. Bei mehr als der Hälfte der Neugründungen läßt sich also ein Zusammenhang mit der ungünstigen Beschäftigungssituation der Gründer herstellen.[44]

---

[42] Vgl. *ebenda*, S. 84 f.

[43] Vgl. *Brunowsky, R.-D.*: Das Ende der Arbeitslosigkeit ..., a.a.O., S. 46

[44] Vgl. *Weitzel, G.*: Bescheidene Beschäftigungswirkungen ..., a.a.O., S. 9

Auch nach Ermittlungen des *Rheinisch-Westfälischen Instituts für Wirtschaftsforschung* sind fehlende oder nicht genügend attraktive Arbeitsplatzangebote zu einem bedeutenden Auslöser für den Sprung ins Unternehmerdasein geworden. Zudem zählt aber auch die *Chance eines erzielbaren höheren relativen Einkommens* zu den vorrangigen Motiven einer Existenzgründung, da Risiko und Engagement bei Selbständigen beispielsweise im Jahr 1985 im Durchschnitt mit dem etwa Vierfachen des Durchschnittseinkommens aus unselbständiger Arbeit und im Dienstleistungssektor sogar mit dem Sechsfachen belohnt wurden.[45]

Für ein latentes Potential an Unternehmensgründern sprechen überdies aber auch *eine Reihe zu erwartender sozioökonomischer Veränderungen* in der Bundesrepublik Deutschland in den neunziger Jahren. Mit der Realisierung des europäischen Binnenmarktes ist zum einen ein *deutlicher Anstieg der Zahl von EG-angehörigen ausländischen Arbeitnehmern* in der Bundesrepublik zu erwarten, die bestimmte selbständige Tätigkeiten, die von Deutschen nicht mehr preiswert genug angeboten werden, übernehmen werden. Die Erfolge italienischer, spanischer und griechischer Gastronomie in der Bundesrepublik sprechen in diesem Kontext eine deutliche Sprache, ähnliche Entwicklungen sind durchaus auch im Handwerk oder im Handel vorstellbar.[46]

Überdies hat der Existenzgründungsboom der letzten Jahre in zunehmendem Maße auch *Frauen* erfaßt, was sich sehr deutlich an der Tatsache zeigt, daß inzwischen jedes dritte Unternehmen in der Bundesrepublik von einer Frau gegründet wird. Mit 46,1% arbeitet die Mehrheit der selbständigen Frauen wiederum im Dienstleistungssektor (und hierbei vor allem im Handel), aber auch im Handwerk suchen zunehmend mehr Frauen unternehmerische Entfaltungsmöglichkeiten, allerdings nach wie vor recht einseitig in den "traditionellen Frauenberufen" im Friseurhandwerk, im Gesundheits- und Körperpflegebereich sowie im Hotel- und Gaststättengewerbe.[47]

Daneben verdienten bereits Ende der achtziger Jahre im Rahmen der *Schattenwirtschaft* diversen Schätzungen zufolge mehr als 3 Mio. Bundesbürger ihren Lebensunterhalt ganz oder zumindest teilweise mit selbständiger Arbeit, z. B. als Haushalts- und Gartenhilfen oder auch als Nachhilfe-

---

45 Vgl. *Schrumpf, H.*: Zur Entwicklung der Zahl der Selbständigen in der Bundesrepublik Deutschland, in: RWI-Mitteilungen, Jg. 37/38 (1986/87), S. 484 f.

46 Vgl. *Brunowsky, R.-D.*: Das Ende der Arbeitslosigkeit ..., a.a.O., S. 27

47 Vgl. *Herrmann, H.*: Frauen im Aufbruch. Köln 1988, S. 24 ff.; *Schiller, R.*: Existenzgründungen. Fördermaßnahmen und Ergebnisse. Köln 1986, S. 42 f.

lehrer.[48] Gelänge es, durch verbesserte Rahmenbedingungen nur einen Teil dieser schattenwirtschaftlichen in offiziell registrierte Selbständigkeit umzuwandeln, wäre mit einem weiteren deutlichen Anstieg der Selbständigenquote in der Bundesrepublik Deutschland zu rechnen.

Schließlich sei aber auch noch einmal auf die bereits erwähnte *neue Selbständigkeit im Bereich der Alternativwirtschaft* hingewiesen, die sich seit Mitte der siebziger Jahre unter dem Druck von Arbeitslosigkeit, anhaltender Unterbeschäftigung und dem Wandel individueller und gesellschaftlicher Einstellungen zur Arbeit als eine neue Form des Erwerbsverhaltens entwickelte.[49]

Um zumindest erste Anhaltspunkte zur Zahl der an einer Existenzgründung interessierten Bundesbürger zu erhalten, ließ die Zeitschrift *"Wirtschaftswoche"* im Januar 1988 in einer repräsentativen *Umfrage* 2000 Bürger durch das Meinungsforschungsinstitut *Emnid* nach ihrer Bereitschaft zur Existenzgründung befragen. Gemäß dieser Umfrage denken 5% der Bevölkerung (ohne die acht Prozent, die bereits selbständig sind) häufig und weitere 9% manchmal an eine Existenzgründung, im Bereich der Berufstätigen (einschließlich Arbeitslosen) 7% häufig und 11% manchmal. Rechnet man den Wert von 7% auf die etwa 28 Millionen Erwerbspersonen in der Bundesrepublik Deutschland hoch (Berufstätige plus arbeitslos gemeldete Arbeitnehmer), dann entspricht dies knapp zwei Millionen potentiellen Existenzgründern.

Einschränkend ist bei diesen Ergebnissen allerdings zu beachten, daß viele derjenigen Befragten, die häufig an Selbständigkeit denken, vor der Erfüllung ihres Traumes zurückschrecken, wobei fehlendes Kapital (43%) und eine ausgeprägte Risikoangst (22%) in dieser Gruppe auch unter den Berufstätigen überproportional häufig als Gründe genannt werden.[50] Zudem unterliegen Umfragen dieser Art generell bestimmten Restriktionen, da zwischen der Beurteilung der fiktiven und dem tatsächlichen Handeln in der realen Entscheidungssituation in der Regel weitere Diskrepanzen zu unterstellen sind. Dennoch können diese methodischen Bedenken insgesamt gesehen keinesfalls die These widerlegen, daß es in der Bundesrepublik

---

48 Vgl. *Gross, P.*: Zur gesellschaftlichen Bedeutung und Bewertung der Schattenwirtschaft, in: *Gross, P./Friedrich, P. (Hrsg.)*: Positive Wirkungen der Schattenwirtschaft?, Baden-Baden 1988, S. 23 f.

49 Vgl. *Kaiser, M.*: "Alternativ-ökonomische Beschäftigungsexperimente" ..., a.a.O., S. 92

50 Vgl. *Brunowsky, R.-D.*: Arbeit gibt es genug, in: Wirtschaftswoche Nr. 9/1988, S. 34

Deutschland ein hohes Potential an existenzgründungswilligen und existenzgründungsbereiten Personen gibt.

5.1.3.3 Optionen zur Existenzgründung

Sucht man daher in einem nächsten Schritt nach Möglichkeiten und Optionen zur Förderung neuer selbständiger Existenzen im Dienstleistungsbereich, so bieten sich als Ansatzpunkte sowohl der Abbau bestehender Marktzutrittsbeschränkungen im Handwerk (Handwerksordnung) und im Einzelhandel (Ladenschlußgesetz) als auch der Ausbau externer Beratungskapazitäten und die Ausweitung öffentlicher Bürgschaftsprogramme für neugegründete Unternehmen an. Ebenfalls positiv auf das Existenzgründungsverhalten auswirken dürfte sich, worauf zum Abschluß des folgenden Kapitels näher eingegangen werden soll, die Einführung einer bedarfsorientierten, integrierten Grundsicherung für alle Bundesbürger (und damit auch für Selbständige) über dem gegenwärtigen Sozialhilfesatz.

5.1.3.3.1 Liberalisierung der Handwerksordnung

Voraussetzung für eine selbständige Handwerkstätigkeit ist in der Bundesrepublik Deutschland die Meisterprüfung und die Eintragung in die Handwerksrolle. Ausnahmebewilligungen vom Befähigungsnachweis werden von der zuständigen Handwerkskammer nur sehr selten und in der Regel nur für kurze Übergangsphasen genehmigt.[51] Diese Praxis hat, wie die folgenden Beispiele verdeutlichen werden, zum Teil nur als grotesk zu bewertende Konsequenzen. So muß, wer in Treppenhäusern als Selbständiger Fenster reinigen will, den Meisterbrief des Gebäudereinigerhandwerks besitzen. Auch wer gewerbsmäßig im Laden verkaufte Gardinen aufhängen will, muß einen Meister beschäftigen. Klempner sind qua Befähigungsnachweis zwar autorisiert, ein Warmwassergerät zu installieren, nicht aber die dazugehörige Steckdose, und wer schließlich mit seiner vollautomatischen Videokamera Geld bei Familienfeiern verdienen will, muß dem Fotografenhandwerk angehören. Diese Beispiel ließen sich beliebig fortführen. Nach wie vor sind viele Tätigkeiten nur Handwerkern vorbehalten, für die der Privatmann angesichts moderner Technik und neuer Materialien längst keine Meisterprüfung mehr benötigt.[52]

Angesichts dieser Restriktionen ist es aber auch leicht verständlich, daß gerade handwerkliche Tätigkeiten besonders durch schattenwirtschaftli-

---

[51] Vgl. *Brunowsky, R.-D.*: Das Ende der Arbeitslosigkeit ..., a.a.O., S. 36 f.

[52] Vgl. *ebenda*, S. 10

che Aktivitäten bedrängt sind, die zum Teil von den Handwerkern selbst ohne Rechnung erbracht werden. Eine weitere Konsequenz dieser Restriktionen ist die Beschäftigung von Meistern als Strohmännern, eine zwar illegale, aber genauso gängige Praxis wie die handwerkliche Schwarzarbeit (manchem dieser Strohmänner eröffnen diese Tätigkeiten immerhin Nebenverdienste von bis zu 3 000 Mark im Monat).

Die penible Abgrenzung von Tätigkeiten, die nur 75-prozentige Erfolgsquote von Meisterprüfungen, die regionale Abgrenzung und die Bekämpfung jeder Form von Konkurrenz außerhalb der Interessengruppe lassen die Meisterprüfung im Handwerksbereich - alles in allem - nicht nur als Relikt des Zunftwesens zur Ausschaltung von Konkurrenz und zur Sicherstellung eines ständesgemäßen Einkommens erscheinen,[53] sie verhindern vielmehr, und dies ist für den Kontext der vorliegenden Untersuchung von weitaus größerem Interesse, die Schaffung zusätzlicher Arbeitsplätze.

Eine Lockerung des Handwerksmonopols oder zumindest eine großzügigere Gewährung von Ausnahmebewilligungen bei der Gründung von Handwerksbetrieben ohne Meisterprüfung könnte dagegen gerade für einfachere Arbeiten eine Art "Selbständigkeit zweiter Klasse" ermöglichen. Überlegenswert wäre in diesem Kontext insbesondere die juristische Implementation und steuerliche Förderung eines Modells des "selbständigen Kleinstunternehmers für haushaltsorientierte Dienstleistungen", das in Kapitel 5.4.4.3 der vorliegenden Arbeit noch näher konkretisiert werden wird.

Mit diesen Vorschlägen soll keinesfalls einer uneingeschränkten Selbständigkeit im Handwerk das Wort geredet werden. Die vollständige Freigabe verbietet sich gerade in den Bereichen, in denen Gesundheitsgefahren bei unsachgemäßer Ausübung der Arbeit bestehen. Aber vielen dieser Problembereiche könnte man durch weitaus unorthodoxere Ansätze als die Handwerksordnung entgegentreten, etwa durch eine Kopplung der beruflichen Haftpflichtversicherungsprämien an Berufserfahrung und Befähigungsnachweis, letztlich sollte man aber auch dem Konsument selbst mehr Spielraum für eine eigenständige Beurteilung der Leistung und eine größere Mündigkeit bei der Festlegung der Leistungsbedingungen zugestehen.[54]

5.1.3.3.2 Liberalisierung der Ladenschlußzeiten

Ähnlich wie im Handwerksbereich die Handwerksordnung, so stehen im Bereich des Einzelhandels in der Bundesrepublik Deutschland neuen Ar-

---

53 Vgl. *ebenda*, S. 77 ff.; *Soltwedel, R. u. a.*: Deregulierungspotentiale in der Bundesrepublik. Tübingen 1986, S. 30

54 Vgl. *Brunowsky, R.-D.*: Das Ende der Arbeitslosigkeit ..., a.a.O., S. 80

beitsplätzen via Existenzgründungen die restriktiven Ladenschlußzeiten entgegen. Gerade im Einzelhandel könnte es aber in Analogie zu ausländischen Vorbildern über eine Liberalisierung der Ladenschlußzeiten, eine Ausweitung von Teilzeitarbeitsmöglichkeiten und eine Ausweitung der individuellen Nachfrage durch verlängerte Einkaufszeiten zu mehr Existenzgründungen im Bereich von Nachbarschaftsläden und damit letztlich auch zu mehr Beschäftigung kommen. So ist in Schweden die Zahl der Nachbarschaftsläden nach der Abschaffung der Ladenschlußzeiten im Jahre 1972 deutlich angestiegen. Die Zahl der Neueröffnungen stieg von durchschnittlich 1,1% des Bestandes (1965-1971) auf 1,6% (1972-1982) an. Gleichzeitig sank die Zahl der Schließungen von jährlich 7,5% des Bestandes (1965-1971) auf unter 5% (1972-1982).[55] Aber auch in der Bundesrepublik Deutschland profitierten offensichtlich die meist nicht tarifgebundenen Kleinbetriebe des Handels von den Zeitnischen, die ihnen flexible Ladenschlußzeiten eröffneten. So stieg zwischen 1977 und 1985 die Zahl der Arbeitsplätze in diesen Betrieben per saldo um 57 500, während in den tarifgebundenen Großbetrieben des Handels mit mehr als 500 Beschäftigten im Referenzzeitraum per saldo 66 000 Arbeitsplätze wegrationalisiert wurden.[56]

Wie schwer sich allerdings die politisch Verantwortlichen bisher mit der Liberalisierung der Ladenschlußzeiten in der Bundesrepublik Deutschland tun, haben die etlichen Anläufe zur Einrichtung eines Dienstleistungsabends in der Bundesrepublik gezeigt. Die gegenwärtige Regelung sieht seit Oktober 1989 an Donnerstagen Ladenöffnungszeiten bis 20.30 Uhr und an "normalen" Samstagen Öffnungszeiten bis 14 Uhr vor, allerdings müssen dafür an den langen Samstagen der Sommermonate die Geschäfte bereits um 16 Uhr schließen.[57] Doch selbst wenn die Geschäfte gegenwärtig einmal in der Woche bis 20.30 Uhr geöffnet bleiben dürfen, ist dies zweifellos nur als ein äußerst bescheidener Deregulierungsschritt zu bewerten (und dies in noch viel stärkerem Maße vor dem Hintergrund der damit verbundenen Einschränkung verkürzter Öffnungszeiten an Samstagen, mit der dieser Kompromiß erkauft werden mußte). Zudem, und dies ist aus der Perspektive der vorliegenden Untersuchung von weitaus größerer Bedeutung, beraubt die Beschränkung auf einen einzigen Abend, wie gesehen, gerade die kleineren Einzelhandelsbetriebe in der Bundesrepublik jeglicher Chance,

---

55 Vgl. *ebenda*, S. 81 f.

56 Vgl. *ebenda*, S. 11

57 Vgl. *Meyer, D.*: Liberalisierung des Ladenschlusses - pro und contra, in: Das Wirtschaftsstudium (WISU) 8-9/89, S. 465

durch flexiblere Öffnungszeiten und flexible Teilzeitarbeit zusätzliche Arbeitsplätze zu schaffen, denn gerade kleine Einzelhändler sind in hohem Maße von Wettbewerbsparametern wie Service und Beratung abhängig und verfügen im übrigen nur über geringe sonstige Möglichkeiten bezüglich ihrer Preis-, Einkaufs- und Werbegestaltung.[58]

Da schließlich eine Normierung der Ladenschlußzeiten aber auch keinesfalls, wie vielfach unterstellt, die Wettbewerbsneutralität zwischen den Handelsbetrieben in der Bundesrepublik Deutschland gewährleisten kann, da sie zugleich zeitgebundene Anbieter zugunsten zeitungebundener Anbieter (Versandhandel, Automatengeschäfte, Tankstellen, Läden in Bahnhöfen, Flugplätzen und Fährhäfen, BTX-Anbieter) diskriminiert, wäre es aus der Sicht der vorliegenden Arbeit insofern weitaus wünschenswerter, den Einzelhändlern die Aufteilung der vorgegebenen Öffnungszeiten von maximal 64,5 Stunden pro Woche (bzw. von 68,5 Stunden in Wochen mit langen Samstagen) selbst zu überlassen. Wo sich entsprechende Öffnungszeiten nicht lohnen sollten, wäre bei einer solchen Regelung kein Geschäft gezwungen, an Abenden oder am Wochenende länger offenzuhalten, aber jeder Betrieb hätte zumindest die Chance, seine individuellen größenspezifischen Wettbewerbsvorteile zu nutzen.[59]

Auch stehen bei einer solchen Option keinesfalls längere Arbeitszeiten für die gegenwärtig bereits Beschäftigten des Einzelhandels zur Diskussion, wie in den Auseinandersetzungen um die Einführung eines Dienstleistungsabends vielfach fälschlicherweise der Eindruck erweckt worden ist, sondern neue Arbeitszeitmuster und zusätzliches Personal, da auch bei Personen mit einer Einzelhandelsausbildung derzeit noch ein hoher Arbeitslosensockel besteht und zudem in vielen Fällen der Markt bei Aktivitäten außerhalb der normalen Arbeitszeit (etwa am späten Abend oder am Wochenende), wie internationale Erfahrungen verdeutlichen, durchaus einen Aufpreis als Flexibilitätsprämie ermöglichen kann, was wiederum die Attraktivität entsprechender Tätigkeiten für Freiwillige erhöhen dürfte.[60]

Alles in allem unterstreichen also die zurückliegenden Ausführungen recht nachhaltig die beschäftigungspolitischen Vorzüge flexiblerer Laden-

---

[58] Vgl. *ebenda*

[59] Vgl. *ebenda*; *Möhlenbruch, D.*: Mehr Freiheit für den Ladenschluß. Zur Diskussion um den Dienstleistungsabend, in: Wirtschaftswissenschaftliches Studium (WiSt) 8/1989, S. 412

[60] Vgl. *Schmidt, K.-D.*: Lohnhöhe, Regulierungsdichte und Beschäftigungschancen im Dienstleistungssektor, in: *Arbeitsgemeinschaft deutscher wirtschaftswissenschaftlicher Forschungsinstitute e. V. (Hrsg.)*: Dienstleistungen im Strukturwandel ..., a.a.O., S. 33 f.; *Möhlenbruch, D.*: Mehr Freiheit ..., a.a.O., S. 411

schlußzeiten. Allerdings scheitern Initiativen für eine umfassendere Auflokkerung der restriktiven Ladenschlußzeiten in der Bundesrepublik Deutschland zumindest derzeit noch an Partialinteressen von Parteien, Verbänden und Gewerkschaften. Daß eine entsprechende Interessenkoalition aber, wenn sie denn überhaupt von den Bundesbürgern in dieser Form gewünscht wird, nicht nur zu Lasten der Konsumenten, sondern vor allem zu Lasten der *Arbeitslosen* agiert, ist ein Umstand, der in der öffentlichen Diskussion leicht in Vergessenheit zu geraten droht, und der insofern in der argumentativen Auseinandersetzung um flexiblere Ladenschlußzeiten in Zukunft weitaus stärker betont werden sollte als bisher.[61]

5.1.3.3.3 Ausbau öffentlicher Beratungsinitiativen und Ausweitung öffentlicher Bürgschaftsprogramme

Eine über die Bereiche Handwerk und Einzelhandel hinausgehende Existenzgründungsförderung in der Bundesrepublik Deutschland kann sich allerdings nicht auf die beiden wesentlichen und notwendigen, allerdings nicht als hinreichend zu bewertenden Optionen der Liberalisierung der Handwerksordnung und der Ladenschlußzeiten beschränken. Erweiterte Gründungsaktivitäten bedürfen vielmehr ebenfalls erweiterter, allerdings keinesfalls planloser Förderaktivitäten.

Bund und Länder haben bereits in den zurückliegenden Jahren eine Vielzahl von Programmen aufgelegt, um junge Unternehmen zu fördern. Zu den Programmen gehören neben dem 1979 initiierten Subventionsprogramm der deutschen Ausgleichsbank eine Reihe weiterer öffentlicher und privater Förderaktivitäten, die von der Kreditfinanzierung über Beratung, Schulung und Information bis hin zu Bürgschaften und dem Existenzgründungssparen reichen. Als Kredit- und Bürgschaftsgeber fungieren im wesentlichen das ERP-Vermögen, der Bund und die Länderhaushalte sowie eine Reihe von Wagnisfinanzierungsgesellschaften, deren Wagnisfreudigkeit bisweilen allerdings in der öffentlichen Diskussion in Frage gestellt wird.[62]

Auch Handwerks- und Handelskammern sind über subventionierte Betriebsberatungen oder Existenzgründungsbörsen aktiv am Förderprozeß beteiligt, desgleichen Wirtschaftsförderungsgesellschaften und häufig auch die Sparkassen, die sich allerdings vor allem um technologieorientierte Gründer bemühen (in jüngster Zeit verstärkt durch den Aufbau von Technologiezen-

---

61 Vgl. *Brunowsky, R.-D.*: Das Ende der Arbeitslosigkeit ..., a.a.O., S. 40

62 Vgl. *Rürup, B.*: Wirtschaftliche und gesellschaftliche Perspektiven der Bundesrepublik Deutschland. München 1989, S. 82

tren, die Jungunternehmern Infrastruktur in Form von Büroservicediensten und Räumlichkeiten zumeist in Universitätsnähe zur Verfügung stellen).[63] Selbst die Bundesanstalt für Arbeit unterstützt inzwischen gründungswillige Arbeitslose durch die Zahlung von Überbrückungsgeld beim Übergang in die Selbständigkeit.

Diese Übersicht verdeutlicht, daß sich das Klima für Existenzgründungen durch viele Einzelaktivitäten in den letzten Jahren deutlich verbessert hat. Zudem ist man auch nach dem anfänglichen Silicon-Valley-Fieber inzwischen wieder etwas abgekommen von der übertriebenen und einseitigen Begünstigung des Technologiesektors.[64] Dennoch erscheinen Zweifel zumindest hinsichtlich einer undifferenzierten Fortschreibung und Ausweitung der gegenwärtig praktizierten Maßnahmen angebracht. Insbesondere erscheint es fraglich, ob ein weiterer Ausbau von Gründungssubventionen die Entscheidung zur Selbständigkeit künftig wirklich noch in entscheidendem Maße beeinflussen kann, denn letztlich entscheiden wenige Prozent Zinsdifferenz weder über die Errichtung oder Nichterrichtung, noch über den Erfolg oder Mißerfolg einer Unternehmensgründung. Zudem verzerren Subventionen direkt das Preisgefüge in der Konkurrenz zu bestehenden Betrieben und müssen letztlich via Steuern mittelbar auch von den bestehenden Betrieben aufgebracht werden.

Schließlich helfen Finanzhilfen aber auch vor allem den Unternehmen, deren Eigenkapitalausstattung, Liquiditätslage, Zugangsmöglichkeiten zu Fremdkapital und Erlössituation auf dem Absatzmarkt den betriebswirtschaftlichen Spielraum zunehmend einengen. Darin liegen jedoch gerade in kleineren und mittleren Unternehmen *nicht die einzigen* und zudem auch *nicht die entscheidenden Engpässe*. Elementare Wachstumshemmnisse und Insolvenzrisiken von Unternehmen im mittelständischen Bereich sind vor allem die *vielfach fehlende betriebliche Problemlösungskompetenz*, die allerdings nur mit externen Beratungsangeboten zu kompensieren ist.[65] Weitaus problemadäquater als eine Ausweitung der Gründungssubventionen erscheinen zur Unterstützung von Existenzgründungen im Dienstleistungs-

---

63 Vgl. *Brunowsky, R.-D.*: Das Ende der Arbeitslosigkeit ..., a.a.O., S. 86

64 Vgl. *ebenda*, S. 86 f.

65 Vgl. *Semlinger, K.*: Qualifikation und Qualifizierung als Ansatzpunkte beschäftigungsorientierter Strukturpolitik - Finanzhilfen versus Realtransfers. Discussion Paper IIM/LMP 85-12, Wissenschaftszentrum Berlin. Berlin 1985, S. 18 ff.; *Irsch, N.*: Die Eigenkapitalausstattung mittelständischer Unternehmen, in: Wirtschaftsdienst 10/1985, S. 530

bereich insofern der Ausbau öffentlicher Beratungsangebote sowie die Ausweitung der öffentlichen Bürgschaftsprogramme.[66]

5.1.3.3.4 Grundsicherung als soziales Auffangnetz für neue Selbständige

Eine letzte, sozialpolitisch wünschenswert erscheinende Maßnahme zur Förderung, aber auch zur finanziellen Absicherung neuer selbständiger Existenzen ist die Einführung einer bedarfsorientierten, integrierten Grundsicherung über dem Sozialhilfeniveau, die im Zusammenhang mit der Förderung von Beschäftigungsmöglichkeiten im Bereich alternativer Betriebe bereits angesprochen worden ist. Eine derartige Grundsicherung käme nicht nur diesen Beschäftigten, den Arbeitslosen, den meisten kindererziehenden Haushalten, Menschen mit Unterbrechungen ihrer Lebensarbeitszeit, Steuerzahlern ohne Rentenanspruch oder aber Arbeitnehmern in geringfügiger Beschäftigung zugute. Die Einführung einer bedarfsorientierten, integrierten Grundsicherung könnte ebenfalls einen entscheidenden Schritt zur Absicherung von potentiellen Selbständigen darstellen und auf diese Weise die Entscheidung für Unternehmensgründungen ebenfalls positiv beeinflussen.[67] Derartige Überlegungen gelten besonders für den Kreis der neuen Kleinunternehmer, deren Funktion aus größeren Unternehmen ausgegliedert wurde und die nun oftmals in einseitige Abhängigkeit von Großunternehmen geraten (etwa im Transport- oder Baugewerbe), sie gelten aber auch für die Putzkolonnen der Gebäudereiniger mit Verdiensten unterhalb der Sozialversicherungspflicht oder aber für alle diejenigen, die in Privathaushalten legale Teilzeitarbeit finden könnten.[68]

---

66 Vgl. *Brunowsky, R.-D.*: Das Ende der Arbeitslosigkeit ..., a.a.O., S. 88

67 Vgl. *ebenda*, S. 92

68 Diese überlegungen gelten im übrigen auch für die zunehmende Zahl von *Telearbeitern*, die als Selbständige Heimarbeiten am Computer im Auftrag von Unternehmen ausführen und bei denen ganz besonders die mangelhafte soziale Absicherung beklagt wird. Vgl. hierzu insbesondere *Rürup, B.*: Chancen und Risiken der elektronischen Revolution, in: Wirtschaftsdienst 6/1984, S. 269 f.; *Dostal, W.*: Telearbeit. Beispiele, Definitionen, Bewertungen, in: MatAB 4/1986, S. 8 f.

5.1.3.4 Resümee

Berufliche Selbständigkeit und die im Gefolge neuer selbständiger Existenzen entstehenden Arbeitsplätze können, wie die zurückliegenden Ausführungen verdeutlichen, im Dienstleistungsbereich der Bundesrepublik Deutschland bei entsprechender Ausgestaltung der Rahmenbedingungen einen entscheidenden Beitrag zur Verbesserung sowohl der Arbeitsmarktsituation als auch des Versorgungsgrades mit verbraucherbezogenen Diensten leisten. Auch wenn der Trend zu kleineren Betrieben von Einkommensunterschieden sowie einer geringeren Sicherheit der Beschäftigungsverhältnisse begleitet wird,[69] dürften andererseits gerade diese Nachteile für die in Kleinbetrieben beschäftigten Arbeitnehmer die beeindrukkenden Beschäftigungserfolge im Bereich kleiner und mittlerer Unternehmen erklären. Zwar unterliegen auch viele dieser Betriebe den tarifvertraglichen Lohnvereinbarungen, allerdings neigen Großbetriebe zur Zahlung wesentlich höherer Effektivlöhne, um damit qualifizierte Arbeitskräfte anzuwerben.[70] Würde das deutsche Konkursrecht überdies in Analogie zu den Vereinigten Staaten den Marktaustritt so erleichtern, daß ein in Konkurs gegangener Unternehmer nicht nur über Ehefrau und Strohmänner, sondern ganz persönlich wieder Unternehmer werden könnte, wäre grundsätzlich ein weiterer Anstieg der Selbständigenquote vorstellbar.[71] Ob eine derartige Assimilierung des deutschen Konkursrechts allerdings sozialpolitisch wünschenswert wäre, muß andererseits deutlich in Frage gestellt werden.

---

69 Vgl. *Cramer, U.*: Klein- und Mittelbetriebe ..., a.a.O., S. 29; *Gerlach, K./Schmidt, E. M.*: Unternehmensgröße und Entlohnung, in: MittAB 3/89, S. 355. Allerdings sind diese Einkommensunterschiede zwischen Klein- und Mittelbetrieben einerseits und Großbetrieben andererseits in der Bundesrepublik Deutschland weitaus weniger stark ausgeprägt als etwa in Japan oder den Vereinigten Staaten. So zahlen OECD-Daten zufolge Kleinbetriebe im Durchschnitt in den USA und Japan nur 57% bzw. 77% dessen, was in Großbetrieben üblich ist, während in der Bundesrepublik das Lohnniveau der Kleinbetriebe bei fast 90% und in Dänemark bei über 93% liegt. Gemäß einer anderen Einkommenserhebung fallen die betriebsgrößenbezogenen Einkommensunterschiede (Nettoeinkommen) in der Bundesrepublik sogar noch geringer aus. Vgl. hierzu *Sengenberger, W.*: Mehr Beschäftigung ..., a.a.O., S. 496 f.

70 Vgl. *Brunowsky, R.-D.*: Das Ende der Arbeitslosigkeit ..., a.a.O., S. 63

71 Vgl. *ebenda*, S. 71

5.2 Arbeitszeitpolitische Maßnahmen

5.2.1 Beschäftigungspolitische Implikationen einer Arbeitszeitflexibilisierung im Dienstleistungsektor

Ein zweiter, wesentlicher Aktionsparameter zur Förderung von Angebot und Beschäftigung im Bereich verbraucherorientierter Dienstleistungen ist neben den im zurückliegenden Kapitel angesprochenen ordnungspolitischen Maßnahmen die Förderung flexiblerer Arbeitszeitformen in der Bundesrepublik Deutschland. Die Tatsache, daß von den zwischen 1980 und 1987 neu geschaffenen 375 000 Teilzeit-Arbeitsplätzen alleine 362 000 auf den Dienstleistungsbereich entfielen,[72] sowie der im Dienstleistungsbereich im Vergleich zum Produzierenden Gewerbe überdurchschnittlich hohe Anteil an Teilzeitbeschäftigten (15% gegenüber 3,5%)[73] verdeutlichen, daß der Dienstleistungssektor ein großes Potential zur Flexibilisierung der Arbeitszeiten und damit auch zur Expansion der Teilzeitarbeit in ihren verschiedensten Formen bietet. Damit läßt sich im Umkehrschluß aber auch vermuten, daß gerade durch die Ausweitung flexibler Arbeitszeitformen im Dienstleistungssektor und auf der Ebene der beschäftigungsgenerierenden Klein- und Mittelbetriebe auch in Zukunft die Schaffung von Arbeitsplätzen in ausgewählten Dienstleistungsbereichen *unmittelbar* unterstützt werden kann.[74]

Da Teilzeitarbeitsplätze vor allem von Frauen gesucht werden, die eine bessere Vereinbarkeit von Familie und Beruf anstreben oder aber in der Stillen Reserve auf eine Rückkehr auf den Arbeitsmarkt warten,[75] könnte mit einem verstärkten Angebot an Teilzeitarbeitsplätzen überdies aber auch *mittelbar* via Erhöhung der Frauenerwerbsquote und einer dadurch induzierten Senkung bzw. Stabilisierung des Lohnnebenkostenanstiegs ein weiterer beschäftigungswirksamer Impuls im Bereich verbraucherorientierter Dienstleistungen erzielt werden. Um diese Thesen im folgenden näher zu erläutern, ist es zunächst einmal notwendig, den Begriff Teilzeitarbeit näher zu explizieren.

---

72 Vgl. *Deutsche Bundesbank*: Der Dienstleistungssektor ..., a.a.O., S. 45

73 Vgl. *Gattinger, J.*: Konjunkturreport: Arbeitsmarkt, in: Wirtschaftskonjunktur 8/1988, S. R 3

74 Vgl. *Brunowsky, R.-D.*: Das Ende der Arbeitslosigkeit ..., a.a.O., S. 132

75 Vgl. *Landenberger, M.*: Flexible Arbeitszeitformen im Spannungsfeld von ökonomischer Liberalisierung und sozialem Schutzbedarf, in: APuZ B 21/87, S. 21; *Stark, J.*: Teilzeitarbeit in der Bundesrepublik Deutschland und in anderen OECD-Ländern, in: Sozialer Fortschritt 3/1987, S. 69

Als teilzeitbeschäftigt gilt ein Arbeitnehmer dann, wenn seine durchschnittliche Wochenarbeitszeit unter der betrieblichen Regelarbeitszeit für Vollzeitkräfte liegt.[76] Dabei sind die Grundformen der Teilzeitarbeit ausgesprochen vielfältig. Denkbar sind u. a. verkürzte Tages-, Wochen-, Monats- oder Jahresarbeitszeiten, die gleichmäßig oder ungleichmäßig, regelmäßig oder unregelmäßig verteilt sein können, oder aber auch starre oder flexible Arbeitszeitregelungen *mit* oder *ohne* Abstimmung mit anderen Arbeitnehmern.

Da viele dieser Möglichkeiten auch untereinander kombinierbar und in allen Formen im Rahmen der gesetzlichen Bestimmungen auch befristet implementierbar, also grundsätzlich reversibel sind, ermöglicht die Kombination dieser Grundformen eine Vielfalt von Varianten, die maßgeschneiderte Lösungen für nahezu jedes denkbare betriebliche Anforderungsprofil erlauben.[77]

Angesichts dieser vielfältigen Optionen hinsichtlich der *chronometrischen* wie auch der *chronologischen Dimension der Arbeitszeitflexibilisierung* ist es allerdings nur als Anachronismus zu werten, daß immer noch 60 Prozent aller Teilzeitarbeitsplätze in der Bundesrepublik starre Halbtagsjobs sind, während alternativen Flexibilisierungsstrategien, wie beispielsweise Teilzeitschichten, Blockteilzeitarbeit (Vollzeitarbeit an einigen Tagen der Woche oder innerhalb mehrerer Wochen bei entsprechendem Freizeitausgleich an den übrigen Tagen), Variabler Teilzeitarbeit oder aber auch Job-Sharing derzeit in der betrieblichen Praxis noch eine relativ geringe Bedeutung zukommt.[78]

Der Befund, daß insbesondere der Dienstleistungssektor ein großes Potential zur Flexibilisierung der Arbeitszeiten bietet, läßt sich nun zum einen damit erklären, daß Tätigkeiten im Dienstleistungsbereich, wie z. B. Verwaltungs-, Verkaufs-, Planungs- sowie erzieherische Tätigkeiten, sich bislang eher teilen lassen als Tätigkeiten in der Produktion, zum anderen aber auch damit, daß sich in vielen Branchen des Dienstleistungssektors (Handel, Banken, Versicherungen, Gaststätten, soziale Einrichtungen) die Arbeit oft auf wenige Stunden am Tage konzentriert, und in diesen Fällen

---

76 Vgl. *Der Bundesminister für Arbeit und Sozialordnung (Hrsg.)*: Teilzeitarbeit. Bonn 1988, S. 12

77 Vgl. *ebenda*, S. 30

78 Vgl. *Rürup, B.*: Arbeitszeitflexibilisierung: Chancen, Risiken, Optionen, in: Orientierungen zur Wirtschafts- und Gesellschaftspolitik 2/1987, S. 8; *Brunowsky, R.-D.*: Das Ende der Arbeitslosigkeit ..., a.a.O., S. 140 f.

die Spitzennachfrage vielfach bereits durch Teilzeitkräfte gedeckt werden kann.[79]

Welch enge Interdependenzen überdies in der Bundesrepublik Deutschland nicht nur zwischen Dienstleistungs- und Teilzeit-, sondern auch zwischen Dienstleistungs-, Teilzeit- und Frauenbeschäftigung bestehen, verdeutlicht die Tatsache, daß im Jahr 1987 70,2% der 8,453 Mio. sozialversicherungspflichtig beschäftigten Arbeitnehmerinnen im tertiären Sektor arbeiteten, davon alleine 1,119 Mio. bzw. 13,2% im Einzelhandel (bei einem Frauenanteil an allen Arbeitnehmern dieser Branche von 66,9%) und 976 100 bzw. 11,5% im Gesundheits- und Veterinärwesen (bei einem Frauenanteil von 81,0%).[80] In den Bereichen Einzelhandel und soziale Dienstleistungen finden sich andererseits aber zugleich auch die höchsten branchenspezifischen Teilzeitquoten in der Bundesrepublik von fast 20%.[81]

Noch deutlicher wird der Zusammenhang zwischen Frauenerwerbstätigkeit und Teilzeitarbeit durch die Tatsache, daß 92,3% aller Teilzeitarbeitsplätze in der Bundesrepublik Deutschland im Jahre 1986 durch Frauen besetzt waren. Zweifelsohne handelt es sich bei diesen Teilzeitbeschäftigten in großem Umfang um Frauen, die ohne diese Möglichkeit aus familiären Gründen nicht berufstätig sein könnten, nun aber einen Weg gefunden haben, Familie und Beruf miteinander zu vereinbaren (vgl. Abbildung 11).[82]

Die enge Beziehung zwischen hohen Frauenerwerbs- und Teilzeitquoten verdeutlicht schließlich aber auch ein Vergleich internationaler Beschäftigungsstrukturen (vgl. Abbildung 12).

---

79 Vgl. *Stark, J.*: Teilzeitarbeit ..., a.a.O., S. 68; *Maier, F.*: Sozial- und arbeitsrechtliche Absicherung von Teilzeitbeschäftigten im internationalen Vergleich, in: Internationale Chronik zur Arbeitsmarktpolitik Nr. 36, April 1989, S. 4

80 Vgl. *Becker, B.*: Arbeitnehmer im Dienstleistungsbereich ..., a.a.O., S. 332

81 Vgl. *Gattinger, J.*: Konjunkturreport ..., a.a.O., S. R 3; *Riede, T./Schott-Winterer, A./Woller, A.*: Soziale Dienstleistungen und Wohlfahrtsstaat. Vergleichende Analysen zur Beschäftigung im Arbeitsmarktsegment "Soziale Dienstleistungen" in der Bundesrepublik Deutschland und den USA, in: Soziale Welt 3/1988, S. 304

82 Vgl. *Jäkel, S./Kirner, E.*: Immer mehr Frauen im Beruf. Zur längerfristigen Entwicklung des Erwerbsverhaltens von Frauen, in: DIW-Wochenbericht 29/87, S. 400 f. Die in Abbildung 11 angegebenen Teilzeitquoten berücksichtigen allerdings nur die sozialversicherungspflichtig beschäftigten Arbeitnehmer. Nimmt man die unterhalb der Geringfügigkeitsgrenze arbeitenden Personen hinzu, dann betrug die Teilzeitquote in der Bundesrepublik Mitte 1987 14,3%. Vgl. *Brunowsky, R.-D.*: Das Ende der Arbeitslosigkeit ..., a.a.O., S. 136.

Abbildung 11: Entwicklung der Teilzeitquote in der Bundesrepublik Deutschland (= Teilzeitarbeitsplätze in Prozent aller Arbeitsplätze) 1977-1986[83]

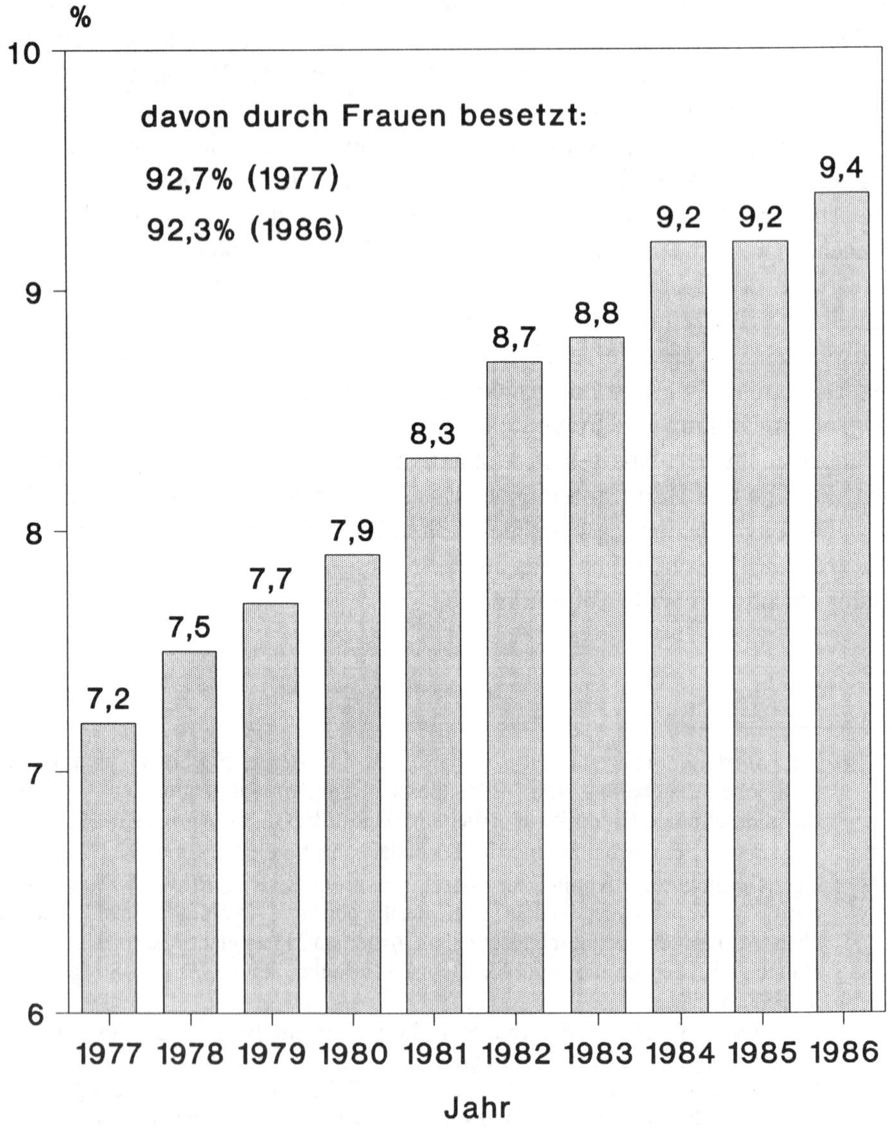

[83] Quelle: *Institut der deutschen Wirtschaft:* IWD-Informationsdienst Nr. 25/1987, S. 8

Abbildung 12: Teilzeit- und Frauenerwerbsquoten ausgewählter Industrieländer 1986[84]

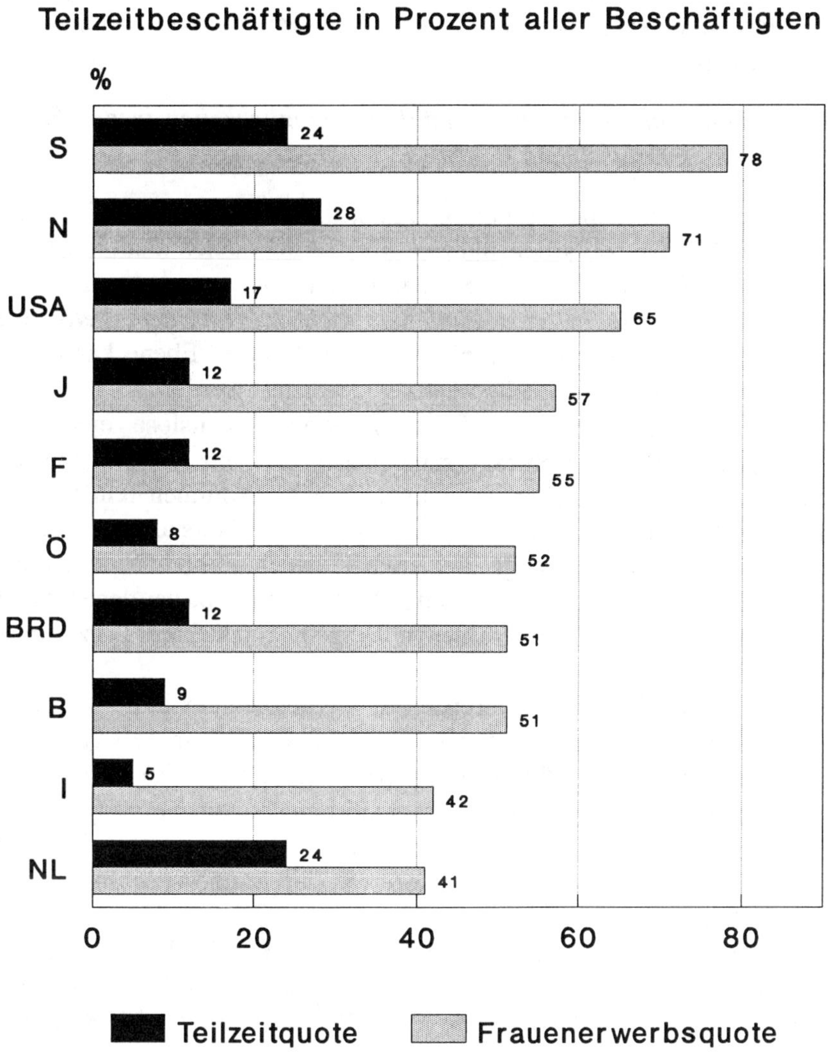

84 Quelle: *Rürup, B.*: Wirtschaftliche und gesellschaftliche Perspektiven ..., a.a.O., S. 107; Teilzeitarbeit = Arbeitszeit unterhalb der tariflich vereinbarten regelmäßigen Wochenarbeitszeit; Frauenerwerbsquote = weibliche Erwerbspersonen in Prozent der weiblichen Wohnbevölkerung (15-65 Jahre).

Abbildung 12 läßt erkennen, daß hohe Frauenerwerbsquoten in der Regel auch mit hohen Teilzeitquoten einhergehen und umgekehrt. Bei relativ niedriger Frauenerwerbsquote liegt demnach in der Bundesrepublik, trotz der über zwei Millionen registrierten sozialversicherungspflichtigen Teilzeitarbeitnehmer, auch die Teilzeitquote im internationalen Vergleich relativ niedrig .

5.2.2 Potential an Teilzeitbeschäftigungsmöglichkeiten in der Bundesrepublik Deutschland

Daß es in der Bundesrepublik Deutschland noch ein weithin ungenutztes Potential an Teilzeitarbeitsplätzen gibt, verdeutlichen nicht nur die internationalen Referenzwerte vergleichbarer Industriestaaten. Auch das deutliche *Ungleichgewicht zwischen aktueller Nachfrage und dem Stellenangebot an Teilzeitbeschäftigungsmöglichkeiten* auf nationaler Ebene kann als Indikator eines latenten Teilzeitpotentials gewertet werden. So suchten im Jahresdurchschnitt 1988 239 000 registrierte Arbeitslose eine Teilzeitbeschäftigung, dieser Nachfrage stand jedoch nur ein Angebot von 21 000 offenen Teilzeitarbeitsstellen gegenüber.[85] Damit kommen rein rechnerisch auf eine offene Teilzeitstelle mehr als 11 teilzeitarbeitsuchende registrierte Arbeitslose. Unberücksichtigt bleiben bei diesen Zahlen zudem die nicht registrierten Arbeitssuchenden aus der Stillen Reserve, bei denen es sich in der Mehrzahl ebenfalls um Frauen mit einem verstärkten Teilzeitinteresse handeln dürfte.

Ausgeprägte Teilzeitpräferenzen der Arbeitnehmer in der Bundesrepublik Deutschland zeichnen sich andererseits aber auch in verschiedenen Befragungen des *Instituts für Arbeitsmarkt- und Berufsforschung* ab. Diese ermittelten im zurückliegenden Jahrzehnt immerhin ein Teilzeitpotential von bis zu 3 Mio. Mannjahren. Rein rechnerisch könnten also bei Erfüllung all dieser Teilzeitwünsche alle Arbeitslosen in der Bundesrepublik in Beschäftigung gebracht werden.

Mehr als bloße Arithmetik bieten diese Vergleiche indes allerdings nicht, denn entscheidend ist, ob die Betriebe diesen Teilzeitwünschen auch entsprechen können, ohne Störungen im Produktionsablauf in Kauf nehmen

---

85 Vgl. *Bundesanstalt für Arbeit*: Arbeitsstatistik 1988 - Jahreszahlen, in: Amtliche Nachrichten der Bundesanstalt für Arbeit (ANBA), Sondernummer, August 1989, S. 11

zu müssen. Zudem ist fraglich, ob die potentiell freien Plätze auch tatsächlich mit qualifizierten Bewerbern besetzt werden können.[86]

Eine im Jahr 1986 veröffentlichte Studie der Unternehmensberatungsgesellschaft *McKinsey* geht in dieser Hinsicht qualitativ einen Schritt weiter. Ausweislich dieser Studie ließen sich in der Bundesrepublik Mitte der achtziger Jahre etwa 30% der ca. 20 Mio. Vollzeitarbeitsplätze in Teilzeitarbeitsplätze umwandeln, die sich sowohl aus der betriebswirtschaftlichen Perspektive "rechnen" würden als auch den Arbeitnehmerinteressen gerecht werden könnten. Eine derartige Umwandlung von Vollzeit- in Teilzeitarbeitsplätze würde somit nicht nur ein hypothetisches Teilzeitpotential von 6 Mio. Arbeitsstellen eröffnen. Aus der *McKinsey*-Analyse geht zugleich auch hervor, daß in etwa einem Viertel aller Fälle sich die Arbeitnehmerwünsche nach Teilzeitarbeit mit der Teilungsmöglichkeit von Arbeitsplätzen aus Unternehmenssicht decken,[87] so daß positive Beschäftigungseffekte von 1,5 Millionen die Folge wären (und dies, ohne daß das bestehende Tarif- und Arbeitsrecht geändert werden müßte!).[88]

Die Untersuchung von *McKinsey* weist zudem nach, daß die Umstellung auf Teilzeitarbeit nach Abzug der Anlaufkosten zu Kosteneinsparungen von ca. 4-5% führen wird. Dieser überraschend positive Effekt erklärt sich von seiten der *Arbeitgeber* durch die bei einer Aufspaltung von Vollzeit- in Teilzeitarbeitsplätze realisierbare Ausweitung der Betriebslaufzeiten (und die dadurch intensivere Nutzung der vorhandenen Kapazitäten), die steigende Arbeitsproduktivität (in der Regel ohne subjektive Mehrbelastung für die Beschäftigten) sowie aus dem Umstand, daß für die Teilung eines de facto bereits existierenden Arbeitsplatzes kaum zusätzliche Arbeitsplatzinvestitionen erforderlich sind.[89]

---

[86] Vgl. *Brunowsky, R.-D.*: Das Ende der Arbeitslosigkeit ..., a.a.O., S. 140; *Institut der deutschen Wirtschaft*: Teilzeitarbeit - Neuer Beschäftigungs-Mix, in: IWD-Informationsdienst Nr. 12/1988, S. 4

[87] Dabei berücksichtigen die Unternehmensberater verständlicherweise vorrangig *Firmeninteressen*. So wird die Teilung eines Arbeitsplatzes nur dann als wirtschaftlich sinnvoll beurteilt, wenn die Ausgaben für die Umstellung von Voll- auf Teilzeitarbeit innerhalb von eineinhalb Jahren durch Einsparungen wieder kompensiert werden können. Vgl. *Hagemann, H./Sommerfeldt, K.*: Flexible Teilzeitarbeit als Instrument der Arbeitsmarktentlastung. Zusammenfassung der Ergebnisse eines *McKinsey*-Forschungsprojektes. München 1987, S. 18 f.

[88] Methodisch basieren diese Ergebnisse auf einer Untersuchung von 3000 Arbeitsplätzen in 5 Unternehmen unterschiedlicher Branchen im Hinblick auf das jeweilige individuelle Teilzeitinteresse, wobei diese Ergebnisse dann auf die gesamte Bundesrepublik hochgerechnet wurden. Vgl. *ebenda*, S. 7 ff.

[89] Vgl. *ebenda*, S. 18 ff.

Auf seiten der *Arbeitnehmer* wird der Einkommensausfall im Zuge der Arbeitszeitverkürzung durch die Steuerprogression gemildert, so daß die gewonnene Zeitsouveranität durch eine relativ geringere Einkommenseinbuße erkauft wird, wobei dieser Einkommensverlust umso geringer ausfällt, je mehr es gelingt, die betroffenen Arbeitnehmer via Lohnausgleich an der verbesserten Kapitalausstattung des betrieblichen Kapitalstocks partizipieren zu lassen.[90]

Besonders vorteilhaft für Arbeitnehmer, die von Voll- auf Teilzeit wechseln wollen, ist schließlich aber auch der überproportional hohe Freizeiteffekt. So würde nach Angaben von *McKinsey* bei einer Steuer- und Abgabenlast von 35% und einer Arbeitszeitverkürzung um 27% das verfügbare Einkommen lediglich um 14% zurückgehen, noch geringer wären die Einbußen bei einem produktivitätsorientierten Lohnausgleich.[91]

Festzuhalten bleibt somit, daß flexiblere Arbeitszeitregelungen sowohl aus der untersuchungsleitenden Perspektive der vorliegenden Arbeit als aber auch aus gesamtwirtschaftlicher Sicht eine Reihe von Vorzügen aufweisen, die eine Förderung dieser Arbeitsformen nahelegen. Allerdings stehen einer Ausweitung von Teilzeitbeschäftigungsmöglichkeiten, wie die folgenden Ausführungen verdeutlichen werden, in der Bundesrepublik noch eine Reihe von Hemmnissen entgegen.

5.2.3 Hemmnisse der Ausbreitung von Teilzeitarbeit

Da nach den Erkenntnissen der *McKinsey*-Studie Kosten als Hemmnis für die verstärkte Einführung von Teilzeitarbeit weitgehend ausscheiden, dürfte Teilzeitarbeit in der Bundesrepublik Deutschland vor allem durch die *Existenz arbeits- und sozialrechtlicher Schwellenwerte* erschwert werden. So kennt das deutsche Arbeitsrecht keine Differenzierung nach Vollzeit- und Teilzeitarbeitsverhältnissen, wodurch sich bei Überschreitung gesetzlicher festgelegter Mindest-Beschäftigtenzahlen im Betriebsverfassungs-, im Mitbestimmungs-, im Arbeitssicherheits- und im Lohnfortzahlungsgesetz, aber auch in der Arbeitsstättenverordnung bestimmte Pflichten des Arbeitgebers ergeben, die als Hindernis für die Schaffung von Teilzeitarbeitsverhältnissen angesehen werden können.[92]

Auch die am Modell der lebenslangen Vollzeiterwerbstätigkeit des Ehemanns in der stabilen Einverdienerehe ausgerichteten Konstruktionsprinzipien der Gesetzlichen Rentenversicherung (GRV) stehen einer Aus-

---

90 Vgl. *ebenda*, S. 29 ff.

91 Vgl. *ebenda*, S. 30 f.

92 Vgl. *Stark, J.*: Teilzeitarbeit ..., a.a.O., S. 70

weitung der Teilzeitarbeit teilweise entgegen. Zudem sinkt bei Teilzeitbeschäftigten der individuelle Rentenanspruch. Dieser Funktionszusammenhang scheint solange unbedenklich, wie am Arbeitsmarkt Verhältnisse herrschen, die es jedem Erwerbsfähigen erlauben, in dem Umfang am Erwerbsleben teilzunehmen, den er/sie wünscht und für den Aufbau einer Rentenanwartschaft als notwendig erachtet. In anderem Licht erscheinen demgegenüber Versorgungsdefizite im Alter aufgrund unfreiwilliger Teilzeitbeschäftigung.[93]

Weiterhin problematisch für die Ausweitung von Teilzeitarbeit ist die sozialversicherungsrechtliche Grenze für geringfügige Beschäftigungen, die Beschäftigte in entsprechenden Arbeitsverhältnissen zwar einerseits von der Beitragspflicht zur Renten- und Krankenversicherung befreit, andererseits allerdings auch von den entsprechenden Versicherungsleistungen ausschließt.[94] Weitere wichtige Schwellenwerte stellen die wöchentlichen Mindestarbeitszeiten dar, die Voraussetzung für die Versicherungspflicht *in* und für Leistungsansprüche *gegenüber* der Arbeitslosenversicherung[95] bzw. Voraussetzung für einen Anspruch auf Lohnfortzahlung im Krankheitsfalle sind.[96] Lediglich die Gesetzliche Unfallversicherung schließt demnach Teilzeitbeschäftigte ebenso ein wie Vollzeitkräfte.[97]

Weitere Schwellen enthalten unter anderem die Anwartschaftszeit und der Bemessungszeitraum nach dem Arbeitsförderungsgesetz, die vorzeitigen Altersgrenzen für Langzeiterwerbstätige, aber auch die Beitragsbemessungsgrenzen für die sozialen Sicherungssysteme, wenn die bisher oberhalb der Bemessungsgrenzen liegenden (und nicht abgabepflichtigen) Lohnanteile durch die Teilung von Arbeitsplätzen unter die Bemessungsgrenzen fallen und somit der Gesamtlohn der Abgabepflicht unterliegt. Gemeinsam ist all diesen sozialversicherungsrechtlichen Schwellenwerten, daß sie kumulativ begünstigend oder kumulativ benachteiligend wirken und damit einen sozialpolitisch unerwünschten Allokationsmechanismus der Dualisierung in günstige und ungünstige Erwerbschancen in Gang setzen.[98]

---

93 Vgl. *Landenberger, M.*: Flexible Arbeitszeitformen ..., a.a.O., S. 24 ff.

94 Vgl. *Schwarze, J./Wagner, G.*: Geringfügige Beschäftigung - Empirische Befunde und Reformvorschläge, in: Wirtschaftsdienst 4/1989, S. 184

95 Vgl. *Der Bundesminister für Arbeit und Sozialordnung (Hrsg.)*: Teilzeitarbeit ..., a.a.O., S. 13

96 Vgl. *Brunowsky, R.-D.*: Das Ende der Arbeitslosigkeit ..., a.a.O., S. 136

97 Vgl. *Maier, F.*: Sozial- und arbeitsmarktrechtliche Absicherung ..., a.a.O., S. 5

98 Vgl. *ebenda*; *Landenberger, M.*: Flexible Arbeitszeitformen ..., a.a.O., S. 29

Tabelle 15: Umfang und Struktur der geringfügigen Beschäftigung in der Bundesrepublik Deutschland im Jahre 1987[99]

Merkmal	Sozioökon. Panel (v.H.)	(in 1000)	ISG (v.H.)	(in 1000)
Alle abhängig Beschäftigten	100,0	23 737	-----	-----
Vollzeit erwerbstätig	79,3	18 831	-----	-----
Teilzeit erwerbstätig	12,5	2 955	-----	-----
Geringfügig beschäftigt	8,2	1 951	-----	2 284
- davon als Nebentätigkeit	5,2	1 249	-----	-----
Frauen	13,0	1 264	-----	1 365
- verheiratet	14,4	812	-----	-----
- nicht verheiratet	11,1	452	-----	-----
Arbeitszeit				
- 1-14 Stunden	8,3	1 874	-----	-----
- 15-19 Stunden	2,0	447	-----	-----
Überwiegende Tätigkeit				
- Schüler/Studenten	23,3	456	23,1	528
- Auszubildende	3,4	67	0,6	13
- Haushaltsführende	43,6	851	40,5	925
- Arbeitslose	8,9	173	15,4	351
- Rentner	20,7	404	9,8	224
- sonstige, k.A.	-----	-----	10,6	242
- nachrichtl.: Mithelfende Familienangehörige	17,7	346	-----	-----

Für die Mehrzahl der geringf. Beschäftigten läßt sich im Sozioökonomischen Panel der berufliche Status nicht feststellen. Prozentuierung der Vollzeit-Erwerbstätigen jeweils als Anteil der abhängig Beschäftigten insgesamt. Prozentuierung der Personen nach der überwiegenden Tätigkeit jeweils als Anteil an den geringfügig Beschäftigten insgesamt.

---

99 Quelle: *Schwarze, J./Wagner, G.*: Geringfügige Beschäftigung ..., *a.a.O.*, S. 186

Bezeichnend für diese Dualisierung ist vor allem die *wachsende Verbreitung geringfügiger Beschäftigungsverhältnisse* in der Bundesrepublik Deutschland in den zurückliegenden Jahren, deren Umfang eine Studie des *Instituts für Sozialforschung und Gesellschaftspolitik (ISG), Köln*, Ende der achtziger Jahre auf rund 2,3 Mio. Personen schätzte. Am stärksten vertreten sind dabei, wie Tabelle 15 ausweist, mit 0,9 Mio. Personen oder gut 40% die Haushaltsführenden, gefolgt von Schülern und Studenten (528 000), Arbeitslosen (351 000) und Rentnern bzw. Pensionären (224 000).[100] Zu ähnlichen Befunden kommt, wie ebenfalls aus Tabelle 15 zu erkennen ist, eine Schätzung auf Basis des Sozioökonomischen Panels 1987, derzufolge von den insgesamt 23,7 Mio. abhängig Beschäftigten im Jahr 1987 knapp 2 Mio. Personen einer geringfügigen Beschäftigung nachgingen. Allerdings weist diese Schätzung für die Gruppe der Arbeitslosen deutlich geringere und für die Gruppe geringfügig beschäftigter Rentner erheblich höhere Zahlen aus.[101]

Auch bestätigen die Erkenntnisse des Sozioökonomischen Panels die Vermutung, daß geringfügige Beschäftigung im besonderen Maß von Frauen ausgeübt übt wird. So sind 13% aller abhängig beschäftigten Frauen - oder 1,2 Millionen - geringfügig beschäftigt. Allerdings ist geringfügige Beschäftigung längst nicht mehr eine Domäne verheirateter Frauen. Beträgt in dieser Gruppe die entsprechende Quote 14,4%, so erreicht die Referenzquote nichtverheirateter Frauen immerhin ebenfalls noch einen Wert über 10%.[102] Differenziert man die Analyseergebnisse des Sozioökonomischen Panels schließlich nach der wöchentlich geleisteten Arbeitszeit (in der ISG-Studie fehlen entsprechende Angaben), dann zeigt sich, daß mit knapp 1,9 Mio. Personen der überwiegende Anteil der geringfügig Beschäftigten unterhalb der "harten" Geringfügigkeitsgrenze von 15 Stunden liegt und Beschäftigungsverhältnisse somit offensichtlich *gezielt* unterhalb dieser Grenze angeboten werden.[103] Diese Befunde bestätigen im übrigen auch Ergebnisse des Mikrozensus 1985, denen zufolge nur gut 60% der in den Erhebungen

---

100 Vgl. *Der Bundesminister für Arbeit und Sozialordnung (Hrsg.)*: Hauptergebnisse des BMA-Forschungsprojektes "Sozialversicherungsfreie Beschäftigung", Bonn 1989; zit. nach *Schwarze, J./Wagner, G.*: Geringfügige Beschäftigung ..., a.a.O., S. 184

101 Dies könnte unter anderem damit zusammenhängen, daß in der ISG-Studie die Anzahl von Personen, die sich keiner überwiegenden Tätigkeit zuordnen ließen, mit 242 000 Personen recht umfangreich ist. Vgl. *Schwarze, J./Wagner, G.*: Geringfügige Beschäftigung ..., a.a.O., S. 184

102 Vgl. *ebenda*, S. 185

103 Vgl. *ebenda*, S. 184 f.

festgestellten Teilzeitbeschäftigten auch als sozialversicherungspflichtig Beschäftigte in den entsprechenden amtlichen Statistiken geführt waren.[104]

Struktur und Entwicklungsdynamik der geringfügigen Beschäftigung in der Bundesrepublik Deutschland verdeutlichen also, daß in Phasen eines verschärften Wettbewerbs und hohen Arbeitskräfteüberschusses Unternehmen in personalintensiven Branchen dazu neigen, geringfügige Beschäftigungsverhältnisse anzubieten, um auf diese Weise die Arbeitgeberbeiträge zur Sozialversicherung einzusparen. Zudem fällt Teilzeitarbeit oftmals aber auch mit anderen, arbeitsrechtlich gering abgesicherten Beschäftigungsverhältnissen zusammen, wobei die Kombination von Teilzeitarbeit und befristeter Beschäftigung am häufigsten verbreitet sein dürfte.[105] Beschäftigungsverhältnisse dieser Art sind aus der betrieblichen Perspektive insoweit vorteilhaft, als Teile der sozialrechtlichen Schutzvorschriften (Kündigungsschutz etc.) auf sie keine Anwendung finden. Mangels entsprechender Alternativen werden damit aber Arbeitssuchende gleichsam gezwungen, geringfügige Beschäftigungsverhältnisse zu akzeptieren, selbst wenn sie, wie Umfrageergebnisse zeigen, versicherungspflichtige Teilzeitstellen im Umfang von rund 25 Wochenstunden vorziehen würden.[106]

Neben arbeits- und sozialversicherungsrechtlichen Hemmnissen wirkt weiterhin die erhebliche *strukturelle Diskrepanz zwischen den Qualifikationsstrukturen der derzeitigen Teilzeit- und Vollzeitbeschäftigten* retardierend auf die Ausweitung von Teilzeitarbeitsverhältnissen. Diese Qualifikationsunterschiede, die durch die hohe berufs- und wirtschaftszweigspezifische Konzentration der angebotenen Teilzeitarbeitsplätze noch verschärft werden, haben zur Folge, daß zumindest kurzfristig insbesondere für teilzeitinteressierte weibliche qualifizierte Angestellte und männliche Facharbeiter kein entsprechendes Angebot an Teilzeitbeschäftigungsmöglichkeiten besteht.[107]

Ebenso hemmend auf die Ausweitung von Teilzeitarbeitsmöglichkeiten wirken sich die *einseitigen Arbeitszeitpräferenzen der Arbeitnehmer* aus und hierbei insbesondere der familienbedingte Wunsch vieler Frauen nach Teilzeitarbeit während der Vormittagsstunden, der oftmals betrieblichen und

---

104 Vgl. *Döhrn, R.*: Neue Beschäftigungsformen ..., a.a.O., S. 217

105 Vgl. *Maier, F.*: Sozial- und arbeitsrechtliche Absicherung ..., a.a.O., S. 6; *Möller, C.*: Flexibilisierung - Eine Talfahrt in die Armut. Prekäre Arbeitsverhältnisse im Dienstleistungssektor, in: WSI-Mitteilungen 8/1988, S. 467 f.

106 Vgl. *Schwarze, J./Wagner, G.*: Geringfügige Beschäftigung ..., a.a.O., S. 185; *Landenberger, M.*: Flexible Arbeitszeitformen ..., a.a.O., S. 29

107 Vgl. *Stark, J.*: Teilzeitarbeit ..., a.a.O., S. 70

arbeitsorganisatorischen Erfordernissen entgegensteht.[108] Vielfach sind Arbeitnehmer aber auch zu mit Teilzeitarbeit verbundenen *Einkommensverzichten* nicht bereit oder können sich aufgrund ihrer jeweiligen Einkommensposition entsprechende Einkommensverzichte nicht leisten.[109] Hinzu kommen oftmals *schlichte Gewohnheit*, *Furcht vor Prestigeverlusten*, aber auch *fehlende Management-Qualitäten in deutschen Unternehmen*, die eine Ausweitung von Teilzeitarbeitsverhältnissen in der Bundesrepublik verhindern. So setzen Manager vor allem teilzeitwilligen männlichen Mitarbeitern vielfach noch Unverständnis und Widerstand entgegen und unterstellen Unzufriedenheit oder gar mangelndes Karrierebewußtsein. Andererseits verfügen nach Meinung der meisten Unternehmensberater zahlreiche Manager oft selbst nicht über die notwendigen Fähigkeiten und Kenntnisse, für die einzelnen Betriebsabläufe maßgeschneiderte Teilzeitmodelle zu entwikkeln.[110]

5.2.4 Optionen

Angesichts der in den zurückliegenden Ausführungen aufgezeigten Hemmnisse für eine Ausweitung von Teilzeitarbeitsverhältnissen in der Bundesrepublik Deutschland wäre es zweifellos eine unrealistische Intention, das unterschiedliche Flexibilisierungsverständnis von Arbeitgebern und Arbeitnehmern konfliktlos in eine Flexibilisierungsstrategie integrieren zu wollen. Soll Teilzeitbeschäftigung jedoch mehr sein als nur eine arbeits- und sozialrechtlich marginalisierte Abweichung vom Normalarbeitsverhältnis, d. h. auch Möglichkeiten zur Anpassung der Arbeitszeiten an individuelle Lebenslagen eröffnen und eine Flexibilisierung der Arbeitszeiten im Interesse der Arbeitnehmer ermöglichen, so muß sie auch erweiterte arbeits- und sozialrechtliche Innovationen umfassen, um die Einstiege *in* und die Ausstiege *aus* dem Erwerbsleben sowie die Übergänge von Vollzeit- in Teilzeitarbeit und umgekehrt zu erleichtern und bestehende Hemmnisse für Beschäftigte wie Unternehmen abzubauen.[111]

Notwendig erscheint vor allen Dingen die *tarifliche Absicherung der Teilzeitarbeit*. Im Vordergrund steht hierbei die Festlegung bestimmter

---

[108] Vgl. *ebenda*

[109] Vgl. *ebenda*

[110] Vgl. *Strümpel, B. u. a.*: Teilzeitarbeitende Männer und Hausmänner. Motive und Konsequenzen einer eingeschränkten Erwerbstätigkeit von Männern. Berlin 1988, S. 72 ff.

[111] Vgl. *Maier, F.*: Sozial- und arbeitsrechtliche Absicherung ..., a.a.O., S. 14; *Landenberger, M.*: Flexible Arbeitszeitformen ..., a.a.O., S. 23 ff.

Mindeststandards für die Gestaltung und Handhabung von Teilzeit-Arbeitsverträgen, entweder durch spezielle Teilzeit-Tarifverträge oder entsprechende Klauseln in den bestehenden Manteltarifverträgen. Vorbildfunktion kann in diesem Kontext sicherlich der 1987 abgeschlossene Tarifvertrag über Teilzeitarbeit der Chemischen Industrie beanspruchen.[112] Um den eingangs aufgezeigten potentiellen arbeits- und sozialversicherungsrechtlichen Hemmnissen entgegenzuwirken, könnte ferner überlegt werden, *Teilzeitkräfte bei der Angabe der Beschäftigtenzahl auf prozentualer Basis ihrer geleisteten Arbeitszeit zu veranschlagen.*[113] Weiterhin wäre es erwägenswert, in Anlehnung an französische Regelungen die *Arbeitgeber grundsätzlich von den zusätzlichen Abgaben zu befreien, die durch die Teilung eines hoch dotierten Arbeitsplatzes bei Unterschreitung der Beitragsbemessungsgrenzen entstehen.*[114]

Durch Teilzeitarbeit und geringfügige Beschäftigungsverhältnisse induzierte Versorgungsdefizite im Bereich der Gesetzlichen Rentenversicherung könnten gemildert werden, wenn das die gesetzliche Rentenversicherung prägende Verhältnis zwischen strenger Lohnbezogenheit der Leistungsbemessung auf der einen Seite und nicht lohnbezogenen Elementen der Familiensicherung und des sozialen Ausgleichs auf der anderen Seite neu überdacht würde, sei es auf dem Wege einer *erweiterten Anrechnung von Anwartschaftszeiten in der GRV* (und hierbei insbesondere der Zeiten häuslicher Pflege), sei es über den umfassenderen Ansatz der *bedarfsorientierten, integrierten Grundsicherung*, der allerdings erst ex-post bei Vorliegen konkreter Versorgungsdefizite eingreift.[115]

Um der Gefahr einer weiteren Ausbreitung ungeschützter Beschäftigungsverhältnisse entgegenzutreten, erscheint weiterhin die *Aufhebung der Geringfügigkeitsgrenze* sinnvoll, wovon aber gelegentliche Beschäftigungsverhältnisse - bei grundsätzlicher Meldepflicht - auf Antrag auszunehmen wären, um Schülern und Studenten die Möglichkeiten zu Ferienjobs zu erhalten.[116] Das grundsätzliche Problem der Umgehung von Sozialversicherungsbeiträgen durch Honorar- oder Werkverträge (Scheinselbständigkeit) in diesem Kontext wiederum ließe sich beseitigen, wenn jede Form der Abschaffung geringfügiger Beschäftigungsverhältnisse mit einer *Versiche-*

---

112 Vgl. *Der Bundesminister für Arbeit und Sozialordnung (Hrsg.)*: Teilzeitarbeit ..., a.a.O., S. 110

113 Vgl. *Stark, J.*: Teilzeitarbeit ..., a.a.O., S. 70

114 Vgl. *Maier, F.*: Sozial- und arbeitsrechtliche Absicherung ..., a.a.O., S. 5

115 Vgl. *Landenberger, M.*: Flexible Arbeitszeitformen ..., a.a.O., S. 29

116 Vgl. *Schwarze, J./Wagner, G.*: Geringfügige Beschäftigung ..., a.a.O., S. 191

rungspflicht für alle Selbständigen gekoppelt würde.[117] Eine weitere Möglichkeit, die Anreize für eine sozialversicherungsfreie Beschäftigung auf seiten der Arbeitgeber und Arbeitnehmer aufzuheben, wäre die *Orientierung der Arbeitgeberbeiträge zur Sozialversicherung an der betrieblichen Wertschöpfung*, um auf diese Weise eine von der Arbeitszeitstruktur unabhängige Finanzierung der Sozialversicherung zu ermöglichen.[118]

Die strukturellen Diskrepanzen zwischen den Qualifikationen der Vollzeit- und Teilzeiterwerbstätigen, die einseitigen Arbeitszeitpräferenzen von Frauen sowie die fehlenden Managementerfahrungen mit Teilzeitarbeit können indes nur durch *kontinuierliche Qualifizierungsmaßnahmen, durch einen weiteren Ausbau der familienbezogenen staatlichen Infrastruktur sowie durch eine intensivierte politische und institutionelle Aufklärungsarbeit* überwunden werden.[119]

Weitgehend unberücksichtigt blieben in den bisherigen Ausführungen allerdings noch die *Impulse*, die in den kommenden Jahren *vom Öffentlichen Dienst* auf die Ausweitung von Teilzeitarbeit ausgehen können. Zweifellos haben auch im Bereich des öffentlichen Dienstes in den zurückliegenden Dezennien keine spektakulären Verschiebungen zugunsten von Teilzeitbeschäftigungen stattgefunden, dennoch agierte der öffentliche Dienst stets als Vorreiter bei der Förderung von Teilzeitbeschäftigung. So entfielen immerhin vom Gesamtzuwachs an Teilzeitbeschäftigung in den Jahren zwischen 1977 und 1985 alleine 76% auf den öffentlichen Dienst, wobei sich dieser Zuwachs vor allem auf die Beschäftigtengruppe der Beamten konzentrierte.[120] Gerade der öffentliche Dienst mit seinem diversifizierten Dienstleistungsangebot bietet also ein besonders umfangreiches Einsatzfeld für Teilzeitarbeit, das, wie Kapitel 5.6 noch näher erläutern wird, auch in Zukunft im Rahmen einer expansiven Personalpolitik weiter erschlossen werden sollte. Alleine die ca. 130 Mio. Überstunden, die Schätzungen zufolge im Jahr 1984 im öffentlichen Dienst geleistet worden sind, entsprechen rund 80 000 zusätzlichen Vollzeitstellen.[121]

---

117 Vgl. *ebenda*

118 Vgl. *Maier, F./Schettkat, R.*: Beschäftigungspotentiale der Arbeitszeitpolitik, in: APuZ B 3/90, S. 47 f.

119 Vgl. *Stark, J.*: Teilzeitarbeit ..., a.a.O., S. 70

120 Vgl. *Dittrich, W./Fuchs, G./Landenberger, M./Rucht, D.*: Staatliche Teilzeitförderung in der privaten Wirtschaft und im öffentlichen Dienst: Regelungen, Interessen, Wirkungen, in: MittAB 2/89, S. 281 ff.

121 Vgl. *Tofaute, H.*: Möglichkeiten und Bedingungen einer zukunftsorientierten Personaleinsatzpolitik im öffentlichen Dienst, in: WSI-Mitteilungen 6/1988, S. 314

Als hilfreich dürften sich in diesem Kontext zweifellos die im Juni 1989 im Deutschen Bundestag beschlossenen Erweiterungen der Teilzeitarbeitsmöglichkeiten für Angehörige des öffentlichen Dienstes erweisen. Nach dieser gesetzlichen Regelung erhöht sich die Höchstdauer für Teilzeitarbeit im öffentlichen Dienst von zuvor 10 auf nunmehr 15 Jahre. Neu eingeführt wurde ferner eine Altersteilzeit, die Beamten vom 55. Lebensjahr an einen abgestuften Übergang in die Pension ermöglicht, auch wenn diese in ihrem Berufsleben zuvor die Freistellungsfristen bereits ausgeschöpft haben. Beamte können sich überdies aus familiären oder arbeitsmarktpolitischen Gründen 12 Jahre lang (statt zuvor 9 Jahre) beurlauben lassen, wobei Freistellungen auch dann bewilligt werden, wenn betreute oder pflegebedürftige Personen nicht im eigenen Haushalt leben. Insgesamt können nach den gesetzlichen Regelungen Teilzeitarbeits- und Beurlaubungsmöglichkeiten in Zukunft für immerhin 25 statt bisher 18 Jahre gewährt werden.[122]

Neben verbesserten Teilzeitarbeitsmöglichkeiten im öffentlichen Dienst entbehrt im Kontext staatlicher Förderung von Teilzeitarbeit aber auch die Forderung nach einer *Weitergabe der potentiellen Kostenentlastungen der öffentlichen Haushalte, die bei steigender Beschäftigung durch eine Verringerung von Arbeitslosenunterstützungszahlungen entstehen, an sozialversicherungspflichtig Beschäftigte, die ihre Arbeitszeit freiwillig reduzieren bzw. an Arbeitslose mit Unterstützungsanspruch, die eine neue Tätigkeit mit einer Arbeitszeit unter der zuletzt geleisteten Stundenzahl annehmen,*[123] als Option zweifellos nicht eines gewissen Charmes. Allerdings würde durch eine derartige Förderung zum einen der Leistungsanreiz für Vollzeitarbeitnehmer erheblich gemindert.[124] Zum anderen stellt sich aber auch die Frage, ob nicht durch die angesprochenen sozialversicherungsrechtlichen Verbesserungen und durch ein erweitertes staatliches Angebot an Teilzeitarbeitsplätzen der Förderung von Teilzeitarbeit bereits in ausreichendem Maße Rechnung getragen werden kann, und ob staatliche Interventionen nicht auf andere Bereiche beschränkt bleiben sollten.

Eine deutliche Absage muß zum Abschluß des vorliegenden Kapitels aber auch die Forderung nach einem Recht auf Teilzeitarbeit erfahren, die

---

[122] Vgl. Bundestagsdrucksache 11/4643: *Beschlußempfehlung und Bericht des Innenausschusses (4. Ausschuß) zu dem Gesetzentwurf des Bundesrates - Drucksache 11/2218*: Entwurf eines ... Gesetzes zur Änderung dienstrechtlicher Vorschriften

[123] Vgl. *Hagemann, H./Sommerfeldt, K.*: Flexible Teilzeitarbeit ..., a.a.O., S. 37 ff.

[124] Vgl. *Stark, J.*: Teilzeitarbeit ..., a.a.O., S. 70

unter dem Slogan "Mehr Zeitsouveränität für Arbeitnehmer" von einigen Vertretern der neuen Arbeitszeitpolitik erhoben wird.[125] Auch wenn, wie gesehen, die traditionelle Teilzeitarbeit sehr viel mehr die Freiheitsgrade der Betriebe bei der Gestaltung der Arbeitszeitstrukturen erhöht als die Zeitoptionen der Arbeitnehmer zu erweitern, dürfte ein solches Recht auf Teilzeitarbeit nach den jeweils individuellen Bedürfnissen der Beschäftigten pragmatisch wie organisatorisch in den jeweiligen Unternehmen nur äußerst schwer umsetzbar sein.

5.3 Tarifpolitische Maßnahmen

Neben ordnungspolitischen und arbeitszeitpolitischen Maßnahmen zur Ausweitung von Produktion und Beschäftigung im Bereich verbraucherorientierter Dienstleistungen in der Bundesrepublik Deutschland muß angesichts der enormen beschäftigungspolitischen Erfolge, die die USA in den zurückliegenden Jahren im Dienstleistungsbereich erzielen konnten, im folgenden notwendigerweise auch die Frage erörtert werden, inwieweit

- der unterschiedlichen Reallohnentwicklung in den USA im Vergleich zur Bundesrepublik,
- der stärkeren sektoralen und qualifikationsbezogenen Differenzierung der Lohnstruktur in den Vereinigten Staaten, aber auch
- der höheren Flexibilität des amerikanischen Lohntarifvertragssystems, etwa durch die Akzeptanz verstärkter Außenseiterkonkurrenz oder aber auch durch Maßnahmen der verstärkten betrieblichen Flexibilisierung,

eine Vorbildfunktion für die Bundesrepublik Deutschland beizumessen ist, und inwieweit entsprechende tarifpolitische Optionen auch in der Bundesrepublik die Ausweitung verbraucherorientierter Dienstleistungen flankierend unterstützen können.

Ein weiteres tarifpolitisches Problem, das der Ausweitung verbraucherorientierter Dienstleistungen in der Bundesrepublik im Wege steht, sind (angesichts des hohen Anteils staatlich erbrachter Dienstleistungen in der Bundesrepublik) die Einkommen im öffentlichen Dienst, deren Niveau und vor allem Struktur, wie Kapitel 5.3.4 verdeutlichen wird, ebenfalls beschäftigungspolitisch dysfunktional wirken.

---

[125] Vgl. *Kurz-Scherf, I.*: Zum Stellenwert der Teilzeitarbeit in einer emanzipatorischen Arbeitszeitpolitik, in: WSI-Mitteilungen 11/1985, S. 666

Ebenfalls einer eingehenderen Überprüfung bedarf schließlich die Problematik der hohen Lohnnebenkosten in der Bundesrepublik, der allerdings aufgrund ihrer Bedeutung für die vorliegende Untersuchung, aber auch wegen der Tatsache, daß es sich hierbei keineswegs um ein ausschließlich tarifpolitisches Problem handelt, ein eigenständiges Kapitel (Kapitel 5.5) vorbehalten bleiben soll.

5.3.1 Zur Forderung nach einer verbesserten Abstimmung von Reallohn- und Produktivitätsentwicklung in der Bundesrepublik Deutschland (Schließung der "Reallohnlücke")

Zur Feststellung der Beschäftigungs-"Konformität" der Lohnentwicklung einer Volkswirtschaft findet häufig das Konzept der Reallohnlücke Verwendung. Dieser Ansatz unterstellt, daß Reallohnzuwächse, die das Produktivitätswachstum überschreiten, beschäftigungshemmend wirken und umgekehrt. Die Reallohnlücke läßt sich demnach bestimmen als Differenz zwischen der Veränderungsrate der Reallöhne und der Veränderung der Faktorproduktivität.[126] Empirische Befunde für ausgewählte Wirtschaftsbereiche der USA und der Bundesrepublik Deutschland verdeutlichen nun, daß die Reallöhne in der Bundesrepublik im Zeitraum zwischen 1971 und 1985 durchweg schneller gestiegen sind als in den Vereinigten Staaten, und daß sich die Reallohnlücken des aggregierten privaten Dienstleistungssektors der USA und der Bundesrepublik um etwa einen Prozentpunkt unterscheiden (vgl. Tabelle 16).[127]

Auffallend bei den vorliegenden Befunden ist allerdings, daß einige Bereiche mit starkem Beschäftigungswachstum, wie z. B. der Bereich der übrigen Dienstleistungen, sowohl in den Vereinigten Staaten als auch in der Bundesrepublik zugleich Wirtschaftsbereiche mit großen Reallohnlücken sind, andererseits in der Bundesrepublik aber auch Sektoren wie das Versicherungsgewerbe existieren, die trotz negativer Reallohnlücken nur einen bescheidenen Beschäftigungszuwachs verbuchen können. Die empirische Evidenz erweist sich insofern auf sektoraler Ebene als nicht eindeutig, so daß auf entsprechende Empfehlungen im Hinblick auf mögliche Anpassungen der Reallohnentwicklung an dieser Stelle verzichtet werden soll.[128]

---

126 Vgl. *Wegner, M.*: Die Schaffung von Arbeitsplätzen ..., a.a.O., S. 9; *Wohlers, E.*: Die Beschäftigungsentwicklung ..., a.a.O., S. 190

127 Vgl. *Ochel, W./Schreyer, P.*: Das amerikanische "Beschäftigungswunder" ..., a.a.O., S. 16 f.

128 Vgl. *ebenda*; *Wegner, M.*: Die Schaffung von Arbeitsplätzen ..., a.a.O., S. 9

Tabelle 16: Reallöhne, Reallohnlücke und Beschäftigung im privaten Dienstleistungssektor der USA und der Bundesrepublik Deutschland 1971-1985[129]

Wirtschafts-bereich	USA			Bundesrepublik Deutschland		
	RL	RLL	VRAB	RL	RLL	VRAB
Großhandel	1,4	1,7	2,4	3,2	2,3	- 0,2
Einzelhandel	0,1	0,3	3,0	2,8	1,9	0,6
Eisenbahn	1,7	0,6	- 3,8	2,3	0,0	- 2,0
Schiffahrt	1,2	0,3	- 0,9	2,7	2,7	- 2,7
Post	5,1	2,4	0,4	3,8	1,3	0,8
Übriger Verkehr	0,9	0,7	2,0	2,6	2,4	1,6
Kreditinstitute	0,9	2,3	3,9	1,4	0,9	2,1
Versicherungen	1,9	1,3	1,7	0,2	- 1,2	0,6
Gastgewerbe	- 1,2	- 0,1	3,7	0,9	2,4	2,7
Übrige Dienstl.	1,1	2,1	5,1	1,3	3,6	1,5
Private Dienstl.	0,6	0,5	3,0	2,1	1,5	0,7
WP1	- 1,8	- 0,6	1,8	1,7	0,6	- 1,4
WP2	2,9	0,9	0,2	3,6	1,9	- 1,4

RL : Veränderungsrate der Reallöhne, jährlich im Durchschnitt 1971-1985 (in %); RLL : Reallohnlücke
VRAB: Veränderungsrate der abhängig Beschäftigten in Vollzeitäquivalenten, jährlich im Durchschnitt 1971-1985 (in %)
WP1, WP2: Warenproduzierende Sektoren

[129] Quelle: *Ochel, W./Schreyer, P.*: Das amerikanische "Beschäftigungswunder" ..., a.a.O., S. 17

5.3.2 Verstärkte Differenzierung der sektoralen und qualifikationsbezogenen Lohnstrukturen

Als weitere Determinanten des erheblich geringeren Beschäftigungszuwachses im Dienstleistungssektor der Bundesrepublik Deutschland im Vergleich zu den USA werden in der wissenschaftlichen Diskussion oft die geringere sektorale Lohndifferenzierung zwischen dem Dienstleistungsbereich und dem Warenproduzierenden Gewerbe sowie die geringere qualifikationsbezogene Differenzierung der Lohnstrukturen in der Bundesrepublik Deutschland genannt, die dort aufgrund des dadurch entstehenden Lohnkostendrucks zu einer vergleichsweise starken Zunahme der Kapitalintensität im Dienstleistungsbereich geführt und somit die Schaffung neuer Arbeitsplätze erschwert hätten.[130]

Auch wenn trotz einer Fülle empirischen Grundlagenmaterials *unmittelbar vergleichbare* Daten zur Entwicklung der sektoralen und qualifikationsbezogenen Lohnstrukturen in den USA und der Bundesrepublik letztlich fehlen und ferner die Interdependenzen zwischen den verschiedenen Komponenten der Lohnstruktur in der Regel in den einzelnen Analysen nicht ausreichend berücksichtigt werden,[131] scheinen die vorliegenden Untersuchungen in ihrer Tendenz dennoch grundsätzlich die größere Differenzierung der amerikanischen intersektoralen und interqualifikatorischen Lohnstrukturen zu bestätigen.[132] Daraus nun allerdings vorschnell und pauschal die Empfehlung für eine größere sektorale Differenzierung der Lohnstrukturen auch in der Bundesrepublik Deutschland abzuleiten, wäre allerdings wenig problemadäquat.

---

130 Vgl. *Burda, M. C. /Sachs, J. D.*: Institutional Aspects of High Unemployment in the Federal Republic of Germany, National Bureau of Economic Research, Working Paper No. 2241. Cambridge MA 1987. Nach einer dort erwähnten Modellrechnung könnte bei gleichen Arbeitsmarktbedingungen wie in den USA die Zahl der Beschäftigten im tertiären Sektor der Bundesrepublik um etwa eine Million höher sein. Vgl. hierzu *Deutsche Bundesbank*: Der Dienstleistungssektor ..., a.a.O., S. 48

131 So hängt das Ausmaß der Lohndifferenzierung *zwischen* den Branchen auch von der unterschiedlichen Verteilung der Qualifikationen *innerhalb* der Branchen ab, und *regionale* Lohndifferenzen spiegeln selbstverständlich auch unterschiedliche *Branchenstrukturen* wider. Vgl. *Gundlach, E.*: Gibt es genügend Lohndifferenzierung in der Bundesrepublik Deutschland?, in: Die Weltwirtschaft 1/1986, S. 76

132 Vgl. *Ochel, W./Schreyer, P.*: Das amerikanische "Beschäftigungswunder" ..., a.a.O., S. 17 f.; *Wegner, M.*: Die Schaffung von Arbeitsplätzen ..., a.a.O., S. 9 f.; *Cornetz, W.*: Die Kehrseite ..., a.a.O., S. 632

Zum einen sind, wie die folgenden Ausführungen verdeutlichen werden, auch die sektoralen Lohnstrukturen in der Bundesrepublik recht differenziert. So war Analysen des *DIW* zufolge im Jahr 1983 das Durchschnittseinkommen abhängig Beschäftigter im Dienstleistungssektor mit rund DM 19 gegenüber rund DM 21 je Stunde niedriger als im Verarbeitenden Gewerbe. Zudem ist in der Bundesrepublik aber auch die Höhe der durchschnittlichen Einkommen über die einzelnen Dienstleistungsbranchen breit gestreut. So waren im Referenzjahr die Stundenverdienste mit DM 27,58 im Versicherungsgewerbe am höchsten. Zur Spitzengruppe gehörten überdies das Kreditgewerbe und weitere Zweige vorwiegend wirtschaftsbezogener Dienstleistungen, wie z. B. Architektur-, Ingenieur- oder aber auch Auskunftsbüros. Mit DM 10,52 lag der Stundenverdienst im Bereich Gastgewerbe und Heime dagegen am niedrigsten. Niedrige Durchschnittseinkommen waren außerdem auch im privaten Gesundheitswesen, im Einzelhandel und bei den haushaltsbezogenen Dienstleistungen Körperpflege, Wäscherei, Reinigung und häusliche Dienste zu finden, also gerade bei den Bereichen, denen das besondere Interesse der vorliegenden Untersuchung gilt.[133]

Überdies finden sich in der Bundesrepublik Deutschland aber auch keine empirisch eindeutigen Befunde für die häufig beklagte zunehmende Nivellierung der interqualifikatorischen Lohnstrukturen. Vielmehr scheint neueren Analysen des *Instituts für Arbeitsmarkt- und Berufsforschung* zufolge diese von Vertretern des *Kieler Instituts für Weltwirtschaft* wiederholt vorgetragene Hypothese die empirischen Belege übermäßig zu interpretieren.[134] Gemäß den Befunden des *IAB* läßt sich im Zeitraum zwischen 1971 und 1985 nur ein partieller Trend der qualifikationsbezogenen Entgeltnivellierung beobachten, der lediglich untere Entgeltgruppen weiblicher Arbeitnehmer leicht begünstigte, während in mittleren und oberen Gruppen männlicher Angestellter hingegen eine leichte Differenzierung der Verdienste eintrat.[135]

---

133 Vgl. *Stille, F. u. a.*: Strukturverschiebungen zwischen sekundärem und tertiärem Sektor. Berlin 1988, S. 74 ff.

134 Die Nivellierungsthesen basieren auf der allgemeinen Annahme, Niedrig-Löhne seien im Zeitverlauf überproportional angehoben worden, um aus prinzipiellen einkommenspolitischen Zielen eine tendenzielle Egalisierung der Arbeitseinkommen in den unteren Einkommensgruppen zu erreichen. Vgl. *Hardes, H.-D.*: Vorschläge zur Differenzierung und Flexibilisierung der Löhne, in: MittAB 1/88, S. 63

135 Vgl. *ebenda*, S. 63 ff.

Schließlich darf sich eine Bewertung des amerikanischen Beschäftigungssystems aber auch keinesfalls ausschließlich auf die Beschäftigungserfolge beschränken. Weitere Kriterien, die die Wertigkeit der Beschäftigung bestimmen, sind z. B. die soziale Absicherung und Dauerhaftigkeit der Beschäftigungsverhältnisse sowie die gesamtwirtschaftliche Produktivität.[136] Vor diesem erweiterten Hintergrund wird in den USA selbst das zügige Wachstum des Tertiärsektors keineswegs als durchweg positiv und schon gar nicht als "Wunder" empfunden. Im Kontext mit der enormen Beschäftigungsausweitung im Dienstleistungssektor werden vielmehr vor allem *wachsende Lohnungleichheiten*, ein *Einkommens-Polarisationstrend bei schrumpfender Mittelklasse* sowie die *generell gestiegene Armut* beklagt. So ermöglicht mehr als die Hälfte der zwischen 1979 und 1984 neu geschaffenen Arbeitsplätze den Beschäftigten nur ein unterhalb der offiziellen Armutsgrenze liegendes Einkommen, so daß im Jahre 1985 bereits jeder siebte US-Bürger, d. h. 33,1 Mio. (!) Amerikaner unterhalb dieser Armutsgrenze lebten.[137]

Dem Beschäftigungswunder in den USA steht zudem aber auch ein immenses Produktivitätsproblem gegenüber. Kein ökonomisches Problem dürfte für die Vereinigten Staaten gegenwärtig wohl schwerwiegender sein als das *geringe Produktivitätswachstum*, denn genau hierin liegt ein wesentlicher Grund für die *mangelnde Wettbewerbsfähigkeit der USA*, die wiederum Voraussetzung für den Abbau des *Rekorddefizits der Leistungsbilanz*, aber auch Grundlage für künftige Einkommen und den zukünftigen Lebensstandard ist. Beschränkt man mithin die Analyse des amerikanischen Beschäftigungsmodells nicht auf Beschäftigungsziffern, sondern analysiert die gesamte volkswirtschaftliche Entwicklung, dann kommt man nicht umhin, den beschäftigungspolitischen Erfolg der Vereinigten Staaten entscheidend zu relativieren.[138]

Wenn es nun aber zum einen fraglich ist, welchen Beitrag eine Strategie der stärkeren Flexibilisierung der Lohnstrukturen zur Schaffung neuer Arbeitsplätze im Dienstleistungsbereich zu leisten vermag, und zum andern eine derartige Politik Arbeitsarmut nicht ausschließen kann, dann drängt sich die Frage auf, ob eine solche Option für die Bundesrepublik überhaupt noch in Betracht gezogen werden sollte, insbesondere angesichts zur Verfügung stehender alternativer Möglichkeiten der Einwirkung auf das Arbeits-

---

136 Vgl. *Hoffmann, E.*: Beschäftigungstendenzen ..., a.a.O., S. 261

137 Vgl. *Cornetz, W.*: Die Kehrseite ..., a.a.O., S. 628 ff.

138 Vgl. *ebenda*, S. 631 f.

platzangebot.[139] Sollten trotz dieser Restriktionen dennoch Lohnstrukturflexibilisierungen in Erwägung gezogen werden, dann käme mithin aus der Perspektive der vorliegenden Untersuchung lediglich eine *mittelfristig orientierte, behutsame stärkere Lohndifferenzierung nach Qualifikation und Erfahrung der Arbeitskräfte* in Frage. Vorteile könnte eine derartige Option vor allem jüngeren Arbeitskräften eröffnen, deren Absorption durch den Arbeitsmarkt bei geringeren Eintrittslöhnen erleichtert werden könnte. Vorteile hätte eine derartige Empfehlung gerade aber auch für die weniger qualifizierten Arbeitskräfte, die in der Bundesrepublik in relativ starkem Maße von Arbeitslosigkeit betroffen sind.[140]

Insofern Niedriglohnsektoren überdurchschnittlich viele Arbeitskräfte mit geringerer Qualifikation beschäftigen, hätte eine derartige qualifikationsbezogene Lohndifferenzierung zugleich aber auch eine sektorale Lohndifferenzierung zur Folge, was wiederum gerade in den Niedriglohnsektoren der haushaltsorientierten Dienstleistungsbereiche zusätzliche Beschäftigungsmöglichkeiten fördern könnte.[141] Über diese Maßnahmen hinaus versprechen allerdings aus den genannten Gründen sicherlich die sonstigen Optionen der vorliegenden Arbeit einen größeren beschäftigungspolitischen Erfolg als weitere Flexibilisierungen der Lohnstrukturen.[142]

5.3.3 Partielle Flexibilisierungen des Tarifvertragssystems

Weit über die Vorschläge zur verstärkten Lohnstrukturdifferenzierung hinaus gehen (ebenfalls in Anlehnung an amerikanische Vorbilder) Empfehlungen zur verstärkten Flexibilisierung des Tarifvertragssystems in der Bundesrepublik Deutschland. Diese Vorschläge beruhen auf der These einer unzureichenden Anpassung der Tarif- bzw. Effektivlöhne an die jeweiligen Bedingungen der Güter- und Arbeitsmärkte, wobei die märktebezogenen Rigiditäten des Tariflohnsystems teils als Konsequenz des Mindestlohncharakters von Tariflöhnen, teils als Folge einer zu starken überbetrieblichen Zentralisierung der Tarifverhandlungen betrachtet werden.[143]

Entsprechend fordert eine erste Gruppe von Flexibilisierungsbefürwortern einen verstärkten Lohnwettbewerb durch Außenseiter-Arbeitgeber

---

139 Vgl. *ebenda*, S. 632

140 Vgl. *Ochel, W./Schreyer, P.*: Das amerikanische "Beschäftigungswunder" ..., a.a.O., S. 18 ff.

141 Vgl. *ebenda*

142 Vgl. *Welzmüller, R.*: Flexibilisierung der Lohnstruktur: Eine wirtschafts- und arbeitsmarktpolitische Sackgasse, in: WSI-Mitteilungen 10/1988, S. 588

143 Vgl. *Hardes, H.-D.*: Vorschläge ..., a.a.O., S. 55

oder Außenseiter-Arbeitnehmer. Andere Autoren sehen die mangelnde Lohnflexibilität dagegen in der mangelnden einzelbetrieblichen Flexibilität von Branchentarifvertägen begründet und schlagen in der Konsequenz Maßnahmen zu einer betriebsnäheren Lohnpolitik vor.[144] Auf alle genannten Vorschläge soll im folgenden näher eingegangen werden.

5.3.3.1 Zum Konzept einer verstärkten Flexibilisierung des Tarifvertragssystems via Lohnwettbewerb durch Außenseiter-Arbeitgeber

Autoren des *Kronberger Kreises* und Mitglieder des *Instituts für Weltwirtschaft* sehen in der Möglichkeit der Allgemeinverbindlichkeitserklärung von Tarifverträgen nach § 5 des Tarifvertragsgesetzes eine mißbräuchliche Ausdehnung der Macht von Tarifvertragskartellen und eine hoheitliche Gewaltanwendung gegenüber Außenseitern, die ausdrücklich nicht Mitglieder der Verbände sein wollen. In verfassungsrechtlicher Hinsicht stehe die Allgemeinverbindlichkeitserklärung von Tarifverträgen dem Grundgesetz, insbesondere dem Grundrecht der negativen Koalitionsfreiheit gemäß Art. 9, GG, fundamental entgegen, in ökonomischer Hinsicht schließe sie Außenseiter-Wettbewerb aus.[145]

Eine derartige Argumentation erscheint allerdings problematisch angesichts des zweifellos vorhandenen *öffentlichen Interesses in der Bundesrepublik an einer funktionsfähigen Tarifautonomie*, das im übrigen auch das Bundesverfassungsgericht in einem diesbezüglichen Normenkontrollverfahren bestätigte. Konkret läßt sich dieses öffentliche Interesse mit einer Schutzfunktion der Sicherung angemessener Arbeitsbedingungen (auch in wirtschaftsschwächeren Bereichen mit geringerem Organisationsgrad), einer Einkommenssicherungsfunktion für Arbeitnehmer auch bei schlechter Konjunktur- und Arbeitsmarktlage sowie einer Funktion der befristeten Friedensverpflichtung der Tarifparteien begründen, so daß die Praxis der Allgemeinverbindlichkeitserklärung in der Bundesrepublik Deutschland auch vor dem Hintergrund neu zu schaffender Arbeitsplätze im Bereich verbraucherorientierter Dienstleistungen grundsätzlich *nicht* zur Disposition stehen sollte. Im übrigen ist die faktische Relevanz von allgemeinverbindlich erklärten Tarifverträgen eher geringer einzuschätzen als die weitergehende Übernahme von Tarifverträgen für Nichtmitglieder der Gewerkschaften in Wirtschaftsbereichen ohne entsprechende Allgemeinverbindlich-

---

[144] Vgl. *ebenda*, S. 55 f.

[145] Vgl. *ebenda*, S. 56

keitserklärung. Insofern scheint die vorgebrachte Kritik hier zum Teil einer Fehleinschätzung zu unterliegen.[146]

5.3.3.2 Zum Konzept einer verstärkten Flexibilisierung des Tarifvertragssystems via Lohnwettbewerb durch Außenseiter-Arbeitnehmer

Die in den zurückliegenden Jahren in der Bundesrepublik überdies vorgebrachten Vorschläge für einen verbesserten Lohnwettbewerb durch Außenseiter-Arbeitnehmer lassen sich letztlich alle auf die These eines Mindestlohnkartells der Tarifpartner reduzieren. Gemäß dieser These fallen die Tariflöhne im allgemeinen und die Tariflöhne von Arbeitnehmergruppen mit hoher Arbeitslosigkeit (ältere, ungelernte und weibliche Arbeitnehmer) im besonderen in der Bundesrepublik im Vergleich zu den markträumenden Wettbewerbslöhnen zu hoch aus. In der Öffentlichkeit bekannt wurde vor allem der Mitte der achtziger Jahre wiederholt geäußerte Vorschlag des FDP-Politikers und früheren Bundeswirtschaftsministers *Hausmann* zur befristeten Entlohnung neueingestellter Arbeitsloser unterhalb der Tarifvertragsbedingungen.[147] Ähnliche Vorschläge wurden auch vom Kieler *Institut für Weltwirtschaft* unterbreitet.[148]

Auch derartige Vorstellungen differenzierter Außenseiterlöhne bei Einstellung von Arbeitslosen orientieren sich wiederum an amerikanischen Vorbildern, konkret an den während der Rezessionsperiode zu Beginn der achtziger Jahre in einzelnen Branchen und Betrieben eingeführten "*two-tiered contracts*". Als spektakulärstes Beispiel können in diesem Kontext sicherlich Betriebsvereinbarungen bei der Luftfahrtgesellschaft "American Airlines" gelten, denen zufolge sich ab Dezember 1983 die Gehälter für neueingestellte Piloten und sonstiges Flug- und Bodenpersonal halbierten (!). Gespaltene Lohnsysteme mit einer durchschnittlichen Abschlagsrate für Neueinstellungen von ca. 15% gelten in den USA überdies beispielsweise für Lastwagenfahrer im Verkehrssektor, aber auch im Handel und in sonstigen Dienstleistungsbereichen.[149]

---

146 Vgl. *ebenda*, S. 57

147 Vgl. *ebenda*

148 Vgl. exemplarisch *Schmidt, K.-D.*: Lohnhöhe ..., a.a.O., S. 30 ff.

149 Vgl. *Hardes, H.-D.*: Vorschläge ..., a.a.O., S. 58; *Eisold, H.*: Gründe und Scheingründe gegen eine Flexibilisierung des Tarifvertragssystems, in: Wirtschaftsdienst 2/1989, S. 98

Entgegen einer anfänglich überaus positiven Einschätzung dieser gespaltenen Lohnsysteme von Seiten der betroffenen Firmenleitungen, die in diesen Vereinbarungen eine Möglichkeit zur Senkung der Arbeitskosten bei hoher betrieblicher Personalfluktuation sahen, scheinen neueren Umfrageergebnissen zufolge bei dem betroffenen betrieblichen Management allerdings *eher skeptischere Haltungen* an Bedeutung zu gewinnen, da fast ein Viertel der befragten Unternehmen erhebliche Produktivitätsabfälle und Auftragsverluste durch Qualitätsmängel beklagte.[150]

Problematisch an den gespaltenen Lohnsystemen erscheinen aus der übergeordneten Perspektive zudem vor allem die offenkundigen Belegschaftsspaltungen in den betroffenen Betrieben, die Mißachtung des Prinzips gleicher betrieblicher Bezahlung für gleiche Arbeit, die Verstärkung der betrieblichen Senioritätssysteme durch die Übertragung der betrieblichen Anpassungslasten von den bereits in den Betrieben Beschäftigten auf die künftigen Kollegen, die Gefahr von Substitutionseffekten (Austausch eines vorher Beschäftigten) oder auch Mitnahmeeffekten (wenn die Einstellung auch zu höheren Löhnen erfolgt wäre), der Verlust der Schutzfunktion von Tarifverträgen gerade für arbeitsmarktpolitische Risikogruppen sowie schließlich die eher negativen Erfahrungen der Arbeitsmarktpolitik mit dem Instrument der Lohnkostensubventionen bei Einstellungen längerfristig Arbeitsloser, die im Prinzip einer befristeten, jedoch erheblichen Senkung der individuellen Arbeitskosten gleichkommen.[151]

Angesichts dieser Befunde erscheint es wenig wünschenswert, Außenseiterwettbewerb auch in der Bundesrepublik Deutschland zuzulassen (und dies umso mehr, solange der Nachweis der Befürworter fehlt, daß die Arbeitslosen mikro- wie makroökonomisch ausschließlich den Merkmalen und Bedingungen der Mindestlohnarbeitslosigkeit zuzuordnen sind). Wenn Tarifverträge nach der intendierten Schutzfunktion zu einer Sicherung von Mindestarbeitsbedingungen beitragen sollen, dann bildet die Tarifbindung für arbeitslose Arbeitnehmer einen konsequenten Teilaspekt dieser Tarifautonomie. Insofern käme eine Aufhebung der Tarifbindung im Sinne der Idee eines Außenseiterwettbewerbs von Arbeitslosen einer *Erosion der Prinzipien der Tarifautonomie* gleich, was selbst vor dem Hintergrund neu zu schaffender Arbeitsplätze im Bereich verbraucherorientierter Dienstleistungen im Grunde genommen *keine* erstrebenswerte Option sein sollte.[152]

---

150 Vgl. *Hardes, H.-D.*: Vorschläge ..., a.a.O., S. 58

151 Vgl. *ebenda*

152 Vgl. *ebenda*, S. 58 f.

5.3.3.3 Verstärkte betriebliche Flexibilisierung des Tarifvertragssystems

Eine dritte Gruppe von Flexibilisierungsvorschlägen, die dezidiert vor allem vom *Kronberger Kreis* vorgetragen, partiell aber auch von den Wirtschaftsforschungsinstituten mitgetragen werden, wendet sich schließlich gegen eine mangelnde *einzelwirtschaftliche* Ausrichtung des gegenwärtigen Verbandstarifvertragssystems. Auch hier wiederum sind es empirische Beobachtungen in den USA, die entsprechende Forderungen nach vermehrten Betriebstarifverträgen auch in der Bundesrepublik Deutschland initiierten.[153]

Zweifellos scheinen verschiedene Faktoren auch in der Bundesrepublik auf einen größeren Bedarf an betrieblicher Flexibilität gegenüber flächendeckenden Branchentarifvereinbarungen hinzudeuten. Erinnert sei in diesem Zusammenhang nur an die verstärkten intra- und intersektoralen Differenzierungen der wirtschaftlichen Entwicklungen zwischen Betrieben, an den Bewußtseinswandel vieler Gewerkschaftsmitglieder, die mehr und mehr zentrale Entscheidungen und bürokratische Erscheinungsformen ihrer Vertreterorganisationen beklagen, aber auch an die unterschiedlichen Interessen von Klein- und Großbetrieben und deren differenzierte Einstellungen zu den Arbeitgeberverbänden.[154] Insofern sollte die Ordnungsfunktion von Tarifverträgen im Bereich der Arbeitsbedingungen auch in der Bundesrepublik Deutschland nicht länger als Maxime "Ordnung = Einheitlichkeit" fehlinterpretiert werden. Allerdings können Lösungen, die eine generelle Entpflichtung von Tarifbindungen durch Betriebsvereinbarungen vorsehen, für die Bundesrepublik auch hier wiederum sicherlich *keine* erstrebenswerte Option darstellen.

Denkbar wäre allerdings die begrenzte schrittweise Einführung von systemkonformen Lösungen, wie zum Beispiel *Tarifverträgen mit begrenzten Einkommenskomponenten der betrieblichen Gewinnbeteiligung*, die gleichfalls eine betriebliche Flexibilisierung der Entgeltpolitik in Form einer built-in-flexibility schaffen könnten, oder aber auch *Tariföffnungsklauseln*, die Spielraum für betriebliche Vereinbarungen lassen, wenn eine Differenzierung und größere Betriebsnähe erforderlich erscheint. Gerade Tariföffnungsklauseln bieten die Möglichkeit, via Betriebsvereinbarung zwischen Unternehmensleitung und Betriebsrat zum Nutzen beider Seiten vom bestehenden Tarifvertrag abzuweichen, ohne bei Nichtzustandekommen einer Einigung auf die Friedenspflicht des Tarifvertrages verzichten zu müs-

---

[153] Vgl. *ebenda*, S. 59

[154] Vgl. *ebenda*, S. 72

sen.[155] Allerdings erscheinen die Realisierungschancen entsprechender Vorschläge in der Bundesrepublik nur als sehr gering, da die Spitzenverbände der Tarifparteien im wesentlichen übereinstimmend, wenn auch mit unterschiedlicher Akzentuierung, Öffnungsklauseln der genannten Art ablehnen.[156]

5.3.4 *Beschäftigungswirksame Anpassung von Dienstbezügen im öffentlichen Dienst*

Ein letztes entscheidendes tarifpolitisches Hemmnis für die Ausweitung verbraucherorientierter Dienstleistungen in der Bundesrepublik sind, wie eingangs bereits erwähnt, die Einkommensstrukturen im öffentlichen Dienst. Aus diesem Grunde soll zum Abschluß des vorliegenden Kapitels noch einmal kurz auf Möglichkeiten der beschäftigungswirksamen Umsetzung von Arbeitszeitverkürzungen im öffentlichen Dienst durch Verzicht auf Lohnausgleichszahlungen für höhere Einkommensgruppen sowie auf Optionen zur Anpassung der speziellen Einkommensstrukturen von Hochschulabsolventen im öffentlichen Dienst hingewiesen werden.

5.3.4.1 *Arbeitszeitverkürzung ohne vollen Lohnausgleich für höhere Einkommensgruppen*

Vorschläge des SPD-Politikers *Lafontaine* zu Arbeitszeitverkürzungen ohne Lohnausgleich für Besserverdienende und die entsprechenden Reaktionen der betroffenen Gewerkschaften haben im Frühjahr 1988 in der Bundesrepublik eine Diskussion entfacht, die sich eher durch ihre Medienwirksamkeit denn durch eine sachliche Auseinandersetzung mit der eigentlichen Thematik auszeichnete.[157] Die Heftigkeit, mit der diese Kontroverse geführt wurde, lag vor allem im Zeitpunkt der Äußerungen *Lafontaines* während der Tarifauseinandersetzungen im öffentlichen Dienst (mit der ÖTV-Forderung nach Arbeitszeitverkürzung bei vollem Lohnausgleich) begründet.[158]

---

155 Vgl. *ebenda*; *Fetsch, C.*: Neue Ansätze zur Wirtschafts- und Sozialpolitik, in: APuZ B 21-22/88, S. 38 f.

156 Vgl. *Bellmann, L./Buttler, F.*: Lohnstrukturflexibilität - Theorie und Empirie der Transaktionskosten und Effizienzlöhne, in: MittAB 2/89, S. 202 f.

157 Vgl. *Krupp, H.-J.*: Arbeitszeitverkürzung: Wie unterschiedlich sind eigentlich die Positionen?, in: Wirtschaftsdienst 4/1988, S. 183; *Tofaute, H.*: Möglichkeiten und Bedingungen ..., a.a.O., S. 317 f.

158 Vgl. *Kastning, L.*: Arbeitszeitverkürzung mit oder ohne vollen Lohnausgleich? Der Streit um die Thesen Oskar Lafontaines, in: Gegenwartskunde 2/1988, S. 232 f.; *Krupp, H.-J.*: Arbeitszeitverkürzung ..., a.a.O., S. 184 f.

Reduziert man diese überaus emotional geführte Debatte allerdings auf ihren konkreten sachlichen Gehalt, dann wird sehr schnell deutlich, daß zunächst einmal eine Umsetzung entsprechender Überlegungen *in der privaten Wirtschaft* aus einer Reihe von Gründen *wenig praktikabel* erscheint.

So stößt eine tarifvertragliche Beschäftigungsgarantie, die aus gewerkschaftlicher Sicht Voraussetzung für einen Verzicht auf vollen Lohnausgleich bei Arbeitszeitverkürzungen wäre, in der privaten Wirtschaft zweifelsohne an die Grenzen des Tarifvertragssystems und der Verpflichtungsfähigkeit der Arbeitgeberseite. Entsprechende Garantien dürften sich nur in Firmentarifverträgen oder in kleinen überschaubaren Branchen mit einer gewissen Grundsolidarität auch der Arbeitgeberseite als umsetzbar erweisen.[159] Der Gewerkschaftsseite fehlen andererseits häufig aber auch gerade die für die Umsetzung entsprechender Vorschläge notwendigen Zugriffsmöglichkeiten auf höhere Einkommenskategorien, wenn diese Einkommensklassen außertariflichen bzw. einzelvertraglichen Lohnvereinbarungen unterliegen.[160]

All diese Einwände gelten nun allerdings nicht für den *öffentlichen Dienst*. Hier sind die Interdependenzen zwischen Lohnhöhe, Arbeitszeitentwicklung und Beschäftigung sehr viel stärker ausgeprägt, und hier wäre es (gerade auch im Hinblick auf die Ausweitung öffentlicher Dienstleistungen) durchaus sinnvoll, in einem Tarifabschluß, der Arbeitszeitverkürzung mit Lohnzurückhaltung für höhere Einkommen verbindet, eine entsprechende Beschäftigungszunahme zu vereinbaren. Aufgrund der beschäftigungspolitischen Verantwortung der beteiligten Tarifpartner sollte es im Rahmen von Tarifverhandlungen grundsätzlich möglich sein, zunächst eine Vereinbarung über den Gesamtanstieg der Personalkosten zu schließen und diesen beschlossenen Zuwachs dann nach den Kategorien Arbeitszeitverkürzung, Einkommenszuwachs und Beschäftigungszunahme weiter zu differenzieren.[161]

Überschlagsberechnungen von *Tofaute* zufolge könnte eine wöchentliche Arbeitszeitverkürzung im öffentlichen Dienst um eine Stunde ohne Lohnausgleich für Monatseinkommen über 5 000 DM bzw. Jahreseinkommen über 60 000 DM (bei unterstellten Kosten für die Errichtung eines

---

159 Vgl. *Tofaute, H.*: Möglichkeiten und Bedingungen ..., a.a.O., S. 317 f.; *Kastning, L.*: Arbeitszeitverkürzung ..., a.a.O., S. 239 f.

160 Vgl. *Tofaute, H.*: Möglichkeiten und Bedingungen ..., a.a.O., S. 317 f.

161 Vgl. *Krupp, H.-J.*: Arbeitszeitverkürzung ..., a.a.O., S. 186 f.

neuen Arbeitsplatzes von etwa 50 000 DM/Jahr) zwischen 10 000 und 16 000 zusätzliche Arbeitsplätze schaffen.[162]

Entscheidend ausweiten ließe sich diese Zahl allerdings durch eine deutlichere Kürzung der Wochenarbeitszeit und/ oder eine Herabsetzung der relevanten Einkommensgrenze. Modellrechnungen der saarländischen Landesregierung aus dem Jahre 1988 zufolge hätten bei

- einer Verkürzung der Arbeitszeit um 1,5 Stunden ab dem 1. Juli 1988 und einer vollständigen Verwendung des Verteilungsspielraums des Jahres 1988 für die Neuschaffung von Stellen,
- einer Erhöhung der Bezüge um 1,4% ab dem 1. Januar 1989 bis zur Besoldungsgruppe A8 und einer Neuschaffung von Stellen durch Verzicht auf Erhöhung der Bezüge ab der Besoldungsgruppe A9 sowie
- bei Besoldungserhöhungen für alle Besoldungsgruppen um 1,7% ab dem 1. Januar 1990

auf Bundesebene bis zum Jahre 1990 65 500 neue Stellen der Besoldungsgruppe A12 geschaffen werden können.[163] Aus der Perspektive der vorliegenden Arbeit ist insofern nur zu bedauern, daß die Tarifparteien mit ihren bisherigen Abschlüssen für Arbeiter und Angestellte im öffentlichen Dienst keine detaillierteren Vereinbarungen über die beschäftigungswirksame Umsetzung von Arbeitszeitverkürzungen getroffen haben.[164] Damit sind kurzfristig wirksame Möglichkeiten zur aktiven Beschäftigungspolitik verspielt worden, und damit bleibt leider auch zu befürchten, daß vereinbarte Arbeitszeitverkürzungen zu weiteren Reduzierungen des öffentlichen Angebots genutzt werden. Allerdings dürfte vor dem Hintergrund der angespannten Arbeitsmarktsituation und der finanziellen Restriktionen der öffentlichen Haushalte die Diskussion über Arbeitszeitverkürzungen ohne Lohnausgleich für höhere Einkommensgruppen in der Bundesrepublik bei künftigen Tarifverhandlungen zweifellos erneut aufflammen.[165]

5.3.4.2 *Anpassung der Einkommensstrukturen von Hochschulabsolventen*

In bestimmten Einkommensbereichen im öffentlichen Dienst stellt sich allerdings nicht nur die Frage nach Arbeitszeitverkürzungen bei entsprechenden Lohnausgleichsregelungen. Ebenfalls problematisch erscheinen angesichts der veränderten Bildungssituation in der Bundesrepublik Deutschland auch die *Einkommen der Hochschulabsolventen im öffentlichen Dienst.*

---

[162] Vgl. *Tofaute, H.*: Möglichkeiten und Bedingungen ..., a.a.O., S. 318 f.

[163] Vgl. *ebenda*, S. 319

[164] Vgl. *Krupp, H.-J.*: Arbeitszeitverkürzung ..., a.a.O., S. 187

[165] Vgl. *ebenda*; *Tofaute, H.*: Möglichkeiten und Bedingungen ..., a.a.O., S. 319

Zweifellos konnte die Bildungsexpansion in der Bundesrepublik, an deren Beginn nur 7% eines Altersjahrgangs eine Hochschule besuchten, nur durch verstärkte Einkommensanreize im öffentlichen Dienst realisiert werden. Da dieser Prozeß inzwischen allerdings abgeschlossen ist und mehr als 20% eines Altersjahrgangs eine Hochschule besuchen, sollten auch die Einkommensstrukturen im öffentlichen Dienst den veränderten Rahmenbedingungen angepaßt werden.[166]

Nun kann es im Kontext dieser Überlegungen allerdings sicherlich nicht darum gehen, die gegenwärtig gezahlten Akademikergehälter im öffentlichen Dienst pauschal zu kürzen. Diskussionsfähig erscheinen allerdings auf mittlere Sicht der *Ausbau mittlerer Positionen* sowie die *Einführung stärker leistungsorientierter Beförderungspraktiken im öffentlichen Dienst*, um auf diese Weise eine Entlastung der öffentlichen Personalausgaben und damit zumindest graduell eine weitere beschäftigungswirksame Umstrukturierung des öffentlichen Dienstes zu erreichen.[167]

5.4 Steuer- und finanzpolitische Maßnahmen

Neben ordnungs-, arbeitzeit- und tarifpolitischen Maßnahmen sind im Hinblick auf eine Ausweitung von Angebot und Beschäftigung im Bereich verbraucherorientierter Dienstleistungen in der Bundesrepublik Deutschland weiterhin auch eine Reihe steuer- und finanzpolitischer Fördermaßnahmen denkbar, so beispielsweise eine beschäftigungswirksame Umgestaltung des Steuer- und Abgabensystems der Bundesrepublik durch eine ökologische Steuerreform, eine beschäftigungsfördernde Neuausrichtung der öffentlichen Finanzhilfen und Steuervergünstigungen in der Bundesrepublik sowie schließlich konkrete steuerliche Anreize zur Erhöhung der Frauenerwerbsquote sowie zur Schaffung neuer Dienstleistungsarbeitsplätze in privaten Haushalten. Diese vier Optionen sollen in den folgenden Ausführungen einer näheren Überprüfung unterzogen werden.

---

166 Vgl. *Krupp, H.-J.*: Arbeitszeitverkürzung ..., a.a.O., S. 186 f.

167 Vgl. *Krupp, H.-J.*: Der Beitrag der Dienstleistungen zur Lösung des Beschäftigungsproblems, in: *Arbeitsgemeinschaft deutscher wirtschaftswissenschaftlicher Forschungsinstitute e. V. (Hrsg.)*: Dienstleistungen im Strukturwandel ..., a.a.O., S. 23

5.4.1 *Beschäftigungswirksame Umgestaltung des Steuer- und Abgabensystems durch eine ökologische Steuerreform*

5.4.1.1 *Konzepte eines stärker ökologieakzentuierten Steuersystems für die Bundesrepublik Deutschland*

In der Bundesrepublik Deutschland ist der Faktor Arbeit in den letzten Jahren in immer stärkerem Maße mit Steuern und Abgaben belegt worden. So hat sich der relative Anteil der Lohnsteuer am (ebenfalls erhöhten) Gesamtsteueraufkommen in den letzten zwei Jahrzehnten mehr als verdoppelt, wodurch die Lohnsteuer zur wichtigsten Einzelsteuer überhaupt avancierte und incl. veranlagter Einkommensteuer Ende der achtziger Jahre mehr als 40% des gesamten Steueraufkommens in der Bundesrepublik trug.[168] Die relativ stärkere Belastung des Faktors Arbeit gegenüber dem Faktor Kapital ergibt sich zudem aber auch durch die Mehrwertsteuer, die die Wertschöpfung durch Arbeit, nicht aber Investitionen besteuert.

Noch gravierender wird aber das Mißverhältnis zwischen lohnbezogenen und sonstigen Abgaben unter Berücksichtigung der Sozialversicherungsbeiträge. Abbildung 13 verdeutlicht die Aufteilung des gesamten Steuer und Sozialabgabenaufkommens im Jahre 1987, wobei die schraffierten Segmente die auf die menschliche Arbeitskraft erhobenen Steuern und Abgaben ausweisen, die zusammen 66% der gesamten Einnahmen betrugen. Lediglich ein Drittel der Staatseinnahmen wurde somit im Jahre 1987 durch die Besteuerung von Waren, Energie oder anderen Gütern erzielt.[169]

Angesichts dieser beschäftigungspolitischen Dysfunktionalitäten (nicht zuletzt auch im Hinblick auf die Ausweitung von Beschäftigungsmöglichkeiten im Bereich verbraucherorientierter Dienstleistungen), aber auch angesichts der in Kapitel 2.3 thematisierten ökologischen und sozialen Folgekosten der industrieakzentuierten Produktionsweise werden in Politik und Wissenschaft bereits seit längerer Zeit Überlegungen angestellt, eine Reduktion der Besteuerung der Arbeit mit dem Ziel der Stimulierung arbeitsintensiver Produktion durch mehr oder minder differenziert erhobene Ressourcensteuern zu kompensieren und auf diese Weise zugleich einen

---

168 Vgl. *Voelzkow, H./Heinze, R. G./Hilbert, J.*: Ökosoziale Modernisierung des Wohlfahrtsstaates? Konzeptionelle und politische Probleme einer Integration der Umwelt-, Beschäftigungs- und Sozialpolitik, in: Soziale Welt 4/1986, S. 429; *Teufel, D.*: Vorschläge zu einer ökologischen Steuerreform, in: WSI-Mitteilungen 11/1988, S. 642; *Institut der deutschen Wirtschaft*: Zahlen zur wirtschaftlichen Entwicklung ..., a.a.O., Tabelle 40

169 Vgl. *Teufel, D.*: Vorschläge ..., a.a.O., S. 642

Abbildung 13: Struktur des Gesamtaufkommens an Steuern und Sozialabgaben in der Bundesrepublik Deutschland im Jahre 1987[170]

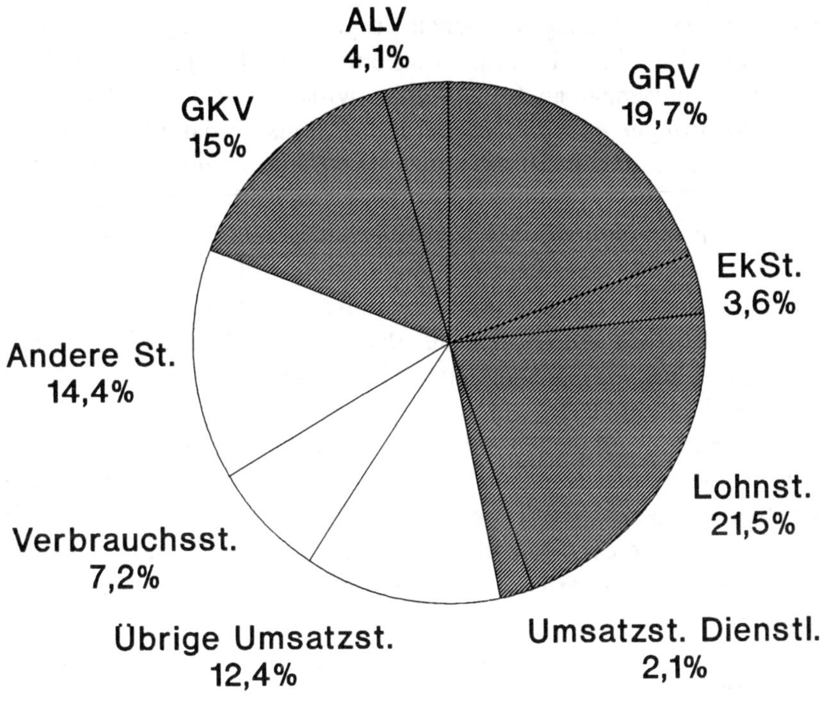

Beitrag für eine marktwirtschaftliche Steuerung umweltgerechteren Verhaltens zu leisten.[171] In diesem Kontext werden vor allem zwei Modelle diskutiert:

- Zum einen eine *stärker ökologisch akzentuierte Steuerreform*, die in verstärktem Maße lohnbezogene Steuern durch umweltbezogene zu ersetzen versucht und bestrebt ist, allgemeine Staatsleistungen zunehmend durch Ressourcensteuern zu finanzieren,

---

170 Quelle: *Ebenda*

171 Vgl. *Binswanger, H. C./Geissberger, W./Ginsburg, T. (Hrsg.)*: Wege aus der Wohlstandsfalle ..., a.a.O., S. 141

- zum anderen eine *"ökosoziale Modernisierung des Wohlfahrtsstaates"*, sei es durch die Substitution lohnbezogener Sozialversicherungsbeiträge durch Ressourcensteuern, sei es durch die Subventionierung der Sozialversicherung via umweltbezogen finanzierter Staatszuschüsse.[172]

Zu den Protagonisten von Ressourcensteuern in der Bundesrepublik Deutschland gehören neben den *GRÜNEN* und der *SPD*, die mit den im Spätsommer 1989 bekanntgewordenen Programmvorschlägen ihrer Arbeitsgruppe "Fortschritt 90" die Diskussion um einen ökologischen Umbau des Steuersystems entscheidend forcierte, im wissenschaftlichen Bereich unter anderem *Binswanger et al*,[173] *Leipert* und *Simonis*,[174] das *Öko-Institut Freiburg*,[175] *Nutzinger* und *Zahrnt*[176] sowie das *Umwelt- und Prognose-Institut Heidelberg e. V. (UPI)*. Allerdings ist das grundsätzliche Konzept von Ressourcensteuern als ökologisches Lenkungsinstrument keineswegs neu, sondern geht bereits auf Überlegungen von *Pigou* aus dem Jahre 1920 zurück, der zeigen konnte, daß auf wettbewerblich organisierten Märkten ein marktwirtschaftliches Preissystem nur dann optimal funktioniert, wenn alle externen Grenzkosten von Produktion oder Konsum in Form einer Steuer (Pigou-Steuer) internalisiert werden.[177]

Greift man im folgenden exemplarisch die beiden in der Bundesrepublik bekanntesten und zugleich wohl am weitesten konkretisierten Vorschläge heraus, so sah zunächst einmal das *Konzept der SPD* aus dem Jahre 1989 eine Anhebung der Mineralölsteuer um rund 50 Pfennig pro Liter vor, wobei die hieraus erwarteten Mehreinnahmen von 32,8 Mrd. DM im einzelnen

- zur Einführung höherer Grundfreibeträge im Bereich der Lohn- und Einkommensteuer (15,2 Mrd. DM),
- zur Abschaffung der KFZ-Steuer (9,2 Mrd. DM),
- zu Entlastungen für Unternehmer und Wirtschaft in Höhe von 5,5 Mrd. DM,

---

172 Vgl. *Voelzkow, H./Heinze, R. G./Hilbert, J.*: Ökosoziale Modernisierung ..., a.a.O., S. 433 ff.

173 Vgl. *Binswanger, H. C. u. a.*: Arbeit ohne Umweltzerstörung. Strategien einer neuen Wirtschaftspolitik. Frankfurt am Main 1983

174 Vgl. *Leipert, C./Simonis, U. E.*: Arbeit und Umwelt. Ansatzpunkte für eine integrierte Beschäftigungs- und Umweltpolitik, in: APuZ B 32/85, S. 3 ff.

175 Vgl. *Baumgartner, T./Rubik, F./Teichert, V.*: Szenario Arbeit, in: *Michelsen, G. (Hrsg.)*: Die Zukunft der Bundesrepublik. Szenarien und Prognosen. Eine Publikation des Öko-Instituts Freiburg/Breisgau. Hamburg 1988, S. 122 f.

176 Vgl. *Nutzinger, H. G./Zahrnt, A. (Hrsg.)*: Öko-Steuern. Karlsruhe 1989

177 Vgl. *Pigou, A. C.*: The Economics Of Welfare. London 1960, S. 127 ff.

- zur Einführung einer Entfernungs- (1 Mrd. DM) und Fernpendlerpauschale (300 Mio. DM),
- zu Gebäude- (400 Mio. DM) und Umweltinvestitionen (700 Mio. DM) sowie
- zu sozialen Ausgleichszahlungen an Sozialhilfeempfänger (530 Mio. DM), Arbeitslose (450 Mio. DM), Studenten (120 Mio. DM), Auszubildende (150 Mio. DM), Rentner (4,6 Mrd. DM) und Schwerbehinderte (150 Mio. DM)

Verwendung finden sollten.[178] Weit über diese Vorstellungen hinaus gehen allerdings die *Vorschläge des Umwelt- und Prognose-Instituts Heidelberg*, die im einzelnen 11 Öko-Steuern auf insgesamt 34 umweltbelastende Produkte oder Konsumformen umfassen (vgl. Tabelle 17).

Insgesamt ergeben sich, wie Tabelle 17 zu entnehmen ist, aus dem vom *UPI* skizzierten Spektrum an Öko-Steuern (abzüglich der von der öffentlichen Hand zu zahlenden Öko-Steuern) jährliche Staatseinnahmen von 205 Mrd. DM, mit denen nach den Vorstellungen des Instituts

- die gesamte Mehrwertsteuer (Umsatzsteuer im Inland und Einfuhr-Umsatzsteuer) in Höhe von 110 Mrd. DM abgeschafft,
- die Lohnsteuer, insbesondere für kleine und mittlere Einkommen, um 33 Mrd. DM bzw. um 20% herabgesetzt,
- die gesetzlichen Rentenversicherungsbeiträge um 60 Mrd. DM (d. h. um 40%) verringert und
- Ausgleichszahlungen in Höhe von 5700 DM pro landwirtschaftlichem Betrieb und Jahr geleistet werden sollten (2,6 Mrd. DM aus landwirtschaftlichen Öko-Steuern plus 50% der eingesparten Subventionen = 1,5 Mrd. DM).[179]

---

[178] Vgl. *Schäfer, H. B.*: Fortschritt '90. Eckpunkte für den ökologischen Umbau der Industriegesellschaft - das neue umwelt- und energiepolitische Konzept der SPD, in: Sozialdemokratischer Informationsdienst, Umweltpolitik, Nr. 2/89, S. 15

[179] Vgl. *Teufel, D.*: Vorschläge ..., a.a.O., S. 646

Tabelle 17: Öko-Steuer-Vorschläge des Umwelt- und Prognose-Instituts Heidelberg e.V. (UPI)[180]

Öko-Steuern	Öko-Steuersatz in DM/Einheit	Erwartetes Öko-Steuer-Aufkommen in Mio. DM unter Berücksichtigung von Verbrauchs-rückgängen
Energiesteuern:		
- Abwärme Stromerzeugung	150 DM/tSKE	9 700
- Heizöl	300 DM/m^3	10 500
- Erdgas	100 DM/tSKE	5 900
- Braunkohle	100 DM/tSKE	2 800
- Steinkohle	140 DM/tSKE	8 900
- Nuklearstrom	0,065 DM/kWh	8 900
Mineralölsteuer:		
- Benzin	1,90 DM/l	48 700
- Diesel (besteuert)	1,90 DM/l	21 000
- Flugbenzin	0,90 DM/l	2 300
Startgebühr Inner-deutscher Flugverkehr	0,78 DM/PkM	1 900
Müllvermeidungssteuern:		
- Einwegflaschen Glas	0,80 DM/Stück	1 400
- Getränkedosen	0,40 DM/Stück	600
- Kunststoffflaschen	0,70 DM/Stück	90
- Blockpackungen	0,40 DM/Stück	1 300
- Kunststoffverpackung	8,55 DM/kg	7 500
- Alu-Folien	27 DM/kg	900
- Werbematerial Papier	30 DM/kg	7 400

180 Quelle: *Teufel, D.*: Argumente und Gegenargumente zur ökologischen Steuerreform, in: Ökologische Konzepte, Nr. 30, Sommer 1989, S. 34

Öko-Steuern	Öko-Steuersatz in DM/Einheit	Erwartetes Öko-Steuer-Aufkommen in Mio. DM unter Berücksichtigung von Verbrauchsrückgängen
Öko-Produktsteuern:		
- Batterien	1,90 DM/Stück	660
- Glühlampen normal	2 DM/Stück	600
- FCKW	30 DM/kg	160
- Tropisches Holz	1600 DM/m^3	1 000
- Waschmittel	3,20 DM/kg	3 400
- Streusalz	0,24 DM/kg	250
Wassersteuer:		
- Wasserverbr. Öff. Vers.	2,50 DM/m^3	14 400
- Eig. gew. Brunnen	1,80 DM/m^3	8 000
- Eig. gew. Oberfl.wasser	0,15 DM/m^3	4 600
Bodenversiegelungssteuer	50 DM/m^2	16 000
Öko-Abgaben für den landwirtschaftlichen Bereich:		
- min. N-Dünger	3,20 DM/kg	650
- Pestizide	48 DM/kg	860
- Massentierhaltung	110 DM/GVE	230
- Futtermittelimport	0,3 DM/DM	980
Tabaksteuer Zigaretten	0,1 DM/Stück	8 900
Nachrüstungsabgabe für nicht nachgerüstete PKW	500 DM/Stück	1 100
Werbungssteuer	0,5 DM/DM	7 900

5.4.1.2 *Grundlegende Einwände gegen ein stärker ökologie-akzentuiertes Steuersystem*

Auch wenn die konkreten Modelle von *SPD* und *UPI* im Detail sicherlich zahlreiche Ansatzpunkte zu weiterführender Kritik bieten, müssen sich die folgenden Ausführungen, um nicht den Rahmen der vorliegenden Arbeit zu sprengen, auf die Behandlung von *grundsätzlichen* Einwänden gegen die Konzeption von Resourcensteuern beschränken. So existiert zunächst einmal ein scheinbar ungelöstes *Spannungsverhältnis zwischen dem fiskalischen Interesse der Ressourcensteuer und der Lenkungszielsetzung einer möglichst umweltverträglichen Gestaltung der Produktion*, da die Verwendung von Öko-Steuern als Instrument der Ressourcenmobilisierung und der nichtimperativen Verhaltenssteuerung durchaus zu paradoxen Entscheidungsstrukturen führen kann, etwa wenn ein fiskalisches und/oder beschäftigungspolitisches Interesse an einer umweltschädigenden Produktionsweise besteht, weil nur so der Finanzbedarf für allgemeine Staatsaufgaben und/oder eine Senkung der Lohnnebenkosten gedeckt werden kann.[181]

Einzuräumen bleibt allerdings, daß sich der skizzierte Widerspruch zwischen der Fiskal- und der Lenkungsfunktion von Ressourcensteuern zumindest theoretisch dann auflöst, wenn der ausgabenreduzierende Effekt der Steuer in Rechnung gestellt wird. Wirkt nämlich eine Umweltsteuer tatsächlich als Verhaltenskorrektiv, dann nehmen neben dem Steueraufkommen gleichzeitig auch solche Ausgaben ab, die im Falle ausbleibender Verhaltensbeeinflussung unvermeidbar gewesen wären. Öko-Steuern erweisen sich also entweder als einnahmefördernd oder ausgabesenkend (und nach dieser Logik bei entsprechender Bemessung insofern als *Nullsummenspiel*). Gerade dieser Zusammenhang düfte allerdings kaum meßbar sein, da sich im Falle eines aus ökologischer Sicht erwünschten Rückgangs des Steueraufkommens der Beitrag der realisierten Verhaltensbeeinflussung zur Ausgabenreduktion nicht quantifizieren läßt.[182]

Dies veranlaßte eine Reihe von Kritikern auch dazu, die *Stetigkeit des Steueraufkommens* und damit die Grundlage für eine seriöse staatliche Fi-

---

[181] Vgl. *Offe, C.*: Sozialstaat und Beschäftigungskrise: Probleme der Sicherung der sozialen Sicherung, in: *Heinze, R. G./Hombach, B./Scherf, H. (Hrsg.)*: Sozialstaat 2000. Auf dem Weg zu neuen Grundlagen der sozialen Sicherung. Ein Diskussionsband. Bonn 1987, S. 65

[182] Vgl. *Voelzkow, H./Heinze, R. G./Hilbert, J.*: Ökosoziale Modernisierung ..., a.a.O., S. 437

nanzplanung bei Einführung von Öko-Steuern in Frage zu stellen.[183] Allerdings muß auch dieser Einwand relativiert werden, da die fehlende Stetigkeit des Steueraufkommens de facto nur dann ein Problem wäre, wenn

- vornehmlich umweltbelastende Produkte besteuert würden, die eine hohe Preiselastizität aufweisen, was beispielsweise in den Vorschlägen des *UPI* vermieden worden ist (hier basieren nur 2% des Steueraufkommens auf der Besteuerung von stark preiselastischen Gütern),
- wenn ferner nicht auch die Möglichkeit zu einer mehr oder weniger regelmäßigen Erhöhung dieser Öko-Steuern bestände,
- und wenn - selbst im hypothetischen Falle einer vollständigen Lösung aller Umweltprobleme - entstehende finanzielle Deckungslücken in den öffentlichen Haushalten nicht problemlos wieder durch eine geeignete Leistungsbesteuerung ausgeglichen werden könnten.[184]

Ein weiterer, des öfteren gegen Öko-Steuern vorgebrachter Einwand ist das *Problem des hohen bürokratischen Aufwands*, der mit der Einführung solcher Steuern verbunden wäre, da Öko-Steuern bei geringer Differenzierung nur eine geringe ökologische Effizienz aufweisen können, bei hoher Differenzierung dagegen in der Regel eine Vielzahl von Grenzwerten, Auflagen und Durchführungsbestimmungen erfordern.[185] Allerdings gestehen selbst Kritiker von Öko-Steuern ein, daß dieser Bürokratieaufwand alleine, selbst wenn er noch so bedauerlich ist, angesichts potentieller ökologischer Vorteile von Öko-Steuern zweifellos noch kein entscheidendes Argument gegen ökologisch differenzierte Verbrauchssteuern sein dürfe.[186] Zudem bleibt zu berücksichtigen, daß auch der bürokratische Verwaltungs- und Kontrollaufwand bei alternativen umweltpolitischen Instrumenten wie Verboten und Geboten stets enorm hoch ausfallen wird.

Ernster zu nehmen ist insofern der Einwand der *fehlenden sozialen Verträglichkeit von Öko-Steuern*. So sind die Ausgaben für Energie im Vergleich zum Gesamtbudget bei einkommenschwachen Haushalten mit 7,9% der Gesamtausgaben um rund 65% höher anzusetzen als bei einkommenstarken Haushalten mit 4,8%. Eine ausschließliche Anhebung der Energiesteuern würde also sozial Schwache wesentlich stärker treffen als sozial Starke. Dieses Argument spricht vor allem gegen reine Energiesteuerkon-

---

183 Vgl. *Gralla, M. u. a.*: Umwelt im Steuerdschungel, in: Ökologische Konzepte Nr. 30, Sommer 1989, S. 29

184 Vgl. *Teufel, D.*: Argumente und Gegenargumente ..., a.a.O., S. 35; *Weizsäcker, E. U. v.*: Plädoyer für eine ökologische Steuerreform, in: Scheidewege, Jahresschrift für skeptisches Denken. Jahrgang 18 (1988/89), S. 201

185 Vgl. *Gralla, M. u. a.*: Umwelt im Steuerdschungel ..., a.a.O., S. 29 f.

186 Vgl. *ebenda*, S. 29

zepte, bei denen außerdem die Entlastung nicht über eine Senkung der Mehrwertsteuer, sondern nur über eine Senkung der Lohnsteuer vorgenommen werden soll. Hier ist die soziale Verträglichkeit nur durch soziale Ausgleichszahlungen zu verbessern. Allerdings kann selbst hierbei, wie etwa das Konzept der *SPD* verdeutlicht, immer nur eine steuerliche Aufkommensneutralität, kaum jedoch ein individueller Belastungsausgleich erreicht werden.

Andererseits sind, worauf *Teufel* zu Recht verweist, von den ökosteuerrelevanten Ausgaben bei den einkommensschwachen Haushalten nur die Energiekosten überproportional hoch, während die relativen Ausgaben der einkommenstarken Haushalte für den KFZ-Verkehr um 100 bis 140% höher und für Flüge sogar 30 mal höher liegen als bei einkommensschwachen Haushalten. Öko-Steuern im KFZ-Bereich und im Luftverkehr, die gerade im *UPI*-Konzept eine wichtige Funktion einnehmen, belasten deshalb sozial schwache Haushalte deutlich weniger als sozial starke.[187] Zudem kann in diesem Bereich aber auch durch weiterführende flankierende Maßnahmen, wie beispielsweise eine Erhöhung und Umwandlung der Kilometer- in eine Entfernungspauschale (unabhängig vom verwendeten Verkehrsmittel) oder aber eine Mineralölsteuerbefreiung für Landwirte die soziale Verträglichkeit weiter verbessert werden.

Ein weiterer, häufig genannter Einwand gegenüber der Einführung von Ressourcensteuern ist die mögliche *Kollision eines nationalen Ökosteuerkonzepts mit europäischen Steuerrichtlinien*. Allerdings negiert auch ein derartiger Einwand zunächst einmal die grundlegende Frage, über welche Möglichkeiten die entwickelten Industriegesellschaften Europas überhaupt noch verfügen, um die grundlegenden Umweltprobleme zu lösen. Ein angemessenerer Maßstab zur Bewertung von Ressourcensteuern als eine mögliche Kollision mit EG-Steuerrichtlinien wäre zweifellos eine Sichtweise, die ausgehend von den Folgen unseres heutigen Handelns die Frage stellt, wie die Wirtschaftssysteme in den Mitgliedsstaaten der Europäischen Gemeinschaft geändert werden müssen, um in Zukunft den nationenübergreifenden ökologischen Kollaps zu vermeiden. Verkürzt läßt sich dieser Sachverhalt auch auf die These reduzieren, daß es mit Sicherheit einfacher sein dürfte, bestehende Steuergesetze und EG-Richtlinien zu ändern als nichtgestaltbare Naturgesetze.[188]

Den Einwand einer Kollision zwischen Ressourcensteuern und EG-Bestimmungen entkräftet aber weiterhin auch die Tatsache, daß viele Öko-

---

187 Vgl. *Teufel, D.*: Argumente und Gegenargumente ..., a.a.O., S. 36

188 Vgl. *ebenda*, S. 35

Steuern den Binnenmarkt erst gar nicht tangieren, sondern durchaus auf Bundes- bzw. kommunaler Ebene realisiert werden können. Dies sind, um beim Beispiel des *UPI*-Konzepts zu bleiben, unter anderem die vorgeschlagenen Steuern auf Bodenversiegelung, Wasserverbrauch, leitungsgebundene Energie, Abwärme, den innerdeutschen Luftverkehr (Startgebühren) oder auch einige Steuern zur Müllvermeidung (Postwurfreklame), die vom Volumen her immerhin ca. 90 Mrd. DM/Jahr und damit bereits mehr als 40% des vom *UPI* vorgeschlagenen Öko-Steueraufkommens umfassen.[189]

Dennoch gibt es sicherlich mittel- und langfristig zu gemeinsamen europäischen Lösungen, die der Komplexität der Umweltproblematik gerecht werden, keine Alternative, zumal ab 1993 ein nationaler Alleingang mit jeglichen indirekten Steuern gemäß Art. 99 des EG-Vertrages ausgeschlossen ist. Dagegen sollten auch nicht die derzeit noch unüberwindbar erscheinenden Abstimmungsprobleme bei der europäischen Steuerharmonisierung sprechen. Zu bedenken bleibt, daß die nationale wie auch die europäische Diskussion über Umweltsteuern gerade erst angelaufen ist und die ökologische Sensibilität demoskopischen Befunden zufolge Ende der achtziger Jahre nun auch in europäischen Ländern zugenommen hat, die sich zuvor eher durch eine ausgeprägte ökologische Ignoranz ausgezeichnet hatten.[190]

Neben den bisher erörterten Einwänden scheinen im übrigen aber auch *Befürchtungen, wonach durch eine ökologische Steuerreform die Wettbewerbs- und Exportfähigkeit der deutschen Wirtschaft geschwächt und gesamtwirtschaflich Arbeitsplätze vernichtet würden*, weitgehend unbegründet. Nur bei einigen wenigen, besonders energie- oder wasserintensiven Produktionszweigen können durch die Erhebung von Ressourcensteuern unzumutbare Kostensteigerungen auftreten, die aber wiederum durch eine Begrenzung der einzelbetrieblichen Öko-Steuerbelastung auf einen bestimmten Prozentsatz des Umsatzes kalkulierbar blieben.[191]

Gesamtwirtschaftlich sind von einer ökologischen Steuerreform dagegen sicherlich eher deutliche Impulse für eine weitere Modernisierung der Produktionsanlagen und für Produktinnovationen mit wiederum positiven Auswirkungen auf die Wettbewerbsfähigkeit der deutschen Industrie zu erwarten. Gerade das Beispiel Japans, das mit künstlicher Energieverteuerung und hohen Umweltkosten schon seit über zehn Jahren praktisch im Alleingang die bezeichnete Richtung eingeschlagen hat, unterstreicht diese These

---

189 Vgl. *ebenda*, S. 37; *Teufel, D.*: Vorschläge ..., a.a.O., S. 647

190 Vgl. *Teufel, D.*: Argumente und Gegenargumente ..., a.a.O., S. 37 f.; *Weizsäcker, E. U. v.*: Plädoyer ..., a.a.O., S. 202

191 Vgl. *Teufel, D.*: Argumente und Gegenargumente ..., a.a.O., S. 36

sehr nachhaltig.[192] Zudem dürfte, selbst wenn durch den gewünschten Rückgang umweltbelastender Produkte in einzelnen Wirtschaftszweigen Arbeitsplätze abgebaut werden, durch eine Nachfragesteigerung nach umweltfreundlichen Produkten und Dienstleistungen die Zahl der Arbeitsplätze, *gesamtwirtschaftlich gesehen*, zunehmen, da umweltfreundliche Produktionen in der Regel arbeitsintensiver sind als deren umweltbelastendes Pendant. Ferner können aber auch, je nach Ausgestaltung möglicher Kompensationsmaßnahmen zur Erhebung von Öko-Steuern, die Arbeitskosten gesenkt und dadurch ebenfalls die Schaffung zusätzlicher Arbeitsplätze unterstützt werden.[193]

Kritik an der Einführung von Öko-Steuern wird vielfach allerdings auch aus dem Lager von Verfechtern der *Realisierung weiterer Umweltsonderabgaben* artikuliert, deren Aufkommen nicht zur Entlastung bei anderen Steuern, sondern gezielt zur Finanzierung umweltpolitischer Maßnahmen eingesetzt werden sollte. Zweifellos sind Sonderabgaben von ihrer Konzeption her ebenfalls äußerst sinnvoll, gerade weil jedoch ihr Aufkommen nicht zur Entlastung bei anderen Steuern eingesetzt werden soll, können sie insgesamt nicht sehr hoch ausfallen und nur in eng begrenzten Bereichen eingesetzt werden, da sie sonst die Abgabenquote zu sehr anheben würden.[194]

Dies dürfte auch der Grund dafür sein, daß sich die Gesamtsumme aller Sonderabgaben im Umweltbereich in der Bundesrepublik Deutschland Ende der achtziger Jahre auf maximal 0,5 Mrd. DM pro Jahr belief, was lediglich rund 0,25% (!) des vom *UPI* vorgeschlagenen Steuervolumens aus Öko-Steuern entsprach.[195] Dennoch behalten selbst bei Einführung von Öko-Steuern auch Umwelt-Sonderabgaben weiterhin ihre grundsätzliche Legitimation, denn vergegenwärtigt man sich noch einmal den effizientesten Einsatz umweltpolitischer Instrumente, so wird deutlich, daß

- für umweltschädliche Produkte, auf die vollständig verzichtet werden kann, *Verbote* das geeignete Mittel sind,
- bei Einzelschadstoffen, die deutlich reduziert werden können, *Grenzwerte und Umweltsonderabgaben* angemessen erscheinen und

---

192 Vgl. *ebenda*; *Weizsäcker, E. U. v.*: Plädoyer ..., a.a.O., S. 202

193 Vgl. *Teufel, D.*: Argumente und Gegenargumente ..., a.a.O., S. 37

194 Vgl. *ebenda*, S. 38

195 Hiervon entfielen im übrigen im Jahre 1987 alleine 374 Mio. DM auf die Abwasserabgabe. Vgl. *Lühr, P.*: Die Abwasserabgabe - Grundlagen und Auswirkungen, in: WSI-Mitteilungen 8/1989, S. 435

- lediglich bei umweltbelastendem Konsum, der nur schwer und langsam reduziert werden kann, *Öko-Steuern* die effizienteste Maßnahme darstellen.[196]

Es kann daher im Kontext umweltpolitischer Maßnahmen niemals um die Alternative Verbote vs. Abgabe vs. Öko-Steuern, sondern immer nur um eine *sinnvolle Kombination dieser drei Instrumente* gehen.

Vor diesem Hintergrund verliert dann aber auch der *Einwand eines vorwiegend fiskalischen und weniger ökologischen Interesses an der Einführung von Öko-Steuern*[197] entscheidend an Relevanz, denn Umweltsteuern sollen aus der Perspektive der vorliegenden Arbeit zweifellos *auch*, aber sicherlich *nicht exklusiv* zur Verbilligung menschlicher Arbeitskraft im Bereich verbraucherbezogener Dienstleistungen herangezogen werden.

Ein nicht zu unterschätzendes Hemmnis bei der Einführung von Öko-Steuern in der Bundesrepublik Deutschland sind *allerdings organisationspolitische Widerstände von seiten der Tarifpartner*. Für die Arbeitgeber- und Wirtschaftsverbände impliziert nämlich die Umstellung auf Öko-Steuern nicht nur organisationsinterne Friktionen, sondern auch eine Polarisierung in eine Vielzahl von (allerdings nur marginalen Nutzen schöpfenden und damit kollektiv nur wenig handlungsfähigen) Gewinnern einer ökologischen Steuerreform einerseits und einige wenige, allerdings deutlich stärker betroffene und dadurch kollektiv weitaus handlungsfähigere "Kostenträger" des ökologischen Umbaus des Steuersystems andererseits.[198] Auch bei den Gewerkschaften werden sich organisationsintern die Arbeitsplatz-Verlierer weitaus deutlicher artikulieren als potentielle Gewinner und damit die Gesamtposition der Organisation dominieren. Zudem dürften sich die Gewerkschaften aber auch vor allem gegen eine weitere Erosion der Lohnbezogenheit des Finanzierungssystems der Sozialversicherungen in der Bundesrepublik Deutschland und entsprechende Vorschläge zur ökosozialen Modernisierung des Wohlfahrtsstaates zu Wehr setzen.[199]

---

196 Vgl. *Teufel, D.*: Argumente und Gegenargumente ..., a.a.O., S. 38

197 Vgl. *Gralla, M. u. a.*: Umwelt im Steuerdschungel ..., a.a.O., S. 29

198 Vgl. *Voelzkow, H./Heinze, R. G./Hilbert, J.*: Ökosoziale Modernisierung ..., a.a.O., S. 439

199 Vgl. hierzu exemplarisch *Tofaute, H.*: Mit Öko-Steuern Umwelt steuern?, in: WSI-Mitteilungen 8/1989, S. 423

5.4.1.3 Optionen für ein stärker ökologieakzentuiertes Steuersystem in der Bundesrepublik Deutschland

Wie die zurückliegenden Ausführungen verdeutlichen, enthält jeder der naheliegenden Einwände gegen Öko-Steuern eine wertvolle Warnung vor bestimmten Fehlern bei der Ausgestaltung einer ökologischen Steuerreform, keiner der besprochenen Einwände scheint jedoch die Umweltsteueridee elementar in Frage stellen zu können. Öko-Steuern erscheinen bei entsprechender Dimensionierung insofern aus der Perspektive der vorliegenden Arbeit als ein überaus geeignetes Mittel, menschliche Arbeitskraft wieder bezahlbarer zu machen, bei einem Wegfall der Mehrwertsteuer zudem Schwarzarbeit zurückzudrängen und damit die Ausweitung von Angebot und Beschäftigung im Bereich verbraucherorientierter Dienstleistungen in der Bundesrepublik Deutschland nachhaltig zu unterstützen. Allerdings scheint ein derart umfassender Ansatz, wie vom *UPI* vorgeschlagen, wenig akzeptabel, da die Ziele der Besteuerung (Verteilung, Wachstum, Beschäftigung, Stabilisierung) zu vielfältig sind, um sie - ohne Schaden zu nehmen - einseitig auf die ökologische Dimension zu verengen. Zudem vermag das Modell des *UPI* aber auch die beim Übergang vom bestehenden zum gewünschten Steuersystem auftretenden Friktionen und Probleme nicht abschließend zu lösen. Demgegenüber dürfte das als aufkommensneutral konzipierte *SPD*-Modell einer drastisch höheren Energiebesteuerung bei entsprechender Senkung anderer Steuern Schwierigkeiten haben, die angestrebte Anreizstruktur zu verwirklichen.[200]

Um der ökologischen Herausforderung besser gerecht werden zu können, wäre insofern zwar eine ähnlich breite Bemessungsgrundlage wie beim *UPI*-Modell notwendig, die zudem möglichst europaweit zu institutionalisieren wäre. Allerdings ist auch den genannten Gründen eine Aufkommensgrößenordnung von über 200 Mrd. DM á la *UPI* sicherlich illusorisch. Denkbar und im gewissen Sinne auch "legitimierbar" wäre in Anlehnung an die jährlichen volkswirtschaftlichen Folgekosten des Wachstumsprozesses allerdings eine Größenordnung von ca. 80-100 Mrd. DM. Solange auf europäischer Ebene noch keine weiterführenden Übereinstimmungen getroffen werden, wäre es zudem möglich, diese Größenordnung durch eine Implementation derjenigen Öko-Steuern zu realisieren, die den Binnenmarkt nicht tangieren. Dies sind, um dies noch einmal in Erinnerung zu rufen, u. a. Ressourcensteuern auf Bodenversiegelung, Wasserverbrauch, leitungsge-

---

[200] Vgl. *Gretschmann, K.*: Öko-Steuern - Zwischen Vision und Revision, in: WSI-Mitteilungen 8/1989, S. 424 f.

bundene Energie, Abwärme, den innerdeutschen Luftverkehr oder auch einige Steuern zur Müllvermeidung mit einem Volumen in etwa der genannten Größenordnung (ca. 90 Mrd. DM/Jahr).[201]

Diese Öko-Steuern sollten stufenweise, z. B. über 5 oder 8 Jahre, eingeführt werden, wobei Höhe oder Inkrafttreten der einzelnen Stufen von Anfang an festzulegen wären, damit sich Unternehmen und Verbraucher mit Investitions- oder sonstigen Entscheidungen rechtzeitig darauf einstellen könnten. Eine stufenweise Einführung hätte den weiteren Vorteil, daß sich die jeweiligen Nachfragekurven zur Abschätzung des zukünftigen Steueraufkommens sukzessive immer genauer den tatsächlichen Einnahmen angleichen ließen. Mit den so erzielten finanziellen Mitteln abzüglich einer einzurichtenden Schwankungsreserve von ca. 20% des geschätzten Gesamtsteueraufkommens für etwaige Prognosefehler wäre dann in den öffentlichen Haushalten zugleich eine *erweiterte Basis für die finanzielle Entlastung des Produktionsfaktors Arbeit in der Bundesrepublik Deutschland* geschaffen, sei es über eine Senkung der Mehrwert- oder der Lohnsteuer, sei es über eine Entlastung bei den Lohnnebenkosten. Sollte schließlich im Zuge der Harmonisierung der europäischen Steuersysteme die Implementation weiterer Ressourcensteuern gelingen, sind weiterführende und/oder alternative Maßnahmen in dieser Richtung denkbar.

5.4.2 Beschäftigungswirksame Reform der Ausgabenstruktur durch Abbau und Umgestaltung öffentlicher Finanzhilfen und Steuervergünstigungen

Der Faktor Arbeit wird in der Bundesrepublik Deutschland allerdings nicht nur von der Abgabenseite her im Vergleich zum Produktionsfaktor Kapital benachteiligt. Wie eine Analyse des *Instituts für Weltwirtschaft* ausweist, verbilligen auch die in der Bundesrepublik Deutschland geleisteten Subventionen des Staates mit ca. 50% einseitig den Einsatz von Kapital, während *nur 10 Prozent der geleisteten Finanzhilfen und Steuervergünstigungen auf die Verbesserung der Lohnkostensituation hin ausgerichtet* sind.[202] Charakteristisch für das Subventionssystem der Bundesrepublik Deutschland ist ferner aber auch die *starke Konzentration der Subventionen auf nur wenige Wirtschaftszweige* sowie der *strukturerhaltende Charakter*

---

201 Vgl. *Teufel, D.*: Argumente und Gegenargumente ..., a.a.O., S. 37

202 Die restlichen 40 Prozent werden für die Produktion oder den Einsatz von Vorleistungen vergeben, sie berühren also nicht das Kostenverhältnis zwischen Kapital und Arbeit. Vgl. *Gerken, E./Jüttemeier, K. H./Schatz, K.-W./ Schmidt, K.-D.*: Mehr Arbeitsplätze durch Subventionsabbau. Kiel: Oktober 1985, S. 34

von Subventionen, wobei die überdurchschnittlich geförderten Branchen zumeist zu den Zweigen mit deutlich unterdurchschnittlicher Produktions- und Beschäftigungsentwicklung zählen.[203] Auch wenn, gemessen am publizistischen Aufwand, neue wachstumsorientierte Subventionsprogramme die Diskussion beherrschen, sind doch viele dieser neuen Programme von vergleichsweise geringem Volumen, ihr Gewicht für eine Änderung des gesamten Verteilungsmusters marginal und überdies selbst einige dieser mit progressiven Etiketten versehenen Maßnahmen letztendlich doch eher als defensiv zu bewerten.[204]

Allerdings werden in der gesellschaftlichen Diskussion Subventionen derzeit noch weniger instrumentell im Gesamtzusammenhang struktur- und wirtschaftspolitischer Ziele gesehen denn vornehmlich als ein zu kürzender Haushaltsposten. Die hohe Priorität genießende Konsolidierung der öffentlichen Haushalte hat mithin die Streichung von Subventionen in den Vordergrund treten lassen, wobei zunehmend in Vergessenheit gerät, daß es nicht nur die Haushaltsdefizite per se sind, die Anlaß zur Sorge geben, sondern auch die falschen Anreize, die zahlreiche Finanzhilfen und Steuervergünstigungen setzen. Die fiskalisch dominierte Sichtweise wird somit dem erhöhten Handlungsbedarf nur bedingt gerecht.[205] Gerade die Wirtschaftsforschungsinstitute haben im Rahmen ihrer Strukturberichte immer wieder darauf hingewiesen, daß sich im Rahmen einer effizienten und zielgerichteten Subventionspolitik *sowohl Umfang als auch Struktur* der staatlichen Hilfen ändern müssen.[206] Angesichts diverser vorliegender Abbaukataloge für Subventionen soll allerdings an dieser Stelle auf eine eigenständige detaillierte Auflistung verzichtet und nur schlagwortartig auf die Bereiche Landwirtschaft, Schiffbau, Stahl und Kohle, Luft- und Raumfahrt, Forschung und Technologie sowie Verteidigung verwiesen werden, bei denen Kürzungen um mindestens 20 Mrd. DM realisierbar sein sollten.

---

203 Vgl. *Stille, F.*: Umorientierung der Subventionspolitik des Bundes?, in: DIW-Wochenbericht 35/89, S. 418 f.

204 Vgl. *Schmidt, K.-D.*: Im Anpassungswettbewerb zurückgeworfen. Die deutsche Wirtschaft im Strukturwandel. Tübingen 1984, S. 117

205 Vgl. *ebenda*, S. 123; *Deutsches Institut für Wirtschaftsforschung*: Exportgetriebener Strukturwandel bei schwachem Wachstum. Analyse der strukturellen Entwicklung der deutschen Wirtschaft. Strukturberichterstattung 1987. Berlin 1988, S. 155

206 Vgl. *Stille, F./Teichmann, D.*: Subventionspolitik - Bestandsaufnahme und Bewertung, in: DIW-Wochenbericht 20/84, S. 231; *Hummel, M.*: Das Subventionsdickicht erfordert weitere Durchforstung, in: Ifo-Schnelldienst 18-19/88, S. 27 f.

Weitaus vielversprechender als diese strukturkonservierenden Subventionen wäre aus der Perspektive der vorliegenden Analyse demgegenüber die verstärkte Ausrichtung der Subventionierung auf die zum Teil bereits angesprochenen oder aber im folgenden noch näher zu explizierenden Ziele

- Förderung von Existenzgründungen,
- Ausweitung arbeitsmarkt- und beschäftigungspolitischer Maßnahmen,
- Ausweitung öffentlicher Investitionen im Umweltschutzbereich und
- Förderung alternativer und attraktiverer öffentlicher Verkehrssysteme.

Für diese Ziele sollte es möglich sein, einen gesellschaftlichen Konsens zu finden und damit die Voraussetzung für eine koordinierte und wirksamere Subventionspolitik zu schaffen, die auch und gerade den Bereich verbraucherorientierter Dienstleistungen begünstigen würde. Etwas detaillierter geprüft werden sollen zum Abschluß des vorliegenden Kapitels nun noch die beschäftigungspolitischen Implikationen einer Abschaffung des sog. "Ehegattensplittings" sowie die beschäftigungspolitischen Auswirkungen erweiterter Möglichkeiten zur steuerlichen Abzugsfähigkeit von Dienstleistungen in privaten Haushalten.

5.4.3 Getrennte steuerliche Veranlagung von Ehegatten

In der wissenschaftlichen Diskussion wird vielfach unterstellt, daß sich die Institution des Ehegattensplittings in der Bundesrepublik Deutschland nachteilig auf die Erwerbstätigkeit der Ehefrauen auswirke, weil das zweite Einkommen von vornherein in relativ hohen Progressionszonen angesiedelt sei.[207] Von einer Abschaffung des Ehegattensplittings wird folglich eine deutliche Veränderung der Erwerbspräferenzen von verheirateten Frauen erwartet, was sich via Erhöhung der Erwerbsquote wiederum, wie in Kapitel 5.2.1 bereits begründet, gerade auf die Beschäftigung im Bereich verbraucherbezogener Dienstleistungen positiv auswirken könnte. Auch wenn diese Überlegungen theoretisch stringent erscheinen, können allerdings die Erfahrungen eines mit der Bundesrepublik vergleichbaren Landes wie *Schweden* diese Zusammenhänge empirisch nicht eindeutig absichern.[208]

---

[207] Vgl. *Thiede, R.*: Die Erhöhung der Frauenerwerbsquote zur Entlastung der sozialen Sicherung im demographischen Wandel, in: Sozialer Fortschritt 11/1986, S. 254; *Buchholz-Will, W.*: Das Ehegattensplitting bleibt ein Stein des Anstoßes, in: WSI-Mitteilungen 11/1985, S. 671

[208] Schweden ist als Vergleichsland für die Bundesrepublik deshalb von besonderem Interesse, weil es dort - bei weitgehend ähnlich verlaufender Erwerbsentwicklung der Männer - mit einer Reihe von Politikmaßnahmen offensichtlich gelungen ist, die Integration von Frauen in das Erwerbsleben zu erleichtern bzw. überhaupt erst zu ermöglichen und die Frauenerwerbsbeteiligung sehr viel deut-

Die in Schweden auf getrennte Veranlagung erfolgte Umstellung des Steuersystems im Jahre 1971 zeigte nämlich *keine statistisch signifikanten Effekte* auf die Erwerbsbeteiligung verheirateter Frauen, was darauf schließen läßt, daß sich die Erwerbsentscheidung offensichtlich weniger an den marginalen Steuersätzen als am notwendigen Haushaltsnettoeinkommen und anderen Faktoren orientiert, auf die in Kapitel 5.5.1.2 noch einmal gesondert eingegangen werden wird.[209]

Wenn dennoch in der vorliegenden Analyse einer Abschaffung des Ehegattensplittings das Wort geredet wird, dann sprechen hierfür *weniger beschäftigungspolitische denn eher familienpolitische und gesellschaftspolitische Argumente*. So ist das Ehegattensplitting in seiner jetzigen Ausgestaltung weder kinder-, noch familienfreundlich, sondern fördert ausschließlich die Institution "Ehe".[210] Im Hinblick auf eine sowohl familienpolitisch als auch sozialpolitisch erwünschte Stabilisierung bzw. Erhöhung der gesellschaftlichen Nettoreproduktionsrate in der Bundesrepublik Deutschland sind mithin nur unschwer effizientere Verwendungsmöglichkeiten öffentlicher Gelder vorstellbar. Überdies gilt es aber auch die langfristigen Strukturveränderungen in den Industriegesellschaften zu beachten, die zu einer zunehmenden Auflösung des traditionellen Versorgungsmusters "Ehe" führen, und die eine zunehmend eigenständige ökonomische Sicherung der Frau erfordern.[211]

Ein weitaus größeres Interesse als die Frage nach einer Abschaffung des Ehegattensplittings konnte Ende der achtiger Jahre allerdings zweifellos die Frage nach einer steuerlichen Förderung von Dienstleistungen in Privathaushalten auf sich vereinigen, die durch entsprechende Beschlüsse der Bundesregierung vom März 1989 zudem eine besondere Aktualität erfuhr. Auf diesen Themenkomplex soll zum Abschluß des vorliegenden Kapitels eingegangen werden.

---

licher zu erhöhen als in der Bundesrepublik Deutschland. Vgl. *Schettkat, R.*: Neue Muster der Erwerbsbeteiligung, in: APuZ B 43/87, S. 37

209 Vgl. *Schettkat, R.*: Dynamik der Erwerbsbeteiligung in Schweden und der Bundesrepublik Deutschland, in: Internationale Chronik zur Arbeitsmarktpolitik Nr. 29, Juli 1987, S. 2

210 Vgl. *Bäcker, G.*: Die Zukunft der Sozialpolitik ..., a.a.O., S. 26

211 Vgl. *Schettkat, R.*: Neue Muster ..., a.a.O., S. 44 f.

5.4.4 *Steuerliche Förderung von Dienstleistungen in privaten Haushalten*

5.4.4.1 *Entwicklung und Struktur der Beschäftigungsverhältnisse in privaten Haushalten*

Ende des 19. Jahrhunderts waren in Deutschland noch mehr als 1,4 Mio. Beschäftigte in privaten Haushalten tätig, die mit einem Anteil von über 7% an der Gesamtbeschäftigung zugleich die mit Abstand wichtigste Dienstleistungssparte darstellten. Auch 1950 arbeiteten in den bundesdeutschen Haushalten noch über 600 000 Beschäftigte. Seitdem sank die in der amtlichen Statistik ausgewiesene Zahl von Privatbeschäftigten kontinuierlich. Einer Schätzung des *Statistischen Bundesamtes* zufolge lag sie 1987 bei 65 000 Erwerbstätigen. Damit kommt in der amtlichen Beschäftigungsstatistik privaten Haushalten als Arbeitgeber faktisch nur noch eine sehr geringe Bedeutung zu. Allerdings widersprechen die alltäglichen Erfahrungen der amtlichen Statistik in eklatanter Weise: Haushaltshilfen, hauswirtschaftliche Lehrlinge, Putzfrauen, Kranken- und Altenpflegepersonal, Babysitter, Hilfen für die Gartenarbeit oder aber auch Nachhilfe- und Musiklehrer sind, wie ein Blick in die Anzeigenteile von Lokalzeitungen zeigt, lebhaft gefragt und weitverbreitet.[212]

All diese Dienstleistungen im Privathaushalt sind zur Zeit allerdings eindeutig eine *Domäne der Schattenwirtschaft*. Die meisten der angesprochenen Arbeitsplätze sind vom zeitlichen Arbeitsumfang her geringfügig und werden so statistisch überhaupt nicht erfaßt. Obwohl sie demnach häufig legalerweise nicht der Sozialversicherungspflicht unterliegen, sind dennoch viele dieser Beschäftigungsfälle illegal, weil die Einkünfte der Beschäftigten unversteuert bleiben und auch arbeitsrechtliche Vorschriften (wie z. B. die Lohnfortzahlung im Krankheitsfall, Feiertags- und Urlaubsvergütungen oder auch der Kündigungsschutz) unberücksichtigt bleiben.[213] Da Privathaushalte zur Zeit nur in wenigen Ausnahmefällen die Personalkosten wie gewerbliche Arbeitgeber steuermindernd geltend machen können und die Mehrzahl der Haushalte entsprechende Aufwendungen aus bereits versteuerten Einkommen als Teil der privaten Lebensgestaltung bestreiten muß, mag vielen privaten Arbeitgebern wie Arbeitnehmern die Illegalität des Arbeitsverhältnisses gar nicht bewußt sein.[214] Überdies ist aber auch im

---

212 Vgl. *Hatzold, O.*: Der Privathaushalt als Arbeitsplatz, in: Ifo-Schnelldienst 12/88, S. 20 f.; *Schnurr, J./ Büscher, R.*: Private Dienste: Arbeitgeber Haushalt, in: Wirtschaftswoche Nr. 9/1988, S. 48

213 Vgl. *Hatzold, O.*: Der Privathaushalt ..., a.a.O., S. 20

214 Vgl. *ebenda*

Hinblick auf die Steuerpflicht das Unrechtsbewußtsein, begünstigt durch das geringe Risiko, entdeckt zu werden, außerordentlich schwach ausgeprägt. Über den genauen Umfang der privaten Beschäftigung liegen somit verständlicherweise keine genauen statistischen Angaben vor.[215]

Empirische Schätzungen zum Umfang der Schattenwirtschaft gehen davon aus, daß bis zu 7,5% der privaten Haushalte nebenbei eine Haushaltshilfe beschäftigen und hierfür im Durchschnitt knapp 200 Mark pro Monat aufwenden. Rechnet man diese Zahl auf 26 Mio. Haushalte hoch, dann ergeben sich fast 2 Mio. bzw. abzüglich der Kleinjobs (Nachhilfe, Babysitting) ca. 1 Mio. Beschäftigungsfälle in privaten Haushalten. Bei einer durchschnittlichen wöchentlichen Beschäftigungsdauer von 8 Stunden entspricht dies immerhin *rund 200 000 Vollzeitarbeitsplätzen*, was die Bedeutung der privaten Haushalte als Arbeitgeber nachhaltig unterstreicht.[216]

Wenn nun aber Dienstleistungen im Privathaushalt eine Domäne der Schattenwirtschaft sind, liegt es nahe zu überlegen, wie wenigstens ein Teil dieser Tätigkeiten aus dem Schattendasein herausgeführt werden könnte. Allerdings haben Politik und sozialwissenschaftliche Forschung diesem Themenkomplex lange Zeit kaum Beachtung geschenkt. Erst entsprechende Voruntersuchungen des Bundeswirtschaftsministeriums haben das Thema "Arbeitgeber Haushalt" im Jahr 1988 nachhaltig in die Diskussion gebracht und im Frühjahr 1989 auch zu entsprechenden Beschlüssen der Bundesregierung geführt. All diesen Vorschlägen gemeinsam ist die Absicht, durch eine verstärkte steuerliche Abzugsfähigkeit von Personalkosten in privaten Haushalten die derzeit existierende Schere zwischen Nettolohn und Beschäftigungsentgelt zu verringern und über diesen Weg private Dienstleistungen für den nachfragenden Haushalt billiger und damit attraktiver zu machen. Unterzieht man diesen Ansatz allerdings einer eingehenderen Prüfung, so wird recht schnell dessen ambivalenter beschäftigungspolitischer Charakter deutlich.

5.4.4.2 Die Ambivalenz einer steuerlich geförderten Arbeitgeberfunktion privater Haushalte

Da in der Bundesrepublik Deutschland die meisten Erwerbstätigen in privaten Haushalten mit ihren Einkünften unterhalb der Sozialversicherungspflichtsgrenze liegen, wäre eine volle steuerliche Abzugsfähigkeit von Aufwendungen für Haushaltshilfen auf den ersten Blick zweifellos für alle Beteiligten attraktiv. Der Arbeitgeber hätte lediglich Mehraufwendungen in

---

[215] Vgl. *Schnurr, J./Büscher, R.*: Private Dienste ..., a.a.O., S. 48

[216] Vgl. *ebenda*; *Hatzold, O.*: Der Privathaushalt ..., a.a.O., S. 22 f.

Höhe der Pauschalversteuerung zu tragen, die jedoch durch die gleichzeitige Steuerminderung mehr als kompensiert würden. Auch für den Arbeitnehmer würden keine finanziellen Nachteile entstehen, solange weiterhin die Sozialversicherungspflichtsgrenze nicht überschritten wird und die Steuerpflicht beim Arbeitgeber verbleibt. Zugleich hätte er sogar den Vorteil, nicht mehr länger in der Illegalität agieren zu müssen.[217]

Allerdings unterliegt dieses idealtheoretische Modell einer Reihe von Restriktionen. Zum einen entstehen, wie folgende Überschlagsrechnung für das Jahr 1989 verdeutlicht, durch eine Abzugsfähigkeit von Aufwendungen für häusliche Dienste nicht unerhebliche *Steuerausfälle*. So kostet eine Haushaltshilfe den privaten Haushalt bei einem unterstellten Stundenlohn von 12 DM, einer wöchentlichen Arbeitszeit von acht Stunden und 48 Wochen effektiver Beschäftigungsdauer im Jahr knapp 4600 DM. Auf Basis der eingangs erwähnten Schätzung von einer Million Beschäftigten resultiert hieraus eine volkswirtschaftliche Wertschöpfung von 4,6 Mrd. DM, die höchstens steuermindernd geltend gemacht werden kann, was bei einem Durchschnittssteuersatz von 35% - grob gerechnet - Steuerausfälle von 1,6 Mrd. DM zur Folge hätte.[218] Von diesen 1,6 Mrd. DM fließen durch die fällige Pauschalversteuerung rund 700 Mio. DM wieder in die öffentlichen Kassen zurück, so daß die Nettobelastung des Fiskus mit rund 900 Mio. DM im Vergleich etwa zu den Kosten für arbeitsmarktpolitische Maßnahmen der Bundesanstalt für Arbeit (14 Mrd. DM für die Entlastung der Arbeitslosenstatistik um 440 000 Arbeitskräfte) durchaus eine akzeptable Größenordnung darstellen könnte, wenn damit tatsächlich 200 000 neue Arbeitsplätze geschaffen würden.[219]

Allerdings handelt es sich bei diesen Arbeitsplätzen zunächst einmal nicht um *neue*, sondern lediglich um *für die Beschäftigtenstatistik sichtbar gemachte Arbeitsplätze*. Das ist zwar im Hinblick auf die Einschränkung der Schattenwirtschaft ein durchaus erfreulicher Aspekt, da mit steigender Transparenz der Arbeitsverhältnisse ungerechtfertigte soziale Ansprüche zunehmend schwieriger durchzusetzen sind, gesamtwirtschaftlich betrachtet führt diese statistische Bereinigung aber nicht zu zusätzlichen Einkommen.[220] Andererseits ist gerade bei einer unbeschränkten steuerlichen Abzugsfähigkeit davon auszugehen, daß die Steuervergünstigungen durch *Ge-*

---

217 Vgl. *Schnurr, J./Büscher, R.*: Private Dienste ..., a.a.O., S. 48 f.

218 Vgl. *ebenda*, S. 49

219 Vgl. *ebenda*; *Brunowsky, R.-D.*: Das Ende der Arbeitslosigkeit ..., a.a.O., S. 112

220 Vgl. *Schnurr, J./Büscher, R.*: Private Dienste ..., a.a.O., S. 49

fälligkeitsbescheinigungen oder Scheinarbeitsverhältnisse zum Nachteil des Fiskus extensiv genutzt werden und viele Haushalte die Vorteile für Scheinarbeitsverträge in Anspruch nehmen, also den Fiskus hoch belasten, ohne damit dem beschäftigungspolitischen Ziel einer Verbesserung der Lage auf dem Arbeitsmarkt zu dienen. Theoretisch gibt es für derartige *fiktiven Arbeitsverhältnisse* kein oberes Limit durch fehlende Strohmänner,[221] und wer sich bislang zu einem Schwarzarbeitsverhältnis bereit fand, wird mit großer Wahrscheinlichkeit keine Hemmungen haben, nach der Schaffung von Anreizen zur Legalisierung dieses Arbeitsverhältnisses dieses teilweise legal zu gestalten und teilweise illegal fortzuführen oder aber in zwei optisch legale Arbeitsverhältnisse zu überführen. Ohne eine Anhebung der Grenze für die Pauschalversteuerung ist deshalb davon auszugehen, daß alle bislang schwarz bestehenden Verträge *an* oder *unter* dieser Grenze abgeschlossen werden und der darüber hinausgehende Lohnbetrag weiterhin schwarz bezahlt wird.[222]

Um die aufgezeigten Mitnahmeeffekte möglichst zu vermeiden, erscheint eine *steuerliche Förderung nur bei sozialversicherungspflichtigen Beschäftigungsverhältnissen* vertretbar. Diesen Weg hat auch die Bundesregierung gewählt. So wird für die Beschäftigung einer Haushaltshilfe mit sozialversicherungspflichtigem Arbeitsvertrag seit 1. Januar 1990 ein steuerlicher Sonderausgabenabzug von bis zu 12 000 DM im Jahr gewährt, wenn entweder schwer- oder schwerstpflegebedürftige Angehörige oder mindestens ein Kind bis zum 10. Lebensjahr bei Alleinerziehenden bzw. mindestens zwei Kinder bis zum 10. Lebensjahr bei Ehegatten zu betreuen sind. Dabei kann die Sozialversicherungspflicht auch auf mehreren geringfügigen Beschäftigungsverhältnissen beruhen, wenn der Gesamtlohn der Haushaltshilfe die Pflichtversicherungsgrenze übersteigt, um so auch Haushalten mit geringerem Einkommen die Option auf die Steuervergünstigung zu eröffnen.

Abgesehen von den *familienpolitischen Fragwürdigkeiten dieser Lösung*, den Abzug von Kinderbetreuungskosten erst ab mindestens zwei Kindern zuzulassen, demgegenüber die steuerlichen Vergünstigungen aber auch Familien zu gestatten, von denen nur ein Elternteil berufstätig ist, liegt das grundsätzliche Problem der Beschränkung der steuerlichen Förderung auf sozialversicherungspflichtige Beschäftigungsverhältnisse in privaten Haushalten darin, daß der steuerliche Anreiz in diesen Fällen, sieht man einmal vom Bereich der hauswirtschaftlichen Lehrstellen ab, selbst bei unein-

---

[221] Vgl. *ebenda*; *Hatzold, O.*: Der Privathaushalt ..., a.a.O., S. 27

[222] Vgl. *Hatzold, O.*: Der Privathaushalt ..., a.a.O., S. 25

geschränkter Abzugshöhe kaum ausreichen dürfte, um die erheblichen Mehrbelastungen durch Steuern und Sozialversicherungsbeiträge auch nur annähernd auszugleichen. Insofern dürfte sich auch kaum eine spürbare expansive Wirkung auf die Zahl der Arbeitsplätze ergeben, auch nicht für die Halbtagskräfte.[223] Da der Anreiz zur Schwarzarbeit zwar vermindert, nicht jedoch völlig beseitigt wird, würden von einer solchen Regelung also in erster Linie diejenigen 40 000 privaten Haushalte profitieren, die nach der amtlichen Statistik bereits heute Haushaltshilfen über die Sozialversicherungsgrenze hinaus legal beschäftigen. Insofern würden auch im Bereich der sozialversicherungspflichtigen Beschäftigung in privaten Haushalten *Mitnahmeeffekte* eine entscheidende Rolle spielen.[224]

5.4.4.3 Vorzüge eines Modells selbständiger Kleinstunternehmer für haushaltsbezogene Dienstleistungen

Alle bisherigen Überlegungen zur steuerlichen Förderung einer Arbeitgeberfunktion privater Haushalte zielten weitgehend auf den Aspekt der Schließung der Schere zwischen Nettolohn und Lohnzahlungen des Arbeitgebers. Diese Reduzierung auf den rein monetären Aspekt wird allerdings der Problematik der Ausweitung von Arbeitsplätzen in Privathaushalten nur ansatzweise gerecht. Problematisch bleibt überdies die für eine Beschäftigungsausweitung unabdingbar erscheinende, für die Beschäftigten allerdings *wenig wünschenswerte Lockerung arbeitsrechtlicher Vorschriften speziell für Haushalte* (Kündigungsschutz, Lohnfortzahlung im Krankheitsfall, Gewährung von bezahltem Urlaub sowie Vergütung arbeitsfreier Feiertage).[225]

Auch die im Zusammenhang mit der Diskussion um Optionen zur Ausweitung von Teilzeitbeschäftigungsmöglichkeiten in der Bundesrepublik Deutschland präferierte Aufhebung der Geringfügigkeitsgrenze[226] würde, ohne eine entsprechende Ausnahmeregelung für Haushaltsdienste, Arbeitsplätze in privaten Haushalten wiederum so stark verteuern, daß die angesprochenen Arbeitsplatzeffekte sicherlich noch wesentlich geringer ausfallen dürften als ohnehin schon angedeutet.

Schließlich wirken aber auch die in der bisherigen Diskussion noch unberücksichtigten *Bürokratiekosten der privaten Haushalte* prohibitiv auf das Meldeverhalten bei den Sozialversicherungsträgern und verhindern somit ebenfalls tendenziell die Legalisierung entsprechender Beschäftigungs-

---

223 Vgl. *ebenda*, S. 27

224 Vgl. *ebenda*; *Schnurr, J./Büscher, R.*: Private Dienste ..., a.a.O., S. 49

225 Vgl. *Hatzold, O.*: Der Privathaushalt ..., a.a.O., S. 24 f.

226 Vgl. Kapitel 5.2

verhältnisse. So müssen Privathaushalte für eine sozialversicherungspflichtig beschäftigte Haushaltshilfe zunächst bei der Finanzverwaltung, der örtlichen Arbeitsverwaltung, der Krankenkasse und den Berufsgenossenschaften eine Betriebsnummer beantragen. Überdies müssen sie, abgesehen von den Berufsgenossenschaften, bei denen eine Jahresmeldung ausreicht, die häufig wechselnden Bruttobezüge monatlich an die Sozialversicherungsträger melden. Mit der hiermit verbundenen Buchführungspflicht sind zweifellos viele private Haushalte überfordert.[227]

Alle bisher aufgezeigten Restriktionen verdeutlichen die *Notwendigkeit eines grundsätzlichen Umdenkens im Bereich der in Privathaushalten erbrachten Dienstleistungen*. Die bloße steuerliche Förderung einer Arbeitgeberfunktion privater Haushalte sowie die aufgezeigten arbeitsrechtlichen und bürokratischen Restriktionen vermögen entsprechende Arbeitsverhältnisse faktisch nicht aus der Grenzzone zwischen Nachbarschaftshilfe, Freundschaftsdienst, Schattenwirtschaft und professioneller Betätigung zu eruieren. Möglich wäre dies dagegen, wenn man die steuerliche Förderung nicht länger den *Nachfragern*, sondern künftig vor allem den *Anbietern* von haushaltsorientierten Dienstleistungen zukommen ließe. In Verbindung mit einer Lockerung berufsständischer Ordnungen könnten diese etwa, wie bereits in Kapitel 5.1.3 angedeutet, steuerlich einen Selbständigenstatus erhalten und dann als *selbständige Kleinstunternehmer* ihre Daseins- und Altersvorsorge selbst in die Hand nehmen. Damit würde auch die angesprochene Meldepflicht der Haushalte für Putz-, Garten-, Haushalts- und Kinderbetreuungshilfen entfallen.[228]

Entsprechende Vorbilder finden sich in den USA, wo gerade im Bereich haushaltsnaher Dienstleistungen viele neue Einmann-Unternehmen entstanden sind, die u. a. Hausrenovierungen und Gartenarbeiten durchführen oder aber auch Bewachungs- oder Entrümpelungsdienste anbieten. Derartige haushaltsbezogene Kleinunternehmer könnten sich ihrerseits aufgrund entsprechender steuerlicher Vergünstigungen und aufgrund eines hohen Spezialisierungsniveaus mit entsprechendem Arbeitsmaterial ausstatten und damit via Produktivitätssteigerungen zugleich dem Preisdruck ihrer Angebote entgegenwirken, was wiederum die Nachfrage nach entsprechenden

---

227 Vgl. *Albach, H.*: Dienstleistungen ..., a.a.O., S. 121

228 Denkbare Ansätze für dieses Vorhaben wären beispielsweise eine ermäßigte Jahres-(Monats-)Pauschale für Steuern und Versicherung, die von den Dienstleistungsunternehmen selbst abzuführen wäre, oder auch ein Modell, bei dem ein ermäßigter Lohnsteuersatz zuzüglich eines Versicherungsbeitrages von einem Prozent (etwa für Wegeunfälle) von den Haushalten übernommen würde. Vgl. *ebenda*, S. 18

Diensten stimulieren könnte.[229] Würden auch in der Bundesrepublik Deutschland diese unternehmerischen Beziehungen durch die Legislative zu einem *Modell des Kleinstunternehmers für haushaltsbezogene Dienstleistungen* entwickelt und rechtlich geregelt, dann könnten sicherlich auch hier alleine durch die Beseitigung von Rechtsunsicherheit zahlreiche Arbeitsverhältnisse aus dem informellen in den formellen Sektor transferiert und zudem auch eine Reihe neuer und zusätzlicher Arbeitsplätze in privaten Haushalten geschaffen werden.[230]

5.5 Sozialpolitische Maßnahmen

Neben ordnungs-, arbeitszeit-, tarif- und steuer- bzw. finanzpolitischen Maßnahmen kommt im Hinblick auf eine Ausweitung von Produktion und Beschäftigung im Bereich verbraucherorientierter Dienstleistungen in der Bundesrepublik Deutschland weiterhin auch einer Reihe ausgewählter sozialversicherungsrechtlicher und sozialpolitischer Maßnahmen eine besondere Bedeutung zu. So könnte, wie die folgenden Kapitel 5.5.1.1-5.5.1.5 verdeutlichen werden, durch

- eine Ausweitung des versicherten Personenkreises und eine Nutzung bisher brachliegender Finanzierungspotentiale in der Gesetzlichen Renten- und Arbeitslosenversicherung,
- familienpolitische Maßnahmen zur Erhöhung der Frauenerwerbsquote in der Bundesrepublik,
- eine Umstellung der Arbeitgeberbeiträge zur Renten- und Arbeitslosenversicherung auf Wertschöpfungsbeiträge,
- eine Erhöhung der Bundeszuschüsse zur Renten- und Arbeitslosenversicherung sowie schließlich durch
- die Implementation eines steuerfinanzierten Leistungsgesetzes zur Absicherung des Pflegefallrisikos in der Bundesrepublik

eine Rückführung der Lohnnebenkosten in der Bundesrepublik erreicht und somit auch auf diese Weise eine weitere Senkung des gerade auf den verbraucherorientierten Dienstleistungen lastenden Arbeitskostendrucks erzielt werden. Immerhin erreichten die durchschnittlichen Zusatzkosten im Dienstleistungsbereich (bezogen auf das Entgelt für geleistete Arbeit) im Jahre 1987 einen Wert von 81,5 Prozent, wobei allerdings diese Durch-

---

[229] Vgl. *ebenda*, S. 124

[230] Vgl. *ebenda*, S. 18

schnittsgröße stark streut (und zwar von 99,7 Prozent im Bankgewerbe bis zu 68,7 Prozent im Großhandel).[231]

Angesichts eines sich abzeichnenden erweiterten sozialrechtlichen Sicherungsbedarfs, aber auch angesichts des zum Teil substitutionalen Charakters zwischen den "direkten" betrieblichen Kosten für Löhne und Gehälter und den sogenannten Lohn-"Nebenkosten" wäre es allerdings wissenschaftlich unredlich, den Eindruck zu erwecken, Lohnnebenkosten (und hierbei insbesondere die gesetzlichen, denn nur diese können ja politisch überhaupt beeinflußt werden) ließen sich in bedeutendem Umfang senken.[232] Es wäre sicherlich bereits als Erfolg zu werten, wenn diese Lohnbestandteile geringfügig gesenkt oder zumindest langfristig auf dem derzeitigen Niveau stabilisiert werden könnten und nicht weiter ansteigen würden. Allerdings entbindet diese Einschränkung keinesfalls von entsprechenden sozialpolitischen Anstrengungen, sondern verdeutlicht nachhaltig deren Bedeutung. Unterbleiben nämlich derartige Maßnahmen, dann verschlechtert sich die Wettbewerbsposition der arbeitsintensiven Dienstleistungen weiter mit entsprechend negativen Auswirkungen auf die Ausweitung des Angebots.

Als wenig effizient und damit auch wenig empfehlenswert erweisen sich im Gegensatz zu diesen Maßnahmen allerdings, wie ein Exkurs in Kapitel 5.5.1.6 verdeutlichen wird, weiterführende Überlegungen zur Umwandlung von partiellen Lohnnebenkosten in steuerbegünstigte Barlohnbestandteile, die bestehende Lohndifferenzen zwischen regulär und schattenwirtschaftlich erbrachten Dienstleistungen "spürbarer" machen und damit die Attraktivität regulär erbrachter Dienstleistungen steigern sollen.

Weniger aus beschäftigungspolitischen Gründen denn vor allem zur Aufrechterhaltung eines ausreichenden Versorgungsniveaus sollte demgegenüber die Erschließung von Ehrenamts- und Selbsthilfepotentialen im Bereich sozialer Dienste in der Bundesrepublik verstärkt vorangetrieben werden. Kapitel 5.5.2 zeigt Möglichkeiten und Optionen zur Förderung dieser ehrenamtlich und in Selbsthilfe erbrachten Dienstleistungen.

Auch die in Kapitel 5.5.3 schließlich in Umrissen konkretisierte bedarfsorientierte, integrierte Grundsicherung oberhalb des derzeitigen Sozialhilfeniveaus könnte mögliche Sicherungsdefizite im Zuge der verstärkten Ausbreitung von selbständigen Existenzen oder flexibleren Arbeitsverhält-

---

231 Vgl. *Hemmer, E.*: Personalzusatzkosten im Produzierenden Gewerbe und im Dienstleistungsbereich, in: IW-Trends 1/1988, S. 22 f.

232 Vgl. *Welzmüller, R.*: Personalzusatzkosten - Gefahr für die Wettbewerbsfähigkeit oder Nebenschauplatz im Verteilungskonflikt?, in: Soziale Sicherheit 3/1988, S. 71 ff.

nissen in der Bundesrepublik kompensieren und dadurch vielfach erst entsprechenden Arbeitsformen zum Durchbruch verhelfen. Auf alle genannten Optionen soll in den folgenden Ausführungen näher eingegangen werden.

5.5.1 Optionen zur Rückführung bzw. Stabilisierung der Lohnnebenkosten

5.5.1.1 Ausweitung des versicherten Personenkreises und Nutzung bisher brachliegender Finanzierungspotentiale in der Gesetzlichen Renten- und Arbeitslosenversicherung

Eine Ausweitung des versicherten Personenkreises in der gesetzlichen Sozialversicherung ließe sich sowohl über die Aufhebung der Geringfügigkeitsgrenze als auch über die Einbeziehung der Selbständigen in die Sozialversicherungen erzielen. Allerdings kann eine *Versicherungspflicht für alle geringfügigen Beschäftigungsverhältnisse* nach Saldierung mit den entsprechenden Leistungsausweitungen einer solchen Lösung keine nennenswerten zusätzlichen Netto-Einnahmequellen für die Sozialversicherung erschließen. Dennoch sollte aus Gründen der sozialen Absicherung der geringfügigen Beschäftigungsverhältnisse in der Bundesrepublik Deutschland, wie in Kapitel 5.2 bereits angedeutet, auf diese Option nicht verzichtet werden.[233]

Ähnlich verhält es sich mit der *Ausweitung der Versicherungspflicht auf die Gruppe der Selbständigen*. Auch für diese Option sprechen weniger finanzielle denn primär sozialversicherungsrechtliche Gründe. Die Einbeziehung der Selbständigen wäre nämlich der letzte noch fehlende Schritt, um die Sozialversicherung zur umfassenden Versicherung aller erwerbstätigen Bundesbürger auszuweiten und damit auch die Grundlage für die Einbeziehung der Selbständigen in eine in Kapitel 5.5.3 noch näher zu konkretisierende bedarfsorientierte, integrierte Grundsicherung zu schaffen. Eine entsprechende allgemeine Versicherungspflicht könnte mithin sicherstellen, daß alle Erwerbstätigen in der Bundesrepublik Deutschland einkommensgerechte Vorsorge für Alter und Invalidität betreiben. Damit würde auch die Ausweitung der Beschäftigung im Bereich verbraucherorientierter Dienstleistungen in sozialverträglichen Bahnen verlaufen.

Eine *Aktivierung bisher brachliegender Finanzierungspotentiale in der Gesetzlichen Renten- und Arbeitslosenversicherung* wäre dagegen grundsätzlich sowohl durch eine Erhöhung der Beitragsbemessungsgrenzen als auch durch die Implementierung einer Arbeitsmarktabgabe für Beamte und

---

[233] Vgl. *Bosch, G.*: Perspektiven der Finanzierung der Arbeitsmarktpolitik, in: WSI-Mitteilungen 8/1985, S. 176

Selbständige erreichbar. Während auf eine *Erhöhung der Beitragsbemessungsgrenzen* aufgrund der zu erwartenden geringen Mehreinnahmen allerdings wiederum verzichtet werden kann,[234] sollte die *Implementierung eines Arbeitsmarktbeitrags für Beamte und Selbständige* zum Abschluß des vorliegenden Kapitels noch einmal etwas genauer geprüft werden, denn die Behauptung, diese Gruppe hätte kein Interesse an der Aufrechterhaltung der Funktionsfähigkeit des Arbeitsmarktes und nähme selbst keine spezifischen Leistungen der Bundesanstalt in Anspruch, läßt sich bei dezidierter Analyse nicht aufrechterhalten. Beamte und Selbständige profitieren sehr wohl von den konjunktur- und strukturpolitischen Funktionen der Arbeitsmarktpolitik, ihr Interesse an einem intakten Arbeitsmarkt wird überdies aber auch durch die rege Mobilität verstärkt, die zwischen den Teilarbeitsmärkten der Arbeitgeber, Angestellten, Beamten und Selbständigen besteht.[235] Einer aus dieser Argumentation abzuleitenden vollen Beitragspflicht der Beamten und Selbständigen müßte andererseits dann aber auch deren Einbeziehung in alle Leistungen des Arbeitsförderungsgesetzes gegenüberstehen. Erfreulicher Nebeneffekt dieser Umstrukturierung wäre die erhöhte finanzielle Autonomie der Bundesanstalt für Arbeit vom Bundeshaushalt, die nunmehr einen Rechtsanspruch auf die von der öffentlichen Hand zu entrichtenden Arbeitgeberbeträge für Beamte hätte.[236]

Berechnungen des *Bundesministeriums für Arbeit und Sozialordnung* aus den früheren achtziger Jahren zufolge könnte ein Arbeitsmarktbeitrag pro Prozentpunkt Beitragssatz zu Mehreinnahmen von ca. 1,9 Mrd. DM führen. Saldiert mit den entsprechenden Mehrausgaben für die Ausweitung der Leistungen an Beamte und Selbständige wäre diesen Berechnungen zufolge im Referenzjahr immerhin mit einem positiven Saldo für die Bundesanstalt für Arbeit von über 4 Mrd. DM zu rechnen gewesen. Selbst wenn sich zwischenzeitlich Veränderungen dieser Eckdaten ergeben haben, wird deutlich, daß durch einen Arbeitsmarktbeitrag für Beamte und Selbständige grundsätzlich die Finanzierungsbasis der Bundesanstalt für Arbeit erheblich stabilisiert werden könnte.[237] Der Arbeitsmarktbeitrag ist allerdings *keinesfalls eine exklusive und sicherlich auch nicht die geeignetste Maßnahme zur Stärkung bzw. Wiederherstellung des Äqivalenzprinzips in der Gesetzlichen Arbeitslosenversicherung*. In der vorliegenden Arbeit wird daher auch, wie

---

234 Vgl. *ebenda*

235 Vgl. *ebenda*, S. 177; *Bosch, G.*: Arbeitsmarktbeitrag: Eine gerechtere Verteilung der Lasten in der Arbeitsmarktpolitik, in: WSI-Mitteilungen 8/1983, S. 468

236 Vgl. *Bosch, G.*: Perspektiven ..., a.a.O., S. 177 f.

237 Vgl. *Bosch, G.*: Arbeitsmarktbeitrag ..., a.a.O., S. 469

Kapitel 5.5.1.4 noch näher erläutern wird, eine Steuerfinanzierung der Maßnahmen der aktiven Arbeitsmarktpolitik präferiert.

5.5.1.2 Familienpolitische Maßnahmen zur Erhöhung der Frauenerwerbsquote

Auch eine Erhöhung der im internationalen Vergleich geringen Frauenerwerbsquote in der Bundesrepublik durch eine Reihe familienpolitischer Maßnahmen könnte über eine Verbesserung der Beitragszahler/-Beitragsempfänger-Relation in den Gesetzlichen Sozialversicherungen dazu beitragen, die demographisch bedingten Probleme des Systems der sozialen Sicherung in der Bundesrepublik abzumildern und damit mittel- und langfristig die Lohnnebenkosten zu stabilisieren.[238] Eine höhere Beteiligung von Frauen am Erwerbsleben wäre allerdings keineswegs nur - und im übrigen noch nicht einmal vordringlich - aus diesen Gründen zu begrüßen. Für eine weitere Erhöhung der Frauenerwerbsquote sprechen neben den in Kapitel 5.2 bereits erwähnten engen Interdependenzen zwischen der Zunahme der Frauenerwerbstätigkeit und der Ausweitung der Beschäftigung im Dienstleistungsbereich sowie emanzipatorischen und arbeitsmarktpolitischen Gründen (Erhöhung der Selbstverwirklichungschancen, Nutzung brachliegenden Humankapitals) gerade aber auch die positiven familienpolitischen Erfahrungen skandinavischer Länder, die verdeutlichen, daß hohe Frauenerwerbsquoten keinesfalls notwendigerweise mit niedrigen Reproduktionsraten synchron verlaufen müssen, sondern bei entsprechender Gestaltung der sozialen Infrastruktur durchaus mit dem Wunsch nach Kindern vereinbar sein können.[239]

Als grundsätzliche Optionen zur verstärkten Integration von Frauen in den Arbeitsmarkt bieten sich neben den bereits angesprochenen *verbesserten Möglichkeiten zur Teilzeitarbeit* und einer - gesamtgesellschaftlich allerdings nur schwer zu beeinflussenden - *familienfreundlicheren Personalpoli-*

---

238 So lag die Frauenerwerbsquote in der Bundesrepublik Deutschland (in Prozent der 15-64 jährigen Frauen) im Jahre 1986 nur bei 50,3%, die Referenzwerte der nordeuropäischen Länder Schweden, Dänemark, Finnland und Norwegen dagegen (zum Teil deutlich) über 70%. Selbst die Frauenerwerbsquoten der USA, Kanadas und Großbritanniens überschritten noch alle die 60%-Marke. Vgl. *Becker, U.*: Frauenerwerbstätigkeit - Eine vergleichende Bestandsaufnahme, in: APuZ B 28/89, S. 23

239 Vgl. *Rürup, B.*: Zusammenhänge zwischen Frauenerwerbstätigkeit und Geburtenentwicklung: Fakten - Hypothesen - Optionen, in: Evangelische Aktionsgemeinschaft für Familienfragen (EAF): Familienpolitische Informationen Nr. 6/1987, S. 42

tik der Betriebe[240] insbesondere eine Verbesserung der öffentlichen sozialen Infrastruktur im Kinderbetreuungsbereich[241] und - in der mittelfristigen Perspektive - erweiterte Mutterschafts- und Elternschaftsurlaubsregelungen (in Anlehnung an skandinavische Vorbilder) an.

Daß die Forderung nach einer *Verbesserung der öffentlichen sozialen Infrastruktur im Kinderbetreuungsbereich* in der Bundesrepublik bisher allerdings nur auf wenig politische Resonanz gestoßen ist, zeigt das neue Jugendhilfegesetz, bei dem mit dem zunächst diskutierten Rechtsanspruch auf einen Kindergartenplatz für alle Kinder ab 3 Jahren nach langwierigen Auseinandersetzungen nun doch ein Anliegen geopfert worden ist, das von der früheren Bundesfamilienministerin *Lehr* zu Beginn der Verhandlungen noch als historische Chance bezeichnet worden war. Daß die alternativ institutionalisierte Aufforderung an die Länder zu einem "bedarfsgerechten Ausbau der Kindergärten" angesichts der zu erwartenden Kosten und angesichts der finanziellen Situation einiger Länder ohne finanzielle Beteiligung des Bundes wohl eher von Wunschdenken geprägt denn von Erfolgsaussichten gekrönt sein dürfte, zeichnet sich ab. Berücksichtigt man vor diesem Hintergrund, daß zumindest inhaltlich Kindergärten schon lange nicht mehr alleine Sache der Länder sein können, da gerade Entscheidungen in der Familien- und Frauenpolitik die Existenz einer funktionsfähigen Kinderbetreuungs-Infrastruktur voraussetzen, und vergegenwärtigt man sich zudem, daß die Kosten für eine Verbesserung dieser Kinderbetreuungs-Infrastruktur, gemessen an anderen Verwendungszwecken öffentlicher Gelder (wie etwa dem Ehegattensplitting), sich - relativ gesehen - noch immer in einem recht bescheidenen Rahmen bewegen,[242] wäre eine Beteiligung des Bundes an den entstehenden Kosten in Verbindung mit einem *Rechtsanspruch auf einen Kindergartenplatz für alle Kinder über 3*

---

240 Vorstellbar wären in diesem Zusammenhang etwa verstärkte *betriebliche Rückkehrgarantien* für junge Mütter, verbesserte *betriebliche Weiterbildungsmöglichkeiten* während der kindbedingten Unterbrechung der Erwerbstätigkeit oder auch erweiterte *betriebliche Kinderbetreuungsmöglichkeiten*, die bislang in der Bundesrepublik quantitativ noch nicht ins Gewicht fallen und sich zudem vornehmlich auf Großbetriebe beschränken. Vgl. *Engelbrech, G.*: Erfahrungen von Frauen an der "dritten Schwelle". Schwierigkeiten bei der beruflichen Wiedereingliederung aus der Sicht der Frauen, in: MittAB 1/89, S. 108 ff.

241 Vgl. *ebenda*, S. 103; *Simm, R.*: Junge Frauen in Partnerschaft und Familie, in: APuZ B 28/89, S. 36

242 Vgl. *Miedaner, L./Schneider, K.*: Zwischen Bildungsanspruch und Sozialabbau - Das Beispiel der Kindergartenpolitik, in: *Olk, T./Otto, H.-U. (Hrsg.)*: Der Wohlfahrtsstaat in der Wende. Umrisse einer zukünftigen Sozialarbeit. Weinheim und München 1985, S. 40

Jahre in der Bundesrepublik zweifellos die gesellschaftspolitisch wünschenswertere Entscheidung gewesen.

In Schweden, das, wie an anderer Stelle bereits erwähnt, als Vergleichsland für die Bundesrepublik deshalb von besonderem Interesse ist, weil dort eine ähnliche Erwerbstätigkeitsentwicklung bei den Männern aufgetreten ist, während die Frauenerwerbsquote im Vergleich zur Bundesrepublik sehr viel schneller zugenommen hat, wurde Kinderbetreuungseinrichtungen demgegenüber von staatlicher Seite aus schon immer eine wesentlich größere Bedeutung beigemessen. Zudem unterstützen in Schweden gerade aber auch großzügige *Elternurlaubsregelungen* eine höhere Erwerbsbeteiligung der schwedischen Frauen. So beträgt der Elternurlaub in Schweden bei Geburt eines Kindes für beide Elternteile zusammen maximal 180 Tage, wobei die gegenseitige Aufteilung dieser Zeit letztlich der freien Entscheidung der Eltern überlassen bleibt. Während dieses Elternurlaubs zahlt eine sogenannte Elternversicherung eine finanzielle Entschädigung in Höhe des Krankengeldes (in der Regel 90% des letzten Bruttoentgelts). Über diesen Urlaub hinaus können schwedische Eltern bis zum 8. Lebensjahr des Kindes wahlweise einen weiteren bezahlten Sonderurlaub bis zu 180 Tagen in Anspruch nehmen, wobei während der ersten 90 Tage dieses Sonderurlaubs die Elternversicherung wiederum ein Elterngeld in Höhe des Krankengeldes, danach den Mindesttagessatz zahlt. Da die Beurlaubung nicht zwangsläufig in Form ganzer Arbeitstage erfolgen muß, verlängert sich der Beurlaubungszeitraum entsprechend, wenn sich die Beurlaubung lediglich auf halbe oder viertel Tage erstreckt.[243]

Im Anschluß an den bezahlten Elternurlaub haben Väter oder Mütter schließlich bis zum 18. Lebensmonat des betreuten Kindes einen Anspruch auf unbezahlte Arbeitsfreistellung. Alle genannten Beurlaubungsformen sind zugleich mit einer *Rückkehrgarantie an den alten Arbeitsplatz* gekoppelt, wobei eine Versetzung selbst auf einen "gleichwertigen" Arbeitsplatz nach Ablauf der Beurlaubung nur in Ausnahmefällen möglich ist. Der Arbeitnehmer muß den Arbeitgeber lediglich bis spätestens zwei Monate vor Antritt über Zeitpunkt und Dauer seiner Beurlaubungswünsche informieren und kann dann selbst jederzeit mit einer Ankündigungsfrist von nur 4 Wochen vorzeitig auf seinen alten Arbeitsplatz zurückkehren. In Ergänzung zu den dargestellten Elternurlaubsregelungen bietet das schwedische Sozialsystem aber auch *außerordentlich großzügige und weitgehende Freistellungsregelungen zur Pflege erkrankter Kinder*. So können sich

---

243 Vgl. *Langkau-Herrmann, M./Scholten, U.*: Strategien zur Flexibilisierung der Arbeitszeit und zur Arbeitszeitverkürzung. Bonn 1986, S. 114

Eltern bei Erkrankung eines Kindes unter 12 Jahren wahlweise bis zu 60 Tage pro Jahr und pro Kind von der Arbeit beurlauben lassen, wobei auch für diese Periode wiederum die gesetzliche Elternversicherung ein Krankengeld in Höhe von 90% des letzten Bruttoentgelts vergütet. Ein *Recht auf Teilzeitarbeit* für Eltern mit Kindern unter 8 Jahren rundet schließlich die schwedischen Elternschaftsregelungen ab.[244]

Wie diese Ausführungen verdeutlichen, ist das schwedische Beurlaubungsmodell nicht nur hinsichtlich Dauer und materieller Absicherung beispielhaft, sondern erlaubt es den betroffenen Arbeitnehmern auch in hohem Maße, Arbeitszeit und Beurlaubung auf ihre individuellen Bedürfnisse hin auszurichten. In Verbindung mit verbesserten Möglichkeiten zur Teilzeitbeschäftigung und einem erweiterten Angebot an Kinderbetreuungseinrichtungen könnten ähnlich konstruierte Beurlaubungs- und Freistellungsregelungen - zumindest in der mittelfristigen Perspektive - zweifellos auch in der Bundesrepublik einen entscheidenden Beitrag zur Erhöhung der Frauenerwerbsquote leisten. Selbst wenn entsprechende Überlegungen gegenwärtig noch wenig opportun erscheinen mögen, wird die Bedeutung dieser Optionen spätestens mit dem demographisch bedingten starken Rückgang des Arbeitskräfteangebots zu Beginn des nächsten Jahrtausends zunehmen.

5.5.1.3 Umstellung der Arbeitgeber-Beiträge zur Gesetzlichen Renten- und Arbeitslosenversicherung auf Wertschöpfungsbeiträge

Bereits die in den Kapiteln 5.1 und 5.2 aufgezeigten Flexibilisierungsoptionen zur Förderung der Ausweitung verbraucherorientierter Dienstleistungen in der Bundesrepublik Deutschland (Förderung neuer selbständiger Existenzen und flexiblerer Arbeitszeiten), vor allem aber die auf der gesamtwirtschaftlichen Ebene in noch viel stärkerem Maße ausgeprägten Flexibilisierungs- und Externalisierungspotentiale (*Teleheimarbeit!*) sowie schließlich auch die gesamtgesellschaftlich nicht auszuschließende Gefahr einer "technologischen Arbeitslosigkeit" durch den Einsatz von Mikroelektronik und die damit verbundene verstärkte Substitution von Arbeit durch Kapital[245] lassen eine Konstanz oder gar einen Anstieg der Lohnquote in der

---

244 Vgl. *ebenda*, S. 114 f.; *Schettkat, R.*: Neue Muster ..., a.a.O., S. 42

245 Zur Diskussion um die Gefahr einer "technologischen Arbeitslosigkeit" in der Bundesrepublik Deutschland vgl. insbesondere *Hagemann, H.*: Freisetzungs- und Kompensationseffekte neuer Technologien: Zur Gefahr einer technologischen Arbeitslosigkeit, in: *Buttler, F./Kühl, J./Rahmann, B. (Hrsg.)*: Staat und Beschäftigung. Angebots- und Nachfragepolitik in Theorie und Praxis, Nürnberg 1985, S. 291 ff.; *Baethge, M./ Overbeck, H.*: Dienstleistungssektor als Auffangnetz? Zur These der Kompensation von Rationalisierungseffekten in der Produk-

Bundesrepublik Deutschland in den kommmenden Jahren als wenig wahrscheinlich erscheinen. Obwohl nun eine Abnahme der Lohnquote nicht notwendigerweise eine materielle Verschlechterung der Erwerbstätigen signalisiert, führt sie dennoch zu einer finanziellen Auszehrung einer vorrangig aus lohnbezogenen Abgaben finanzierten Sozialversicherung und damit letztendlich via Lohnnebenkostenerhöhung erneut zu beschäftigungspolitisch unerwünschten Konsequenzen im Hinblick auf eine mögliche Ausweitung arbeitsintensiver Dienstleistungen.[246]

Dieser Trend ließe sich durch eine Umstellung der Arbeitgeberbeiträge zur Sozialversicherung auf Wertschöpfungsbeiträge abschwächen. Gerade Wertschöpfungsbeiträge könnten neben weiteren grundsätzlichen Vorzügen[247] zu einer Reduzierung der Lohnnebenkosten beitragen und durch eine Entlastung arbeitsintensiver Dienstleistungen das Faktorpreisverhältnis in beschäftigungsstimulierender Weise verändern.[248] Um die Leistungsbezogenheit der Sozialversicherung zu gewährleisten, sollten allerdings die Arbeitnehmerbeiträge zur Sozialversicherung in jedem Fall auch weiterhin lohnbezogen erhoben werden. Erwägenswert wäre somit lediglich eine

---

tion durch Ausweitungen von Dienstleistungen - Am Beispiel kaufmännischer und verwaltender Tätigkeiten, in: Soziale Welt 2/1985, S. 226 ff.; *Hickel, R.*: Technologische Arbeitslosigkeit oder langfristiger Aufschwung? Arbeitsplatzeffekte der Rationalisierung, in: WSI-Mitteilungen 6/1987, S. 334 ff.; *Dostal, W.*: Arbeitsmarktwirkungen moderner Technologien. Neue Erkenntnisse aus der Meta-Studie?, in: MittAB 2/89, S. 187 ff.

246 Vgl. *Rürup, B.*: Strukturpolitische Aspekte eines Wertschöpfungsbeitrags. Gutachten im Auftrag der SPD-Fraktion des Deutschen Bundestages. Darmstadt 1986, S. 53; *Geller, H.*: Die Wirkungen von Lohnnebenkosten auf dem Arbeitsmarkt. Überlegungen zur Reduktion der Massenarbeitslosigkeit, in: Sozialer Fortschritt 8/1985, S. 184

247 *Rürup* verweist in diesem Kontext insbesondere auf die höhere Ergiebigkeit bei sinkender Lohnquote bzw. hoher Arbeitslosigkeit, die geringere Konjunkturempfindlichkeit und leichtere Steigerungsfähigkeit, auf vertrauensschaffende und technologieakzeptanzerhöhende Effekte, aber auch auf die mit einer Umstellung verbundene Stärkung der finanziellen und organisatorischen Autonomie der Träger der Gesetzlichen Rentenversicherung. Vgl. *Rürup, B.*: Konsequenzen des sozioökonomischen Wandels für das System der sozialen Sicherung, in: *Körner, H./Rürup, B. (Hrsg.)*: Sozioökonomische Konsequenzen des technischen Wandels. Darmstadt 1987, S. 145 f.; *Rürup, B.*: Strukturpolitische Aspekte, ..., a.a.O., S. 131 f.

248 Vgl. *Rürup, B.*: Strukturpolitische Aspekte ..., a.a.O., S. 70; *Hasse, R./Eisold, H.*: "Maschinensteuer". Ein Beitrag zur Finanzierung der Renten?, in: Das Wirtschaftsstudium (WISU) 12/85, S. 579; *Bäcker, G.*: Viel Lärm um wenig? Der Wertschöpfungsbeitrag als neues Finanzierungsfundament der Rentenversicherung in der sozialpolitischen Diskussion, in: APuZ B 35/87, S. 33

Umwandlung der *Arbeitgeberbeiträge* in Wertschöpfungsbeiträge, die zunächst aufkommensneutral erfolgen und in späteren Jahren dann in Anlehnung an die Entwicklung des lohnbezogenen Beitragssatzes der Arbeitnehmer variiert werden könnte.

Eine aufkommensneutrale Umbasierung der gegenwärtigen lohnbezogenen Arbeitgeberanteile auf wertschöpfungsbezogene hätte ausweislich *ökonometrischer Untersuchungen* in der Bundesrepublik zur Konsequenz, daß - unter Verwendung der Bruttowertschöpfung als Bemessungsgrundlage - auf die entlasteten Branchen ein Anteil von rund 60% der gesamtwirtschaftlichen Wertschöpfung und ein Anteil von 77% der gesamten Beschäftigung entfiele.[249] Damit ließen sich zwar zunächst nur ca. 20 000 bis 40 000 zusätzliche Arbeitsplätze schaffen, berücksichtigt man über diese Simulationen hinaus allerdings auch die bereits angedeutete und als überaus wahrscheinlich zu erachtende Notwendigkeit der Mobilisierung zusätzlicher Finanzierungsmittel in den Sozialversicherungen, dann dürften auf mittlere und längere Sicht die komparativen Beschäftigungsvorteile von Wertschöpfungsbeiträgen um ein Vielfaches höher liegen.[250]

Mit der Einführung eines Wertschöpfungsbeitrags in der Gesetzlichen Renten- und Arbeitslosenversicherung und später möglicherweise auch in der Gesetzlichen Krankenversicherung wäre gleichzeitig aber auch die Voraussetzung für die Einbeziehung der Selbständigen in die gesetzliche Renten- und Krankenversicherung geschaffen, da entsprechende Wertschöpfungsbeiträge der Arbeitgeber die Funktion einer Umlage erfüllen könnten, mit der die Gesamtheit der Selbständigen die fehlenden Arbeitgeberbeiträge aufbringt. Die Umbasierung der Arbeitgeberbeiträge auf Wertschöpfungsbeiträge auf mittlere Sicht (also spätestens um die Jahrtausendwende) kann allerdings für die Sozialversicherungen immer nur eine flankierende und keinesfalls eine exklusive Option darstellen.[251] Ebenso wichtig erscheint, wie die folgenden Ausführungen näher verdeutlichen werden, eine Erhöhung der Bundeszuschüsse.

---

[249] Vgl. *Rürup, B.*: Strukturpolitische Aspekte ..., a.a.O., S. 100. Die dabei auftretende scheinbare Paradoxie, daß vor allem der Dienstleistungsbereich zu den Verlierern und der industrielle Bereich zu den Gewinnern zählt, läßt sich primär mit den unterschiedlichen Kapitalintensitäten in den untersuchten Bereichen erklären. Derartige Befunde relativieren mithin keinesfalls die grundsätzliche Vorteilhaftigkeit von Wertschöpfungsbeiträgen für den Bereich arbeitsintensiver Dienstleistungen. Vgl. *Bäcker, G.*: Viel Lärm um wenig ..., a.a.O., S. 31

[250] Vgl. *Rürup, B.*: Strukturpolitische Aspekte ..., a.a.O., S. 71 f.

[251] Vgl. *ebenda*, S. 131 f.

5.5.1.4 Erhöhung der Bundeszuschüsse zu den Sozialversicherungen

Bundeszuschüsse schöpfen ihre zentrale Legitimation aus der Überlegung, daß *versicherungsfremde Leistungen*, die von den Sozialversicherungskollektiven zum Wohl der Gesamtgesellschaft erbracht werden, durch steuerfinanzierte Zuschüsse an die Parafisci vollständig oder zumindest partiell kompensiert werden sollten.[252] Allerdings unterstreichen alle bislang unternommenen Katalogisierungsversuche versicherungsfremder Leistungen die Schwierigkeiten einer Operationalisierung dieses Begriffes. Gerade im *Bereich der Gesetzlichen Rentenversicherung* zeichnen sich zahlreiche Analysen durch höchst zweifelhafte definitorische Grundlagen aus und ersetzen vielfach die Fragwürdigkeit des Warum oder Wozu durch eine Scheinexaktheit des Wieviel.[253] Bemerkenswert bleibt dennoch, daß trotz größter Unterschiedlichkeit im Vorgehen und in der Kategorisierung der einzelnen Leistungen die versicherungsfremden Leistungen in diesen Untersuchungen weitestgehend übereinstimmend auf Werte zwischen 25 und 33% der Rentenausgaben veranschlagt werden.[254]

Angesichts dieser Befunde wird deutlich, daß im Jahre 1988 bei einem Bundesanteil von 17,2% der Rentenausgaben mehr als ein Drittel der versicherungsfremden Leistungen durch Beiträge der Versicherten finanziert wurde, strenggenommen also in diesem Umfang nicht die Versicherten durch den Bund, sondern der Bund durch die Versicherten subventioniert wurde. Aus der untersuchungsleitenden Perspektive der vorliegenden Arbeit wäre es daher wünschenswert, den Bundeszuschuß zur Gesetzlichen Rentenversicherung künftig nach einem Verfahren fortzuschreiben, das sukzessive diese beschäftigungspolitische Dysfunktionalität abbaut. Dieses Ziel wäre über eine schrittweise Aufstockung des Bundesanteils auf zunächst 20% und eine anschließende Fortschreibung gemäß der Entwicklung des Beitragssatzes und der Entwicklung der Rentenausgaben zu erreichen, wie dies der *Verband Deutscher Rentenversicherungsträger*

---

252 Vgl. *Gretschmann, K./Heinze, R. G./Hilbert, J./ Voelzkow, H.*: Durch die Krise zur Reform: Finanzierungs- und Leistungsalternativen in der Sozialen Sicherung, in: *Heinze, R. G./Hombach, B./Scherf, H. (Hrsg.)*: Sozialstaat 2000 ..., a.a.O., S. 32

253 Vgl. *Rürup, B.*: Der Bundeszuschuß an die Rentenversicherung. Vorschläge für eine Reform, in: Wirtschaftsdienst 6/1981, S. 278 ff.

254 Vgl. *Kolb, R.*: Die geplante Neuregelung des Bundesanteils an der gesetzlichen Rentenversicherung, in: Wirtschaftsdienst 2/1989, S. 76. Zu einer aktuelleren Schätzung vgl. *Rehfeld, U./Luckert, H.*: Die versicherungsfremden Leistungen der Rentenversicherung - Eine Schätzung von Häufigkeiten und Volumen, in: Deutsche Rentenversicherung 1-2/1989, S. 42 ff.

vorgeschlagen hat. Unter diesen Prämissen würde der Bundeszuschuß langfristig in eine Größenordnung von etwa 30% hineinwachsen.[255]

Aber auch *die Gesetzliche Arbeitslosenversicherung* in der Bundesrepublik hat sich in den zurückliegenden Jahren durch eine Ausweitung von Maßnahmen der aktiven Arbeitsmarktpolitik mehr und mehr von dem Prinzip beitragsbezogener Leistungen entfernt, obwohl der Bund nach wie vor lediglich die Kosten für die Arbeitslosenhilfe und die Haftung für auftretende Defizite der Bundesanstalt für Arbeit übernimmt. Einer Stärkung bzw. Wiederherstellung des Äquivalenzprinzips mit entsprechend positiven Auswirkungen auf die Beitragsbelastungen der Arbeitnehmer würde es insofern auch in diesem Bereich entsprechen, wenn *zumindest die Maßnahmen der aktiven Arbeitmarktpolitik* künftig vollständig über einen steuerfinanzierten Bundeszuschuß und damit nach dem Prinzip der Leistungsfähigkeit aller Bürger finanziert würden.[256] Gerade Arbeitslosigkeit ist ein nur begrenzt versicherbares Risiko, so daß die Arbeitsfelder Berufsberatung, Arbeitsvermittlung, Rehabilitation, berufliche Weiterbildung, aber auch Arbeitsbeschaffungsmaßnahmen in den staatlichen Verantwortungsbereich gehören. Auch die dadurch möglich werdende Beitragssenkung um eineinhalb bis zwei Prozentpunkte würde selbstredend wiederum vor allem die arbeitsintensiven Dienstleistungsbetriebe begünstigen.[257]

5.5.1.5 Implementierung eines steuerfinanzierten Pflegefall-Leistungsgesetzes

Eine letzte, für die Fragestellung der vorliegenden Analyse relevant erscheinende Option zur Senkung bzw. Stabilisierung der Lohnnebenkosten in der Bundesrepublik Deutschland ist die Implementation eines steuerfinanzierten Pflegefall-Leistungsgesetzes. Durch die am 1. Januar 1989 in Kraft getretene Gesundheitsreform hat das Problem der Absicherung des Pflegekostenrisikos in der Bundesrepublik, über das nunmehr bereits seit

---

[255] Vgl. *Kolb, R.*: Die geplante Neuregelung ..., a.a.O., S. 76; *Kolb, R.*: Bevölkerungsentwicklung und Auswirkungen auf die Rentenversicherung, in: APuZ B 18/89, S. 38

[256] Vgl. *Schaft, W.*: Finanzprobleme der Bundesanstalt für Arbeit, in: Wirtschaftsdienst 6/1988, S. 301; *Schmid, G.*: Steuer- oder Beitragsfinanzierung der Arbeitsmarktpolitik?, in: Wirtschaftsdienst 3/1986, S. 141

[257] Vgl. *Ehrenberg, H.*: Mehr Arbeitsplätze ohne Lohnverzicht. Für einen neuen Konsens in der Wirtschaftspolitik. Stuttgart 1988, S. 124 ff.; *Schmid, G.*: Steuer- oder Beitragsfinanzierung ..., a.a.O., S. 141 ff.

mehr als 15 Jahren diskutiert wird, erneut an Aktualität gewonnen.[258] Im Rahmen der Gesundheitsreform wurde vereinbart, Angehörigen eines familiär betreuten Pflegebedürftigen ab 1. Januar 1989 einmal pro Jahr eine vierwöchige Urlaubsvertretung und ab 1991 monatlich 25 Pflegeeinheiten bis zu je einer Stunde im Monat durch eine ausgebildete Fachkraft bzw. wahlweise ein Pflegegeld von 400 DM zu bezahlen. Die entstehenden Kosten der Pflegeversicherung, die auf mehr als 5 Mrd. DM jährlich veranschlagt werden, sollen durch die Beiträge zur Gesetzlichen Krankenversicherung getragen werden.[259]

Zweifellos bildet aufgrund des stark ansteigenden Anteils älterer und damit potentiell pflegebedürftiger Menschen an der Gesamtbevölkerung das Problem der Pflegefallabsicherung, wie Kapitel 3.2 nachhaltig verdeutlichte, die zentrale Aufgabe der Sozialpolitik der kommenden Jahre. Wenig sachgerecht an der gegenwärtig institutionalisierten Lösung erscheint allerdings

- aus *versorgungspolitischen Gründen* die Beschränkung des begünstigten Personenkreises auf die Versicherten in der Gesetzlichen Krankenversicherung und deren familienhilfeberechtigten Angehörigen, wobei überdies Anwartschaftszeiten zu berücksichtigen sind, und
- aus *beschäftigungspolitischen Gründen* erneut die ausschließliche Beitragsfinanzierung, da auch die Absicherung des Pflegekostenrisikos de facto keine versicherungsfähige Leistung, sondern eine gesamtgesellschaftliche Aufgabe darstellt, und eine ausschließlich beitragsfinanzierte Lösung somit via Lohnnebenkostenanstieg erneut beschäftigungspolitisch dysfunktionale Konsequenzen aufweist.

Aus versorgungs- wie auch beschäftigungspolitischen Gründen zu präferieren wäre insofern vielmehr ein steuerfinanziertes, einkommensunabhängiges und nach dem Grad der Pflegebedürftigkeit gestaffeltes umfassendes Leistungsgesetz für die gesamte Bevölkerung, dessen Pflegeleistungen, um Mißbrauch vorzubeugen, allerdings nur auf Antrag gewährt werden sollten. Aus Kostengründen wäre es überdies sinnvoll, die Kostenerstattung - wie im Gesundheitsreformgesetz - quantitativ auf eine bestimmte Höhe des gezahlten Pflegegeldes und zeitlich auf eine festzulegende Zahl an Kalendertagen jährlich zu begrenzen und bei krankheits- oder urlaubsbedingtem

---

[258] Zu den Länderkonzepten sozialer Sicherung bei Pflegebedürftigkeit sowie den entsprechenden Initiativen der Bundesregierung vgl. den Überblick bei *Seffen, A.*: Soziale Sicherung bei Pflegebedürftigkeit. Köln 1989, S. 18 ff.

[259] Vgl. *Dalhoff, M.*: Das Gesetz zur Strukturreform im Gesundheitswesen und seine Auswirkungen auf die Versorgung älterer Menschen, in: Nachrichtendienst des Deutschen Vereins für öffentliche und private Fürsorge 10/1989, S. 347

vorübergehenden Ausfall der Pflegeperson im häuslichen Bereich die Übernahme der Kosten für eine Ersatzkraft oder die vorübergehende stationäre/teilstationäre Unterbringung des Pflegebedürftigen zu gewährleisten.

Da differenziertere Konzepte für ein derartig umrissenes steuerfinanziertes Pflegeleistungsgesetz sowohl von seiten der *SPD* und der *GRÜNEN* als auch von seiten des *DGB* vorliegen, soll an dieser Stelle auf Angaben zur konkreten Ausgestaltung verzichtet werden. Alle angesprochenen Konzepte verdeutlichen allerdings die erheblichen finanziellen Mehrbelastungen der öffentlichen Haushalte durch entsprechende Regelungen (trotz Einsparungen bei den Sozialhilfeträgern). Es ist insofern davon auszugehen, daß sich entsprechende Aufwendungen langfristig - falls überhaupt - nur durch drastische Einsparungen bzw. entsprechende Umschichtungen in anderen Haushaltspositionen realisieren lassen.

Flankierend zu einem steuerfinanzierten Pflegeleistungsgesetz sind über den bisher begonnenen Ausbau der ambulanten Pflege hinaus aber auch weitergehende *Umstrukturierungen von der stationären hin zur ambulanten Pflege* denkbar, um so den enormen Kostendruck der stationären Pflege abzumildern. Hier könnten beispielsweise durch pflegegerechtere Wohnungsneugestaltungen, eine permanente Funkbetreuung, vor allem aber durch eine ausreichende Unterstützung durch professionelles Pflegepersonal verstärkte Anreize für die häusliche Pflege gesetzt werden. Ferner sollte eine verstärkte *Ergänzung der ambulanten Dienste der Sozialstationen um teilstationäre Angebote* angestrebt werden, um auf diese Weise sowohl die Selbständigkeit der Klienten länger zu erhalten als auch die Durchlässigkeit und Kooperation zwischen ambulantem und stationärem System zu verbessern.[260] Der mit der Gesundheitsstrukturreform intendierte Ausbau der häuslichen Pflege von Schwerpflegebedürftigen ist insofern grundsätzlich zu begrüßen. Die bisher vorgesehenen Maßnahmen dürften sich jedoch als nicht ausreichend erweisen, um zu wirkungsvollen Entlastungen der stationär erbrachten Pflegeleistungen zu führen.[261]

5.5.1.6 Exkurs: Umwandlung von partiellen Lohnnebenkosten in steuerbegünstigte Barlohnbestandteile

Neben allen bisher betrachteten Optionen zur Senkung bzw. Stabilisierung von Lohnnebenkosten in der Bundesrepublik wird in der wissenschaft-

---

260 Vgl. hierzu auch noch einmal die entsprechenden Ausführungen in Kapitel 3.

261 Vgl. *Hagen, K./Meinhardt, V.*: Aspekte der Sozialhilfe in der Bundesrepublik Deutschland, in: DIW-Wochenbericht 50/88, S. 672 f.; *Damkowski, W.*: Sozialstationen ..., a.a.O., S. 26

lichen Diskussion vereinzelt auch in einer Umwandlung von Arbeitgeberbeiträgen zur Sozialversicherung in an den Arbeitnehmer ausgezahlte Barlöhne ein Weg gesehen, bei relativ konstanter Lohnsumme (d. h. gleicher Arbeitskostensumme) bestehende Einkommensdifferenzen zwischen regulär und schattenwirtschaftlich erbrachten Dienstleistungen "spürbarer" zu machen, über die dadurch induzierte Erhöhung der Schwarzmarktpreise (die sich in der Regel an den in der Wirtschaft gezahlten Barlöhnen orientieren) einer weiteren Ausweitung der Schattenwirtschaft in der Bundesrepublik entgegenzuwirken und damit letztlich die Wettbewerbssituation der auf dem offiziellen Markt angebotenen verbraucherbezogenen Dienstleistungen zu verbessern und die Nachfrage nach entsprechenden Dienstleistungen zu erhöhen.[262] Bei allem Charme, den eine derartige Umwandlung von Lohnnebenkosten in Barlöhne zweifellos auf den ersten Blick auf die untersuchungsleitende Fragestellung der vorliegenden Arbeit auszuüben vermag, dürfen dennoch einige Fakten nicht übersehen werden, die nach Lage und Perspektive in der Bundesrepublik eine Umsetzung entsprechender Überlegungen weitestgehend verbieten sollten.

Da üblicherweise die Gegenwartsbedürfnisse für weitaus größer gehalten werden als die Zukunftsbedürfnisse, wäre es im Rahmen einer derartigen Umstrukturierung des sozialen Sicherungssystems zunächst einmal ratsam, einen Teil der ausbezahlten Arbeitgebersozialbeiträge nach wie vor versicherungspflichtig zu belassen oder aber, alternativ, großzügige steuerliche Regelungen für eine individuell organisierte Altersversorgung vorzusehen. Damit stellen sich allerdings als erste bedenkliche Konsequenzen dieser Option die durch das Bedienen zweier Alterssicherungssysteme induzierte Doppelbelastung der erwerbstätigen Bevölkerung und die hiermit eng in Verbindung stehende Problematik möglicher Lücken in der eigenen Altersversorgung beim Umschwenken auf individualisierte Alterssicherungssysteme.[263] Bedenken bestehen aber auch gegenüber einer Umwandlung (der im übrigen ohnehin ausschließlich von der Arbeitgeberseite getragenen) Beiträge zur gesetzlichen Unfallversicherung, da dieser Versicherungszweig auch und gerade als Absicherung der Arbeitgeber gegen arbeitsunfallbedingte Regreßansprüche der Arbeitnehmer konzipiert ist. Auch eine Individualisierung der Beiträge zur Gesetzlichen Arbeitslosenversicherung wäre schließlich nur dann erwägenswert, wenn diese Beiträge,

---

262 Vgl. *Rürup, B.*: Wirtschaftliche und gesellschaftliche Perspektiven ..., a.a.O., S. 61 f.; *Fetsch, C.*: Neue Ansätze ..., a.a.O., S. 42

263 Vgl. *Rürup, B.*: Wirtschaftliche und gesellschaftliche Perspektiven ..., a.a.O., S. 61 ff.

wie in Kapitel 5.5.1.4 vorgeschlagen, ausschließlich zur Finanzierung der Lohnersatzleistungen der Bundesanstalt für Arbeit verwendet und die Ausgaben für arbeitsmarktpolitische Maßnahmen dagegen vollständig via Bundeszuschuß über den Bundeshaushalt finanziert würden, da wie gesehen Arbeitslosigkeit kein versicherbares Risiko darstellt.[264]

An auszahlungsfähigen Lohnnebenkosten verbleiben mithin neben Essenszuschüssen etc. im wesentlichen nur die im Umfang vergleichsweise bescheidenen Arbeitgeberanteile zur Gesetzlichen Krankenversicherung, bei denen, um Transparenz und Kostenbewußtsein im Gesundheitswesen zu erhöhen, noch am ehesten eine Individualisierung erwägenswert wäre. Das Konzept einer völligen Umwandlung aller Lohnnebenkosten stellt dagegen, wie die zurückliegenden Ausführungen verdeutlicht haben dürften, keine wirkliche Alternative zum Status Quo dar.[265]

5.5.2 Verstärkte Erschließung von Ehrenamts- und Selbsthilfepotentialen im Bereich sozialer Dienste

Wurden bei allen bisher vorgestellten Optionen soziale Dienste in der Bundesrepublik Deutschland noch weitgehend dem institutionellen Kontext der Sozialpolitik zugeordnet, so verstellt diese Gleichsetzung dienstleistender Aktivitäten mit erwerbsmäßig gegen Entgelt erbrachten Tätigkeiten allerdings leicht den Blick dafür, daß selbst unter den Bedingungen des modernen Wohlfahrtsstaates der weit überwiegende Teil aller sozialen Dienstleistungen in der Bundesrepublik unentgeltlich in Ehrenamt und Selbsthilfe erbracht wird.[266] So arbeiten in der freien Wohlfahrtspflege nach verschiedenen Schätzungen bereits gegenwärtig zwischen 1,5 und 2 Mio. ehrenamtliche Mitarbeiter (bei einem Frauenanteil von ca. zwei Dritteln und einem Kern kontinuierlich arbeitender Mitarbeiter von 700 000 bis 830 000)[267] und in den ca. 40 000 bis 45 000 Selbsthilfegruppen in der Bundesrepublik und West-Berlin (Schätzung für 1984) ca. 500 000 bis 700 000 Menschen.[268] Sind Ehrenamt und Selbsthilfegruppen demnach bereits in der Gegenwart notwendige und unverzichtbare Ergänzungen der so-

---

264 Vgl. *ebenda*, S. 63

265 Vgl. *ebenda*

266 Vgl. *Hegner, F.*: Soziale Dienste ..., a.a.O., S. 110 f.

267 Vgl. *Schöpp-Schilling, H. B.*: Und den Frauen wieder das Ehrenamt? Der Ausbau freiwilliger sozialer Dienste und Emanzipationsinteressen von Frauen, in: *Fink, U. (Hrsg.)*: Der neue Generationenvertrag ..., a.a.O., S. 102 f.

268 Vgl. *ebenda*, S. 104; *Vilmar, F./Runge, B.*: Soziale Selbsthilfe - Privatisierung oder Vergesellschaftung des Sozialstaats? Soziale Selbsthilfegruppen in der Bundesrepublik, in: APuZ B 44/86, S. 6

zialen Dienste des Systems sozialer Sicherung in der Bundesrepublik, so wird deren Bedeutung angesichts der Dynamik des tertiären Kostendrucks und der Veränderungen der Altersstruktur in Zukunft noch weiter zunehmen.[269] Das Ziel einer bedarfsgerechteren Versorgung mit sozialen Diensten in der Bundesrepublik erscheint insofern ohne eine offensive Förderung von ehrenamtlichen Tätigkeiten oder sozialer Selbsthilfe nicht erreichbar.[270] Auch wenn eine solche Politik zunächst zusätzliche finanzielle Mittel erfordert und keine offiziell registrierten Arbeitsplätze im formellen Sektor zu schaffen vermag, kann langfristig nur auf diese Weise der sich gegenwärtig bereits abzeichnende immense Kostendruck auf die öffentlichen Haushalte und die Sozialversicherungen abgemildert und damit zumindest der bestehende Spielraum für beschäftigungswirksame Maßnahmen gewahrt bleiben.[271]

Zur Förderung von Selbsthilfe im Bereich sozialer Dienste werden in der sozialwissenschaftlichen Diskussion nun eine Reihe sehr heterogener Optionen genannt. Zunächst einmal gehört hierzu die Verbesserung der Qualifikation der potentiellen Helfer durch die *Ausweitung tradierter oder auch die Einführung neuer Qualifizierungsmaßnahmen*, etwa in Gestalt von Schul- oder Berufspraktika, eines Sozialurlaubs analog zum Bildungsurlaub oder aber auch in Form von Patenschaften.[272] Sinnvoll erscheinen weiterhin verstärkte symbolische *Aufwandsentschädigungen* für ehrenamtliche Helfer, die gerade ältere Menschen zu einem verstärkten Engagement motivieren könnten, etwa in Form von Service-Kredit-Karten für verbilligte Fahrten im öffentlichen Nahverkehr nach amerikanischen Vorbildern.[273]

Überaus positive Anreizwirkungen für gesellschaftliches Engagement gehen zweifellos auch von *Maßnahmen der sozialen Sicherung informell tätiger Personen* aus. So dürften gerade sozialversicherungsrechtliche Regelungen, wie beispielsweise die *Anerkennung von Pflegezeiten in der Gesetzlichen Rentenversicherung*, wesentlich zur Aufwertung des Ehrenamtes in

---

269 Vgl. *Schaper, K.*: Sozial- und arbeitsmarktpolitische Auswirkungen ..., a.a.O., S. 23

270 Vgl. *Ferber, C. v.*: Ehrenamtliche soziale Dienstleistungen, in: Sozialer Fortschritt 12/1986, S. 265 ff.

271 Vgl. *Gretschmann, K./Heinze, R. G./Hilbert, J./ Voelzkow, H.*: Durch die Krise ..., a.a.O., S. 47

272 Vgl. *Fink, U.*: Der neue Generationenvertrag ..., a.a.O., S. 17 ff.

273 Vgl. *ebenda*, S. 20; *Backes, G.*: Ehrenamtliche Dienste in der Sozialpolitik - Folgen für die Frauen, in: WSI-Mitteilungen 7/1985, S. 393; *Kramer, J.*: Förderung ehrenamtlicher Hilfen - eine staatliche Aufgabe! Brauchen wir eine "Bundesanstalt für das Ehrenamt"?, in: *Fink, U. (Hrsg.)*: Der neue Generationenvertrag ..., a.a.O., S. 152

unserer Gesellschaft beitragen.[274] Weiterführende Konzeptionen zur Demonetarisierung in der Sozialpolitik stellen *Sozialversicherungsgutscheine* für sozial als nützlich definierte Tätigkeiten dar, die den informell Tätigen das Recht auf entsprechende Gegenleistungen für den Fall eigener späterer Bedürftigkeit einräumen.[275] Derartige Konzeptionen sind allerdings im wissenschaftlichen wie im politischen Raum erst in Ansätzen konkretisiert und dürften daher in der Bundesrepublik in absehbarer Zeit wohl kaum entscheidend an Bedeutung gewinnen.

Eine überaus wichtige Option zur Förderung von Sozialer Selbsthilfe ist weiterhin die *Verbesserung der Selbsthilfeorganisation, der Selbsthilfeinfrastruktur sowie der internen Kooperation der Selbsthilfegruppen* durch die Schaffung von Kontaktstellen (z. B. Selbsthilfezentren, Nachbarschaftsheimen, Börsen für ehrenamtliche Helfer, houses of volunteers nach angelsächsischem Vorbild).[276] Vorteilhaft wäre ebenfalls eine *Verstärkung der politischen Bildungsarbeit* in den Medien und in der politischen Erwachsenenbildung sowie eine generelle *Aufwertung des Sozialprestiges informeller Tätigkeiten* in der Bundesrepublik, zum Beispiel durch eine verstärkte verbandsübergreifende öffentliche Werbung oder aber auch durch verstärkte Aktivitäten der Parteien in der Bundesrepublik, deren Engagement sich bisher auf mehr oder weniger abstrakte Sympathiekundgebungen für den Selbsthilfegedanken beschränkte.[277]

Ein unter anderem von *Fink*,[278] *Huber*[279] oder den Autoren des NAWU-Reports[280] geforderter *Sozialer Pflichtdienst* insbesondere für junge Frauen sollte dagegen erst geprüft werden, wenn alle zur Verfügung stehenden freiwilligen Wege nachweisbar erfolglos bleiben. Bedenklich an einem derartigen Konzept scheint insbesondere die Tatsache, daß gerade Pflegeberufe Tätigkeiten umfassen, die fachliche Qualifikation ebenso voraussetzen wie auch ein gewisses Maß an psychischer und physischer Ro-

---

274 Vgl. *Fink, U.*: Der neue Generationenvertrag ..., a.a.O., S. 20

275 Vgl. *ebenda*; *Gretschmann, K./Heinze, R. G./Hilbert, J./ Voelzkow, H.*: Durch die Krise ..., a.a.O., S. 48

276 Vgl. *Vilmar, F./Runge, B.*: Soziale Selbsthilfe ..., a.a.O., S. 14 ff.; *Fink, U.*: Der neue Generationenvertrag ..., a.a.O., S. 19 f.

277 Vgl. *Kramer, J.*: Förderung ehrenamtlicher Hilfen ..., a.a.O., S. 151 f.; *Vilmar, F./Runge, B.*: Soziale Selbsthilfe ..., a.a.O., S. 15 ff.

278 Vgl. *Fink, U.*: Der neue Generationenvertrag ..., a.a.O., S. 19

279 Vgl. *Huber, J.*: Die Regenbogengesellschaft. Ökologie und Sozialpolitik. Frankfurt 1985, S. 168 ff.

280 Vgl. *Binswanger, H. C./Geissberger, W./Ginsburg, T. (Hrsg.)*: Wege aus der Wohlstandsfalle ..., a.a.O, S. 242 ff.

bustheit. Zudem würde ein soziales Pflichtjahr Frauen in ihren beruflichen Chancen noch stärker benachteiligen als dies ohnehin gegenwärtig bereits der Fall ist und langfristig überdies den Erfordernissen des Arbeitsmarktes zuwiderlaufen, da es sich die Bundesrepublik angesichts des sich abzeichnenden demographischen Wandels und der damit verbundenen Konsequenzen für den Arbeitsmarkt und die sozialen Sicherungssysteme nicht leisten kann, hunderttausende junger Frauen dem Arbeitsmarkt zu entziehen.[281] Gerade weil schließlich ehrenamtliche Sozialarbeit aber auch einen hohen sozialpolitischen und ideellen Wert hat und Ausdruck unmittelbarer menschlicher Solidarität ist, die mit dem Leistungs- und Nutzendenken kaum zu vereinbaren ist, sollte von entsprechenden Überlegungen nach Möglichkeit abgesehen werden.[282]

5.5.3 Implementierung einer bedarfsorientierten, integrierten Grundsicherung

Neben Optionen zur Senkung der Lohnnebenkosten und zur Erschließung von Ehrenamts- und Selbsthilfepotentialen im Bereich sozialer Dienste entbehrt im Kontext sozialpolitischer Maßnahmen zur Förderung verbraucherorientierter Dienstleistungen in der Bundesrepublik Deutschland schließlich aber auch die Implementierung einer bedarfsorientierten, integrierten Grundsicherung oberhalb des gegenwärtigen Sozialhilfeniveaus nicht eines gewissen Charmes. Mit einer derartigen sozialversicherungsrechtlichen Absicherung könnten nicht nur bestehende Defizite im gegenwärtigen Sozialversicherungssystem sowie bei der gegenwärtigen Sozialhilfepraxis in der Bundesrepublik überwunden werden,[283] sondern vor allem

---

281 Vgl. *Zameck, W. v./Schäfer, D.*: Soziales Pflichtjahr für junge Frauen?, in: Sozialer Fortschritt 1/1989, S. 20

282 Vgl. *Bäcker, G.*: Sozialpolitik durch soziale Dienstleistungen ..., a.a.O., S. 212

283 So verdeutlicht die trotz hoher Dunkelziffer noch immer über 3 Millionen liegende Zahl von registrierten Sozialhilfeempfängern in der Bundesrepublik im Jahr 1988 bei entsprechenden Aufwendungen von über 28 Mrd. DM, daß bereits das gegenwärtige Sozialversicherungssystem in sehr vielen Fällen bei Invalidität, bei Arbeitslosigkeit, im Alter und im Hinterbliebenenfall die Sicherung des Existenzminimums nicht mehr gewährleisten kann. Bedenklich am gegenwärtigen System der sozialen Sicherung erscheint aber auch, daß die fast überwiegend von den Gemeinden zu erbringenden Sozialhilfeleistungen im Jahre 1988 bereits 13% der gesamten kommunalen Ausgaben auf sich vereinigten und dieser Trend in den zurückliegenden Jahren gerade bei finanzschwächeren Gemeinden zu mitunter erheblichen Kürzungen der kommunalen Sachinvestitionen mit entsprechend negativen beschäftigungspolitischen Konsequenzen führte. Bemerkenswerterweise wird in der öffentlichen Diskussion allerdings der Einfluß der Arbeitslo-

auch mögliche, sich im Zuge der verstärkten Ausbreitung von selbständigen Existenzen und flexibleren Arbeitsverhältnissen abzeichnende Sicherungsdefizite abgemildert und dadurch vielfach erst die Entscheidung für entsprechende Arbeitsformen ermöglicht werden.

Eine adäquate Politik der Mindestsicherung hätte nun unter den sich verändernden sozioökonomischen Rahmenbedingungen zunächst einmal dafür Sorge zu tragen, daß alle Personen, die auf die soziale Sicherung angewiesen sind, tatsächlich auch zu den Leistungsempfängern zählen.[284] Wünschenswert wäre ferner auch ein umfassendes Konzept, das bei Invalidität, im Alter, im Hinterbliebenenfall und bei Arbeitslosigkeit durch Leistungen des für den jeweiligen Tatbestand zuständigen Sozialversicherungszweigs in jedem Fall - auch ohne ergänzende Sozialhilfeleistungen - das Existenzminimum sichert. Während Grundeinkommensmodelle grün-alternativer oder anderer Provenienz für diesen Zweck allerdings aus finanziellen Erwägungen, aber auch aufgrund unterschiedlicher inhaltlicher Akzentuierungen faktisch ausscheiden,[285] bieten sich andererseits Sockelungskonzeptionen für die Lösung der eingangs aufgezeigten Probleme geradezu an.

Unter dieser Bezeichnung sollen im folgenden Reformmodelle subsumiert werden, deren zentrale Intention die Einführung ergänzender, bedarfsorientierter Grundsicherungsleistungen in die Zweige der Sozialversicherung ist.[286] Eine sehr detaillierte Ausarbeitung eines solchen Konzepts hat in den zurückliegenden Jahren die *Arbeitsgruppe "Armut und Unterver-*

---

sigkeit auf die Entwicklung der gesamten Sozialhilfeausgaben weithin überschätzt, da im Jahre 1986 letztlich nur knapp ein Drittel der Ausgaben für die Hilfe zum Lebensunterhalt bzw. gut ein Zehntel aller Sozialhilfeausgaben auf Arbeitslosigkeit zurückzuführen waren. Dagegen entfielen auf die Hilfe zur Pflege als größtem Einzelausgabeblock 1987 immerhin rund ein Drittel der gesamten Sozialhilfeausgaben. Vgl. *Hagen, K./Meinhardt, V.*: Aspekte der Sozialhilfe ..., a.a.O., S. 667 f.; *Deutsche Bundesbank*: Die Ausgaben für Sozialhilfe seit Beginn der achtziger Jahre, in: Monatsbericht April 1989, S. 34 ff.; *Kirner, E./Krupp, H.-J.*: "Strukturreform" der gesetzlichen Rentenversicherung ohne Berücksichtigung des Wandels ökonomischer und gesellschaftlicher Strukturen? Ansatzpunkte für ein umfassendes Konzept, in: DIW-Wochenbericht 50/87, S. 662

284 Vgl. *Gretschmann, K./Heinze, R. G./Hilbert, J./Voelzkow, H.*: Durch die Krise ..., a.a.O., S. 30

285 Vgl. *ebenda*, S. 41; *Scherf, H.*: Grundsicherung und Sozialstaat - Aspekte einer bedarfsbezogenen sozialen Neuorientierung, in: *Heinze, R. G./Hombach, B./Scherf, H. (Hrsg.)*: Sozialstaat 2000 ..., a.a.O., S. 153 f.

286 Vgl. *Hanesch, W.*: Grundsicherung für Arbeitslose - Eine sozialpolitische Reformstrategie in der Beschäftigungskrise, in: *Heinze, R. G./Hombach, B./Scherf, H. (Hrsg.)*: Sozialstaat 2000 ..., a.a.O., S. 173 f.

sorgung" veröffentlicht,[287] beschränkt auf den Bereich des Arbeitsförderungsgesetzes haben in jüngster Zeit zudem weitere Autoren Vorschläge vorgelegt,[288] und auch von seiten der *SPD* und der *GRÜNEN* liegen mittlerweile Entwürfe zu einer bedarfsorientierten Grundsicherung vor.[289]

Akzeptiert man die grundsätzliche Vorteilhaftigkeit dieser Konzepte für die Lösung der eingangs skizzierten sozioökonomischen Problemlagen, dann lassen sich aus den aufgeführten Vorschlägen für die vorliegende Analyse folgende *zentralen Aktionsparameter für eine wünschenswerte Umgestaltung des Systems der sozialen Sicherung in der Bundesrepublik Deutschland* eruieren:

- Anhebung der Renten-, Kranken- und Arbeitslosenversicherung sowie der Leistungen der Sozialhilfe auf ein noch näher zu fixierendes Versorgungsniveau oberhalb der derzeitigen Sozialhilfeobergrenze,
- Beschränkung der Einkommens- und Vermögensanrechnung auf den Personenkreis der Ehegatten und der in einer Haushaltsgemeinschaft lebenden Personen, wobei diese Einkommensanrechnung im Vergleich zur heutigen Sozialhilfe in größeren Zeitabständen und vereinfacht zu erfolgen hätte und der Bedarf pauschaliert festzulegen wäre, und schließlich
- Steuerfinanzierung der grundsicherungsinduzierten Kosten bei den zuständigen Sozialleistungsträgern durch einen Bundeszuschuß, wobei die Einsparungen der Länder und Gemeinden bei der Sozialhilfe bei der Verteilung des Steueraufkommens angemessen zu berücksichtigen wären.

Mit der Steuerfinanzierung dieses Modells wäre zugleich auch die Legitimation gegeben für die Einbeziehung von Schwerstbehinderten, von Jugendlichen, die noch keinen Beruf erlernen oder nach Abschluß ihrer Ausbildung noch keinen Arbeitsplatz finden konnten, sowie von Frauen, die wieder in den Beruf zurückkehren wollen.[290] Die skizzierte Grundsicherung

---

[287] Vgl. *Arbeitsgruppe "Armut und Unterversorgung"*: Bedarfsbezogene Grundsicherung - Fundament für die Sozialpolitik, in: Theorie und Praxis der sozialen Arbeit Nr. 2/86, S. 58 ff.

[288] Vgl. *Adamy, W./Steffen, J.*: Arbeitslos gleich arm. Ursachen und Lösungsansätze zur Beseitigung der Neuen Armut, in: WSI-Mitteilungen 10/1984, S. 574 ff.; *Welzmüller, R.*: Bedarfsbezogene Grundsicherung - Elemente einer Anti-Krisenpolitik, in: WSI-Mitteilungen 7/1985, S. 413 ff.

[289] Vgl. *Arbeitsgruppe Sozialpolitisches Programm der Kommission Sozialpolitik beim SPD-Parteivorstand*: Die Zukunft sozial gestalten. Bonn 1986; *Bueb, E. u. a.*: Freiheit von Armut - Ein grünes Modell einer bedarfsorientierten Grundsicherung in allen Lebenslagen. Bonn 1986

[290] *Scherf, H.*: Grundsicherung und Sozialstaat ..., a.a.O., S. 156

könnte durch eine Ausweitung der Beitragspflicht auf die Selbständigen überdies sogar noch, wie an anderer Stelle bereits erwähnt, zur umfassenden Versicherung für alle Bürger ausgeweitet werden. Dadurch ließe sich sicherstellen, daß alle Erwerbstätigen gemäß ihrem Einkommen Vorsorge für das Alter, für Invalidität und für den Hinterbliebenenfall treffen, und auf diese Weise wäre es auch vertretbar, jedem Bürger im Alter auch ohne Beitragsvorleistung das Recht auf eine entsprechende Grundsicherung einzuräumen.

Vorteilhaft an einem derartigen Konzept wäre neben der angesprochenen Verbesserung der Mindestversorgungs-Situation weiterhin dessen Systemverträglichkeit, Zielgenauigkeit sowie dessen Kostenvorteile gegenüber anderen Grundeinkommenskonzepten.[291] Schließlich könnten durch ein so ausgestaltetes Grundsicherungskonzept aber auch die Sozialhilfe weitgehend von ihrer gegenwärtigen Lückenbüßerfunktion für eine unzureichende soziale Sicherung bei massenhaft vorkommenden Lebensrisiken entlastet werden und die Kommunen auf diese Weise wiederum einen erhöhten haushaltspolitischen Spielraum für die Ausweitung öffentlicher Investitionen zurückgewinnen.[292]

Dennoch bleibt einzuräumen, daß ebenso wie ein steuerfinanziertes Pflegefall-Leistungsgesetz auch ein entsprechendes Konzept einer bedarfsbezogenen, integrierten Grundsicherung zweifellos mit erheblichen finanziellen Belastungen verbunden sein wird. Inwieweit die Implementierung eines entsprechenden Grundsicherungskonzeptes eine realistische (und nicht nur wünschenswerte) Option darstellen kann, hängt mithin ebenfalls ganz entscheidend von flankierenden wirtschaftspolitischen Maßnahmen zur Erhöhung der öffentlichen Einnahmen sowie zur Umstrukturierung der öffentlichen Ausgaben ab.

---

291 Vgl. *ebenda*; *Gretschmann, K. /Heinze, R. G./Hilbert, J./Voelzkow, H.*: Durch die Krise ..., a.a.O., S. 43

292 Vgl. *Scherf, H.*: Grundsicherung und Sozialstaat ..., a.a.O., S. 156

5.6 Beschäftigungs- und arbeitsmarktpolitische Maßnahmen

Neben den in den zurückliegenden Kapiteln ausführlicher beschriebenen ordnungspolitischen, arbeitszeitpolitischen, tarifpolitischen, steuer- und finanzpolitischen sowie sozialpolitischen Optionen können selbstverständlich auch unmittelbare Beschäftigungsausweitungen im öffentlichen Dienst sowie im Bereich von Arbeitsbeschaffungsmaßnahmen eine Ausweitung verbraucherorientierter Dienstleistungen in der Bundesrepublik Deutschland flankierend unterstützen. Dabei erscheint es, wie Kapitel 5.6.1 verdeutlichen wird, insbesondere sinnvoll, eine expansive Personalpolitik vor allem auf den Bereich der *sozialen Dienste* hin auszurichten, während verstärkte Arbeitsbeschaffungsmaßnahmen, wie Kapitel 5.6.2 zu entnehmen ist, sich überdies auch für den Bereich *ökologischer Dienstleistungen* anbieten. Diese Empfehlungen sollen im folgenden näher konkretisiert werden.

5.6.1 Expansive Personalpolitik im öffentlichen Dienst

Auch wenn in den letzten Jahren das Beschäftigungsvolumen weitgehend stagnierte, war der öffentliche Dienst mit 3 834 554 Voll- und 795 213 Teilzeitbeschäftigten zum 30. Juni 1987 (ohne Soldaten der Bundeswehr) unangefochten der größte Arbeitgeber in der Bundesrepublik Deutschland. Allein aufgrund dieser Größenordnungen und der zur Zeit jährlich zwischen 300 000 und 400 000 liegenden Personalab- und -zugänge bildet der öffentliche Sektor einen geradezu prädestinierten Bereich für gezielte beschäftigungspolitische Maßnahmen.[293]

Für eine verstärkte beschäftigungspolitische Inanspruchnahme des öffentlichen Dienstes sprechen aus der Perspektive der vorliegenden Arbeit andererseits aber auch und gerade die in Kapitel 3 aufgezeigten großen Bedarfslücken im Bereich sozialer Dienstleistungen. Alleine im öffentlichen Dienst besteht nach Schätzungen des *DIW* bis Mitte der 90er Jahre ein Mindestbedarf von 100 000 neuen Arbeitsplätzen.[294] Zugegebenermaßen liegen allerdings die Ermittlung von Dienstleistungsbedarfen und die Frage nach einer möglichen Realisierung und Finanzierung dieser zusätzliche Kosten verursachenden Personalpolitik auf zwei völlig verschiedenen Ebenen.

---

[293] Vgl. *Statistisches Bundesamt (Hrsg.)*: Statistisches Jahrbuch 1988 für die Bundesrepublik Deutschland. Stuttgart und Mainz 1988, S. 439; *Tofaute, H.*: Aufgabenwandel ..., a.a.O., S. 270 ff.; *Tofaute, H.*: Möglichkeiten und Bedingungen ..., a.a.O., S. 312 f.

[294] Vgl. *Vesper, D.*: Finanzpolitische Probleme ..., a.a.O., S. 281

Aus dem allgemeinen Befund, daß es ein Defizit an öffentlichen Diensten gebe, und daß deren Ausweitung eine lebensqualitätserhöhende Wirkung zeigen dürfte, läßt sich nämlich noch keine operationale Regel zur Bestimmung des Umfanges und der Struktur öffentlicher Dienstleistungen ableiten, ohne die Frage der alternativen Verwendung öffentlicher Mittel einschließlich der hieraus resultierenden Effekte zu prüfen.[295]

Nun zeigen aber wiederum gerade einschlägige Untersuchungen volkswirtschaftlicher Verflechtungsmatrizen, daß unter dem Gesichtspunkt der *beschäftigungspolitischen Effizienz* Ausgaben für Beschäftigungsausweitungen im öffentlichen Dienst offensichtlich Vorteile gegenüber alternativen Mittelverwendungen aufweisen.[296] Ferner erscheinen aber auch die vielfach geäußerten *ordnungspolitischen Bedenken* gegen eine expansive Personalpolitik de facto als *wenig begründet*. Denn selbst wenn unter ordnungstheoretischen Gesichtspunkten der Kompetenzbereich der Wirtschafts- und Finanzpolitik auf die Korrektur von Marktschwächen bzw. Marktversagen begrenzt ist, verliert unter den gegenwärtigen Bedingungen eines nicht von der Privatwirtschaft absorbierten Arbeitskräfteangebotsüberhangs in der Bundesrepublik das vielfach geäußerte, empirisch allerdings kaum hinreichend belegte Argument der niedrigen Produktivität der Staatswirtschaft an Relevanz, da bei dauerhafter Unterbeschäftigung eben nicht die Produktivität eines in der Privatwirtschaft Beschäftigten im Vergleich zu einem Staatsbediensteten entscheidend ist, sondern die eines Arbeitnehmers im öffentlichen Dienst im Vergleich zu einem Arbeitslosen. Gerade weil davon auszugehen ist, daß sich die Situation auf dem Arbeitmarkt der Bundesrepublik auch in den neunziger Jahren nur zögernd entspannen wird, sollte also eine expansive Einstellungspolitik des öffentlichen Dienstes auch

---

[295] Vgl. *Hegner, F.*: Soziale Dienste ..., a.a.O., S. 117 f.; *Tofaute, H.*: Aufgabenwandel und Beschäftigung ..., a.a.O., S. 276 f.; *Ertel, R.*: Entwicklungen im Dienstleistungsbereich ..., a.a.O., S. 165 f.

[296] So können nach Angaben von *Schäfer* durch staatliche Mehrausgaben von 1 Mrd. DM für öffentliches Personal direkte und indirekte Beschäftigungseffekte von immerhin ca. 24 000 Arbeitsplätzen erzielt werden, mit 1 Mrd. DM für öffentliche Investitionen dagegen nur Beschäftigungseffekte zwischen 15 000 und 20 000 Arbeitsplätzen und mit Steuersenkungen schließlich lediglich Beschäftigungseffekte zwischen 14 000 und 18 000 Arbeitsplätzen. Noch deutlicher zugunsten einer expansiven Personalpolitik im öffentlichen Dienst fällt diese Beschäftigungsbilanz unter Berücksichtigung von Multiplikatoreffekten der erzielten Einkommen aus. Vgl. *Schäfer, C.*: Finanzpolitik und Arbeitslosigkeit. Beschäftigungswirkungen öffentlicher Ausgaben, in: APuZ B 7/78, S. 34. Selbst wenn entsprechende Berechnungen in Teilen zumindest methodisch angreifbar erscheinen, können sie dennoch - insgesamt gesehen - ein tragfähiges ökonomisches Argument zugunsten einer expansiveren Personalpolitik liefern.

unter ordnungstheoretischen Gesichtspunkten auf mittlere Sicht hin vertretbar sein.[297]

Wenn demnach im folgenden einer bedingt expansiven Personalpolitik des Staates im Bereich sozialer Dienstleistungen das Wort geredet werden soll, so ist darin sowohl eine wirtschaftsordnungskonforme als auch eine der gegenwärtigen Versorgungs- und Beschäftigungssituation im Dienstleistungsbereich angemessen erscheinende flankierende Option zu den bisher dargelegten Vorschlägen zu sehen. Die Risiken des quantitativen und vor allem schnellen Greifens der alternativ vorgestellten Optionen zur Ausweitung des Bereichs verbraucherbezogener Dienstleistungen sind zu groß, um nicht durch sichere Maßnahmen ergänzt werden zu müssen. Ein angenehmer Begleiteffekt einer solchen, arbeitsrechtlich auf *Zeitverträgen* und *Angestelltenverhältnissen* zu basierenden expansiven Personalpolitik der öffentlichen Haushalte wäre die gezielte Entlastung der durch hohe Arbeitslosenquoten gekennzeichneten Arbeitsmarktsegmente der Sozialarbeiter, Lehrer oder der teilzeitinteressierten Frauen. Wie wenig Rekrutierungsprobleme für ein solches Programm unter den Arbeitslosen bestehen, verdeutlicht die Tatsache, daß im September 1987 allein im Bereich der Gesundheitsdienstberufe über 75 000 Personen arbeitslos gemeldet waren, zu denen gemäß der Einteilung der Bundesanstalt für Arbeit noch einmal 111 000 Arbeitslose aus dem Bereich der "Sozial- und Erziehungsberufe" sowie ein Teil der 180 000 Erwerbslosen der "Allgemeinen Dienstleistungsberufe" addiert werden können.[298]

Auch der zusätzliche *Finanzierungsaufwand* für ein derartiges Programm hielte sich, wie folgende Überschlagsrechnungen verdeutlichen, in vertretbaren Grenzen. Veranschlagt man die durchschnittlichen jährlichen Kosten für einen neu zu errichtenden Arbeitsplatz in Anlehnung an die im Jahre 1986 erzielten monatlichen Durchschnittseinkommen von Angestellten, Beamten und Arbeitern im öffentlichen Dienst grob auf ca. 50 000 DM, dann würde die zusätzliche Einstellung von 20 000 Beschäftigten pro Jahr etwa 1 Mrd. DM kosten. Dies wiederum würde aber nur einem Anteil von etwas mehr als einem halben Prozent an den Personalausgaben des öffentlichen Gesamthaushalts im Referenzjahr entsprechen, und

---

297 Vgl. *Rürup, B.*: Soziale Dienste. Notwendiger Ausbau der Sozialpolitik und beschäftigungspolitische Chancen, in: *Simmert, D. B. (Hrsg.)*: Wirtschaftspolitik - Kontrovers. Köln 1980, S. 262 f.; *Rürup, B.*: Aktive Beschäftigungspolitik durch staatliche Unternehmen, in: Wirtschaftsdienst 7/1977, S. 346

298 Vgl. *Rürup, B.*: Wirtschaftliche und gesellschaftliche Perspektiven ..., a.a.O., S. 88 f.

- gemessen an den öffentlichen Gesamtausgaben - wäre diese zusätzliche Belastung noch deutlich geringer.[299]

Noch günstiger würde diese zusätzliche Kostenbelastung zudem unter Berücksichtigung potentieller *Selbstfinanzierungseffekte* ausfallen, denn werden entsprechend qualifizierte Arbeitslose vom Staat zur Deckung des Bedarfs im Bereich sozialer Dienste eingestellt, so wird zumindest in der Höhe der gegenwärtig für sie erbrachten Arbeitslosenzahlungen zuzüglich entgangener Einkommensteuer das gesamtwirtschaftliche Produktionspotential ohne zusätzliche Belastung der öffentlichen Haushalte erweitert.[300] Vorliegende Untersuchungen veranschlagen diese Selbstfinanzierungseffekte immerhin auf Quoten zwischen 70% und 100 Prozent, wobei allerdings der zuletztgenannte Wert doch eher einem gewissen Wunschdenken zu entspringen denn empirisch verifizierbar zu sein scheint. Realistisch erscheinen wohl Selbstfinanzierungseffekte zwischen 60 und 70%.[301]

Berücksichtigt man weiterhin, daß sich die vorliegende Option, wie eingangs erwähnt, vornehmlich auf den Abschluß von Zeitverträgen und Angestelltenverhältnissen beschränken soll, dann entfiele bei einer entsprechenden expansiven Personalpolitik auch das finanzielle Risiko hoher Alterssicherungslasten für die neu einzurichtenden Arbeitsplätze. Im Zusammenhang mit der Diskussion um die Folgekosten einer derartigen Stellenvermehrung ist überdies auch noch einmal auf die in Kapitel 5.1.2 bereits angedeutete Möglichkeit einer zumindest teilweisen *Entgeltfinanzierung* dieser sozialen Dienste *über gemeinnützige Trägervereine auf kommunaler Ebene* hinzuweisen, die - bei einer als wahrscheinlich zu unterstellenden Kostenunterdeckung - zwar nach wie vor auf Staatszuschüsse angewiesen wären, und deren Beschäftigte auch keine öffentlich Bediensteten im engeren Sinne mehr wären. Allerdings könnten gerade auf diese Weise eine deutlich geringere fiskalische Belastung der öffentlichen Haushalte, eine bessere Abstimmung des Dienstleistungsangebots auf lokale Besonderheiten

---

299 Vgl. *Tofaute, H.*: Möglichkeiten und Bedingungen ..., a.a.O., S. 315. Sicherlich sind solche globalen Durchschnittszahlen, wie generell die Verwendung von Durchschnittswerten, problematisch, dennoch können sie zumindest einen gewissen Eindruck von den zur Diskussion stehenden Größenordnungen vermitteln.

300 Vgl. *Spitznagel, E.*: Arbeitsmarktpolitische Maßnahmen: Entlastungswirkung und Kostenvergleiche, in: MittAB 1/85, S. 20 ff.; *Seidel, B.*: Die öffentlichen Haushalte im internationalen Vergleich, in: DIW-Wochenbericht 24/85, S. 284

301 Vgl. *Rürup, B.*: Plädoyer ..., a.a.O., S. 451

und eine gewisse pretiale Lenkung sowohl des Angebots als auch der Nachfrage erreicht werden.[302]

Abschließend sei aber auch noch einmal daran erinnert, daß eine Ausweitung staatlicher Dienstleistungen *längerfristig und dauerhaft* nur durch eine *Veränderung der Einkommensstrukturen im öffentlichen Dienst* (vgl. Kap. 5.3.4.2) und - aufgrund der mittel- und langfristig zu erwartenden Versorgungslasten der öffentlichen Haushalte - nur durch eine Reform der Alterssicherung der Beamten zu gewährleisten sein wird.

5.6.2 Ausweitung der Arbeitsbeschaffungsmaßnahmen im Bereich ökologischer und sozialer Dienstleistungen

Neben der Option einer expansiven Personalpolitik im öffentlichen Dienst steht in der Bundesrepublik Deutschland mit den im Arbeitsförderungsgesetz verankerten Arbeitsbeschaffungsmaßnahmen ein weiteres beschäftigungspolitisches Instrument zur Verfügung, das es von der Konzeption her gesehen nicht nur erlaubt, die Finanzierung unproduktiver Arbeitslosigkeit durch die vergleichsweise kostengünstige Schaffung von Dienstleistungsarbeitsplätzen in wichtigen gesellschaftlichen Bedarfsbereichen zu substituieren.[303] Arbeitsbeschaffungsmaßnahmen leisten zugleich auch kurzfristig und direkt einen Beitrag zur arbeitsmarkt- wie auch sozialpolitisch geboten erscheinenden (Re-) Integration von

- arbeitslosen Jugendlichen ohne Ausbildungsabschluß,
- arbeitslosen qualifizierten Berufsanfängern (Fachhochschul- und Universitätsabsolventen),

---

302 Vgl. *ebenda*, S. 452

303 So finanzieren sich ABM-Kosten, selbst wenn nur unmittelbare Entlastungswirkungen berücksichtigt werden, bereits zu 71% und unter Einbeziehung zusätzlicher, mittelbarer Entlastungswirkungen sogar zu 96% selbst. Weitere positive Wirkungen von Arbeitsbeschaffungsmaßnahmen, wie z. B. vermiedene psychosoziale und gesundheitliche Belastungen und unterbliebene Dequalifizierung infolge von Arbeitslosigkeit sowie der gesamtgesellschaftliche Nutzen der durch Arbeitsbeschaffungsmaßnahmen erbrachten Leistungen (z. B. Infrastrukturinvestitionen), dürften diese Bilanz sogar noch weiter zugunsten von Arbeitsbeschaffungsmaßnahmen verbessern und das ohnehin geringe rechnerische Finanzierungsdefizit mehr als aufwiegen. Allerdings unterstellen entsprechende Kostenvergleiche, daß die geförderten Arbeiten *zusätzlich* im Sinne des AFG sind und vor allem *leistungsberechtigte* Arbeitslose unterstützt werden. Aber selbst unter Einbeziehung von nicht leistungsberechtigten Arbeitnehmern würden lediglich Nettoausgaben von etwa einem Drittel der Programmausgaben entstehen. Vgl. *Spitznagel, E.*: Arbeitsmarktpolitische Maßnahmen ..., a.a.O, S. 21; *Schmid, G.*: Aktive Arbeitsmarktpolitik ..., a.a.O., S. 19

- von Personen, die ihre Erwerbstätigkeit unterbrochen haben und via Arbeitsbeschaffungsmaßnahmen ihre Chance für einen erneuten Einstieg ins Erwerbssystem verbessern wollen,
- von Personen, die über eine Arbeitsbeschaffungsmaßnahme eine berufliche Umorientierung anstreben sowie
- von Schwervermittelbaren und längerfristig Arbeitslosen

in den Arbeitsmarkt.[304] Bei Arbeitsbeschaffungsmaßnahmen handelt es sich also um ein *nachfrage- wie angebotsorientiertes Instrument*, das gezielt auf die strukturellen Erfordernisse des Arbeitsmarktes hin ausgerichtet werden kann, und das insofern ebenfalls verstärkt für die Ausweitung des Angebots an verbraucherbezogenen Dienstleistungen in der Bundesrepublik Deutschland in Anspruch genommen werden sollte.

Umfang und Struktur von Arbeitsbeschaffungsmaßnahmen in der Bundesrepublik haben sich in den zurückliegenden Jahren allerdings bereits deutlich verändert. Nachdem Anfang der achtziger Jahre zunächst nur einige wenige Großstädte und die sozialdemokratisch regierten Stadtstaaten entsprechende Beschäftigungsformen angeboten hatten (eine Vorreiterrolle ist hierbei zweifellos dem sog. "Hamburger Modell" zuzuschreiben), wurden im Durchschnitt des Jahres 1988 bundesweit immerhin bereits 115 000 Personen im Rahmen von ABM-Programmen beschäftigt.[305] Zudem hat sich mittlerweile auch das Spektrum der in Arbeitsbeschaffungsmaßnahmen erbrachten Tätigkeiten über traditionelle Maßnahmen im Baubereich und im Bereich sozialer Dienste hinaus erweitert auf Maßnahmen im Bereich des Natur- und Umweltschutzes, der Freizeitdienstleistungen sowie der ambulanten sozialen Dienste.[306]

Doch nicht nur aufgrund des bereits erreichten Umfangs erscheint ein Plädoyer für eine weitere finanzielle Aufstockung der Arbeitsbeschaffungsprogramme in der Bundesrepublik als keineswegs unproblematisch. Zu erinnern ist bei einer derartigen Empfehlung überdies an die grundsätzlichen

---

304 Vgl. *Scharpf, F. W.*: "Modell Deutschland" ..., a.a.O., S. 21; *Heinelt, H.*: Chancen und Bedingungen arbeitsmarktpolitischer Regulierung am Beispiel ausgewählter Arbeitsamtsbezirke. Zur Bedeutung der Kommunen beim Einsatz von Arbeitsbeschaffungsmaßnahmen (ABM), in: MittAB 2/89, S. 294 f.

305 Vgl. *Bolle, M.*: Neue staatliche Initiativen der Arbeitsplatzschaffung, in: *Dierkes, M./Strümpel, B. (Hrsg.)*: Wenig Arbeit ..., a.a.O., S. 135; *Hanesch, W.*: "Hilfe zur Arbeit" statt Beschäftigungspolitik - Beschäftigungsangebote in der kommunalen Armutspolitik, in: WSI-Mitteilungen 7/1985, S. 408 f.; *Deutsche Bundesbank*: Die Finanzentwicklung der Bundesanstalt für Arbeit seit Mitte der achtziger Jahre, in: Monatsbericht Januar 1989, S. 18

306 Vgl. *Steinjan, W.*: Zweiter Arbeitsmarkt ..., a.a.O., S. 20

arbeitsmarktpolitischen Probleme von Arbeitsbeschaffungsmaßnahmen, wie insbesondere

- die Gefahr von Mitnahmeeffekten und die Gefahr einer Verdrängung regulärer Beschäftigungsverhältnisse,[307]
- die Gefahr einer Marginalisierung des zweiten Arbeitsmarktes,[308]
- die Ambivalenz der Erfolgsquote von "nur" knapp 50% (in dem Sinne, daß die Teilnehmer im Anschluß in normale Beschäftigungsverhältnisse eingegliedert werden), die allerdings im Vergleich zu entsprechenden Zahlen für Umschulungs- und Weiterbildungsmaßnahmen noch relativ günstig ist,[309] andererseits aber auch an
- die zeitliche Begrenztheit von ABM-Maßnahmen, die gerade im Bereich sozialer Dienstleistungen zu hohen Folgekosten bei den entsprechenden Trägern führen kann,[310]
- das Fehlen seriöser Träger,[311]
- den fehlenden Zugang für die Stille Reserve[312] oder schließlich auch an
- das Stigma der Beschäftigungstherapie, das der ABM-Strategie auch gegenwärtig noch immer anhaftet.[313]

Diese grundsätzlichen Probleme unterwerfen ein Plädoyer für eine Ausweitung von Arbeitsbeschaffungsmaßnahmen insofern aus sozialpolitischen Überlegungen heraus einer Reihe von Restriktionen. Soll insbesondere im Zuge einer Ausweitung von Arbeitsbeschaffungsmaßnahmen vermieden werden, daß sich aus dem zweiten Arbeitsmarkt zweitklassige Beschäftigungsformen entwickeln, dann dürfen sich ABM-Arbeitsverhältnisse (abgesehen von der Fristigkeit und der Möglichkeit, für die so Beschäftigten, jederzeit in eine Dauerbeschäftigung wechseln zu können)

---

307 Vgl. *Hardes, H.-D.*: Langzeit-Arbeitslosigkeit und Arbeitsbeschaffungsmaßnahmen, in: Wirtschaftsdienst 9/1988, S. 468; *Suntum, U. v.*: Arbeitsmarktpolitik als Instrument der Beschäftigungspolitik, in: APuZ B 29/89, S. 17

308 Vgl. *Hanesch, W.*: "Hilfe zur Arbeit" ..., a.a.O., S. 410

309 Vgl. *Schmid, G.*: Arbeitsmarktpolitik im Wandel - Entwicklungstendenzen des Arbeitsmarktes und Wirksamkeit der Arbeitsmarktpolitik in der Bundesrepublik Deutschland. Discussion-Paper IIM/LMP 87-17, Wissenschaftszentrum Berlin. Berlin 1987, S. 92 ff.

310 Vgl. *André, A.*: Chancen der Verwirklichung der Fortentwicklung sozialer Dienste, in: Sozialer Fortschritt 7/1985, S. 154

311 Vgl. *Seifert, H.*: Arbeitsbeschaffungsmaßnahmen - Beschäftigungspolitische Lückenbüßer für Krisenregionen?, in: Sozialer Fortschritt 6/1988, S. 128

312 Vgl. *Bust-Bartels, A.*: Beseitigung der Massenarbeitslosigkeit durch soziale Innovation. Alternativen zur Arbeitsmarktpolitik, in: APuZ B 43/87, S. 13

313 Vgl. *ebenda*

nicht von normalen Arbeitsverhältnissen unterscheiden.[314] Um einer Diskriminierung und Stigmatisierung der im zweiten Arbeitsmarkt beschäftigten Arbeitnehmer und möglichen Mitnahmeeffekten entgegenzuwirken, sollte also der rechtliche Status der ABM-Beschäftigungsverhältnisse die *normalen tariflichen Arbeits- und Einkommensbedingungen mit allen arbeits- und sozialrechtlichen Konsequenzen* umfassen.

Um Mitnahmeeffekte und Substitutionsprozesse zwischen befristeten und Dauerbeschäftigten zu vermeiden, wäre zudem zu gewährleisten, daß die eingerichteten Arbeitsplätze nicht nur im Hinblick auf die jeweiligen Maßnahmeträger, sondern auch bezogen auf den örtlichen Arbeitsmarkt das *Kriterium der Zusätzlichkeit* erfüllen. Für ABM-Projekte wären insofern vor allem neue Tätigkeitsfelder zu erschließen, die sich möglichst eindeutig von den kommunalen Pflichtaufgaben abgrenzen lassen. Hierbei könnten in Zukunft insbesondere die Arbeitsbeschaffungsmaßnahmen im Bereich des Umwelt- und Naturschutzes weiter an Bedeutung gewinnen, da diese sowohl in hohem Maße gesellschaftlich konsensfähig sind als auch gerade den Interessen von jugendlichen ABM-Kräften entgegenkommen dürften.[315]

Ferner wären für Arbeitsbeschaffungsmaßnahmen künftig in verstärktem Maße *außerstaatliche Trägervereine* zu aktivieren, wobei das Engagement der Kirchen, der freien Wohlfahrtspflege und autonomer Träger unverzichtbar bleibt.[316] In diesem Kontext könnten aber auch die ohnehin finanziell schlecht ausgestatteten *Selbsthilfegruppen* im Bereich sozialer Dienstleistungen in Zukunft verstärkt Berücksichtigung finden, da gerade solche kleinen Träger ein Angebot an Dienstleistungen eröffnen, das vom traditionellen sozialen Dienstleistungssystem eher vernachlässigt wird (z. B. Frauenhäuser, Jugendzentren, Familienberatungsstellen, Arbeitslosenselbsthilfeinitiativen, Selbsthilfegruppen zur Ausländerintegration u. ä.).[317]

Schließlich sollten sich aber auch die in Arbeitsbeschaffungsmaßnahmen angebotenen Berufs- und Tätigkeitsfelder und die geforderten Qualifi-

---

314 Vgl. *Hanesch, W.*: "Hilfe zur Arbeit" ..., a.a.O., S. 409 f.

315 Vgl. *Wicke, L./Schulz, E./Schulz, W.*: Entlastung des Arbeitsmarktes durch Umweltschutz?, in: MittAB 1/87, S. 98; *Heinze, R. G./Hilbert, J./Voelzkow, H.*: Arbeit und Umwelt in der Kommunalpolitik, in: APuZ B 46-47/86, S. 27

316 Vgl. *Reitz, R.*: "Zweiter" Arbeitsmarkt und unkonventionelle Beschäftigungsinitiativen, in: Die Neue Gesellschaft/Frankfurter Hefte 11/1984, S. 1068

317 Vgl. *Heinze, R. G.*: Massenarbeitslosigkeit und neue Wege in der Arbeitsmarktpolitik, in: *Heinze, R. G./ Hombach, B./Mosdorf, S. (Hrsg.)*: Beschäftigungskrise und Neuverteilung der Arbeit. Bonn 1984, S. 173; *Maier, H. E.*: Arbeitsbeschaffungsmaßnahmen als Instrument aktiver Arbeitsmarktpolitik, in: *Scharpf, F. W. u. a. (Hrsg.)*: Aktive Arbeitsmarktpolitik. Erfahrungen und neue Wege. Frankfurt am Main/New York 1982, S. 132

kationsniveaus nach Möglichkeit weitgehend an den beruflichen Voraussetzungen der Teilnehmer orientieren, um einer Dequalifizierung der Teilnehmer entgegenzuwirken. Noch wünschenswerter wäre es selbstverständlich, möglichst viele Arbeitsbeschaffungsmaßnahmen selbst mit *Qualifizierungsmaßnahmen* anzureichern, um auf diese Weise die Chancen der ABM-Teilnehmer auf eine endgültige Reintegration in den ersten Arbeitsmarkt weiter zu erhöhen.[318]

Diese sozialpolitischen Desiderate sowie die daraus bereits abgeleiteten grundsätzlichen Optionen verdeutlichen allerdings, daß eine Ausweitung von Arbeitsbeschaffungsmaßnahmen in der Bundesrepublik Deutschland in eine Größenordnung von ca. 600 000-700 000 Arbeitsplätzen hinein, die allen Langzeitarbeitslosen Beschäftigung vermitteln könnte, eine unrealistische Option darstellt, selbst wenn ein derartiger Schritt, wie Modellrechnungen verdeutlichen, zumindest finanziell kein utopisches Unterfangen wäre.[319] Eine derart massive Ausdehnung des temporären Ersatzarbeitsmarktes dürfte vor allem an der begrenzten Aufnahmefähigkeit möglicher ABM-Träger sowie an den Unterschieden zwischen den vorhandenen Qualifikationsstrukturen der Arbeitslosen einerseits und den Qualifikationsanforderungen der neu einzurichtenden Stellen andererseits scheitern. Zudem wäre aber auch die grundsätzliche Frage zu beantworten, ob die Balancen zwischen zeitlich befristeten ABM-Tätigkeiten und Normalarbeitsverträgen tatsächlich derart einseitig zugunsten von Arbeitsbeschaffungsmaßnahmen verschoben werden sollten, da ABM-Lösungen selbst in der oben skizzierten arbeits- und sozialrechtlichen Ausgestaltung immer nur Zweitbestlösungen bleiben können.[320]

Vorstellbar ist allerdings, daß der ABM-Ersatzarbeitsmarkt, trotz der genannten Einschränkungen, so weit ausgebaut wird, daß er rund 300 000-400 000 Personen, d. h. zwischen 1 und 2% der Beschäftigten aufnehmen kann. Diese Größenordnung läßt sich aus Erfahrungen mit früheren, regional begrenzten ABM-Programmen sowie aus Erfahrungen der schwedischen

---

318 Vgl. *Eißel, D.*: Herausforderungen und Möglichkeiten ..., a.a.O., S. 39 f.

319 Die hierfür erforderlichen öffentlichen Mittel (geschätzter Wert für 1985: 23,9 Mrd. DM) ließen sich gemäß diesen Modellrechnungen zu 63% aus Einsparungen und Mehreinnahmen der öffentlichen Haushalte aufgrund einer entsprechenden Senkung der Arbeitslosigkeit aufbringen. Die Finanzierung der verbleibenden 8,8 Mrd. DM könnte bereits durch eine vierprozentige Ergänzungsabgabe auf das jährliche Einkommen- und Körperschaftsteueraufkommen in der Bundesrepublik gesichert werden. Vgl. *Reissert, B./Scharpf, F. W./Schettkat, R.*: Eine Strategie zur Beseitigung der Massenarbeitslosigkeit, in: APuZ B 23/86, S. 19 ff.

320 Vgl. *Bolle, M.*: Neue staatliche Initiativen ..., a.a.O., S. 135

Arbeitsverwaltung ableiten, die sogar landesweit ähnliche Größenordnungen erreichen konnte.[321] Wenn zudem alle arbeitsmarktpolitischen Maßnahmen gemäß dem in Kapitel 5.5.1.4 unterbreiteten Vorschlag künftig über Steuern finanziert werden würden, entfiele schließlich auch die gegenwärtige beschäftigungspolitisch dysfunktionale Verteilung der institutionellen Verantwortlichkeiten für die Finanzierung des Risikos Arbeitslosigkeit auf die Bundesanstalt, die Kommunen und den Bund bei gleichzeitiger Konzentration der gesetzlichen Gestaltungskompetenzen beim Bund, die diesen geradezu zu einer Abwälzung seiner Kosten einlädt.[322] Allerdings kann zweifellos auch eine Ausweitung von Arbeitsbeschaffungsmaßnahmen nur bei flankierenden wirtschaftspolitischen Maßnahmen zur Erhöhung der öffentlichen Einnahmen und zur Umstrukturierung der öffentlichen Ausgaben eine realistische (und somit wiederum nicht nur wünschenswerte) Maßnahme zur Ausweitung verbraucherorientierter Dienstleistungen in der Bundesrepublik Deutschland darstellen.

5.7 Infrastruktur- und verkehrspolitische Maßnahmen

Ergänzend zu den in den zurückliegenden Kapiteln ausführlicher behandelten ordnungspolitischen, arbeitszeitpolitischen, tarifpolitischen, steuer- und finanzpolitischen, sozialpolitischen sowie arbeitsmarkt- und beschäftigungspolitischen Optionen zur Ausweitung verbraucherorientierter Dienstleistungen in der Bundesrepublik Deutschland können die im folgenden Kapitel näher konkretisierten infrastruktur- und verkehrspolitischen Maßnahmen dezidiert zur verstärkten Erschließung von Beschäftigungspotentialen im dienstleistungsnahen Handwerksbereich sowie im Bereich des öffentlichen Personennah- und -fernverkehrs beitragen. Im einzelnen gehören zu diesen Optionen

- eine Ausweitung öffentlicher Investitionen im Umweltschutzbereich sowie im Bereich ökologisch verträglicher Verkehrssysteme,

---

[321] Vgl. *Reissert, B.*: Langfristarbeitslosigkeit und "temporärer Ersatzarbeitsmarkt". Modellrechnung zu einem arbeitsmarktpolitischen Sofortprogramm, in: Wirtschaftsdienst 4/1983, S. 180 f.; *Reissert, B./Scharpf, F. W./Schettkat, R.*: Eine Strategie ..., a.a.O., S. 18 f.

[322] Vgl. *Bruche, G./Reissert, B.*: Die Finanzierung der Arbeitsmarktpolitik. System - Effektivität - Reformansätze. Frankfurt am Main/New York 1985, S. 125 ff.; *Schmid, G.*: Modell Schweden ein Vorbild? Licht- und Schattenseiten der schwedischen Arbeitsmarkt- und Beschäftigungspolitik, in: MittAB 1/89, S. 83

- kostensenkende und/oder attraktivitätssteigernde Verbesserungsmaßnahmen im Öffentlichen Personennahverkehr sowie schließlich
- flankierende Anpassungsmaßnahmen zur Verbesserung der Wettbewerbsfähigkeit öffentlich erbrachter Verkehrsdienstleistungen.

Diese Vorschläge sollen im folgenden näher konkretisiert werden.

5.7.1 Ausweitung öffentlicher Investitionen im Umweltschutzbereich

Bei allem Interesse an der Schaffung von Arbeitsplätzen auch im Bereich ökologischer Dienstleistungen muß zunächst darauf verwiesen werden, daß Umweltschutzmaßnahmen in der Bundesrepublik Deutschland - unabhängig von positiven oder negativen Arbeitsplatzeffekten - ihre Legitimation vordringlich aus Gründen der Erhaltung der noch intakten oder aber des Wiederaufbaus der geschädigten Umwelt erhalten. Für eine Implementation solcher Maßnahmen spricht im übrigen aber auch das ökonomische Argument der Vermeidung bzw. der Reduktion der in Kapitel 2.3 näher dargelegten ökologischen und sozialen Folgekosten der industrieakzentuierten Produktionsweise.[323] Noch einmal sei an dieser Stelle an die Tatsache erinnert, daß diese ökologischen und sozialen Folgekosten in der Bundesrepublik jährlich mindestens 100 Mrd. DM betragen. Unterstellt man ferner, daß eine Ausweitung der Umweltschäden in der Bundesrepublik nicht nur die Grundlagen des Wirtschaftens in den industriellen Branchen ernsthaft gefährden kann (durch Produktionsverbote, Verkehrseinschränkungen etc.), sondern mittel- und langfristig auch die Existenzgrundlage von über 2 Mio. Arbeitsplätzen in der Tourismusbranche oder im Gaststättengewerbe zerstören könnte, und berücksichtigt man überdies, daß beim derzeitigen Ausmaß der Umweltbelastung jeder sinnvoll in den Umweltschutz investierte Millionenbetrag einen volkswirtschaftlichen Nutzen von mindestens 3 Mio. DM hervorruft, dann unterstützt bereits das ökonomische *Kosten-Nutzen-Kalkül* die Forderung nach verstärkten Umweltschutzaktivitäten.[324]

Öffentliche Investitionen im Umweltbereich erweisen sich zudem aber auch unter dem *Kosten-Wirksamkeits-Aspekt* als vorteilhaft. Analysen in der Bundesrepublik wie auch in anderen Ländern zeigen, daß ökologisch ausgerichtete Beschäftigungsprogramme pro Ausgabeneinheit annähernd ähnliche Beschäftigungseffekte ausüben können wie eine expansive Personalpolitik im öffentlichen Bereich und substantiell mehr Beschäftigungseffekte pro Ausgabeneinheit implizieren als Steuersenkungen, zusätzliche Einkommens-

---

323 Vgl. *Wicke, L./Schulz, E./Schulz, W.*: Entlastung des Arbeitsmarktes ..., a.a.O., S. 89

324 Vgl. *ebenda*, S. 90

transfers oder Erhöhungen im Öffentlichen Konsum- oder Investitionsbereich. Hinzu kommt, daß die Beschäftigungseffekte entsprechender Programme wesentlich schneller greifen als im Falle von Steuerkürzungen oder Transfererhöhungen.[325] Allerdings weisen auch Umweltschutzaktivitäten selbst wiederum je nach Nachfragegruppe und nachgefragten Gütern bzw. Dienstleistungen unterschiedliche Beschäftigungsintensitäten aufweisen. So differieren die direkten und indirekten Beschäftigungseffekte zwischen 14,0 und 9,6 ausgelasteten Arbeitsplätzen je ausgegebener Million, je nachdem, ob Bauten bzw. Ausrüstungen für den Umweltschutz oder aber nur Hilfs- und Betriebsstoffe bzw. Instandhaltungsleistungen für den laufenden Betrieb von Umweltschutzeinrichtungen nachgefragt werden. Insofern bestätigt sich die plausible Annahme, daß die investive Nachfrage eher arbeitsintensive Wirtschaftssektoren, wie beispielsweise den Baubereich, begünstigt, während von den laufenden Sachausgaben eher kapitalintensive Sektoren profitieren.[326]

Für umweltorientierte Beschäftigungsprogramme spricht aus gesamtwirtschaftlicher Sicht schließlich aber auch die Tatsache, daß sich - je nach konkreter Ausgestaltung - grundsätzlich bis zu 70% jeder Ausgabeneinheit durch Einsparungen im Bereich der Arbeitslosenunterstützung und durch steigende Steuereinnahmen aus erhöhten Einkommen *selbst finanzieren* können.[327] Erweisen sich insofern die ökonomischen Voraussetzungen für verstärkte öffentliche Investitionen im Umweltbereich als günstig, so wäre in einem nächsten Schritt zu überprüfen, welche zusätzlichen Beschäftigungspotentiale sich im Umweltschutzbereich über die bereits bestehenden Arbeitsplätze hinaus durch entsprechende Maßnahmen erschließen lassen. Dazu ist es zunächst einmal notwendig, kurz den aktuellen Beschäftigungsbeitrag des Marktes für Umweltschutzgüter und -dienstleistungen in der Bundesrepublik Deutschland zu umreißen.

Im Rahmen einer neueren Studie des *Ifo-Instituts* werden die kurzfristigen positiven *direkten und indirekten Beschäftigungswirkungen der Umweltpolitik* in der Bundesrepublik für die Jahre 1980 und 1984 auf ca.

---

325 Vgl. *Zimmermann, K.*: Beschäftigungspolitik mit der Umwelt? Eine angebotsorientierte Kritik und umweltpolitische Perspektive, in: Zeitschrift für Wirtschafts- und Sozialwissenschaften 106 (1986), S. 50. Vgl. hierzu auch *Vesper, D./Zwiener, R.*: Finanzierungsalternativen und mögliche Auswirkungen der Steuerreform 1990 auf Gesamtwirtschaft und öffentliche Haushalte, in: DIW-Wochenbericht 41/87, S. 557

326 Vgl. *Sprenger, R.-U.*: Keine beschäftigungspolitische Wende durch die Umweltpolitik, in: Ifo-Schnelldienst 15/89, S. 12

327 Vgl. *Zimmermann, K.*: Beschäftigungspolitik mit der Umwelt ..., a.a.O., S. 50

430 000 Vollzeitarbeitsplätze geschätzt (vgl. Tabelle 18). Obwohl in dieser Schätzung also auf eine Ermittlung der negativen Beschäftigungseffekte der Umweltpolitik verzichtet wurde, da die Multikausalität bei bestimmten Kosten-, Preis-, Absatz-, Produktions- und Beschäftigungsveränderungen die Beantwortung dieser Frage in weiten Bereichen zur reinen Willkür degradiert, sind die ausgewiesenen Beschäftigungseffekte dennoch deutlich als Untergrenze der tatsächlichen positiven Beschäftigungseffekte der Umweltpolitik in der Bundesrepublik Deutschland zu interpretieren, denn nicht berücksichtigt sind in diesen Berechnungen ebenfalls

- die in Arbeitsbeschaffungsmaßnahmen erbrachten ökologischen Dienstleistungen,
- die Multiplikator- und Akzeleratorwirkungen aufgrund der Einkommenszuwächse der durch umweltschutzinduzierte Ausgaben direkt oder indirekt begünstigten Wirtschaftssubjekte,
- die in Selbstverwaltung und Eigenarbeit erbrachten Umweltschutzdienstleistungen, aber auch
- die methodisch nicht quantifizierbaren Arbeitsplätze, die in der Beobachtungsperiode durch rechtzeitigen Umweltschutz in den Sektoren oder Regionen gesichert werden konnten, für die eine intakte Umwelt Voraussetzung für künftige Beschäftigung ist.[328]

Damit ist aber auch die vor allem in den siebziger Jahren die gesellschaftspolitische Diskussion beherrschende Frage nach den gesamtwirtschaftlichen Nettobeschäftigungseffekten von verstärkten Umweltschutzmaßnahmen mittlerweile eindeutig zugunsten *positiver Beschäftigungseffekte* entschieden.

Differenziert man die vorliegenden Daten weiter, so wird die *zentrale Rolle der Gebietskörperschaften und der öffentlichen Entsorgungsunternehmen für die Beschäftigungswirkungen der Umweltpolitik* deutlich. Mit einem Anteil von ca. 50% (1984) an den insgesamt erfaßten Beschäftigungseffekten liegt die öffentliche Nachfrage deutlich vor den Arbeitsplatzeffekten der umweltschutzbezogenen Investitions-, Sach- und Personalausgaben des Produzierenden Gewerbes, auf die nur 21,5% der gesamten Beschäftigungseffekte entfallen.[329]

Vergleicht man in einem weiteren Analyseschritt die besagten unterschiedlichen Umweltschutzausgabenarten (= Investitionen, laufende Sachausgaben- und Personalausgaben) im Hinblick auf ihre Beschäftigungsef-

---

328 Vgl. *Sprenger, R.-U.*: Keine beschäftigungspolitische Wende ..., a.a.O., S. 8 ff.; *Brum, H./Huter, O.*: Kommunale Umweltpolitik ..., a.a.O., S. 344

329 Vgl. *Sprenger, R.-U.*: Keine beschäftigungspolitische Wende ..., a.a.O., S. 11

Tabelle 18: Beschäftigungseffekte umweltschutzbezogener Investitions-, Sach- und Personalaufwendungen 1980 und 1984[330]

Umweltschutz-induzierte Ausgabenarten nach Ausgabenträgern	Beschäftigungswirkungen 1980 direkt	indirekt	gesamt	1984 direkt	indirekt	gesamt
Gebietskörperschaften	168 779	50 992	219 771	153 469	38 384	191 853
Öffentliche Entsorgungsunternehmen	13 774	3 555	17 329	15 085	4 040	19 125
Produzierendes Gewerbe	63 513	29 966	93 479	69 068	30 611	99 679
Private Entsorgungsunternehmen	19 159	2 054	21 213	19 884	1 451	21 335
Sonstige Wirtschaftszweige	31 900		31 900	35 700		35 700
Private Haushalte/Organ. ohne Erwerbscharakter	4 200		4 200	7 400		7 400
Ausländische Wirtschaftssubjekte	27 405	18 675	46 080	34 578	23 360	57 938

330 Quelle: *Ebenda*, S. 9

Umweltschutz-induzierte Ausgabenarten nach Ausgabenträgern	Beschäftigungswirkungen					
	1980			1984		
	direkt	indirekt	gesamt	direkt	indirekt	gesamt
Insgesamt (erfaßte Bereiche)	328 730	105 242	433 972	335 184	97 846	433 030
-Investititionen/ Sachausgaben	163 275	105 242	268 517	151 799	97 846	249 645
-Pers.-Ausg.	165 455		165 455	183 385		183 385

Indirekte Beschäftigungswirkungen = vorleistungsinduzierte Beschäftigungseffekte ohne Multiplikator- und Akzeleratoreffekte

fekte, so waren, wie Tabelle 18 ausweist, im Jahre 1984 insgesamt rund 250 000 Arbeitsplätze (Erwerbstätige) durch die Inlands- und Auslandsnachfrage nach umweltschutzbezogenen Investitionsgütern, Betriebsstoffen und Betriebsmitteln ausgelastet (*sachaufwandsinduzierter Beschäftigungseffekt*), während mindestens 183 000 Beschäftigte ausschließlich oder zeitweise unmittelbaren Umweltschutzaufgaben nachgingen (*personalaufwandsinduzierter Beschäftigungseffekt*).[331]

Betrachtet man schließlich die *sektoralen Beschäftigungswirkungen von Investitions-, Sach- und Personalausgaben* im Gesamtkontext (vgl. Tabelle 19), dann verdankten 1984 etwa 210 000 Arbeitskräfte des Produzierenden Gewerbes ihren Arbeitsplatz direkt oder indirekt dem Umweltschutz, wobei vor allem die Bauindustrie, der Maschinenbau, der Stahl- und Leichtmetallbau, die elektrotechnische, feinmechanische und optische Industrie sowie die Industrie der Steine und Erden und Kunststofferzeugung besonders begünstigt wurden.[332] Aufgrund des hohen Anteils produktionsbezogener

331 Vgl. *ebenda*, S. 9

332 Vgl. *ebenda*, S. 14. Dabei sind auf dem Markt für Umwelttechnik, dessen Umsatz für das Jahr 1986 auf 30 Mrd. DM geschätzt wird, insgesamt bereits über 4000 in erster Linie mittelständische Unternehmen tätig. Offensichtlich eröffnet dieser Markt kleinen und mittleren, innovativen und flexiblen Unternehmen große Chancen, da umwelttechnische Lösungen in der Regel keine Massengüterproduktion in Großanlagen, sondern zumeist maßgeschneiderte technisch kom-

Dienstleistungen bei der Erstellung von Umweltschutzgütern (knapp 25%), aber auch aufgrund der zunehmenden unmittelbaren kommerziellen und nicht kommerziellen Dienstleistungen für den Umweltschutz (beispielsweise in der Umweltschutzbürokratie, bei öffentlichen und privaten Entsorgungsunternehmen oder im Altstoffhandel) avancierte zwischen 1980 und 1984 andererseits gerade der *Dienstleistungssektor* zum *beschäftigungspolitischen Hauptgewinner der Umweltpolitik.* Mit 1984 über 220 000 durch Umweltschutz direkt oder indirekt ausgelasteten Arbeitsplätzen erreichte der Dienstleistungssektor erstmals einen höheren umweltschutzinduzierten Beschäftigungsanteil als das Produzierende Gewerbe. Somit zeichnet sich also auch bei der ökologischen Modernisierung der Volkswirtschaft im Umweltschutzbereich eine Tertiärisierung ab.[333] Auch wenn also, wie diese diese kurze Beschreibung verdeutlicht, der Umwelttechniksektor sowie der Bereich ökologischer Dienstleistungen in der Bundesrepublik Deutschland bereits gegenwärtig einen nicht zu unterschätzenden beschäftigungspolitischen Beitrag leisten, könnte die in den nächsten Jahren dringend gebotene Verstärkung umweltpolitischer Maßnahmen mit einer Reihe beschäftigungswirksamer Maßnahmen auch weiterhin gezielt zur Schaffung zusätzlicher Arbeitsplätze in diesen Bereichen genutzt werden.[334]

Während sich das Eigeninteresse der Wirtschaft mit Hilfe von marktwirtschaftlichen Instrumenten und gezielten Umweltschutzsubventionen für Unternehmen allerdings primär auf fortschrittliche, produktivitätssteigernde und damit wachstumsfördernde *Umwelttechniken* konzentrieren dürfte, können staatliche Umweltschutzausgaben in weitaus stärkerem Maße Arbeitsplatzeffekte berücksichtigen und damit den Umweltschutz ergänzend als Instrument zur Förderung ökologischer *Dienstleistungen* einsetzen.[335]

Die wichtigsten Instrumente einer derartigen selektiven Wachstumsstrategie bilden *Öffentliche Investitionen und Beschäftigungsprogramme*. Im Gegensatz zu der traditionellen Globalsteuerung keynesianischer Prägung sollten entsprechende Programme allerdings *mittelfristig* konzipiert sein, zur Verstetigung der wirtschaftlichen Entwicklung beitragen und auf die in

---

plexe Anlagen und Verfahrenstechnologien verlangen. Vgl. *Sprenger, R.-U.*: Umwelttechnik: Traditionsreicher Markt mit neuen Konturen, in: Ifo-Schnelldienst 5/86, S. 5; *Schreyer, M./Sprenger, R.-U.*: Umwelttechnik: Marktchancen ..., a.a.O., S. 3 ff.

333 Vgl. *Sprenger, R.-U.*: Keine beschäftigungspolitische Wende ..., a.a.O., S. 14

334 Vgl. *Wicke, L./Schulz, E./Schulz, W.*: Entlastung des Arbeitsmarktes ..., a.a.O., S. 98

335 Vgl. *Brunowsky, R.-D./Wicke, L.*: Der Öko-Plan ..., a.a.O., S. 131

Tabelle 19: Sektorale Beschäftigungseffekte der Umweltpolitik (1980 und 1984)[336]

Sektoren mit umweltschutzinduzierten Arbeitsplätzen	in 1000 Erwerbstätigen	in % der umweltschutzabhängigen Erwerbstätigen	in % der sektoralen Erwerbstätigen
		1980	
Land-/Forstwirtschaft	1,9	0,4	0,1
Produz. Gewerbe	224,6	51,8	1,9
Dienstleistungen	207,4	47,8	1,7
Insgesamt	433,9	100,0	1,7
		1984	
Land-/Forstwirtschaft	1,9	0,4	0,1
Produz. Gewerbe	210,4	48,6	2,0
Dienstleistungen	220,7	51,0	1,7
Insgesamt	433,0	100,0	1,7
Direkt und indirekt durch Umweltschutzausgaben ausgelastete Arbeitsplätze (Erwerbstätige) Dienstleistungen ohne private Haushalte und Sozialversicherungen			

Kapitel 3.2.8 aufgezeigten qualitativen Bedarfsfelder hin ausgerichtet werden. Gefragt ist also kein kurzfristig konzipiertes Beschäftigungsprogramm zur Konjunkturankurbelung, das bei der gegenwärtigen konjunkturellen Situation ohnehin völlig dysfunktionale Konsequenzen haben würde, sondern ein mittelfristig orientiertes, Folgekosten vermeidendes Umweltsanierungsprogramm.[337] Einzuräumen bleibt allerdings, daß auch mit einer solchen selektiven Nachfragesteigerung im Bereich der Umweltpolitik das Problem

[336] Quelle: *Sprenger, R.-U.*: Keine beschäftigungspolitische Wende ..., a.a.O., S. 15

[337] Vgl. *Brunowsky, R.-D.*: Das Ende der Arbeitslosigkeit ..., a.a.O., S. 11

der Verknappung der Arbeit in der Bundesrepublik Deutschland *dauerhaft nicht* gelöst werden kann.[338] Die Durchführung der vorgeschlagenen Maßnahmen würde aber immerhin einen Investitionsschub auslösen, der zumindest für das nächste Jahrzehnt die weiterhin angespannte Arbeitsmarktlage verbessern und zugleich wichtigen ökologischen Bedarfsfeldern Rechnung tragen könnte.

Da aus der Vergangenheit bereits zahlreiche Vorschläge für ökologisch ausgerichtete Beschäftigungsprogramme vorliegen,[339] soll auf die Erarbeitung eines eigenständigen Konzepts an dieser Stelle verzichtet und stattdessen exemplarisch auf das sinnvoll erscheinende Konzept des Programms "*Umwelt, Markt und Arbeit*" verwiesen werden, das *Wicke* im Jahr 1987 vorgelegt hat, und das eine Vorstellung von möglichen Arbeitsplatzeffekten verstärkter Umweltschutzmaßnahmen vermitteln kann. Demnach könnten in den nächsten zehn Jahren durch zusätzliche Energiesparmaßnahmen und vorgezogene, bauwirksame öffentliche Umweltinvestitionen zu den bereits bestehenden 433 000 Umweltschutzarbeitsplätzen schätzungsweise weitere 150 000 Arbeitsplätze jährlich vorwiegend im Bausektor ausgelastet werden. Dazu wären allerdings erhöhte Ausgaben von 5 Mrd. DM jährlich über 5 Jahre hinweg notwendig.[340]

Angesichts dieser finanziellen Dimensionen und der Tatsache, daß in der Bundesrepublik auf die Gemeinden im Jahre 1987 immerhin 65,5%, auf die Länder dagegen nur 20,5% und auf den Bund nur knapp 14% der öffentlichen Investitionen entfielen,[341] dürfte allerdings die Bereitstellung zinsgünstiger Kredite an Kommunen für Umweltschutzmaßnahmen kaum beschäftigungswirksame Investitions- und Wachstumssteigerungen ermöglichen. Zwar verbessern Zinssätze, die 2-3 Prozentpunkte unter dem Marktzins liegen, die Kalkulation jeder Investitionsfinanzierung. Dieser Zinsvorteil kann jedoch nur dann Relevanz entfalten, wenn zu erwarten ist, daß die künftigen Einnahmen die Amortisation der neuen Kredite gewährleisten.

---

338 Vgl. *Dierkes, M./Wagner, P.*: Investitionen im Energie- und Umweltbereich - Arbeitsplätze durch selektive Wachstumsförderung?, in: *Dierkes, M./Strümpel, B. (Hrsg.)*: Wenig Arbeit ..., a.a.O., S. 150

339 Vgl. u. a. *Deutscher Gewerkschaftsbund*: Investitionsoffensive für qualitatives Wachstum, in: Informationen zur Wirtschafts- und Umweltpolitik 7/1988; *Sozialdemokratische Partei Deutschlands (Hrsg.)*: Sondervermögen Arbeit und Umwelt. Ein Weg zur umweltverträglichen Industriegesellschaft, in: Aktuelle Informationen der Sozialdemokratischen Partei Deutschlands Nr. 4, April 1984

340 Vgl. *Wicke, L./Schulz, E./Schulz, W.*: Entlastung des Arbeitsmarktes ..., a.a.O., S. 97

341 Vgl. *Deutsche Bundesbank*: Entwicklung und Struktur der Ausgaben der Gebietskörperschaften für Sachinvestitionen, in: Monatsbericht August 1988, S. 38

Gerade das ist jedoch bei den ohnehin finanzschwachen Kommunen, denen die Mittel für den Ausbau und die Modernisierung der Infrastruktur fehlen (zumeist Großstädte in den wirtschaftlichen Problemregionen), zu bezweifeln.[342]

Folgt man aus diesem Grund der Empfehlung für ein finanziell deutlich besser ausgestattetes öffentliches Investitionsprogramm, dann stehen als *grundsätzliche Finanzierungsalternativen* für die erhöhten Bund-Länder-Ausgaben Steuererhöhungen, eine begrenzte zusätzliche öffentliche Verschuldung (etwa durch eine Umweltanleihe von Bund und Ländern) sowie Einsparungen und Mittelumschichtungen aus anderen Haushaltspositionen zur Verfügung. Zu beachten sind überdies die eingangs angesprochenen Selbstfinanzierungseffekte (steigende Staatseinnahmen durch multiplikative und akzelerative Einkommensausweitungen bei gleichzeitiger Einsparung von Arbeitslosenunterstützungszahlungen und ökologischen Reparaturkosten).[343]

Da bei einer Finanzierung via *Steuererhöhungen* allerdings immer auch die damit verbundenen Nachfrageentzugseffekte zu berücksichtigen sind, erscheint vor dem Hintergrund des anhaltend hohen Realzinsniveaus und des Arbeitsplatzdefizites in der Bundesrepublik eine deutlich höhere steuerliche Belastung der Unternehmensgewinne und der investiv angelegten Ersparnisse aus gesamtwirtschaftlichen Gründen wenig empfehlenswert. Dies schließt jedoch auf kommunaler Ebene eine in gewissen Grenzen sicherlich möglich erscheinende *Erhöhung der Gewerbesteuer* nicht aus.[344] Denkbar und wünschenswert wäre im Rahmen eines Finanzierungsmixes für verstärkte öffentliche Investitionen weiterhin aber auch, wie bereits in Kapitel 5.4.1 erwähnt, die *Einführung von Öko-Steuern und Öko-Abgaben.*

Auch die Ausweitung der öffentlichen Verschuldung, etwa in Form einer zeitlich und in der Höhe begrenzten *Umweltanleihe*, die ebenfalls das arbeitsmarktpolitisch erwünschte Vorziehen ohnehin notwendiger Umweltschutzinvestitionen begünstigen könnte, und die im übrigen in der langfristigen Perspektive zu Haushaltsentlastungen bei allen öffentlichen Körperschaften führen dürfte, sollte nicht von vornherein ausgeschlossen wer-

---

342 Vgl. *Eißel, D.*: Herausforderungen und Möglichkeiten ..., a.a.O., S. 37 f.

343 Vgl. *Hickel, R.*: Wirtschaften ohne Naturzerstörung. Strategien einer ökologisch-ökonomischen Strukturpolitik, in: APuZ B 29/87, S. 53

344 Vgl. *Hock, G./Krämer, R.*: Die Finanzierung kommunaler Umweltschutzinvestitionen - Probleme - Untaugliche Rezepte - Alternativen, in: WSI-Mitteilungen 8/1989, S. 452 f.

den.[345] Allerdings wären hierzu vor dem Hintergrund der erheblichen Unterschiede in den ökonomischen und rechtlichen Verschuldungsmöglichkeiten der Gebietskörperschaften in der Bundesrepublik Deutschland zusätzliche flankierende Reformen zur gezielten Stärkung der Finanzkraft strukturschwacher Gebietskörperschaften unabdingbar.[346]

Die ordnungspolitisch angemessenste Lösung zur Finanzierung verstärkter öffentlicher Investitionen schließlich wäre aber zweifellos die *verstärkte Umschichtung von Haushaltsmitteln aus anderen Etatbereichen*. Auch wenn eine vollständige Finanzierung der öffentlichen Investitionen aus Einsparpotentialen in der Bundesrepublik an politisch-pragmatischen Widerständen bestimmter Lobbyisten scheitern dürfte, schließt dies jedoch nicht aus, daß partiell erhebliche Einsparungen bei den Subventionen oder aber im Verteidigungshaushalt als dritte grundsätzliche und wesentliche Finanzierungsquelle für mehr öffentliche Investitionen herangezogen werden sollten.[347] Für diese Option spricht im übrigen auch die in Kapitel 5.4.2 der vorliegenden Arbeit bereits angesprochene Analyse des *Instituts für Weltwirtschaft* aus dem Jahr 1985, derzufolge die Gesamtsubventionen in der Bundesrepublik zur Hälfte den Einsatz von Kapital, aber nur zu 10 Prozent die Lohnkosten verbilligen. Dies bedeutet nun wiederum, daß gerade durch einen verstärkten Subventionsabbau zugleich aber auch die komparativen Nachteile des Produktionsfaktors Arbeit gegenüber dem Faktor Kapital reduziert und mit den alternativ eingesetzten Investitionsmitteln vergleichsweise mehr Arbeitsplätze gerade auch in Klein- und Mittelbetrieben geschaffen werden könnten, als dies bei der gegenwärtigen Verwendungsstruktur der Subventionen, die primär auf Großbetriebe und Großprojekte hin ausgerichtet sind, der Fall ist.

Ohne nun aber die Ausführungen von Kapitel 5.4.2 erneut dezidiert aufgreifen zu wollen, sei abschließend lediglich noch einmal auf die Größenordnung entsprechender Gestaltungsmaßnahmen hingewiesen. Da bereits auf die Finanzhilfen aller Gebietskörperschaften in der Bundesrepublik (ohne EG) sowie den Verteidigungshaushalt im Jahre 1988 zusammengenommen rund 86 Mrd. DM entfielen, würde bereits jeder Prozentpunkt Einsparungen in diesen Bereichen einen jährlichen Finanzierungsbeitrag für

---

345 Vgl. *Höhnen, W.*: Handlungsspielräume für mehr öffentliche Investitionen, in: WSI-Mitteilungen 6/1989, S. 339; *Wicke, L./Schulz, E./Schulz, W.*: Entlastung des Arbeitsmarktes ..., a.a.O., S. 94 ff.

346 Vgl. *Höhnen, W.*: Handlungsspielräume ..., a.a.O., S. 339; *Heinze, R. G./Hilbert, J./Voelzkow, H.*: Arbeit und Umwelt ..., a.a.O., S. 19

347 Vgl. *Höhnen, W.*: Handlungsspielräume ..., a.a.O., S. 338

eine Investitionsausweitung von fast 900 Mio. DM liefern.[348] Wie diese Ausführungen verdeutlichen, braucht also bei einem entsprechenden politischen Gestaltungswillen die Finanzierung zusätzlicher öffentlicher Investitionen prinzipiell nicht an fehlenden Finanzierungsmöglichkeiten zu scheitern.

5.7.2 Verkehrspolitische Maßnahmen

Neben einer Ausweitung der öffentlichen Umweltschutzinvestitionen in der Bundesrepublik Deutschland könnten, wie eingangs bereits erwähnt, bei entsprechender Ausgestaltung aber auch von einer ökologisch angepaßteren Verkehrspolitik Beschäftigungsimpulse für den Dienstleistungssektor ausgehen. Gerade die überlastete Verkehrsinfrastruktur, der überfüllte Luftraum über der Bundesrepublik Deutschland sowie das im Zuge des europäischen Binnenmarktes zu erwartende erhöhte Fracht- und Verkehrsaufkommen lassen aus ökologischen Gründen ein Umdenken in der Verkehrspolitik dringlicher denn je erscheinen. Zugleich ist aber auch zu bedenken, daß die in Kapitel 5.4.1 vorgeschlagene Erhöhung der Energiebesteuerung nur erfolgreich sein kann, wenn sie durch den Ausbau des Öffentlichen Nah- und Fernverkehrs flankiert wird, d. h. wenn über einen umfassenden Ausbau des Öffentlichen Personennahverkehrs und eine Modernisierung der Deutschen Bundesbahn preiswerte "Umsteigemöglichkeiten" für die Bundesbürger geboten werden.[349]

Im *Bereich des Personennah- und -fernverkehrs* in der Bundesrepublik legen es nun vor allem die hohen ökologischen Folgekosten der zunehmenden Automobilisierung nahe, die heute noch vorherrschende Funktion des Kraftfahrzeugs als Mittel- und Langstreckentransportmittel mehr und mehr auf den öffentlichen Personennah- und -fernverkehr zu übertragen und die Aufgabe des Autos auf Zubringer- und Transportdienste in Gegenden mit einer unzureichend ausgebauten öffentlichen Verkehrsinfrastruktur zu reduzieren. Für diese grundsätzliche *Rückführung des automobilgebundenen Individualverkehrs* stehen eine Reihe von verkehrspolitischen Optionen zur Verfügung, beispielsweise eine Erhöhung der Mineralölsteuer, die Erhebung alternativer Öko-Steuern und Schadstoffabgaben, höhere Park- und Strafgebühren und verstärkte Tempolimits (auch im Sinne der Verkehrssicherheit), funkgesteuerte Vorfahrtsregulierungen für den Öffentlichen Per-

---

348 Vgl. *ebenda*

349 Vgl. *Ehrenberg, H.*: Überlegungen zur Zukunft der Arbeit, in: APuZ B 3/90, S. 12

sonennahverkehr, aber auch Sperrungen von Städtezentren für den Individualverkehr nach japanischen oder italienischen Vorbildern[350]

Unterbleiben entsprechende Maßnahmen zur Rückführung des automobilgebundenen Individualverkehrs, dann dürfte sich nach Prognosen des *DIW* der Bestand an Kraftfahrzeugen bis zum Jahre 2000 auf 34 Mio. und bis zum Jahre 2010 sogar auf 34,6 Mio. ausweiten.[351] Zugleich würde im Öffentlichen Personennahverkehr (ÖPNV) der seit dem Jahre 1981 anhaltende Nachfragerückgang in nur geringfügig abgeschwächter Form weiter anhalten, wobei die künftigen Beförderungseinbußen in den Ballungsräumen, in deren Kernstädten und in den durchschnittlich verdichteten Gebieten unterproportional, in den dünn besiedelten und peripher gelegenen Räumen dagegen überproportional ausfallen würden.[352]

Folgt man nun aber der Prämisse, daß aus umweltpolitischen, städtebaulichen und raumordnungspolitischen, aber auch aus sozialstaatlichen und beschäftigungspolitischen Aspekten die Aufrechterhaltung eines möglichst umfangreichen Angebots des Öffentlichen Personennahverkehrs gesellschaftspolitisch konsensfähig sein sollte, dann bieten sich neben den eingangs skizzierten Maßnahmen zur Rückführung des automobilbezogenen Individualverkehrs sowie der grundsätzlichen Option erhöhter finanzieller Zuwendungen für den Öffentlichen Personennahverkehr (etwa zur weiteren Subventionierung von Fahrpreissenkungen) aber auch *Verbesserungsmaßnahmen im Bereich des Öffentlichen Personennahverkehrs selbst* an, die entweder kostensenkend wirken, ohne die Angebotsqualität wesentlich zu beeinträchtigen, oder aber die Attraktivität des ÖPNV steigern, ohne mit Kostensteigerungen verbunden zu sein. Hierzu gehören im einzelnen

- ein verstärkter Einsatz von handelsrechtlich organisierten und von privaten Unternehmen,

---

350 Das gegen die Rückführung des automobilgebundenen Individualverkehrs häufig vorgebrachte Argument der Gefährdung der Arbeitsplätze in der deutschen Automobilindustrie erweist sich im übrigen bei differenzierter Analyse als trügerisch, da der öffentliche Verkehr wesentlich lohnintensiver ist als die PKW-Herstellung und die Autoindustrie zudem angesichts weltweit hoher Überkapazitäten und weitgehend gesättigter Märkte in den Industrienationen konjunktursensibel ist wie kaum eine zweite Branche in der Bundesrepublik Deutschland. Vgl. *Wolf, W.*: Eisenbahn und Autowahn. Personen- und Gütertransport auf Schiene und Straße. Geschichte, Bilanz, Perspektiven. Hamburg 1986, S. 449 ff.

351 Vgl. *Hopf, R.*: Projektion des PKW-Bestandes für die Bundesrepublik Deutschland bis zum Jahr 2010, in: DIW-Wochenbericht 36/89, S. 431

352 Vgl. *Hahn, W./Ratzenberger, R.*: Nachfragerückgang verlangt Reform des öffentlichen Personennahverkehrs, in: Ifo-Schnelldienst 16/89, S. 8 ff.

- die Aufhebung der Besitzstandsschutzregelung nach § 13, Abs. 3 des Personenbeförderungsgesetzes (die als Betreiberprivileg den Marktbeitritt von bisher nicht konzessionierten Unternehmen verhindert, selbst wenn diese effizientere Leistungen anbieten) sowie die Aufhebung des Ausgestaltungsvorrechts der Deutschen Bundesbahn für den Schienenparallel- und -ersatzverkehr,
- die Integration von Verkehren außerhalb des allgemeinen Linienverkehrs (vor allem des von den Vorschriften des PBefG freigestellten Schülerverkehrs),
- die verstärkte Bildung von Kooperationen und unkonventionellen Bedienungsformen (z. B. bedarfsgesteuerte Verkehre, Anruf-Sammeltaxen u. ä.)
- eine Ausweitung des Prinzips der dezentralen Planung (Deklaration des ÖPNV zur Selbstverwaltungsaufgabe der Kommunen) sowie
- eine Konzentration und Straffung des Finanzierungssystems des ÖPNV und eine verbesserte Angebotsgestaltung der Unternehmen.[353]

Über diese heterogenen Maßnahmen im Bereich des Öffentlichen Personen*nah*verkehrs hinaus sind in der Bundesrepublik aber auch im *Bereich des privaten wie öffentlichen Personen- und Güterfernverkehrs* Anpassungsmaßnahmen unabdingbar. So sprechen vor allem ökologische Argumente für eine Reduzierung des Binnenflugverkehrs zugunsten des schienengebundenen Personenfernverkehrs, da die bei weiter steigendem Flugaufkommen notwendig werdende Ausweitung *bestehender* oder aber die Anlage *neuer* Flughäfen in einem dicht besiedelten und kleinflächigen Land wie der Bundesrepublik Deutschland in der Nähe von Ballungszentren politisch wie auch aus Flugsicherheitsgründen künftig immer weniger durchsetzbar sein dürfte.

Ferner gilt es aber auch zu beachten, daß die im Zuge des Binnenflugverkehrs angeflogenen Städte unter Berücksichtigung der notwendigen Transfers und Checks *zu* und *innerhalb* der jeweiligen Flughäfen künftig in praktisch allen Fällen durch das Intercity-Netz der Bundesbahn zumindest genausoschnell zu erreichen sein dürften. Uneingeschränkt zu begrüßen ist insofern die im Juni 1989 vereinbarte enge Zusammenarbeit zwischen der Deutschen Lufthansa und der Deutschen Bundesbahn zur Ausweitung der bestehenden Airport-Express-Verbindungen. Erwägenswert wäre überdies, wie in Kapitel 5.4.1 bereits angedeutet, eine entsprechende Verteuerung der Inlandsflüge durch eine Binnenflugverkehrssteuer.[354]

---

[353] Zu Details vgl. *ebenda*, S. 14 ff.

[354] Vgl. *Teufel, D.*: Vorschläge ..., a.a.O., S. 645

Auch im Bereich der *Schwerverkehrspolitik* in der Bundesrepublik Deutschland ist angesichts der gesellschaftlichen Kosten des LKW-Verkehrs in der Bundesrepublik Deutschland (40 Mrd. DM im Jahr 1987),[355] aber auch angesichts der geplanten Öffnung der Grenzen im Zuge des EG-Binnenmarktes ein grundlegendes Umdenken notwendig. Zwar wäre im Vergleich zum Status Quo die Einführung einer Schwerverkehrsabgabe auf bundesdeutschen Autobahnen zumindest ein erster Schritt in die richtige Richtung. Allerdings setzt eine Schwerverkehrspolitik, die sich primär an den schlechten Wettbewerbsbedingungen des deutschen Transportgewerbes und an den Wegekosten des Güterverkehrs auf der Straße orientiert, andererseits aber die fortschreitenden ökologischen Implikationen des Straßengüterverkehrs weitgehend außer acht läßt, eindeutig die politisch falschen Akzente für die neunziger Jahre. Angesichts des vielfach mit der Öffnung der Binnenmarktgrenzen befürchteten Verkehrskollapses gerade auf bundesdeutschen Autobahnen ist aus umweltpolitischen, letztlich aber auch aus ordnungspolitischen Gründen vielmehr ein Verkehrskonzept gefragt, das die Rahmenbedingungen im Güterverkehr auch für die Deutsche Bundesbahn stärkt, da nur auf diese Weise eine weitere Abwanderung von Transportgütern von der umweltfreundlichen Schiene auf die Straße verhindert werden kann. Ein beschäftigungspolitisch positiver Begleiteffekt einer derartigen Strategie wäre zugleich die damit verbundene Begünstigung der Beschäftigung bei einem binnenwirtschaftlich operierenden Verkehrsdienstleistungsunternehmen.

Zu den elementaren Aktionsparametern einer umfassenden Reform des in seinem Kern noch aus dem Jahre 1951 stammenden Bundesbahngesetzes müßten insofern zumindest die *Übernahme der finanziellen Verantwortung für das Streckennetz der Deutschen Bundesbahn* sowie die *Übernahme der gemeinwirtschaftlichen Leistungen der Bundesbahn durch den Bund* gehören.[356] Vor dem Hintergrund dieser Desiderate erweist sich die im Frühjahr 1989 getroffene Entscheidung der Bundesregierung zur Übernahme der kriegsbedingten Altschulden der Bundesbahn in Höhe von 12,6 Mrd. DM in den Bundeshaushalt ab 1991[357] allerdings lediglich als bahnpolitische Kosmetik, da dieses Vorgehen letztlich nur einer Umbuchung von Sondervermögen des Bundes in den Bundeshaushalt entspricht und der Bund zudem schon zuvor die Schuldzinsen für diese Altschulden getragen hatte.

---

[355] Vgl. *Teufel, D.*: Argumente und Gegenargumente ..., a.a.O., S. 35

[356] Vgl. *Graichen, R.*: Das öffentliche Transportunternehmen ..., a.a.O., S. 364

[357] Vgl. *Timm, R.*: Regierungskommission Bundesbahn soll Abschlußbericht 1991 vorlegen, in: Die Bundesbahn 8/1989, S. 615

Auch die von der Bundesregierung im Jahre 1989 geäußerte Absicht einer Beteiligung des Bundes an den Kosten des Schienennetzes der Bahn in den neunziger Jahren in einer allerdings nicht näher konkretisierten Größenordnung kann angesichts der zeitgleichen Berufung einer Kommission unabhängiger Sachverständiger, die zuvor zwei Jahre lang über entsprechende Pläne beraten sollen,[358] letztlich nur als taktischer Schachzug gewertet werden, mit der mögliche Entscheidungen zur künftigen Schienenpolitik erneut in die Zukunft verschoben werden sollen. Die Probleme der Deutschen Bundesbahn sind in den zurückliegenden Jahren wahrlich in ausreichendem Maße analysiert worden, ohne daß hieraus entsprechende Konsequenzen gezogen worden wären. Der Einsetzung einer neuen Bahn-Kommission hätte es insofern keineswegs mehr bedurft. Die deutliche Diskrepanz zwischen verkehrspolitischen Absichtserklärungen und konkreten verkehrspolitischen Maßnahmen verdeutlichen schließlich aber auch die großzügigen Kilometergeldpauschalen sowie die wiederholten Erhöhungen der Mittel für den Fernstraßenbau in der Bundesrepublik Deutschland in den zurückliegenden Jahren.

Zieht man an dieser Stelle also ein abschließendes Resümee, so bleibt festzuhalten, daß ein beschleunigter Rückzug der Schiene aus der Fläche ebenso wie ein weiterer Personalabbau bei der Deutschen Bundesbahn aus besagten Gründen verkehrs- wie umweltpolitisch unverantwortlich wäre. Stattdessen wäre es vielmehr wünschenwert, gerade Investitionen im Bereich der Deutschen Bundesbahn gezielt zu fördern (z. B. auch durch finanzielle Mittel eines umweltpolitischen Investitionsprogramms) und somit die Voraussetzungen für die beschriebenen, umfassenderen Kurskorrekturen im Bereich der Verkehrspolitik zu schaffen.[359] Wie eine zukunftsorientierte und gesellschaftspolitisch verantwortungsbewußte Bahnstrategie aussehen könnte, verdeutlicht das Schweizer Konzept "*Bahn 2000*". Im Gegensatz zu anderen europäischen Staaten setzt dieses Verkehrskonzept mehr Gewicht auf die bessere Erschließung der Fläche und die Verkürzung der Reisezeiten auch in der Peripherie, während die Neubaustrecken der Bundesbahn vor allem die Fahrzeiten zwischen den damit verbundenen Zentren (Hannover-Würzburg/Mannheim-Stuttgart) verkürzen.[360]

---

[358] Vgl. *ebenda*

[359] Vgl. *Graichen, R.*: Das öffentliche Transportunternehmen ..., a.a.O., S. 364

[360] Vgl. *Stalder, O./Durrer, P.*: Bahn 2000 - Ein flächendeckendes Angebotskonzept der SBB, in: Die Bundesbahn 3/1988, S. 195 ff.

Auch wenn die Rahmenbedingungen in beiden Ländern nur bedingt vergleichbar sind[361] erscheint dennoch die grundsätzliche Philosophie der Schweizer Bahnpolitik situationsadäquater als die entsprechenden deutschen Ansätze. Für entsprechende Kurskorrekturen auch in der Bundesrepublik Deutschland kann also dem Schweizer Modell zumindest partiell durchaus eine Vorbildfunktion zugeschrieben werden.

5.8 Freizeit-und kulturpolitische Maßnahmen

Neben ordnungspolitischen, arbeitszeitpolitischen, tarifpolitischen, steuer- und finanzpolitischen, sozialpolitischen, arbeitsmarkt- und beschäftigungspolitischen sowie infrastruktur- und verkehrspolitischen Optionen zur Ausweitung verbraucherorientierter Dienstleistungen in der Bundesrepublik Deutschland können freizeit- und kulturpolitische Maßnahmen, wie die folgenden Ausführungen verdeutlichen werden, vor allem zur verstärkten Ausweitung von Dienstleistungen in den Bereichen Freizeitsport und Freizeitanimation, Gesundheitsfürsorge und Gesundheitsberatung, Touristik sowie Kultur beitragen. Bevor nun aber im einzelnen dezidierte Empfehlungen abgeleitet werden sollen, erscheint es zunächst einmal sinnvoll, die aktuelle wirtschaftliche Bedeutung von Freizeit und Kultur in der Bundesrepublik Deutschland zu skizzieren.

5.8.1 Der Markt für Freizeitgüter und Freizeit- bzw. Kulturdienstleistungen in der Bundesrepublik Deutschland

Nach einer repräsentativen Befragung von 4000 Bundesbürgern durch das *Institut für Freizeitwirtschaft* addierten sich die *Freizeitausgaben der privaten Haushalte* in der Bundesrepublik Deutschland im Jahre 1985 auf mindestens 226 Mrd. DM, d. h. immerhin ca. 22% des privaten Verbrauchs.[362] Tabelle 20 ist ferner zu entnehmen, daß von diesen Ausgaben für die Freizeitgestaltung insbesondere der *Touristikbereich* (und hierbei vor allem das Gast- und Beherbergungsgewerbe) profitiert.

---

361 Zum einen ist die Schweiz kleinräumiger als die Bundesrepublik, so daß die Erhöhung der Maximalgeschwindigkeit real wenig Zeitgewinn bringen würde. Ferner verfügt die Schweiz zur Zeit noch über das dichteste Schienennetz der Welt, da im Gegensatz zu anderen europäischen Staaten auf die Stillegung unrentabler Nebenlinien verzichtet wurde.

362 Vgl. *Middeke, J.-J.*: Wachstumsfelder im Freizeitbereich, in: Der Verbraucher 12/88, S. 32

Tabelle 20: Ausgaben der Bundesbürger in ausgewählten Bereichen der Freizeitbranche im Jahre 1987 (in Mrd. DM)[363]

Freizeitbereich	Freizeitausgaben
Gastgewerbe	62,0
Heimwerk	28,0
Auto (1/3 der Neuzulassungen)	25,0
Reisebüros	23,0
Privater Musikmarkt	20,0
Unterhaltungselektronik	15,0
Glücksspiele (ohne Spielbanken)	10,0
Ausflüge	8,3
Sportartikel	7,0
Buchproduktion	7,0
Heimtierhaltung	6,0
Foto-Amateur-Markt	5,0
Gartenbedarf	5,0
Spielautomaten	3,8
Spielzeug, Spielwaren	3,5
Bäder	3,2
Freizeitschiffahrt	2,5
Volksfeste	1,5

[363] Quelle: *Deutsche Gesellschaft für Freizeit (Hrsg.)*: 25 Jahre Deutsche Gesellschaft für Freizeit. Erkrath 1989, S. 23

Denn selbst wenn die Urlaubsausgaben der Bundesbürger im Ausland Mitte der achtziger Jahre mit geschätzten 38-39 Mrd. DM die Ausgaben für den innerdeutschen Reiseverkehr von ca. 17 Mrd. DM um mehr als das Doppelte überstiegen,[364] bleibt die Bundesrepublik nach wie vor mit Abstand das beliebteste Reiseziel der Bundesbürger. Mehr als 12 Mio. Bürger verbrachten 1988 ihren Urlaub innerhalb der Grenzen.[365] Von den 234,3 Mio. Übernachtungen im deutschen Beherbergungsgewerbe im Referenzjahr entfielen alleine 204,2 Mio. oder 87% auf Inländer.[366] Zudem ziehen bereits die drei binnenländischen Urlaubsregionen Bayern, Schleswig-Holstein und Baden-Württemberg gemeinsam *mehr* Bundesbürger an als jedes andere Reiseland (Spanien, Italien und Österreich inklusive).[367] Diese Entwicklung ist in besonderem Maße auf den immer stärker werdenden *Trend zum Zweiturlaub und zu Kurzreisen* zurückzuführen,[368] von denen ein hoher Prozentsatz im Inland verbracht wird. Insgesamt hingen nach Angaben des *Deutschen Wirtschaftswissenschaftlichen Instituts für Fremdenverkehr an der Universität München* Mitte der achtziger Jahre rund 1,2 Mio. Vollzeitarbeitsplätze in der Bundesrepublik Deutschland direkt oder indirekt vom Tourismus ab, die wiederum 4,6 Prozent des Nettoinlandsproduktes zu Faktorkosten erwirtschafteten.[369] Im gesamten Freizeitbereich arbeiten nach Schätzungen der *Deutschen Gesellschaft für Freizeit* mehr als 4 Mio. Menschen.[370]

---

364 Vgl. *Deutsche Bundesbank*: Reisen und Reiseausgaben im Ausland 1985/86. Ergebnisse einer Repräsentativ-Befragung von Reisenden aus der Bundesrepublik, in: Monatsbericht Januar 1988, S. 26; *Koch, A.*: Wirtschaftsfaktor Tourismus. Die binnen- und außenwirtschaftliche Bedeutung des Reiseverkehrs der Deutschen unter besonderer Berücksichtigung der Reiseveranstalter- und Reisemittlerbranche. Frankfurt 1989, S. 14

365 Vgl. *Mundt, J. W./Studienkreis für Tourismus e. V. Starnberg*: Urlaubsreisen 1988. Einige Ergebnisse der Reiseanalyse 1988. Kurzfassung. München 1989, S. 44 f.

366 Vgl. *Flachmann, C.*: Inlandsreiseverkehr 1988. Ergebnis der Beherbergungsstatistik, in: Wirtschaft und Statistik 4/1989, S. 220

367 Vgl. *Mundt, J. W./Studienkreis für Tourismus e. V. Starnberg*: Urlaubsreisen 1988 ..., a.a.O., S. 46

368 Vgl. *ebenda*, S. 28 f.

369 De facto kann die Zahl der vom Tourismus abhängig Beschäftigten deutlich höher veranschlagt werden, da in diesem Bereich viele Teilzeitbeschäftigte anzutreffen sind, insbesondere im Hotel- und Gaststättengewerbe. Vgl. *Koch, A.*: Wirtschaftsfaktor Tourismus ..., a.a.O., S. 15 f.

370 Vgl. *Agricola, S.*: Freizeit - Wirtschaftsfaktor und Markt. Manuskript. Erkrath: Deutsche Gesellschaft für Freizeit 1989, S. 2

Vom Trend zu Freizeitdienstleistungen profitieren, wie die Untersuchungen des *Instituts für Freizeitwirtschaft* verdeutlichen, neben der Touristik-Branche weiterhin auch die Bereiche "Hauswirtschaftliche Freizeit", "Freizeitsport", "Hobbys/Geselligkeit" und "Mediennutzung". Nach Einschätzung des Instituts wird der private Freizeitkonsum insgesamt bis zum Jahr 1995 real um weitere 33 Prozent zunehmen und damit 1,5 mal so schnell wachsen wie der gesamte private Verbrauch, wobei vor allem bei den Bereichen "Hauswirtschaftliche Freizeit" (+ 42%) und "Ausflüge und Reisen" (+ 36%) überproportionale Zuwächse erwartet werden. Dann sollen - in Preisen von 1985 - die Ausgaben der privaten Haushalte für die Freizeit 300 Mrd. DM betragen.[371]

Auch der *Kulturbereich* war, wie eine Studie des *Ifo-Instituts* verdeutlicht, bereits Mitte der achtziger Jahre ein bedeutender Wirtschaftsfaktor. So stellte der Kunst- und Kultursektor einschließlich der vor- und nachgelagerten Wirtschaftsbereiche im Jahre 1984 mit 40 Mrd. DM einen Anteil von 2,3% an der gesamtwirtschaftlichen Bruttowertschöpfung, mit 680 000 Beschäftigten einen Anteil von 2,7% an allen Erwerbstätigen und mit 5 Mrd. DM einen Anteil von 1,4% an den gesamtwirtschaftlichen Anlageinvestitionen.

Interessant erscheint in diesem Kontext ferner die Tatsache, daß von den staatlichen Ausgaben in Höhe von 6,1 Mrd. DM im Jahre 1984 unter den Kernbereichen des Kunst- und Kultursektors lediglich die Theater und Orchester, die Museen, die Denkmalpflege sowie die sonstige Kunst- und Kulturpflege mehr Zuwendungen erhielten als sie an Steuern und Sozialabgaben abführten. Alle übrigen Kernbereiche des Kunst- und Kultursektors (Selbständige Künstler, Verlage, Hersteller bespielter Tonträger, Filmwirtschaft sowie Hörfunk und Fernsehen) leisteten, selbst unter ausschließlicher Berücksichtigung der Steuerzahlungen, Nettoübertragungen an den Staat, sind in saldenmechanischer Hinsicht also keineswegs Kostgänger der öffentlichen Hand, wie häufig unterstellt wird. Insgesamt übersteigen die Abgaben des Kernuntersuchungsbereiches die empfangenen Übertragungen um rund 3 Mrd. DM. Berücksichtigt man neben den Kernsektoren auch die vor- und nachgelagerten Bereiche des Kunst- und Kulturbereichs sowie die Verwaltung kultureller Angelegenheiten und die sonstigen Ausgaben des Staates für Kunst und Kultur, bestätigt sich dieser Trend in noch höherem Maße.[372]

---

371 Vgl. *Middeke, J.-J.*: Wachstumsfelder ..., a.a.O., S. 32 ff.

372 Vgl. *Hummel, M./Berger, M.*: Die volkswirtschaftliche Bedeutung von Kunst und Kultur, in: Ifo-Schnelldienst 24/88, S. 6 ff.

Abbildung 14: Erwerbstätige und Bruttowertschöpfung des Kunst- und Kulturbereichs 1984[373]

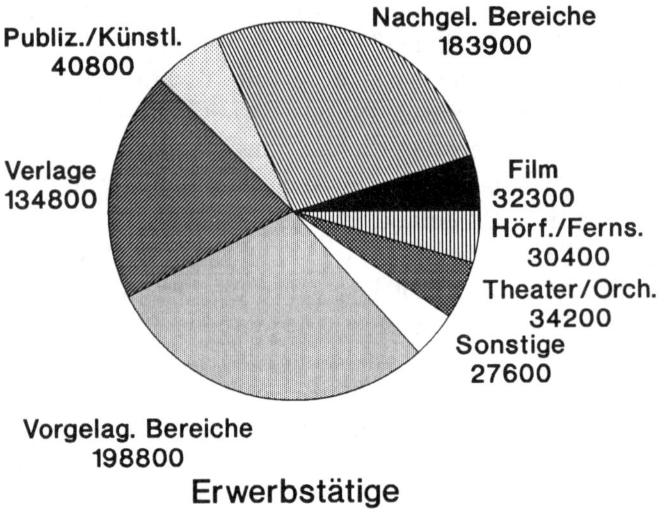

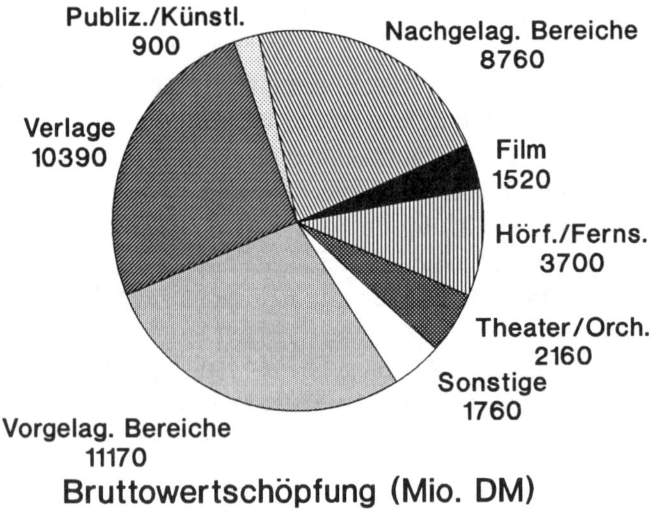

---

[373] Quelle: *Ebenda*, S. 7

5.8.2 Freizeitpolitische Optionen

Sucht man nun im folgenden einerseits nach Möglichkeiten zur Ausweitung von Angebot und Beschäftigung in den Bereichen Freizeit und Kultur, berücksichtigt andererseits aber auch die in Kapitel 3.2.7 erwähnten psychosozialen Probleme der wachsenden Freizeit für die Bundesbürger (Vereinsamung, Langeweile, Streß, steigende Gesundheitsrisiken) sowie die vielfach in engem Zusammenhang mit der Freizeitgestaltung stehenden ökologischen Probleme, dann wird rasch deutlich, daß eine problemadäquate Freizeitpolitik in der Bundesrepublik Deutschland sinnvollerweise Elemente des Wohnungs- und Städtebaus, der Freizeitsportförderung und Gesundheitsberatung, aber auch Maßnahmen zur Förderung eines ökologisch verträglicheren Tourismus zu einer Synthese vereinigen sollte.

So wird gegenwärtig gerade angesichts des sozialen Wandels und der Ausprägung neuer Lebensstile in der Bundesrepublik Deutschland die *gegenseitige Abhängigkeit von Freizeit, Städtebau und Architektur* neu ins Bewußtsein gerückt. Vor allem die wachsende soziokulturelle Ausdifferenzierung der Gesellschaft durch veränderte Bevölkerungs-, Familien- und Haushaltsstrukturen sowie zunehmend individuellere bzw. pluralistischere Lebensstile verlangt eine städtebaulich-architektonisch-wohnkulturelle Entsprechung, die in der Bundesrepublik bisher erst in Ansätzen erkennbar ist.[374] Im Kontrast zu den bisherigen Stadterneuerungsstrategien, bei denen die Erhöhung der verkehrlichen Zugänglichkeit im Vordergrund standen, gewinnt in Zukunft - neben dem grundsätzlichen und vorrangig zu befriedigenden Desiderat der Schaffung ausreichenden und adäquaten Wohnraums auch für die neuen Haushaltsformen - die Erhaltung und Pflege von Erholungszonen und Orten der Selbstverwirklichung für Menschen unterschiedlicher Lebensweise und vielfältiger Herkunft, Kultur und Lebenslage eine besondere Aktualität. Hierzu gehört beispielsweise die Einrichtung von Kulturläden, Kultur- und Kommunikationszentren, Kreativhäusern, forisierten Zonen etc. im Stadtteil.[375]

Stadtplanung und Wohnungspolitik sollten ferner darauf gerichtet sein, auch den Bewohnern größerer Städte räumliche Möglichkeiten zur informellen Arbeit, zur Arbeit in alternativ-ökonomischen Beschäftigungsfeldern sowie zur sozialen Selbsthilfe zu eröffnen, was unter anderem durch die

---

[374] Vgl. *Novy, K.*: Ansprüche an den Neubau - Wohnungspolitik als Kulturpolitik, in: Gewerkschaftliche Monatshefte 11/88, S. 695

[375] Vgl. *Siewert, H. J.*: Soziale und kulturelle Aufgaben der Stadterneuerung, in: APuZ B 29/88, S. 24 f.; *Kühl, J.*: Bevölkerungsentwicklungen ..., a.a.O., S. 333

verstärkte Einrichtung von Arbeits- und Handwerkerhöfen, von Beratungs- und Informationsbüros sowie von "Sozialzellen" realisiert werden könnte.[376] Schließlich sollte aber auch aus ökologischen Gesichtspunkten grundsätzlich eine Rückverlagerung eines Teils der Erholungsbedürfnisse in die Städte angestrebt werden.[377]

Die hohe Aufgeschlossenheit der Bundesbürger gegenüber aktiver sportlicher Betätigung in ihrer Freizeit[378] sowie der gleichzeitig festzustellende Trend zu aufwendigeren Freizeitsportarten, wie beispielsweise Squash, Eissport, Golf oder Tennis, stellen ferner aber auch erhebliche Anforderungen an die künftige *Gewerbeflächenpolitik der Gemeinden*, die bislang primär auf den industriellen Sektor ausgerichtet war. Viele Vereine können derzeit ohne Erschließung neuer Reserveflächen keine neuen Mitglieder mehr aufnehmen. In Analogie zu Industrie- und Gewerbeparks sollten von den Kommunen in Zukunft überdies aber auch in verstärktem Maße Flächen für Freizeitparks privater Investoren bereitgestellt werden, deren Attraktivität sich durch die Einbeziehung von Ladenlokalen, Restaurants und Diskotheken zusätzlich steigern ließe.[379]

Mit *verstärkten freizeitwirtschaftlichen Angeboten landwirtschaftlicher Betriebe* (etwa im Golf- und Reitsport) könnten sich ferner auch neue, alternative Einkommenserzielungsmöglichkeiten für diese Betriebe in der Bundesrepublik Deutschland eröffnen, deren wirtschaftliche Rahmenbedingungen in den letzten Jahren durch Produktionsüberschüsse, sinkende Agrarpreise und Einkommensrückgänge gekennzeichnet sind. Via Stillegung und naturnaher Umgestaltung vormals landwirtschaftlich genutzter Flächen könnte im übrigen zugleich auch den Erfordernissen des Natur- und Umweltschutzes in hohem Maße Rechnung getragen werden.[380]

---

376 Vgl. *Jessen, J. u. a.*: Arbeit nach der Arbeit. Schattenwirtschaft, Wertewandel und Industriearbeit. Opladen 1988, S. 294

377 Vgl. *Institut für Freizeitwirtschaft*: Wachstumsfelder im Freizeitbereich bis 1995, Band 1. München 1987, S. 138

378 So gelten gegenwärtig in der Bundesrepublik immerhin rund 1 Mio. Bundesbürger ab 14 Jahren als "Leistungssportler" (= widmen den überwiegenden Teil ihrer Freizeit dem Sport), 10 Millionen als "Aktivsportler" (= treiben mindestens einmal pro Woche intensiv Sport) und immerhin noch einmal 11 Millionen als "Gelegenheitssportler". Vgl. *Opaschowski, H. W./Stubenvoll, R.*: Zukunftsaspekte des Freizeitsports. Sportlichkeit als neues Lebensgefühl, in: Der Verbraucher 17/88, S. 6

379 Vgl. *Albach, H.*: Dienstleistungen ..., a.a.O., S. 130 f.

380 Vgl. *Agrarsoziale Gesellschaft e. V.*: Freizeitwirtschaft in der Zukunft - Eine Chance für die Landwirtschaft? Golf und Reiten - Zum Für und Wider des Golf- und Reitsports im ländlichen Raum. Göttingen 1987

Angesichts der wachsenden Anzahl von Nichterwerbstätigen, von Arbeitslosen, Vorruheständlern und Sozialhilfeempfängern sollten im Rahmen des *Ausbaus einer Freizeitdienstleistungsinfrastruktur auf lokaler Ebene* schließlich aber auch spezielle soziale Freizeitdienste für Bevölkerungsgruppen angeboten werden, die vom kommerziellen Freizeitangebot weitgehend ausgeschlossen bleiben.[381]

Im Rahmen der *Gesundheitspolitik* kommen, wie bereits angedeutet, mit zunehmender Freizeit neue Aufgaben der Prävention und Gesunderhaltung auf die Medizin und die medizinische Ausbildung der Ärzte zu.[382] Erst vereinzelt gibt es gegenwärtig in der Bundesrepublik Ansätze einer *präventiven gesundheitsbezogenen Freizeitberatung*, die durch verstärkte Information, Aufklärung und Beratung (beispielsweise in Schulen, Sportvereinen, in Kliniken oder auch in den Medien) Unfall- und Krankheitsrisiken im Freizeit- und Urlaubsbereich reduzieren und langwierige Behandlungen und Therapien verhindern helfen könnte.[383]

Da bei einer weiteren Zunahme der Freizeit und der Mobilität der Bürger die Belastungen der Umwelt nicht nur insgesamt anwachsen, sondern sich zudem mehr und mehr vom Wochenende auch auf alle Wochentage verteilen und somit die Regenerationsmöglichkeiten der Natur weiter beschneiden, wird deutlich, daß es auch im *Tourismus* künftig keine ungesteuerte weitere Expansion mehr geben kann (und auch im ureigensten Interesse der Urlaubsgebiete nicht geben darf), sondern daß gerade die örtlichen Entscheidungsträger der Urlaubsgebiete sich *selbstgewählte ökologische Beschränkungen* auferlegen müssen. Hierzu gehören beispielsweise der Verzicht auf die weitere Erschließung von Skigebieten in den Alpen, die Sperrung von Urlaubszentren für den Automobilverkehr, der bewußte Verzicht auf umweltschädigende Produkte und Dienstleistungen vor Ort und/oder auch ein verstärktes Angebot an sogenannten *"sanften" Erholungsarten*, wie z. B. Wandern, Radfahren, Schwimmen, Reiten, Malen etc. in den jeweiligen Urlaubsorten. Entsprechend neue, stärker ökologiebewußte Touristikkonzepte stoßen bereits gegenwärtig auf ein zunehmendes Interesse der Urlauber und dürften bereits in der kurz- und mittelfristigen Perspektive aufgrund der Schonung der ökologischen Infrastruktur zu Wettbewerbsvorteilen der betroffenen Ferienregionen führen.

Zu einer umweltverträglichen Freizeitpolitik gehört selbstverständlich aber auch und gerade der bereits im zurückliegenden Kapitel angesprochene

---

381 Vgl. *Opaschowski, H. W.*: Psychologie und Soziologie ..., a.a.O., S. 182
382 Vgl. *ebenda*, S. 181
383 Vgl. *ebenda*, S. 182

Ausbau des öffentlichen Personennah- und -fernverkehrs in der Bundesrepublik Deutschland, da gegenwärtig noch immer mehr als 40% aller Personen-PKW-Kilometer in der Bundesrepublik für Freizeit- und Erholungszwecke zurückgelegt werden[384]. Dies hängt nicht zuletzt damit zusammen, daß die Fahrpläne der öffentlichen Verkehrsträger noch immer am Arbeitsrhythmus der Bevölkerung und nicht an deren Freizeitverhalten orientiert sind. Gerade ein attraktiveres Angebot an öffentlichen Verkehrsdienstleistungen kann im Verbund mit der bereits erwähnten Schaffung einer Freizeitdienstleistungsinfrastruktur auf lokaler Ebene entscheidend zur Verringerung des Freizeitindividualverkehrs und damit letztlich wiederum auch zur umweltverträglicheren Gestaltung der wachsenden Freizeitpotentiale in der Bundesrepublik Deutschland beitragen.

5.8.3 Kulturpolitische Optionen

Angesichts der eingangs beschriebenen Veränderungen der Arbeits- und Lebensverhältnisse und der dadurch implizierten sozioökonomischen Konsequenzen ist neben der Freizeitpolitik im engeren Sinne aber auch die Bedeutung und Notwendigkeit von Kulturarbeit und Kulturpolitik in der gesellschaftlichen wie politischen Diskussion in der Bundesrepublik unumstritten. Denn gerade Kultur wird die Fähigkeit zugesprochen, der Vereinzelung, Vereinsamung, Entfremdung und einem Werteverlust von Menschen ebenso entgegenzuwirken wie dem Verlust von Kreativität und Engagement, einer passiven Informationsrezeption (vor allem im Medienbereich) sowie Kommunikations- und Interaktionsschwierigkeiten. Kulturpolitik ist demnach eine ideale Ergänzung zur Freizeitpolitik im oben umrissenen Sinne und zugleich ein entscheidender Beitrag zur Erhöhung der Lebensqualität in der Bundesrepublik Deutschland.[385] Kultursubventionen gelten mittlerweile aber auch bei vielen Städten und Gemeinden als Investitionen in die wirtschaftliche Zukunft, da immer mehr Unternehmen bei Standortentscheidungen das kulturelle Angebot einer Kommune mit in ihre Überlegungen einbeziehen.[386]

Allerdings sollte aus den bisherigen Überlegungen heraus keineswegs vorschnell ein einseitiges Plädoyer für eine Erweiterung der öffentlichen

---

384 Vgl. *Döhrn, R.*: Reiseverkehr ..., a.a.O., S. 87

385 Vgl. *Krug, P.*: Gesellschaft im Wandel - Herausforderung für Kultur und Weiterbildung, in: *Bundeszentrale für politische Bildung (Hrsg.)*: Zukunft der Weiterbildung .., a.a.O., S. 96

386 Vgl. *Häußermann, H./Siebel, W.*: Neue Urbanität. Frankfurt am Main 1987, S. 204

Kultursubventionen abgeleitet werden. In ausgewählten Bereichen der Kunst scheint der *Markt* durchaus imstande zu sein, eine auch von Experten als qualitativ hochstehend eingestufte Kunst zu generieren. Insbesondere Privatgalerien verkörpern einen Markt für bildende Kunst, der sich durch teilweise sehr hohe Qualität und die Pflege avantgardistischer Künstler auszeichnet. Auch in anderen Bereichen von Kunst und Kultur (z. B. im Bereich erwerbswirtschaftlich organisierter Theater oder Museen) sollten privatwirtschaftlich finanzierte und produzierte Angebote nicht a priori verworfen werden.[387] Allerdings haben Marktlösungen oftmals auch einige schwerwiegenden Nachteile, die grundsätzlich eher für staatliche Interventionen sprechen. So hat sich die wirtschaftswissenschaftliche Literatur detailliert mit den verschiedenen Gründen eines Marktversagens auf dem Gebiet der Kunst befaßt, und die meisten Ökonomen scheinen bereit zu sein, in weiten Bereichen des Kulturbereichs die These eines Marktversagens zu akzeptieren.[388]

Dennoch impliziert eine vermehrte staatliche Kunst- und Kulturförderung nicht von vornherein zusätzliche öffentliche Subventionen. Bereits durch eine *Überprüfung und Lockerung restriktiver bürokratischer Vorschriften* kann zweifellos die Effizienz der Kunst- und Kulturförderung deutlich erhöht werden. So kann der Staat beispielsweise via Gestaltung von Eigentumsrechten (Urheberrechte, Verlagsrechte) und Maßnahmen zur besseren Durchsetzung von Verfügungsrechten entscheidend zur Stärkung von privaten Anbietern auf diesen Märkten beitragen.[389] Weiterhin dürften bei den bestehenden öffentlichen Kulturinstitutionen über eine *differenziertere Preispolitik* und ein *attraktiveres und zeitlich flexibleres Angebot* sogar zusätzliche Einnahmen aus Besucherentgelten erzielbar sein.[390]

Ebenfalls noch nicht ausgeschöpft erscheint die mögliche *Erschließung zusätzlicher Finanzierungsquellen, z. B. durch Sponsorship und private Mäzene*. Daß die Unternehmen bereits heute in beachtenswertem Umfang zur Finanzierung von Kunst und Kultur beitragen, verdeutlicht eine Analyse des

---

387 Vgl. *Pommerehne, W./Frey, B. S.*: Staatliche Förderung von Kunst und Kultur: Eine ökonomische Betrachtung, in: Jahrbuch für Sozialwissenschaft 38 (1987), S. 260 f.

388 Vgl. *ebenda*, S. 264 f.

389 Vgl. *ebenda*, S. 274; *Fohrbeck, K.*: Von der Industriegesellschaft zur Kulturgesellschaft? Kulturpolitische Entwicklungen in der Bundesrepublik Deutschland. München 1989, S. 117

390 Vgl. *Pommerehne, W./Frey, B. S.*: Staatliche Förderung ..., a.a.O., S. 265 f.

Ifo-Instituts.[391] Diese ergänzenden Ausgaben könnten auch in Zukunft die staatliche Kulturförderung entlasten. Vor diesem Hintergrund wäre es schließlich auch überlegenswert, ob in der Bundesrepublik nicht in vermehrtem Umfang *indirekte staatliche Finanzhilfen* in Form von steuerabzugsfähigen Spenden Verwendung finden sollten. Der Zwang zur Gegenleistung an die privaten Spender könnte eine insgesamt stärkere Ausrichtung des Angebots an den Präferenzen eines wesentlichen Teils von Kunstnachfragern bewirken, zugleich könnten aber auch die Opportunitätskosten vergleichsweise tief gehalten werden, insbesondere wenn die Steuerabzugsfähigkeit auf monetäre Schenkungen beschränkt bleibt.[392]

Von allen staatlichen monetären Unterstützungen erscheinen schließlich die nicht an die Leistung geknüpften *direkten staatlichen Finanzhilfen* als am wenigsten vorteilhaft, insbesondere, wenn sie in Form von Defizitgarantien an die großen und regional konzentrierten Kunst- und Kulturinstitutionen fließen. Hierbei entstehen zweifellos hohe Opportunitätskosten in Form des Anstrebens von performance excellence und der verhinderten besseren Versorgung anderer Regionen sowie der verhinderten Förderung anderer Kunstgattungen. Von diesen Finanzierungsformen sollte insofern soweit als möglich Abstand genommen werden.[393]

5.9 Flankierende Optionen

Im Gegensatz zu allen in den zurückliegenden Kapiteln dezidiert vorgestellten Maßnahmen können die im folgenden Kapitel abschließend aufgezeigten informationspolitischen und bildungspolitischen Optionen zwar nicht unmittelbar zur Ausweitung verbraucherorientierter Dienstleistungen in der Bundesrepublik Deutschland beitragen. Da die wachsende Bedeutung von Dienstleistungen in der Bundesrepublik allerdings nicht nur, wie in Kapitel 4.4 ausführlich dargelegt wurde, die traditionellen volkswirtschaftlichen Wohlstands- und Wohlfahrtsmaßstäbe zunehmend in Frage stellt, sondern Politik, Wirtschaft und Wissenschaft für die Lösung der im Zuge der Tertiärisierung der Bundesrepublik neu entstehenden Aufgaben auch auf zuverlässige und problemadäquate Entscheidungsgrundlagen angewiesen sind, sind flankierende informationspolitische Maßnahmen zur mittelbaren Unterstützung des Tertiärisierungsprozesses in der Bundesrepublik unabdingbar.

---

[391] Vgl. *Hummel, M.*: Finanzierung von Kunst und Kultur durch Unternehmen, in: Ifo-Schnelldienst 28/88, S. 3 ff.

[392] Vgl. *Pommerehne, W./Frey, B. S.*: Staatliche Förderung ..., a.a.O., S. 274

[393] Vgl. *ebenda*

Im einzelnen untersucht werden sollen daher in Kapitel 5.9.1 Möglichkeiten zur Ausweitung und Verbesserung der amtlichen Dienstleistungsstatistik in der Bundesrepublik sowie zur verstärkten Förderung der wirtschafts- und sozialwissenschaftlichen Forschung zum Themenkomplex "Dienstleistungen".

Eine zweite elementare Option zur flankierenden Unterstützung des Tertiärisierungsprozesses in der Bundesrepublik Deutschland stellt die inhaltliche Neuorientierung des Bildungssystems in der Bundesrepublik dar. Denn auch wenn in der gesellschaftspolitischen Diskussion gegenwärtig noch immer die Notwendigkeit der Vermittlung von Qualifikationen für neue Technologien und moderne, produktionsorientierte Dienstleistungen im Rahmen der beruflichen Erst- und Weiterbildung dominiert, müssen künftig angesichts der fortschreitenden Tertiärisierung der Bundesrepublik neben traditionellen "industriebezogenen" Qualifikationen in weitaus stärkerem Maße als bisher auch neue berufliche, soziale, ökologische und freizeitkulturelle *Dienstleistungsqualifikationen* vermittelt werden. Um welche Qualifikationen es sich hierbei im einzelnen handelt und welche Vermittlungsinstitutionen sich hierfür anbieten, soll Thema von Kapitel 5.9.2 sein.

5.9.1 Informationspolitische Maßnahmen

5.9.1.1 Ausweitung und Verbesserung der amtlichen Dienstleistungsstatistik

Beim Aufbau eines umfassenden und harmonisierten Systems statistischer Informationen über Dienstleistungen in der Bundesrepublik Deutschland ist generell zu beachten, daß im Rahmen der Struktur- und Konjunkturpolitik in erster Linie Informationen über *Güter und Unternehmen* von Interesse sind, während im Rahmen der Arbeitsmarktpolitik (zur besseren gegenseitigen Abstimmung von Arbeitsangebot und Arbeitsnachfrage) vorrangig Informationen über *Dienstleistungstätigkeiten* benötigt werden.[394] Statistische Angaben zu Dienstleistungstätigkeiten bieten zur Zeit, wie bereits in Kapitel 1.2.3 erwähnt, vor allem die Volkszählung, der Mikrozensus sowie die Beschäftigtenstatistik, die den untersuchten Personenkreis nach Berufen und teilweise auch nach der überwiegend ausgeübten Tätigkeit befragen. Angaben über den Produktionsprozeß, die Ergebnisse der Produktion und die Dienstleistungsproduzenten weisen demgegenüber Statistiken mit der Erhebungseinheit "Unternehmen" aus.

---

[394] Vgl. *Reim, U.*: Zum Ausbau ..., a.a.O., S. 844

Nun liegen allerdings über die von Unternehmen intern erbrachten Dienstleistungen in der amtlichen Statistik bisher noch keine unternehmensbezogenen Daten vor. Auch Dienstleistungen, die von Unternehmen des Produzierenden Gewerbes in Nebentätigkeit für Dritte erbracht werden, werden im Statistiksystem des Produzierenden Gewerbes bislang nur für einige ausgewählte Dienstleistungen (z. B. Reparaturen, Wartung oder Montage) getrennt erfaßt, so daß der Bedeutungswandel der Dienstleistungstätigkeiten im sekundären Sektor und der Einfluß dieser Dienstleistungen auf die Veränderung der Wertschöpfungsstruktur nicht exakt ausgewiesen werden können.[395]

Bei den von Dienstleistungsunternehmen in Haupttätigkeit für Dritte erbrachten Dienstleistungen liegen zwar für die "traditionellen", verbraucherbezogenen Dienstleistungsbereiche, die ja gerade für die vorliegende Untersuchung von besonderem Interesse sind, grundlegende und den drängendsten Informationsbedarf abdeckende Daten vor. Dennoch bestehen auch in diesen Zweigen noch Lücken im Datenangebot, da in der Regel die Outputleistungen sehr gut nachgewiesen werden, andererseits allerdings über die Zahl der Unternehmen, über Beschäftigung und Investitionen nur wenig Informationen vorliegen.[396] Für den Bereich der produktionsorientierten Dienstleistungen fehlen dagegen wichtige Informationen völlig.[397] Einige Anhaltspunkte über diesen Bereich lassen sich lediglich aus bereichsübergreifenden Statistiken, wie zum Beispiel der Umsatzsteuerstatistik, der Beschäftigtenstatistik und dem Mikrozensus, ableiten. Da diese Statistiken allerdings für andere Zwecke konzipiert wurden und ihre Angaben nur bedingt vergleichbar bzw. kombinierbar sind, können sie den Anforderungen an eine wirtschaftsstatistische Berichterstattung keineswegs gerecht werden.[398]

Vor diesem Hintergrund betreffen die derzeit vom Statistischen Bundesamt konzipierten oder bereits laufenden Projekte und Maßnahmen zum Ausbau des Datenangebots über Dienstleistungen vor allem

---

395 Vgl. *ebenda*; *Gerstenberger, W.*: Der Dienstleistungsbereich ..., a.a.O., S. 45; *Stille, F.*: 10 Jahre Strukturberichterstattung des DIW, in: DIW-Wochenbericht 3/88, S. 33

396 Vgl. *Reim, U.*: Zum Ausbau ..., a.a.O., S. 844; *Vogler-Ludwig, K.*: Datenmangel im Datenüberfluß. Zur Problematik der Dienstleistungsstatistik, in: Ifo-Schnelldienst 14-15/87, S. 66

397 Vgl. *Reim, U.*: Zum Ausbau ..., a.a.O., S. 844

398 Vgl. *ebenda*, S. 844 f.

- die Weiterentwicklung der Systematiken um einen Dienstleistungsteil,
- den Ausbau bestehender Statistiken als ersten Schritt auf dem Weg zu einem umfassenden Berichtssystem über Dienstleistungen,
- die Erfaßbarkeit von Dienstleistungen im Produzierenden Gewerbe sowie schließlich
- die Gewinnung von Informationen über Dienstleistungsbereiche mit besonderen Lücken im Datenangebot (insbesondere produktionsorientierte Dienstleistungen)

Im Rahmen der *Weiterentwicklung der Systematiken* gilt das Interesse der amtlichen Statistik vor allem der Ergänzung des Systematischen Güterverzeichnisses für Produktionsstatistiken (GP) um einen Teil für Dienstleistungen.

Einen verbesserten Nachweis von Dienstleistungen verspricht sich das Statistische Bundesamt ferner von einer Weiterentwicklung bzw. einem *Ausbau vorhandener Statistiken* und hierbei vor allem der Kostenstrukturstatistik, der Umsatzsteuerstatistik und der Beschäftigtenstatistik.[399] Eine weitere Ausdehnung der freiwilligen und im Abstand von 4 Jahren erhobenen Kostenstrukturstatistik, die derzeit nur einen Teil der Dienstleistungen umfaßt, auf andere Dienstleistungsbereiche, könnte allerdings erstmals für das Erhebungsjahr 1991 erfolgen. Allerdings müßten dazu eine Reihe weiterer elementarer Voraussetzungen erfüllt sein, wie die Kenntnis der Grundgesamtheit, eine einwandfreie, systematische Zuordnung der Dienstleistungsunternehmen sowie die Beschaffung von aktuellen Adressen für die jeweiligen Wirtschaftszweige. Gleichermaßen von Bedeutung wäre im Rahmen der Kostenstrukturstatistik die statistische Erfassung der Dienstleistungsinputs für das warenproduzierende Gewerbe.[400]

Wegen der Bedeutung der derzeit zweijährlich durchgeführten Umsatzsteuerstatistik, insbesondere auch im Hinblick auf einen adäquaten Nachweis der Dienstleistungsbereiche in den Volkswirtschaftlichen Gesamtrechnungen, wurde bereits 1986 der Vorschlag einer jährlichen Erhebung dieser Statistik unterbreitet. Mit dieser Verkürzung der Aufbereitungsperiodizität könnte ohne zusätzliche Belastung der Unternehmen eine Verbesserung des Datenangebotes erreicht werden. Eine entsprechende Regelung ist deshalb im Kontext der Novellierung des Gesetzes über Steuerstatistiken vorgesehen. Darüber hinaus werden, wie in Kapitel 5.1.3.1 bereits eingehender behandelt, im Rahmen der Steuerstatistiken, vor allem aber auch mit

---

399 Vgl. *ebenda*, S. 845

400 Vgl. *ebenda*, S. 846; *Vogler-Ludwig, K.*: Datenmangel im Datenüberfluß ..., a.a.O., S. 66

Hilfe der vierteljährlich und jährlich aufbereiteten Ergebnisse der Beschäftigtenstatistik seit 1986 auch Auswertungen über Gründungen und Auflösungen von Unternehmen vorgenommen, die Aufschluß geben über die Entwicklung der Zahl der Dienstleistungsunternehmen, der Betriebsgrößenstruktur sowie der Gründungen und Liquidationen. Wünschenswert bleibt allerdings, ergänzend zu diesen Auswertungen künftig aus den Jahresdaten der Beschäftigtenstatistik auch detailliertere Angaben über die Bruttoarbeitsentgelte in den Dienstleistungsbereichen zu eruieren.[401]

Verbesserungen der angesprochenen Statistiken sind ebenso wie der auf Wunsch des Bundesministers für Wirtschaft eingesetzte Arbeitskreis Tourismusstatistiken beim Statistischen Bundesamt, der bereichsübergreifend ein Konzept zur systematischen Verbesserung und zum bedarfsgerechten Ausbau des vorhandenen tourismusstatistischen Instrumentariums erarbeiten soll, erste Schritte auf dem Weg zu einem umfassenden und besser abgestimmten statistischen Berichtssystem über verbraucherorientierte Dienstleistungen. Diese Maßnahmen alleine reichen allerdings nicht aus, den generellen Datenbedarf über Dienstleistungen zu befriedigen. Bedarf besteht aus der übergeordeten, gesamtwirtschaftlichen Perspektive vor allem an Möglichkeiten zur *Erfassung von Dienstleistungen im Produzierenden Gewerbe* sowie an Optionen zur *Erfassung von produktionsorientierten Dienstleistungen.*[402] Da diese Optionen allerdings die untersuchungsleitende Idee der vorliegenden Arbeit nurmehr peripher tangieren und eine detailliertere Darstellung den Rahmen des vorliegenden Kapitel sprengen würde, sei zu diesen beiden Punkten sowie zu den diesbezüglichen Plänen und Aktivitäten des Statistischen Bundesamtes im folgenden auf die einschlägige Literatur verwiesen.[403]

Drei Bemerkungen seien im Kontext dieses Kapitels allerdings noch erlaubt. Zum einen ist der Aufbau einer aussagefähigen Dienstleistungsstatistik grundsätzlich keine nur auf die nationale Ebene beschränkte Aufgabe. Verbesserungen sind in vielen Statistiken auch auf der internationalen Ebene denkbar und sollten nach und nach in Angriff genommen werden. Ein vordringliches Anliegen ist in diesem Kontext insbesondere die *Ausarbeitung internationaler Rahmenempfehlungen und länderübergreifender Datensammlungen*, sei es für die Europäische Gemeinschaft, sei es auf der

---

401 Vgl. *Reim, U.*: Zum Ausbau ..., a.a.O., S. 846

402 Vgl. *ebenda*

403 Vgl. *ebenda*, S. 847; *Mai, H.*: Dienstleistungen im Produzierenden Gewerbe - Testerhebung. Konzept und Ergebnisse, in: Wirtschaft und Statistik 2/1989, S. 57 ff.

globalen Ebene durch die Vereinten Nationen.[404] Um notwendige Erweiterungen durch Einsparungen an anderen Stellen zu ermöglichen, erscheint ferner auch eine *Durchforstung der bisherigen Erhebungsprogramme der amtlichen Statistiken* in der Bundesrepublik sinnvoll. So ist die Diskrepanz zwischen dem Überfluß an agrarstatistischen Daten und dem Mangel an Informationen über den Dienstleistungsbereich zwar schon Legende, aber immer noch Faktum.[405] Schließlich wäre für die Festlegung des Gesamtrahmens einer Dienstleistungsstatistik aber auch eine befriedigende, allgemein anerkannte und operationale *Lösung des in Kapitel 1.2.1 angesprochenen Definitionsproblems* von erheblicher Bedeutung, die allerdings, wie gesehen, unter Umständen noch länger auf sich warten lassen wird. Insofern muß die enumerative Definition der amtlichen Statistik weiterhin als Übergangs- bzw. Hilfslösung fungieren.[406]

5.9.1.2 Verstärkte Förderung der wirtschafts- und sozialwissenschaftlichen Forschung zum Themenkomplex "Dienstleistungen"

Eine Verbesserung des gesellschaftlichen Informationsstands über Dienstleistungen sollte künftig aber auch eine Herausforderung für die an der Strukturberichterstattung beteiligten fünf wirtschaftswissenschaftlichen Forschungsinstitute, für die sozialwissenschaftlichen Institute der Tarifpartner sowie für die Hochschulen in der Bundesrepublik Deutschland bleiben, wobei insbesondere bei der betriebswirtschaftlichen Dienstleistungsforschung verstärkte Aktivitäten anzumahnen sind.

Im Hinblick auf den Auf- und Ausbau des Systems der statistischen Dienstleistungsbeobachtung hat gerade die *Strukturberichterstattung* bisher ohne Zweifel erhebliche Fortschritte gebracht. Ein entscheidendes Defizit der gegenwärtigen Strukturberichterstattung bleibt allerdings die bis heute fehlende Regionalisierung dieses Informationsinstrumentes.[407] Zweifellos ist es die originäre Aufgabe der föderal aufgebauten Bundesstatistik, die für eine regionalisierte Strukturberichterstattung erforderlichen Daten in konsistenter Weise zu erheben und zur Verfügung zu stellen und die wachsende Zahl von Länderstrukturberichten zeigt auch, daß hier genügend Spielraum sowie ein ausgesprochenes Interesse bestehen. Wenn sich die amtliche Sta-

---

404 Vgl. *Reim, U.*: Zum Ausbau ..., a.a.O., S. 848; *Petersen, H. J. u. a.*: Der internationale Handel ..., a.a.O., S. 224 ff.

405 Vgl. *Vogler-Ludwig, K.*: Datenmangel im Datenüberfluß ..., a.a.O., S. 66

406 Vgl. *Reim, U.*: Zum Ausbau ..., a.a.O., S. 848

407 Vgl. *Gerstenberger, W.*: Zehn Jahre Strukturberichterstattung - die Ifo-Forschungsaktivitäten im Überblick, in: Ifo-Schnelldienst 10/88, S. 7

tistik aus diversen Gründen dennoch nicht in der Lage sieht, entsprechende Vorarbeiten zu leisten, könnten die Wirtschaftsforschungsinstitute diese Aufgabe selbst übernehmen. Die Institute sind, wie eine 1986 veröffentlichte Untersuchung des *DIW* verdeutlicht,[408] sehr wohl in der Lage, mit der VGR abgestimmte regionalstatistische Informationen in einer Breite zu erarbeiten, die wesentliche Aufschlüsse über die regionale Dimension des sektoralen Strukturwandels und damit auch über die regionale Bedeutung und Entwicklung von Dienstleistungen versprechen.[409]

Wünschenswert wäre ferner eine verstärkte Einbeziehung alternativer Entwicklungsszenarien in die Methodik der Strukturberichte, deren Vorzüge vor allem darin liegen, die unterschiedlichen Chancen und Risiken des sektoralen Strukturwandels in Abhängigkeit von alternativen Annahmen über wirtschaftliche Rahmenbedingungen und staatliche Politikstrategien verdeutlichen zu können.[410] Daß auch derartige Komplemente zur Strukturberichterstattung nicht an Methoden- und Datenproblemen scheitern müßten, zeigen Zukunftsszenarien, die das *DIW* bereits im Anschluß an die zweite und die dritte Runde erarbeitet hat.[411]

Grundsätzlich zu begrüßen sind allerdings die Pläne des Bundeswirtschaftsministeriums zur Modifikation der Strukturberichterstattung, die zu einer größeren zeitlichen und politischen Aktualität, einer höheren Benutzerfreundlichkeit und zu mehr Wettbewerb zwischen den Instituten bei Wahrung der Kontinuität führen dürften. So sollen künftig die beteiligten Institute im Rahmen eines rollierenden Systems alle fünf Jahre jeweils einen Strukturbericht erstellen und weiterhin zur Mitte ihrer jeweiligen Beobachtungsperiode in weiteren Studien besonders wichtige Aspekte des Strukturwandels und der Strukturpolitik dezidiert unter Berücksichtigung ihrer jeweiligen speziellen Arbeitsschwerpunkte erörtern.[412] Zusätzlich zu

---

[408] Vgl. *Geppert, K./Görzig, B./Kirner, W./Schulz, E./ Vesper, D. (unter Mitarbeit von J. Bröcker)*: Die wirtschaftliche Entwicklung der Bundesländer in den siebziger und achtziger Jahren - Eine vergleichende Analyse. Gutachten im Auftrag des Bundesministers für Wirtschaft. Berlin 1986

[409] Vgl. *Stille, F.*: 10 Jahre Strukturberichterstattung ..., a.a.O., S. 36

[410] Vgl. *ebenda*, S. 34; *Welsch, J.*: Zehn Jahre Strukturberichterstattung, in: Wirtschaftsdienst 7/1987, S. 358

[411] Vgl. *Blazejczak, J./Kirner, W./Krupp, H.-J*: Längerfristige Perspektiven der wirtschaftlichen Entwicklung in der Bundesrepublik Deutschland, in: DIW-Wochenbericht 30/84, S. 355 ff.; *Blazejczak, J./Kirner, W./Krupp, H.-J.*: Perspektiven der wirtschaftlichen Entwicklung ..., a.a.O., S. 329 ff.

[412] Vgl. Bundestagsdrucksache 11/3017: *Unterrichtung durch die Bundesregierung*: Stellungnahme der Bundesregierung zu den Berichten der fünf an der Strukturbe-

diesen periodischen, jährlichen Strukturanalysen plant der Bundesminister für Wirtschaft die Vergabe spezieller Forschungsaufträge im offenen Wettbewerb, d. h. auch unter Einbeziehung weiterer, bisher nicht an der Strukturberichterstattung beteiligter Institute entsprechend dem aktuellen strukturpolitischen Beratungsbedarf.[413] Auf diese Weise könnten dann aber auch die wirtschafts- und sozialwissenschaftlichen Forschungsinstitute der Tarifpartner in verstärktem Maße in die Berichterstattung eingebunden werden und ein Forum für die Artikulation ihrer Interessen erhalten.

Wie eingangs erwähnt, sollten sich wissenschaftliche Analysen zum Themenspektrum "Dienstleistungen" allerdings nicht nur auf die Strukturberichterstattung beschränken. Notwendig erscheinen überdies auch *verstärkte Aktivitäten der Hochschulen.* So könnten etwa von der *Einrichtung neuer Lehrstühle und Forschungseinrichtungen,* die sich speziell mit dieser Materie befassen, ähnliche Impulse auf die Dienstleistungsthematik ausgehen, wie sie die Industrie seit der Gründung technischer Hoch- und Fachhochschulen sowie der Berufsschulen im Rahmen der Lehrlingsausbildung erfahren hat.[414]

Besondere Aktivitäten sind schließlich aber auch von der *betriebswirtschaftlichen Dienstleistungsforschung* anzumahnen, da Dienstleistungsunternehmen und Dienstleistungsprozesse in den zurückliegenden Jahrzehnten trotz ihrer wachsenden volkswirtschaftlichen Bedeutung und trotz der in der wirtschaftswissenschaftlichen Diskussion häufig beklagten geringen Effizienz der Dienstleistungsproduktion nur selten Untersuchungsgegenstand der betriebswirtschaftlichen Forschung gewesen sind.[415] Die allgemeine Betriebswirtschaftslehre hat sich vielmehr erst relativ spät dem Analyseobjekt "Dienstleistungen" genähert.

Dienstleistungen wurde lange Zeit lediglich der Charakter von Hilfsfunktionen in Bezug auf die Produktionsbetriebe zugeschrieben mit der Konsequenz, daß beispielsweise *Nicklisch* und *Lohmann* Dienstleistungen und Dienstleistungsunternehmen noch für nicht untersuchungswürdig hielten.[416] Eine zweite Gruppe betriebswirtschaftlicher Autoren, zu denen u. a.

---

richterstattung beteiligten Wirtschaftsforschungsinstitute (Strukturberichte 1987), S. 27

413 Vgl. *ebenda*

414 Vgl. *Pestel, E./Ertel, R.*: Erörterungen und Ergebnisse des Symposiums, in: *Pestel, E. (Hrsg.)*: Perspektiven der Dienstleistungswirtschaft ..., a.a.O., S. 140

415 Vgl. *Gerhardt, J.*: Dienstleistungsproduktion. Eine produktionstheoretische Analyse der Dienstleistungsprozesse. Bergisch-Gladbach/Köln 1987, S. 1 f.

416 Vgl. *Nicklisch, H.*: Wirtschaftliche Betriebslehre. Stuttgart 1922, S. 8; *Lohmann, M.*: Einführung in die Betriebswirtschaftslehre. Tübingen 1964, S. 12

Schär, *Rieger* und *Rössle* zu rechnen sind, erkannte zwar grundsätzlich Dienstleistungsbetriebe als eigenständige und auch notwendige Unternehmen einer Volkswirtschaft an, billigte diesen aber nach wie vor ebenfalls nur eine Hilfsfunktion gegenüber den Handels- und Industrieunternehmen zu.[417]

Erst in der jüngeren Vergangenheit werden Dienstleistungen von den meisten betriebswirtschaftlichen Autoren zunehmend als gleichberechtigt gegenüber Sachgütern angesehen.[418] Dabei setzen sich auch in zunehmendem Maße Autoren sowohl mit produktionstheoretischen Fragestellungen in Dienstleistungsbranchen als auch mit speziellen Funktionen im Dienstleistungsunternehmen (z. B. Absatz und Marketing) auseinander.[419] Trotzdem ist, wie nicht zuletzt die Fülle aktueller Publikationen gerade in der jüngsten Vergangenheit verdeutlicht, die betriebswirtschaftliche Behandlung von Dienstleistungsunternehmen und Dienstleistungen insgesamt im angloamerikanischen Sprachraum deutlich weiter entwickelt als in der Bundesrepublik Deutschland. Hier bestehen also in der Bundesrepublik noch deutliche Forschungs- und Anwendungsdefizite der wissenschaftlichen Behandlung.

5.9.2 Bildungspolitische Maßnahmen

Der sektorale Strukturwandel und die wachsende volkswirtschaftliche Bedeutung von Dienstleistungen stellen, wie eingangs erwähnt, aber nicht nur die amtliche Statistik und wissenschaftliche Forschung, sondern auch das Bildungssystem in der Bundesrepublik Deutschland vor neue Herausforderungen. Zwar dominiert in der gesellschaftspolitischen Diskussion gegenwärtig noch immer die Notwendigkeit der Vermittlung von Qualifikationen für neue Technologien und moderne, produktionsorientierte Dienstlei-

---

417 Vgl. *Schär, J. F.*: Allgemeine Handelsbetriebslehre. Leipzig 1923, S. 184; *Rieger, W.*: Einführung in die Privatwirtschaftslehre. Erlangen 1964, S. 83 ff.; *Rössle, K.*: Allgemeine Betriebswirtschaftslehre. Stuttgart 1956, S. 39

418 Vgl. *Schäfer, E.*: Die Unternehmung. Wiesbaden 1978, S. 8 ff.; *Schierenbeck, H.*: Grundzüge der Betriebswirtschaftslehre. München 1985, S. 34; *Wöhe, G.*: Einführung in die Allgemeine Betriebswirtschaftslehre. München 1973, S. 11; *Gutenberg, E.*: Grundlagen der Betriebswirtschaftslehre, Band 1: Die Produktion. Berlin/Heidelberg/New York 1973, S. 1; *Kosiol, E.*: Einführung in die Betriebswirtschaftslehre. Wiesbaden 1968, S. 136 ff.

419 Vgl. *Maleri, R.*: Grundzüge der Dienstleistungsproduktion. Berlin/Heidelberg/New York 1973; *Altenburger, O. A.*: Ansätze zu einer Produktions- und Kostentheorie der Dienstleistungen. Berlin 1980; *Berekoven, L.*: Der Dienstleistungsmarkt in der Bundesrepublik Deutschland. Theoretische Fundierung und empirische Analyse. Band 1. Göttingen 1983; *Corsten, H.*: Betriebswirtschaftslehre der Dienstleistungsunternehmen. Einführung. München 1988

stungen im Rahmen der beruflichen Erst- und Weiterbildung,[420] und auch die Bundesregierung hat wiederholt (u. a. in ihrem Berufsbildungsbericht 1988) alle für die berufliche Weiterbildung verantwortlichen Kräfte in der Bundesrepublik Deutschland zu einer umfassenden Qualifizierungsoffensive aufgerufen.[421] Wenn nun allerdings in der mittel- und längerfristigen Perspektive damit zu rechnen ist, daß 60-70% der Erwerbspersonen in der Bundesrepublik Dienstleistungstätigkeiten nachgehen werden, dann dürften gerade Qualifikationen, die einseitig auf die industrielle Produktion und den Hochtechnologiebereich ausgerichtet sind, zwar keineswegs ihre grundsätzliche Legitimation verlieren, dennoch aber quantitativ wohl sicherlich nicht die Bedeutung beibehalten, die ihnen heute vielfach noch beigemessen wird.

Um die Schwerpunkte der beruflichen Bildung mit den Erfordernissen des Arbeitsmarktes in Übereinstimmung bringen zu können, müßten künftig also in weitaus stärkerem Maße als bisher neben traditionellen, "industriebezogenen" Qualifikationen auch Qualifikationen vermittelt werden, die über die vorwiegende Aquisition speziellen Fachwissens hinausgehen, denn gerade Tätigkeiten im Bereich produktionsorientierter und personenbezogener Dienstleistungen verlangen im allgemeinen ein größeres Maß an Flexibilität, als es bei vielen überdurchschnittlich stark spezialisierten Tätigkeiten im Bereich der eigentlichen Warenproduktion der Fall ist.[422] Da ferner auch die Wahrscheinlichkeit einer lebenslangen, dauerhaften Beschäftigung im gleichen Tätigkeitsfeld ständig sinkt, wodurch wiederum gerade das in der beruflichen Bildung erworbene Fachwissen immer schneller veraltet, sollten insofern *im Bereich der schulischen und beruflichen Erstausbildung* künftig weniger berufsspezifische Kenntnisse, Fähigkeiten und Fertigkeiten denn vor allem *Schlüsselqualifikationen* vermittelt werden, die es den Betroffenen erlauben, sich veränderten Situationen leichter anzupassen. Hierzu gehören u. a. die Anregung der Phantasie und Kreativität der Schüler, die Schulung zu abstraktem Denken und zu flexiblem, autonomem Arbeiten, die Vermittlung von informationstechnischen Grundkenntnissen sowie eines verantwortungsbewußten Umgangs mit den neuen Techniken und Medien, der Ausbau des Fremdsprachenunterrichts, aber auch

---

420 Vgl. *Krupp, H.-J.*: Perspektiven ..., a.a.O., S. 41

421 Vgl. Bundestagsdrucksache 11/2032: *Unterrichtung durch die Bundesregierung*: Berufsbildungsbericht 1988

422 In diesem Kontext wird im übrigen erkennbar, daß die stärker geisteswissenschaftlich orientierten Bildungsgänge des letzten Jahrzehnts sehr wahrscheinlich den zukünftigen Anforderungen des Beschäftigungssystems in weitaus höherem Maße gewachsen sein dürften als dies lange Zeit angenommen worden ist. Vgl. *Krupp, H.-J.*: Perspektiven ..., a.a.O., S. 41

die Förderung einer selbstbewußten Persönlichkeit sowie die Entwicklung und Pflege eines prosozialen Verhaltens.[423]

Eine große bildungspolitische Herausforderung stellt angesichts der technologischen und demographischen Entwicklung der nächsten Dekade aber auch der *Bereich der beruflichen Weiterbildung* dar. Wie die Ausführungen in Kapitel 3.2.6 verdeutlicht haben, implizieren der technische Fortschritt, die arbeitsorganisatorischen Umstellungen innerhalb der Betriebe im Zuge der Einführung der neuen Technologien sowie die tendenziellen Verschiebungen der Nachfrage hin zu Dienstleistungen laufend neue, vor allem aber *höhere* Anforderungen an die Qualifikation der Arbeitnehmer. Zwar wird die Aufgabe der beruflichen Weiterbildung in der Bundesrepublik zur Zeit von den Kammern, Berufs- und Fachverbänden, den Unternehmen, Verwaltungen und Behörden, den Volkshochschulen, Bildungswerken und Tarifpartnern sowie von den kirchlichen Akademien in einer vielfältigen und differenzierten Weise wahrgenommen. Gerade die *Hochschulen* in der Bundesrepublik Deutschland haben sich daran bisher jedoch kaum beteiligt. Während sich in den USA die Universitäten seit Jahrzehnten der lebenslangen Weiterbildung widmen, üben sich die deutschen Hochschulen nach wie vor eher in der Ausgrenzung der Erwachsenenbildung.[424]

Wenn nun allerdings die deutschen Hochschulen auch weiterhin zukunftsfähig bleiben wollen, dann verdient es gerade der Bereich der beruflichen Weiterbildung, in Zukunft neben der Forschung und der Lehre als die dritte große Aufgabe der Hochschule angesehen zu werden. Über Maßnahmen zur beruflichen Weiterbildung an Hochschulen könnten vor allem Berufsrückkehrer, Arbeitslose, Senioren und ausländische Mitbürger angesprochen werden. Weiterhin sollte künftig aber auch in verstärktem Maße die Möglichkeit zu *Sabbathicals* für erwerbstätige Weiterbildungsinteressenten geprüft werden. So wäre es insbesondere denkbar und wünschenswert, den in seiner aktuellen Ausprägung und Praxis dringend reformbedürftigen Bildungsurlaub von Arbeitnehmern über eine längere Periode hinweg (z. B. über 5-7 Jahre) "anzusparen" und nach Ablauf dieser Frist

---

423 Vgl. *Kommission "Zukunftsperspektiven gesellschaftlicher Entwicklungen"*: Bericht der Kommission "Zukunftsperspektiven gesellschaftlicher Entwicklungen", erstellt im Auftrag der Landesregierung von Baden-Württemberg. Stuttgart 1983, S. 89 ff.; *Schlaffke, W.*: Wertewandel und zukünftige Entwicklung der Gesellschaft, in: Management Heute 10/88, S. 8 f.; *Rolff, H.-G.*: Schule und gesellschaftlicher Wandel. Anforderungen an die Schule in den neunziger Jahren, in: APuZ B 27/89, S. 16 ff.

424 Vgl. *Meyer-Abich, K.*: Weiterbildung der Hochschule durch Weiterbildung an der Hochschule, in: Die Neue Gesellschaft/Frankfurter Hefte 1/1987, S. 10

für regelmäßige, spezifisch ausgerichtete Weiterbildungssemester an den Hochschulen zu nutzen.[425]

Angesichts der in den zurückliegenden Kapiteln aufgezeigten sozioökonomischen Trends zu sozialen, ökologischen und Freizeitdienstleistungen wird sich ein integriertes Bildungskonzept der Zukunft allerdings nicht auf die Vermittlung von Berufskompetenzen beschränken dürfen. Vielmehr erscheint es - einem ganzheitlicheren Verständnis folgend - ebenso notwendig, über die beruflichen Kompetenzen hinaus auch soziale, ökologische und freizeitkulturelle Kompetenzen zu vermitteln.[426] So sollten beispielsweise im Bereich der sozialen Dienste in der Ausbildung wie im Beruf nicht länger technische Fähigkeiten, handwerkliche Fertigkeiten sowie der abstrakte Umgang mit der dinglichen und sachlichen Realität Vorrang vor humanen Fähigkeiten haben.[427] Notwendig erscheint aber auch aus der gesamtgesellschaftlichen Perspektive eine radikale Hinterfragung unserer gängigen Qualifikationsbegriffe und eine "Renaissance der emotionalen Kultur",[428] die die Fähigkeit, mit Kranken und Hilfsbedürftigen menschlich umzugehen, zumindest genausohoch bewertet wie technische Kompetenz.[429]

Auch im *ökologischen Bereich* bestehen bei den Bundesbürgern noch erhebliche Bildungsdefizite. Dies ist nicht zuletzt eine Folge der Tatsache, daß, im Gegensatz etwa zu den USA, wo die organisierte Umwelterziehung auf eine lange Tradition zurückblicken kann,[430] die organisierte Umwelterziehung an deutschen Schulen erst recht spät und zudem nur sehr langsam an Bedeutung gewann. Allerdings werden seit dem Erscheinen der ersten Empfehlungen der Kultusministerkonferenz zur Umwelterziehung in der Schule (1980) auch in den Ländern der Bundesrepublik die Lerninhalte der Schulfächer zunehmend mit Umweltthemen angereichert. Ein im Jahre 1986

---

425 Vgl. *Rürup, B.*: Wirtschaftliche und gesellschaftliche Perspektiven ..., a.a.O., S. 98 f.

426 Vgl. *Opaschowski, H. W.*: Der Struktur- und Wertewandel ..., a.a.O., S. 236

427 Vgl. *Fink, U.*: Der neue Generationenvertrag ..., a.a.O., S. 17

428 *Schmidtchen, G.*: Die Kälte der rationalen Gesellschaft. Das Unbehagen in der Modernität, in: *Fink, U. (Hrsg.)*: Der neue Generationenvertrag ..., a.a.O., S. 32

429 Vgl. *Dettling, W./Jaeckel, M./Münder, J.*: Zwischen Geld und Güte. Auf der Suche nach einem optimalen Ordnungsrahmen für soziale Dienste, in: *Fink, U. (Hrsg.)*: Der neue Generationenvertrag ..., a.a.O., S. 70

430 Hierüber und über die Hintergründe sowie die möglichen Folgerungen für die Umwelterziehung in der Bundesrepublik Deutschland gibt ein von *Knirsch* herausgegebener Sammelband Auskunft. Vgl. *Knirsch, R. R. (Hrsg.)*: Umwelterziehung in den USA. Einführung und Dokumentation für die Umwelterziehung in der Bundesrepublik Deutschland. Frankfurt am Main 1986

vom Bundesministerium für Bildung und Wissenschaft veranstaltetes Symposium "Zukunftsaufgabe Umweltbildung"[431] sowie das 1987 von Bundesbildungsministerium vorgelegte "Arbeitsprogramm Umweltbildung", in dem die grundsätzlichen Möglichkeiten von Umweltbildung in Kindergärten, Schulen, Hochschulen sowie im Bereich beruflicher Bildung und Weiterbildung im einzelnen beschrieben sind,[432] unterstreichen, daß die Bundesregierung die Notwendigkeit einer zeitgemäßen Umweltbildung grundsätzlich erkannt hat. Dennoch läßt eine im Jahr 1989 an deutschen Schulen durchgeführte Umfrage zum Kenntnisstand deutscher Schüler über Umwelt und Natur noch immer erschreckende Defizite erkennen.[433] Die Vermittlung umweltbezogenen Wissens und umweltbezogener Werte sowie der Aufbau und die Stabilisierung umweltgerechter Verhaltensweisen bleiben also auch weiterhin eine vordringliche bildungs- wie gesellschaftspolitische Herausforderung.[434]

Auch der Struktur- und Wertewandel von Arbeit und Freizeit hat schließlich notwendigerweise Auswirkungen auf das Erziehungs- und Bildungssystem in der Bundesrepublik Deutschland. So zeichnet sich bereits gegenwärtig eine Entwicklung ab, bei der - im Gegensatz zu früheren Jahren - nicht mehr die direkte berufliche Verwertungsabsicht die unterschiedlichen Bildungsmotivationen der Bundesbürger dominiert, sondern Fragen zur Freizeitgestaltung sowie zur Persönlichkeitsentwicklung zu fast gleichgewichtigen Motiven für die Erwachsenenbildung geworden sind. Auch mit dem allgemeinen Freizeitzuwachs entstehen also Bildungsbedürfnisse, die in den letzten zwei bis drei Dezennien, da von der Arbeitswelt kaum gefordert, weitgehend unberücksichtigt geblieben sind, und die nun von einem integrierten Bildungskonzept vermittelt werden müssen.[435] Aufgabe einer

---

[431] Vgl. *Bundesministerium für Bildung und Wissenschaft (Hrsg.)*: Zukunftsaufgabe Umweltbildung. Dokumentation des BMBW-Symposiums vom 24. bis 26. September 1986 in Bonn. Bonn 1987

[432] Vgl. *Bundesministerium für Bildung und Wissenschaft (Hrsg.)*: Zukunftsaufgabe Umweltbildung. Stand und Perspektiven der Umweltbildung in der Bundesrepublik Deutschland. Bonn 1988, S. 7 ff.; eine aktuelle Bestandsaufnahme der Umwelterziehung im Unterricht an allgemeinbildenden Schulen sowie der Umwelterziehung in der beruflichen Bildung hat im übrigen auch das *Institut der deutschen Wirtschaft* veröffentlicht. Vgl. *Kramer, W.*: Umwelt im Unterricht. Köln 1988

[433] Vgl. *Brenner, U.*: Hätten Sie's gewußt?, in: Natur 4/89, S. 78 ff.

[434] Vgl. *Calließ, J./Lob, R. E. (Hrsg.)*: Handbuch Praxis der Umwelt- und Friedenserziehung. Band 1: Grundlagen. Düsseldorf 1987

[435] Vgl. *Opaschowski, H. W.*: Der Struktur- und Wertewandel ..., a.a.O., S. 230 ff.

freizeitkulturellen Bildung wäre es insbesondere, über veränderte Angebots- und Vermittlungsformen der Erwachsenenbildung vor allem die Kreativität, die Kommunikation und die Partizipation der Menschen zu fördern, zum Beispiel bei Spielen, Festen und Feiern, bei Trainingskursen für Musik, Malen und Theater, in Freizeitinteressengruppen oder auch in Sommerakademien. Damit diese Formen freizeitkultureller Bildung von breiten Schichten der Bevölkerung grundsätzlich akzeptiert und aufgenommen werden, müßten über die klassischen Bildungsinstitutionen Schule und Volkshochschule hinaus gerade auch im Wohnumfeld der Menschen oder auch an Urlaubsorten *neue Lernorte und animative Bildungsangebote* geschaffen werden, wie z. B. Buchclubs, Kulturläden, Werkstätten, Ferienakademien oder auch mobile pädagogische Dienste, die wiederum von einer dezentralen Freizeit-, Kultur- und Bildungspolitik organisatorisch und finanziell zu unterstützen wären.[436] Schließlich ist einer künftigen freizeitkulturellen Bildung aber auch im Hinblick auf die Vermittlung von Fähigkeiten für einen verantwortungsbewußten Umgang mit der neuen Medienvielfalt im Informationszeitalter eine nicht zu unterschätzende Bedeutung beizumessen.

---

436 Vgl. *ebenda*; *Krug, P.*: Gesellschaft im Wandel ..., a.a.O., S. 100; *Nahrstedt, W.*: Allgemeinbildung im Zeitalter der 35-Stunden-Gesellschaft. Lernen zwischen neuer Technologie, Ökologie und Arbeitslosigkeit - Plädoyer für eine Pädagogik der Zeit, in: Zeitschrift für Pädagogik 4/1986, S. 519

6 Resümee

6.1 Zusammenfassung der wesentlichsten Befunde

Vor dem Hintergrund anhaltender Beschäftigungsdefizite in der Bundesrepublik Deutschland einerseits und hoher Beschäftigungsgewinne anderer Industrienationen in den zurückliegenden Jahren (vor allem der USA) im Dienstleistungssektor andererseits war es die zentrale Intention der vorliegenden Arbeit, zu verdeutlichen, daß die Bundesrepublik Deutschland zwar im Vergleich zu anderen Industriestaaten keinesfalls als "überindustrialisiert" bezeichnet werden kann, wohl aber in der Bundesrepublik deutliche Angebots- und Versorgungsdefizite im Bereich verbraucherbezogener Dienstleistungen bestehen, die im Rahmen einer mittelfristigen, über den Konjunkturzyklus hinausreichenden Wachstums- und Beschäftigungspolitik grundsätzlich zur Schaffung neuer Arbeitsplätze genutzt werden könnten, und die angesichts der aufgezeigten mittel- und längerfristigen Arbeitsmarktperspektiven in der Bundesrepublik Deutschland hierzu sehr wohl auch genutzt werden sollten.

Zu diesem Zweck erwies es sich als sinnvoll, in *Kapitel 1* zunächst einmal die definitorischen Grundlagen von Dienstleistungen zu erarbeiten und auf die Schwierigkeit der statistischen Erfassung und die ökonomischen Besonderheiten von Dienstleistungen hinzuweisen. In *Kapitel 2* wurde dann die "Überindustrialisierungs"-Problematik anhand von drei möglichen Referenz- bzw. Indikatorensystemen untersucht ("Normalstruktur"- bzw. Drei-Sektoren-Referenzmuster, internationale Vergleiche von Produktions- und Beschäftigungsstrukturen entwickelter Industriegesellschaften, steigende ökologische und soziale Folgekosten des traditionellen, industrieakzentuierten Wachstumsparadigmas in der Bundesrepublik).

Da die Ergebnisse dieser Analysen allerdings selbst bei großzügiger Auslegung kaum als Indikatoren einer "Überindustrialisierung" oder aber auch eines "Defizites" im Bereich produktionsorientierter Dienstleistungen gewertet werden konnten denn eher als erste Anzeichen für einen Rückstand der Bundesrepublik im Angebot an verbraucherbezogenen Dienstleistungen, und zudem auch und gerade die Ergebnisse der in *Kapitel 3* durchgeführten Analyse der Versorgungssituation in ausgewählten Bereichen verbraucherorientierter Dienstleistungen in der Bundesrepublik Deutschland (Gesundheitswesen, Altenhilfe, Jugend- und Familienhilfe, Hilfen für Sozialgefährdete, Integrationshilfen für Aussiedler, Asylsuchende und ausländische Mitbürger, Bildungs- und Freizeitdienstleistungen, Umweltschutz- und Verkehrsdienstleistungen, Sonstige) im Lichte fachwissenschaftlich anerkannter Versorgungsstandards die These vom Tertiärisierungsdefizit der Bundesrepublik im Bereich verbraucherbezogener Dienstleistungen nachhaltig bekräftigten, wurden in *Kapitel 4* dann Umrisse einer stärker dienstleistungsakzentuierten, qualitativen Wachstums- und Beschäftigungsstrategie für die Bundesrepublik Deutschland der neunziger Jahre skizziert.

Im Rahmen der Suche nach konkreten Optionen zur Förderung der Ausweitung von Produktion und Beschäftigung im Bereich verbraucherorientierter Dienstleistungen wurden in *Kapitel 5* schließlich acht grundsätzliche Politikfelder (Ordnungspolitik, Arbeitszeitpolitik, Tarifpolitik, Finanzpolitik, Sozialpolitik, Arbeitsmarkt- und Beschäftigungspolitik, Umwelt- und Verkehrspolitik sowie Freizeit- und Kulturpolitik) als sinnvoll erscheinende Ansatzpunkte für entsprechende Fördermaßnahmen von seiten des Staates oder aber auch von seiten der Tarifpartner eingehender behandelt.

Um den bedarfsgerechteren Ausbau verbraucherorientierter Dienstleistungen in der Bundesrepublik auch ohne einen deutlichen weiteren Anstieg der Staatsquote zu erreichen, erschien zunächst einmal, wie in *Kapitel 5.1* verdeutlicht wurde, eine Neuabgrenzung zwischen privaten, gemeinwirtschaftlichen und öffentlichen Aktivitäten und/oder die Entwicklung alternativer Organisationsformen der Dienstleistungsbereitstellung sinnvoll. Als Konsequenz dieser Überlegungen wurden daher im entsprechenden Kapitel zunächst einmal grundsätzliche Privatisierungspotentiale im öffentlichen Sektor aufgezeigt und in weiterführenden Überlegungen dann auf wiederentdeckte Organisationsformen zwischen Staat und Markt im genossenschaftlichen Bereich und im Bereich alternativ-ökonomischer Betriebe hingewiesen, bevor sich Kapitel 5.1.3 schließlich mit ordnungspolitisch konformen Optionen zur Förderung von Existenzgründungen (Abbau bestehender Marktzutrittsbeschränkungen im Handwerk und im Einzelhandel, Ausbau externer Beratungskapazitäten und Ausweitung öffentlicher Bürgschaftsprogramme für neugegründete Unternehmen) auseinandersetzte. Ebenfalls positiv auf das Existenzgründungsverhalten auswirken dürfte sich, worauf zum Abschluß von Kapitel 5.1 kurz verwiesen wurde, die Einführung einer bedarfsorientierten, integrierten Grundsicherung für alle Bundesbürger (und damit auch für Selbständige) über dem gegenwärtigen Sozialhilfesatz.

Ein in *Kapitel 5.2* vorgestellter zweiter Aktionsparameter zur Ausweitung von Angebot und Beschäftigung im Bereich verbraucherorientierter Dienstleistungen ist die Förderung flexiblerer Arbeitszeitmuster in der Bundesrepublik Deutschland. Da gerade der Dienstleistungssektor ein großes Potential zur Flexibilisierung der Arbeitszeiten und damit auch zur Expansion der Teilzeitarbeit in ihren verschiedensten Formen bietet, wurde im Umkehrschluß unterstellt, daß auch durch die Ausweitung flexibler Arbeitszeitformen in ausgewählten privaten Dienstleistungsbereichen (und hierbei vor allem auf der Ebene der beschäftigungsgenerierenden Klein- und Mittelbetriebe), aber auch im öffentlichen Dienst die Schaffung von Arbeitsplätzen unmittelbar unterstützt werden kann. Da Teilzeitarbeitsplätze vor allem von Frauen nachgefragt werden, die eine bessere Vereinbarkeit von Familie und Beruf anstreben oder aber in der Stillen Reserve auf eine Rückkehr auf den Arbeitsmarkt warten, könnte mit einem verstärkten Angebot an Teilzeitarbeitsplätzen überdies aber auch, wie im Referenzkapitel ebenfalls näher erläutert wurde, mittelbar via Erhöhung der Frauenerwerbsquote und dadurch induzierter Senkung bzw. Stabilisierung des Lohnnebenkostenanstiegs ein beschäftigungswirksamer Impuls im Bereich verbraucherorientierter Dienstleistungen erzielt werden.

Angesichts der in den entsprechenden Ausführungen aufgezeigten Hemmnisse für eine Ausweitung von Teilzeitarbeitsverhältnissen in der Bundesrepublik Deutschland wäre es zumindest im privatwirtschaftlichen Bereich allerdings zweifellos eine unrealistische Intention, das unterschiedliche Flexibilisierungsverständnis von Arbeitgebern und Arbeitnehmern konfliktlos in eine Flexibilisierungsstrategie integrieren zu wollen. Soll Teilzeitbeschäftigung jedoch mehr sein als nur eine arbeits- und sozialrechtlich marginalisierte Abweichung vom Normalarbeitsverhältnis, d. h. auch Möglichkeiten zur Anpassung der Arbeitszeiten an individuelle Lebenslagen eröffnen und eine Flexibilisierung der Arbeitszeiten im Interesse der Arbeitnehmer ermöglichen, muß sie neben einem Ausbau der familienbezogenen staatlichen Infrastruktur vor allem aber auch erweiterte arbeits- und sozialrechtliche Innovationen (vor allem tarifliche Absicherung, Aufhebung der Geringfügigkeitsgrenze und Versicherungspflicht für alle Selbständigen) umfassen, um die Einstiege *in* und die Ausstiege *aus* dem Erwerbsleben sowie die Übergänge von Vollzeit- in Teilzeitarbeit und umgekehrt zu erleichtern und bestehende Hemmnisse für Beschäftigte wie Unternehmen abzubauen.

Kapitel 5.3 beschäftigte sich im Anschluß mit potentiellen tarifpolitischen Innovationen zur Ausweitung verbraucherorientierter Dienstleistungen in der Bundesrepublik Deutschland. Dabei mußte allerdings mangels eindeutiger empirischer Evidenz auf Empfehlungen hinsichtlich möglicher Anpassungen der Reallohnentwicklung verzichtet werden. Ähnlich fraglich bleibt der Beitrag einer stärkeren Flexibilisierungsstrategie der Lohnstrukturen zur Schaffung neuer Arbeitsplätze im Dienstleistungsbereich, die, wie das amerikanische Beispiel zeigt, gerade Arbeitsarmut nicht ausschließen kann. Sollten insofern Lohnstrukturflexibilisierungen überhaupt in Erwägung gezogen werden, käme mithin aus der Perspektive der vorliegenden Untersuchung, wie in Kapitel 5.3.2 detaillierter begründet wurde, nur eine mittelfristig orientierte, behutsame stärkere Differenzierung nach Qualifikation und Erfahrung der Arbeitskräfte in Frage.

Auch die vielfach in Anlehnung an amerikanische Vorbilder geforderte Zulassung eines Außenseiterwettbewerbs von Arbeitslosen in der Bundesrepublik Deutschland sollte angesichts der damit verbundenen Erosion der Prinzipien der Tarifautonomie keine erstrebenswerte Option sein. Dies schließt jedoch die begrenzte schrittweise Einführung von systemkonformen Lösungen, wie zum Beispiel Tarifverträgen mit begrenzten Einkommenskomponenten der betrieblichen Gewinnbeteiligung oder aber auch Tariföffnungsklauseln, die Spielraum für betriebliche Vereinbarungen lassen, nicht aus. Ein entscheidendes tarifpolitisches Hemmnis für die Ausweitung verbraucherorientierter Dienstleistungen in der Bundesrepublik sind allerdings die Einkommensstrukturen im öffentlichen Dienst. Aus diesem Grunde wurde in Kapitel 5.3.4 noch einmal kurz auf Möglichkeiten der beschäftigungswirksamen Umsetzung von Arbeitszeitverkürzungen im öffentlichen Dienst durch Verzicht auf Lohnausgleichszahlungen für höhere Einkommensgruppen sowie auf Optionen zur Anpassung der Einkommensstrukturen im öffentlichen Dienst (Ausbau mittlerer Positionen und Einführung stärker leistungsorientierter Beförderungspraktiken im öffentlichen Dienst) hingewiesen.

Kapitel 5.4 beschäftigte sich im Anschluß zunächst einmal mit Möglichkeiten einer beschäftigungswirksamen Umgestaltung des Steuer- und Abgabensystems in der Bundesrepublik Deutschland durch eine ökologische Steuerreform. Wie die entsprechenden Ausführungen verdeutlichten, enthalten zahlreiche der diskutierten Einwände gegen Öko-Steuern eine wertvolle Warnung vor bestimmten Fehlern bei der Ausgestaltung einer ökologischen Steuerreform, keiner der besprochenen Einwände vermochte jedoch die Umweltsteueridee grundsätzlich in Frage zu stellen. Öko-Steuern erscheinen vielmehr bei entsprechender Dimensionierung als überaus geeignetes Mittel, menschliche Arbeitskraft wieder bezahlbarer zu machen und damit auch die Ausweitung von Angebot und Beschäftigung im Bereich verbraucherorientierter Dienstleistungen in der Bundesrepublik Deutschland nachhaltig zu unterstützen. Um einerseits die Ziele der Besteuerung aber nicht einseitig auf die ökologische Dimension zu verengen, andererseits aber auch den jährlichen volkswirtschaftlichen Folgekosten des Wachstumsprozesses ein annähernd gleichwertiges einnahmeseitiges Pendant gegenüberzustellen, wurde ein Ansatz mit breiter Bemessungsgrundlage und einer Aufkommensgrößenordnung von ca. 80-100 Mrd. DM zur Diskussion gestellt, der grundsätzlich europaweit angestrebt werden sollte, in der Übergangphase allerdings durchaus auch in einem nationalen Alleingang implementierbar wäre. Mit den durch Öko-Steuern erzielten finanziellen Mitteln stände dann in den öffentlichen Haushalten eine erweiterte Basis für die finanzielle Entlastung des Produktionsfaktors Arbeit in der Bundesrepublik zur Verfügung, sei es über eine Senkung der Mehrwert- oder der Lohnsteuer, sei es über eine Entlastung bei den Lohnnebenkosten.

Der Faktor Arbeit wird, wie Kapitel 5.4.2 verdeutlichte, in der Bundesrepublik Deutschland allerdings nicht nur von der Abgabenseite her im Vergleich zum Produktionsfaktor Kapital benachteiligt, sondern auch durch die in der Bundesrepublik geleisteten staatlichen Subventionen. Wünschenswert wäre aus der Perspektive der vorliegenden Analyse insofern insbesondere eine Rückführung und inhaltliche Neustrukturierung der Subventionspolitik, die stärker auch und gerade den Bereich verbraucherorientierter Dienstleistungen begünstigen würde.

Während Kapitel 5.4.3 nur kurz die Abschaffung oder zumindest teilweise Rückführung des Ehegattensplittings in der Bundesrepublik Deutschland thematisierte, beschäftigte sich Kapitel 5.4.4 noch einmal recht ausführlich mit den Möglichkeiten und Grenzen einer steuerlichen Förderung der Dienstleistungsbeschäftigung in privaten Haushalten. Die hierbei aufgetretenen Bedenken verdeutlichten allerdings recht eindrucksvoll die Notwendigkeit eines grundsätzlichen Umdenkens in diesem Bereich, da die bloße steuerliche Förderung einer Arbeitgeberfunktion privater Haushalte entsprechende Arbeitsverhältnisse faktisch nicht aus der Grenzzone zwischen Nachbarschaftshilfe, Freundschaftsdienst, Schattenwirtschaft und professioneller Betätigung herauszulösen vermag.

Möglich wäre dies dagegen, wie gesehen, wenn man die steuerliche Förderung nicht länger dem Nachfrager, sondern künftig vor allem den Anbietern von haushaltsorientierten Dienstleistungen zukommen ließe. In Verbindung mit einer Lockerung berufsständischer Ordnungen könnten diese beispielsweise einen steuerlichen Selbständigenstatus erhalten und somit ihre Daseins- und Altersvorsorge selbst in die Hand nehmen. Entsprechende Vorbilder finden sich in den USA, wo gerade im Bereich haushaltsnaher Dienstleistungen viele neue Einmann-Unternehmen entstanden sind. Würden auch in der Bundesrepublik diese unternehmerischen Beziehungen durch die Legislative zu einem Modell des "Kleinstunternehmers für haushaltsbezogene Dienstleistungen" entwickelt und rechtlich geregelt, dann könnten zweifellos auch hier allein durch die Beseitigung von Rechtsunsicherheit zahlreiche Arbeitsverhältnisse aus dem informellen in den formellen Sektor transferiert und zudem eine Reihe neuer, zusätzlicher Arbeitsplätze in privaten Haushalten geschaffen werden.

Wie die Ausführungen in *Kapitel 5.5* verdeutlichten, könnte weiterhin auch durch eine Reihe sozialversicherungsrechtlicher und/oder sozialpolitischer Maßnahmen eine Rückführung oder zumindest Stabilisierung der Lohnnebenkosten in der Bundesrepublik erreicht und somit auch auf diese Weise eine weitere Abschwächung des gerade auf den verbraucherorientierten Dienstleistungen lastenden Arbeitskostendrucks erzielt werden (Ausweitung des versicherten Personenkreises und Nutzung bisher brachliegender Finanzierungspotentiale in den Gesetzlichen Sozialversicherungen, familienpolitische Maßnahmen zur Förderung der Frauenerwerbstätigkeit, Umstellung der lohnbezogenen Arbeitgeberbeiträge zur Renten- und Arbeitslosenversicherung auf Wertschöpfungsbeiträge, Erhöhung der Bundeszuschüsse zur Renten- und Arbeitslosenversicherung, Implementation eines steuerfinanzierten Leistungsgesetzes zur Absicherung des Pflegefallrisikos in der Bundesrepublik). Als wenig erfolgsversprechend erwiesen sich im Gegensatz zu diesen Maßnahmen allerdings, wie ein Exkurs in Kapitel 5.5.1.6 verdeutlichte, weiterführende Überlegungen zur Umwandlung von partiellen Lohnnebenkosten in steuerbegünstigte Barlohnbestandteile.

Weniger aus beschäftigungspolitischen Gründen denn vor allem zur Aufrechterhaltung eines ausreichenden Versorgungsniveaus sollte ferner in der Bundesrepublik mit den in Kapitel 5.5.2 aufgezeigten Optionen die Erschließung von Ehrenamts- und Selbsthilfepotentialen im Bereich sozialer Dienste verstärkt vorangetrieben werden. Auch die in Kapitel 5.5.3 schließlich in Umrissen konkretisierte bedarfsorientierte, integrierte Grundsicherung oberhalb des Sozialhilfeniveaus könnte mögliche Sicherungsdefizite im Zuge der verstärkten Ausbreitung von selbständigen Existenzen oder flexibleren Arbeitsverhältnissen in der Bundesrepublik kompensieren und dadurch vielfach erst entsprechenden Arbeitsformen zum Durchbruch verhelfen.

Neben allen bisher betrachteten Optionen erscheinen, wie *Kapitel 5.6* verdeutlichte, weiterhin auch unmittelbare Beschäftigungsausweitungen im öffentlichen Dienst sowie im Bereich der Arbeitsbeschaffungsmaßnahmen zur Ausweitung sozialer und ökologischer Dienstleistungen in der Bundesrepublik Deutschland sinnvoll.

Die in *Kapitel 5.7* im Anschluß konkretisierten infrastruktur- und verkehrspolitischen Maßnahmen könnten im Falle ihrer Realisierung dagegen - flankierend zu ihrer hohen ökologischen Bedeutung - dezidiert zur verstärkten Erschließung von Beschäftigungspotentialen im dienstleistungsnahen Bereich der handwerklichen Klein- und Mittelbetriebe sowie im Bereich des öffentlichen Nah- und Fernverkehrs beitragen. Im einzelnen gehören zu diesen Optionen einerseits die Ausweitung öffentlicher Investitionen im Umweltschutz- und Verkehrsbereich, andererseits kostensenkende und/oder attraktivitätssteigernde Verbesserungsmaßnahmen im Öffentlichen Personennahverkehr sowie Maßnahmen zur Angleichung der Wettbewerbsbedingungen im Bereich des Öffentlichen Personenfernverkehrs sowie des Öffentlichen Güternah- und -fernverkehrs in der Bundesrepublik Deutschland.

Die in *Kapitel 5.8* schließlich behandelten freizeit- und kulturpolitischen Maßnahmen eignen sich, wie gesehen, vor allem zur verstärkten Ausweitung von Dienstleistungen in den Bereichen Freizeitsport und Freizeitanimation, Gesundheitsfürsorge und Gesundheitsberatung, Touristik sowie Kultur. Als freizeitpolitische Optionen, die auch und gerade den dargestellten psychosozialen Problemen der wachsenden Freizeit für die Bundesbürger sowie den vielfach in engem Zusammenhang mit der Freizeitgestaltung stehenden ökologischen Problemen gerecht zu werden versuchen, wurden Elemente des Wohnungs- und Städtebaus, der Freizeitsportförderung und Gesundheitsberatung, aber auch Maßnahmen zur Förderung eines ökologisch verträglicheren Tourismus sowie eine Reihe ausgewählter kulturpolitischer Maßnahmen vorgestellt.

Nicht unmittelbar beschäftigungswirksam, dennoch als flankierende Maßnahmen keineswegs von geringerer Bedeutung für die Ausweitung der angesprochenen Dienstleistungsbereiche sind schließlich informationspolitische Optionen (Ausweitung und Verbesserung der amtlichen Dienstleistungsstatistik in der Bundesrepublik, verstärkte Förderung der wirtschafts- und sozialwissenschaftlichen Forschung zum Themenkomplex "Dienstleistungen") sowie bildungspolitische Maßnahmen (inhaltliche Neuorientierung des Bildungssystems in der Bundesrepublik, Vermittlung neuer beruflicher, sozialer, ökologischer und freizeitkultureller Dienstleistungsqualifikationen), die ergänzend zum Abschluß in *Kapitel 5.9* näher vorgestellt wurden.

6.2 Potentielle Beschäftigungseffekte und gesellschaftliche Träger der vorgestellten Optionen

Versucht man, in einer abschließenden Bilanzierung die potentiellen Beschäftigungseffekte der diskutierten Optionen näherungsweise abzuschätzen, dann lassen sich *zumindest theoretisch* folgende zusätzlichen Beschäftigungswirkungen erzielen:

- Mehrere hundertausend Arbeitsplätze durch potentielle Existenzgründungen, davon alleine über 200 000 in privaten Haushalten,
- über eine Million Arbeitsplätze durch Teilzeitangebote,
- mehrere zehntausend Arbeitsplätze durch eine beschäftigungswirksame Umsetzung von Arbeitszeitverkürzungen im öffentlichen Dienst ohne Lohnausgleich für Besserverdienende,
- mindestens 40 000 Arbeitsplätze bei einer Umstellung der Bemessungsgrundlage für die Sozialversicherungen auf Wertschöpfungsbeiträge,
- 100 000-150 000 Arbeitsplätze durch eine expansive Personalpolitik des Staates sowie ca. 200 000 Arbeitsplätze durch Arbeitsbeschaffungsmaßnahmen,
- über 150 000 Arbeitsplätze bei der Umweltsanierung durch Städte und Gemeinden sowie
- nicht näher zu konkretisierende Beschäftigungseffekte durch die zahlreichen weiterhin genannten tarifpolitischen, steuer- und finanzpolitischen sowie sozialpolitischen bzw. sozialversicherungsrechtlichen Entlastungsmaßnahmen für den Produktionsfaktor Arbeit, die ebenfalls in einer Größenordnung von mehreren hunderttausend Arbeitsplätzen liegen dürften.

Auch wenn sich also durch bloße Arithmetik ohne weiteres leicht Beschäftigungspotentiale zwischen einer und zwei Millionen zusammenstellen lassen, bleibt zu berücksichtigen, daß zum einen zwischen den genannten Potentialen *partielle Überschneidungen* bestehen, was etwa am Beispiel der Beschäftigung in privaten Haushalten und den Beschäftigungspotentialen durch verbesserte Teilzeitmöglichkeiten deutlich wird. Auch begünstigen viele der genannten Maßnahmen keinesfalls exklusiv Beschäftigungspotentiale im Bereich verbraucherorientierter Dienstleistungen, sondern verbilligen generell arbeitsintensive Produktionen. Dies bedeutet nun aber wiederum, daß nur ein Teil der induzierten Beschäftigungseffekte auf den Bereich verbraucherorientierter Dienstleistungen entfällt (*Aspekt der sektoralen Inzidenz der vorgeschlagenen Maßnahmen*).

Ferner sind aber auch die *verschiedenen Zeithorizonte* der einzelnen Optionen zu beachten, denn während einerseits bestimmte ordnungspolitische sowie die arbeitsmarkt- und beschäftigungspolitischen Optionen relativ kurzfristig realisierbar erscheinen, dürften andererseits gerade Maßnahmen wie etwa die ökologische Steuerreform, die Umstrukturierung des Subventionssystems zugunsten des Produktionsfaktors Arbeit sowie die genannten sozialpolitischen und sozialversicherungsrechtlichen Maßnahmen zur Rückführung der Lohnnebenkosten in der Bundesrepublik realistischerweise erst in der mittel- und längerfristigen Perspektive umsetzbar sein und somit kurzfristig nur geringe beschäftigungspolitische Effekte zeigen. Zudem konkurrieren aber auch alle genannten Optionen, soweit sie, wie die meisten, mit Kosten für die öffentliche Hand verbunden sind, um öffentliche *Finanzierungsmöglichkeiten*, so daß - selbst bei unterstelltem politischen Gestaltungswillen und verschiedenen Zeithorizonten - die möglichst rasche Umsetzung der genannten Vorschläge schwierig bleibt (verwiesen sei in diesem Kontext exemplarisch auf die äußerst kostenintensiven Maßnahmen der bedarfsorientierten, integrierten Grundsicherung, des Pflegefall-Leistungsgesetzes oder aber auch der Ausweitung öffentlicher Investitionen).

Unsicher bleibt die Abschätzung der Beschäftigungseffekte schließlich aber auch durch die *grundsätzliche Implementationsproblematik* der genannten, zum Teil sehr heterogenen Optionen *aufgrund der hohen Einflußmöglichkeiten gesellschaftlicher Interessengruppen*. Diese Implementationsproblematik gewinnt zudem noch an Relevanz, wenn man berücksichtigt, daß sich zahlreiche der aufgezeigten Optionen erst im gegenseitigen Zusammenwirken für die untersuchungsleitende Perspektive der vorliegenden Arbeit als sinnvoll erweisen bzw. erst in Verbindung mit anderen Optionen die erhofften Synergieeffekte entfalten. Beispielhaft sei in diesem Kontext auf den Zusammenhang zwischen dem angemahnten Subventionsabbau und der Ausweitung öffentlicher Investitionen verwiesen.

Berücksichtigt man nun aber, daß in der Bundesrepublik Deutschland die Sicherung von Besitzständen noch immer die Aktivitäten der Tarifparteien, Verbände und weiter Teile der Politik dominiert, während der Schaffung von Arbeit für Arbeitslose und dem ökologischen Umbau der Industriegesellschaft nur eine weit untergeordnetere Rolle beigemessen wird, bleibt zu befürchten, daß ohne grundlegende Kurskorrekturen der Verantwortlichen und/oder aber neue politische Mehrheiten in der Bundesrepublik Deutschland viele der aufgezeigten Möglichkeiten zur Beschäftigungsausweitung im Bereich verbraucherorientierter Dienstleistungen noch lange Zeit ungenutzt bleiben werden.

Noch immer scheitern in der Bundesrepublik, wie gesehen,

- neue selbständige Existenzen vor allem an einer übermäßigen Regulierung, die alte Privilegien schützt und zum Teil zu beschäftigungspolitischen Anachronismen führt,
- flexiblere Arbeitszeiten am mangelnden Gestaltungswillen betrieblicher Entscheidungsträger, aber auch der Gewerkschaften, die einen Einfluß- und Mitgliederverlust sowie einen Rückgang ihrer Handlungsfähigkeit auf der betrieblichen und überbetrieblichen Ebene fürchten,
- die öffentlich finanzierte Beschäftigung vor allem am fehlenden politischen Gestaltungswillen sowie schließlich
- der angemahnte Subventionsabbau vorrangig an Interessenverbänden der Wirtschaft.

Auch wenn es in diesem Zusammenhang wenig sinnvoll erscheint, diesen Sachverhalt als "institutionelle Sklerose" im Sinne von *Olson*[1] oder gar als "Staatsversagen" im Sinne von *Jänicke*[2] zu beklagen, stellt sich dennoch zweifellos die Frage, wie auf diese gesellschaftlichen Friktionen politisch reagiert werden kann, und welche gesellschaftlichen Gruppen als potentielle Sympathisanten der skizzierten Reformpolitik zu gewinnen sein könnten. Sicherlich genügt es nicht, die gesamte Hoffnung auf die Verdopplung oder Verdreifachung des Ende der achtziger Jahre auf etwa 6 Mio. Menschen geschätzten personellen Reservoirs an *Postmaterialisten* im kommenden Jahrzehnt zu legen, da Veränderungen in den Einstellungen zu zentralen Politikfragen nicht gleichzusetzen sind mit einem grundlegenden Wertewandel, der nur über einen längeren Sozialisationsprozeß vermittelt werden kann.

Aber selbst wenn sich die Tendenz zu postmateriellen Werthaltungen verstärken würde, stellt sich die Frage nach den gesellschaftlichen Gruppen, die das skizzierte dienstleistungssakzentuierte Wachstumsparadigma politisch entscheidungsrelevant verankern könnten. In dieser Hinsicht kommt auf der parteipolitischen Ebene sicherlich vor allem der Entwicklung des weiteren Verhältnisses zwischen der Partei der *GRÜNEN* und der *Sozialdemokratischen Partei Deutschlands* eine entscheidende Bedeutung bei, da beide Parteien in ihren Programmen, wenn auch in unterschiedlicher Akzentuierung und zum Teil mit unterschiedlicher Intention, zumindest grundsätzlich Positionen vertreten, die den in der vorliegenden Arbeit

---

1 Vgl. *Olson, M.*: Aufstieg und Niedergang von Nationen. Ökonomisches Wachstum, Stagflation und soziale Starrheit. Tübingen 1985, S. 103

2 Vgl. *Jänicke, M.*: Staatsversagen - Die Ohnmacht der Politik in der Industriegesellschaft. München 1986, S. 55 ff.

skizzierten Optionen zum Teil relativ nahe kommen. Dies gilt für die vorgeschlagene Einführung von Öko-Steuern ebenso wie für die Optionen eines Pflegefall-Leistungsgesetzes, einer bedarfsorientierten, integrierten Grundsicherung, einer Ausweitung der öffentlichen Investitionen oder aber auch eines Ausbaus des öffentlichen Nah- und Fernverkehrs in der Bundesrepublik.

Aber auch *Gewerkschaften*, die Abschied nähmen von tradierten Problemlösungsstrategien, die dem Zeitalter der Massenproduktion angemessen waren, nun aber mehr und mehr zum Prokrustesbett der Tertiärisierung in der Bundesrepublik Deutschland werden, könnten in einem entsprechenden Szenario eine entscheidende Rolle spielen. Dies gilt insbesondere im Hinblick auf die Forderung nach einer stärkeren Flexibilisierung der Arbeitszeit. Hier sollten vor dem Hintergrund zunehmend heterogener Arbeitnehmerinteressen, vor allem aber unter Berücksichtigung der Tatsache, daß etwa dreißig Prozent der Beschäftigten in der Bundesrepublik potentiell an flexibler Arbeitszeit interessiert sind, die Gewerkschaften im ureigensten Interesse nicht mehr umhinkommen, sich aktiv und somit gestaltend mit der Flexibilisierung auseinanderzusetzen. Vorstellbar und wünschenswert wäre aber auch eine verstärkte Ausdehnung des gewerkschaftlichen Interessensvertretungsangebotes über die traditionellen tarif- und sozialpolitischen Ziele hinaus auf ökologische oder auch freizeit- und kulturpolitische Kategorien.

Weiterhin wird es in der Bundesrepublik Deutschland aber auch ohne aufgeschlossene *Unternehmer*, die den ökologischen Umbau nicht nur befürworten und unterstützen, sondern ihn auch pragmatisch mit der Entwicklung eines wachsenden Umweltsektors in der Volkswirtschaft umsetzen, niemals zu einer praktischen Politik der ökologischen Tertiärisierung der Bundesrepublik Deutschland kommen.

Als elementares Hilfsmittel im Kampf gegen die skizzierten Gruppenaktionsmuster erscheint schließlich die intensive Förderung von *Newcomern und Außenseitern*, die nicht an Kartellabsprachen gebunden sind, durch ausgewählte Deregulierungsmaßnahmen unverzichtbar. Für die Bundesrepublik eröffnet sich hierzu in den kommenden Jahren eine besondere Chance, weil die nicht mehr aufzuhaltende Schaffung eines europäischen Binnenmarktes zugleich Chance und Zwang zum Abbau arbeitsplatzfeindlicher Regulierungen beinhaltet.

6.3 Fazit

Wie die zurückliegenden Ausführungen verdeutlichen, ließen sich in der Bundesrepublik Deutschland also durchaus Gestaltungsmehrheiten für eine dienstleistungsakzentuierte, qualitative Wachstumsstategie finden, die, selbst bei vorsichtiger Einschätzung, auf mittlere Sicht im Bereich verbraucherorientierter Dienstleistungen zu *Arbeitsplätzen in einer Größenordnung von mindestens einer Million* führen könnten. Auch wenn es sich hierbei, wie gesehen, nur zum Teil um dauerhafte und stabile Arbeitsplätze handeln kann und eine solche Entwicklung in ihrer Größenordnung auch keinesfalls einem Dienstleistungs-"Beschäftigungswunder" á la USA gleichkäme, könnte auf diese Weise sowohl ein entscheidender Beitrag zur Stabilisierung der Arbeitsmarktsituation als auch ein wesentlicher Beitrag zur Erhöhung der Lebensqualität in der Bundesrepublik Deutschland geleistet werden.

Allerdings werden, wie die zurückliegenden Ausführungen ebenfalls erkennen ließen, noch viele Widerstände zu überwinden sein. Gerade die Härte der Auseinandersetzung um die noch keineswegs spektakuläre Auflockerung des Ladenschlußgesetzes durch den Dienstleistungsabend hat deutlich gezeigt, wie schwer es ist, eine Bresche in das gewachsene Geflecht von Interessenverbänden und individuellen Gewohnheiten zu schlagen. Dies entbindet jedoch die gesellschaftlichen und politischen Verantwortungsträger in der Bundesrepublik Deutschland keineswegs von der Verpflichtung, die Förderung verbraucherorientierter Dienstleistungen in der Bundesrepublik Deutschland auch in Zukunft entschlossen weiter voranzutreiben, sondern unterstreicht vielmehr noch einmal nachhaltig die gesellschaftspolitische Bedeutung eines solchen Vorhabens.

Literaturverzeichnis

Abb, F./Weeber, J.: Systeme sozialer Indikatoren, in: Das Wirtschaftsstudium (WISU) 4/89, S. 239-243

Adamy, W./Steffen, J.: Arbeitslos gleich arm. Ursachen und Lösungsansätze zur Beseitigung der Neuen Armut, in: WSI-Mitteilungen 10/1984, S. 574-581

Afheldt, H.: Wohlstand mit Dienstleistungen, in: Innovatio 1/2 '89, S. 26-27

Agrarsoziale Gesellschaft e. V.: Freizeitwirtschaft in der Zukunft - Eine Chance für die Landwirtschaft? Golf und Reiten - Zum Für und Wider des Golf- und Reitsports im ländlichen Raum. Göttingen 1987 (= Berichte über Veranstaltungen der Agrarsozialen Gesellschaft e. V. mit Förderung des Bundesministeriums für Ernährung, Landwirtschaft und Forsten; Kleine Reihe Nr. 31)

Agricola, S.: Berufsarbeit und berufliche Anforderungen im Freizeitbereich, in: BAG-Mitteilungen 31/88, April 1988, S. 19-27

Agricola, S.: Freizeit als Beruf. Ein Widerspruch in sich - Das Anforderungsprofil für Freizeitberufler, in: Animation November/Dezember 1988, S. 168-171

Agricola, S.: Freizeit - Wirtschaftsfaktor und Markt. Manuskript. Erkrath: Deutsche Gesellschaft für Freizeit 1989

Albach, H.: Dienstleistungen in der modernen Industriegesellschaft. München 1989 (= Schriftenreihe "Perspektiven und Orientierungen" des Bundeskanzleramtes, Band 8)

Albrecht, W. R.: Klein- und Mittelunternehmen (KMU) und die Selbstheilungskräfte des Marktes, in: Sozialer Fortschritt 10/1988, S. 235-239

Altenburger, O. A.: Ansätze zu einer Produktions- und Kostentheorie der Dienstleistungen. Berlin 1980

André, A.: Chancen der Verwirklichung der Fortentwicklung sozialer Dienste, in: Sozialer Fortschritt 7/1985, S. 153-159

Andritsch, F.: Zum aktuellen Stand der Versorgung chronisch Abhängigkeitskranker in der Bundesrepublik Deutschland, in: Suchtgefahren 35 (1989), S. 312-316

Arbeiterwohlfahrt: Arbeiterwohlfahrt fordert Neuordnung der Nichtseßhaftenhilfe, in: Theorie und Praxis der sozialen Arbeit Nr. 8/82, S. 290-294

Arbeiterwohlfahrt: Presseinformation (AWP) vom 31. Oktober 1988

Arbeitsgruppe "Armut und Unterversorgung": Bedarfsbezogene Grundsicherung - Fundament für die Sozialpolitik, in: Theorie und Praxis der sozialen Arbeit Nr. 2/86, S. 58-62

Arbeitsgruppe Sozialpolitisches Programm der Kommission Sozialpolitik beim SPD-Parteivorstand: Die Zukunft sozial gestalten. Bonn 1986

Arbeitskreis Konjunktur im DIW: Tendenzen der Wirtschaftsentwicklung 1989/90. Zur außenwirtschaftlichen Problematik, in: DIW-Wochenbericht 26-27/89, S. 304-307

Arbeitskreis Strukturberichterstattung des DIW: Exportgetriebener Strukturwandel bei schwachem Wachstum. Kurzfassung der Strukturberichterstattung 1987 des DIW, in: DIW-Wochenbericht 6/88, S. 75-90

Autorengemeinschaft: Echte oder unechte Arbeitslosigkeit?, in: MatAB 2/1988

Backes, G.: Ehrenamtliche Dienste in der Sozialpolitik - Folgen für die Frauen, in: WSI-Mitteilungen 7/1985, S. 386-393

Bade, F.-J.: Der wirtschaftliche Strukturwandel im überregionalen Vergleich - Produktionsorientierte Dienstleistungen als Träger regionaler Wachstumsprozesse, in: *Kemming, H. u. a.*: Tertiärisierung und Stadtstruktur. Zur Notwendigkeit der Neuorientierung städtischen Handelns. Dortmund 1990, S. 12-21 (= ILS-Schriften 44)

Bäcker, G.: Sozialpolitik durch soziale Dienstleistungen - Zukunftsperspektiven des Sozialstaates, in: WSI-Mitteilungen 3/1986, S. 201-216

Bäcker, G.: Viel Lärm um wenig? Der Wertschöpfungsbeitrag als neues Finanzierungsfundament der Rentenversicherung in der sozialpolitischen Diskussion, in: APuZ B 35/87, S. 28-38

Bäcker, G.: Die Zukunft der Sozialpolitik, in: APuZ B 21-22/88, S. 24-35

Bäcker, G./Dieck, M./Naegele, G./Tews, H.-P.: Ältere Menschen in Nordrhein-Westfalen. Wissenschaftliches Gutachten zur Lage der älteren Menschen und zur Altenpolitik in Nordrhein-Westfalen zur Vorbereitung des zweiten Landesaltenplans. Auftraggeber: Ministerium für Arbeit, Gesundheit und Soziales des Landes Nordrhein-Westfalen (MAGS). Düsseldorf: April 1989

Baethge, M./Overbeck, H.: Dienstleistungssektor als Auffangnetz? Zur These der Kompensation von Rationalisierungseffekten in der Produktion durch Ausweitungen von Dienstleistungen - Am Beispiel kaufmännischer und verwaltender Tätigkeiten, in: Soziale Welt 2/1985, S. 226-241

Bartholmai, B.: Lage und Perspektiven am Wohnungsmarkt, in: DIW-Wochenbericht 24/89, S. 267-274

Baumgartner, T./Rubik, F./Teichert, V.: Szenario Arbeit, in: *Michelsen, G. (Hrsg.)*: Die Zukunft der Bundesrepublik. Szenarien und Prognosen. Eine Publikation des Öko-Instituts Freiburg/Breisgau. Hamburg 1988, S. 99-126

Beck, U.: Risikogesellschaft. Überlebensfragen, Sozialstruktur und ökologische Aufklärung, in: APuZ B 36/89, S. 3-13

Beckenbach, F./Schreyer, M. (Hrsg.): Gesellschaftliche Folgekosten. Was kostet unser Wirtschaftssystem? Frankfurt am Main 1988

Becker, B.: Arbeitnehmer im Dienstleistungsbereich. Ergebnis der Beschäftigtenstatistik, in: Wirtschaft und Statistik 5/1988, S. 328-339

Becker, U.: Frauenerwerbstätigkeit - Eine vergleichende Bestandsaufnahme, in: APuZ B 28/89, S. 22-33

Beckmann, M.: Radikalisierung oder Apathie? Zu den politischen Verarbeitungsformen der Arbeitslosigkeit, in: Politische Vierteljahresschrift 4/1988, S. 591-609

Behring, K./Goldrian, G.: Verstärkte Diskrepanzen auf den Wohnungsmärkten in Sicht. Ausgewählte Ergebnisse einer Ifo-Wohnungsnachfrageprognose bis 1995, in: Ifo-Schnelldienst 8/89, S. 5-16

Bell, D.: Die nachindustrielle Gesellschaft. Frankfurt am Main/New York 1975

Bellmann, L./Buttler, F.: Lohnstrukturflexibilität - Theorie und Empirie der Transaktionskosten und Effizienzlöhne, in: MittAB 2/89, S. 202-217

Berekoven, L.: Der Dienstleistungsmarkt in der Bundesrepublik Deutschland. Theoretische Fundierung und empirische Analyse. Band 1. Göttingen 1983

Berekoven, L.: Der Dienstleistungsmarkt - Sachliche Besonderheiten und empirische Befunde, in: *Pestel, E. (Hrsg.)*: Perspektiven der Dienstleistungswirtschaft. Beiträge zu einem internationalen Dienstleistungssymposium der Niedersächsischen Landesregierung vom 13.-15. Mai 1985 in Hannover. Göttingen 1986, S. 24-37

Beyfuß, J.: Deutsche Wirtschaft im Welthandel, in: Wirtschaft und Unterricht. Informationen für Pädagogen in Schule und Betrieb. Herausgegeben vom Institut der deutschen Wirtschaft in Zusammenarbeit mit der Bundesarbeitsgemeinschaft Schule-Wirtschaft Heft 2/1985

Biedenkopf, K. H.: Zu Perspektiven der Wirtschaftspolitik. Bonn 1988

Bienert, M.: Verbesserung der Dienstleistungen und Möglichkeiten zur Unterstützung der Vollbeschäftigungspolitik am Beispiel des Polizeidienstes, in: WSI-Mitteilungen 6/1988, S. 372-377

Binswanger, H. C./Geissberger, W./Ginsburg, T. (Hrsg.): Wege aus der Wohlstandsfalle. Der NAWU-Report: Strategien gegen Arbeitslosigkeit und Umweltkrise. Frankfurt am Main 1980

Binswanger, H. C. u. a.: Arbeit ohne Umweltzerstörung. Strategien einer neuen Wirtschaftspolitik. Eine Publikation des "Bundes für Umwelt und Naturschutz Deutschland e. V." (BUND). Frankfurt am Main 1983

Birch, D.: Who creates Job? The Public Interest 65, Fall 1985, S. 3-14

Bisping, P./Hilles, K.: Arbeitsfreie Zeit - eine Belebung für den Arbeitsmarkt?, in: BAG-Mitteilungen (Zeitschrift der Bundesarbeitsgemeinschaft der Diplom-Pädagogen e. V.) 31/88, April 1988, S. 3-18

Blaschke, D.: Aussiedler - Eine Problemskizze aus der Sicht der Arbeitsmarkt- und Berufsforschung, in: Arbeit und Sozialpolitik 8-9/1989, S. 238-245

Blazejczak, J./Kirner, W./Krupp, H.-J.: Längerfristige Perspektiven der wirtschaftlichen Entwicklung in der Bundesrepublik Deutschland, in: DIW-Wochenbericht 30/84, S. 355-373

Blazejczak, J./Kirner, W./Krupp, H.-J.: Perspektiven der wirtschaftlichen Entwicklung in der Bundesrepublik Deutschland bis zum Jahre 2000, in: DIW-Wochenbericht 25/87, S. 329-347

Boettcher, E.: Die Genossenschaft im Verhältnis zu erwerbswirtschaftlichen und gemeinwirtschaftlichen Unternehmen sowie zur Gemeinnützigkeit, in: *Engelhardt, W. W./Thiemeyer, T. (Hrsg.)*: Genossenschaft - quo vadis? Eine neue Anthologie. Baden-Baden 1988, S. 83-101 (= Zeitschrift für öffentliche und gemeinwirtschaftliche Unternehmen, Beiheft 11)

Bolle, M.: Neue staatliche Initiativen der Arbeitsplatzschaffung, in: *Dierkes, M./Strümpel, B. (Hrsg.)* : Wenig Arbeit - aber viel zu tun. Opladen 1985, S. 127-137

Bosch, G.: Arbeitsmarktbeitrag: Eine gerechte Verteilung der Lasten in der Arbeitsmarktpolitik, in: WSI-Mitteilungen 8/1983, S. 461-469

Bosch, G.: Perspektiven der Finanzierung der Arbeitsmarktpolitik, in: Sozialer Fortschritt 8/1985, S. 169-178

Brenner, U.: Hätten Sie's gewußt?, in: Natur 4/89, S. 78-82

Brinkmann, C.: Finanzielle und psychosoziale Folgen der Arbeitslosigkeit, in: MatAB 8/1986

Brinkmann, C./Klauder, W./Reyher, L./Thon, M.: Methodische und inhaltliche Aspekte der Stillen Reserve, in: MittAB 4/87, S. 387-409

Brinkmann, C./Spitznagel, E.: Gesamtfiskalische und individuelle Belastungen durch Arbeitslosigkeit, in: Arbeit und Sozialpolitik 6-7/1988, S. 190-195

Broder, H.: Möglichkeiten und Kriterien der Privatisierung durch Verlagerung öffentlicher Dienstleistungen auf freiberuflich Tätige, in: Der Gemeindehaushalt 3/1985, S. 53-56

Bröschen, E.: Die Lebenslage älterer Menschen im ländlichen Raum - Eine empirische Untersuchung als Grundlage zur Planung von sozialen Diensten. Stuttgart 1983 (= Schriftenreihe des Bundesministers für Jugend, Familie und Gesundheit, Band 137)

Brondke, H.: Pflege und Bewirtschaftung von Wald und Landschaft als gesellschaftliche Aufgabe mit beschäftigungspolitischen Bezügen, in: WSI-Mitteilungen 6/1988, S. 378-381

Bruche, G./Reissert, B.: Die Finanzierung der Arbeitsmarktpolitik. System, Effektivität, Reformansätze. Frankfurt am Main 1985 (= Arbeitsberichte des Wissenschaftszentrums Berlin - Internationales Institut für Management und Verwaltung/ Arbeitsmarktpolitik)

Brum, H./Huter, O.: Kommunale Umweltpolitik - Dienstleistungen und Investitionen für den Ausbau der ökologischen Infrastruktur, in: WSI-Mitteilungen 6/1988, S. 344-350

Brunowsky, R.-D.: Arbeit gibt es genug, in: Wirtschaftswoche Nr. 9/1988, S. 30-47

Brunowsky, R.-D.: Das Ende der Arbeitslosigkeit. Alternativen zum herrschenden Nichtstun. München 1988

Brunowsky, R.-D./Wicke, L.: Der Öko-Plan. Durch Umweltschutz zum neuen Wirtschaftswunder. München 1984

Buchholz-Will, W.: Das Ehegattensplitting bleibt ein Stein des Anstoßes, in: WSI-Mitteilungen 11/1985, S. 668-675

Bueb, E. u. a.: Freiheit von Armut - Ein grünes Modell einer bedarfsorientierten Grundsicherung in allen Lebenslagen. Bonn 1986

Büchtemann, C. F.: Bewältigung der Arbeitsmarktkrise? Zehn Jahre Massenarbeitslosigkeit in der Bundesrepublik Deutschland, in: APuZ B 4/85, S. 32-46

Bundesanstalt für Arbeit: Die Entwicklung des Arbeitsmarktes im Mai 1989, in: Amtliche Nachrichten der Bundesanstalt für Arbeit (ANBA) Nr. 6/1989, S. 923

Bundesanstalt für Arbeit: Arbeitsstatistik 1988 - Jahreszahlen, in: Amtliche Nachrichten der Bundesanstalt für Arbeit (ANBA), Sondernummer. Nürnberg: August 1989

Bundesarbeitsgemeinschaft der Freien Wohlfahrtspflege (Hrsg.): Gesamtstatistik der Einrichtungen der freien Wohlfahrtspflege. Stand 1.1.1987. Bonn: November 1987

Bundeskrankenhauskonferenz: Arbeitsgemeinschaft Deutscher Schwesternverbände, Deutsche Krankenhausgesellschaft, Deutscher Berufsverband für Krankenpflege, Verband der Krankenhausdirektoren Deutschlands, Marburger Bund, Verband der leitenden Krankenhausärzte Deutschlands: Verbesserung der Krankenhauspflege nicht kostenneutral. Bonn, 28. November 1989

Bundeskrankenhauskonferenz: Arbeitsgemeinschaft Deutscher Schwesternverbände, Deutsche Krankenhausgesellschaft, Deutscher Berufsverband für Krankenpflege, Verband der Krankenhausdirektoren Deutschlands, Marburger Bund, Verband der leitenden Krankenhausärzte Deutschlands: Wachsender Personalmangel im stationären und ambulanten Versorgungsbereich. Bonn, 28. November 1989

Bundesministerium des Innern, Pressedienst: Mitteilung des Bundesministers des Innern vom 5. Januar 1990

Der Bundesminister für Arbeit und Sozialordnung (Hrsg.): Soziale Dienstleistungen als Träger potentiellen Wachstums und ihr Beitrag zum Abbau längerfristiger Arbeitslosigkeit. Bonn 1980

Der Bundesminister für Arbeit und Sozialordnung (Hrsg.): Situation ausländischer Arbeitnehmer und ihrer Familienangehörigen in der Bundesrepublik Deutschland - Repräsentativuntersuchung der Friedrich-Ebert-Stiftung. Bonn 1986 (= Forschungsbericht des Bundesarbeitsministeriums Nr. 133)

Der Bundesminister für Arbeit und Sozialordnung (Hrsg.): Teilzeitarbeit. 2., überarbeitete Auflage. Bonn 1988

Der Bundesminister für Arbeit und Sozialordnung (Hrsg.): Hauptergebnisse des BMA-Forschungsprojektes "Sozialversicherungsfreie Beschäftigung". Bonn 1989

Der Bundesminister für Bildung und Wissenschaft (Hrsg.): Zukunftsaufgabe Umweltbildung. Dokumentation des BMBW-Symposiums vom 24. bis 26. September 1986 in Bonn. Bonn 1987

Der Bundesminister für Bildung und Wissenschaft (Hrsg.): Zukunftsaufgabe Umweltbildung. Stand und Perspektiven der Umweltbildung in der Bundesrepublik Deutschland. Bonn 1988 (= Bildung-Wissenschaft-Aktuell 1/88)

Der Bundesminister für Bildung und Wissenschaft (Hrsg.): Grund- und Strukturdaten 1989/90. Bonn: November 1989

Der Bundesminister für Jugend, Familie, Frauen und Gesundheit (Hrsg.): Ehrenamtliche soziale Dienstleistungen. Bericht eines Arbeitskreises der Gesellschaft für sozialen Fortschritt. Stuttgart 1989 (= Schriftenreihe des Bundesministers für Jugend, Familie, Frauen und Gesundheit, Band 231)

Bundestags-Drucksache 10/5856: Unterrichtung durch die Bundesregierung: Bericht der Bundesregierung über die gegenwärtige Situation des Mißbrauchs von Alkohol, illegalen Drogen und Medikamenten in der Bundesrepublik Deutschland und die Ausführung des Aktionsprogramms des Bundes und der Länder zur Eindämmung und Verhütung des Alkoholmißbrauchs

Bundestagsdrucksache 11/1920: Entschließungsantrag der Abgeordneten Frau Saibold, Sellin, Stratmann und der Fraktion DIE GRÜNEN zu der Unterrichtung durch die Bundesregierung - Drucksache 11/1733 - Jahreswirtschaftsbericht 1988 der Bundesregierung

Bundestagsdrucksache 11/2032: Unterrichtung durch die Bundesregierung: Berufsbildungsbericht 1988

Bundestagsdrucksache 11/2627: Antwort der Bundesregierung auf die Kleine Anfrage des Abgeordneten Sellin und der Fraktion DIE GRÜNEN - Drucksache 11/2389: Forschungsaufträge und Forschungsergebnisse über ökologische und soziale Folgekosten des Wirtschaftens.

Bundestags-Drucksache 11/2848: Unterrichtung durch die Bundesregierung: Zweiter Bericht der Bundesregierung über die Lage der Frauenhäuser für mißhandelte Frauen und Kinder

Bundestagsdrucksache 11/3017: Unterrichtung durch die Bundesregierung: Stellungnahme der Bundesregierung zu den Berichten der fünf an der Strukturberichterstattung beteiligten Wirtschaftsforschungsinstitute (Strukturberichte 1987)

Bundestagsdrucksache 11/4643: Beschlußempfehlung und Bericht des Innenausschusses (4. Ausschuß) zu dem Gesetzentwurf des Bundesrates - Drucksache 11/2218: Entwurf eines ... Gesetzes zur Änderung dienstrechtlicher Vorschriften

Burda, M. C./Sachs, J. D.: Institutional Aspects of High Unemployment in the Federal Republic of Germany, National Bureau of Economic Research, Working Paper No. 2241. Cambridge MA 1987

Bust-Bartels, A.: Beseitigung der Massenarbeitslosigkeit durch soziale Innovation. Alternativen zur Arbeitsmarktpolitik, in: APuZ B 43/87, S. 3-18

Buttler, G./Simon, W.: Wachstum durch Dienstleistungen. Köln 1987 (= Beiträge zur Wirtschafts- und Sozialpolitik des Instituts der deutschen Wirtschaft, Band 156)

Calließ, J./Lob, R. E. (Hrsg.): Handbuch Praxis der Umwelt- und Friedenserziehung. Band 1: Grundlagen. Düsseldorf 1987

Clade, H.: Psychiatrie-Reform: Fachabteilungen und Tageskliniken schließen Lücken, in: Arbeit und Sozialpolitik 10/1989, S. 303

Clark, C.: The Conditions of Economic Progress. London 1957

Cornelsen, C.: Beruf und Tätigkeitsmerkmale der Erwerbstätigen. Ergebnis des Mikrozensus März 1987, in: Wirtschaft und Statistik 12/1988, S. 864-869

Cornetz, W.: Die Kehrseite des "amerikanischen Beschäftigungswunders", in: Wirtschaftsdienst 12/1987, S. 627-632

Corsten, H.: Betriebswirtschaftslehre der Dienstleistungsunternehmen. Einführung. München 1988

Cramer, U.: Klein- und Mittelbetriebe: Hoffnungsträger der Beschäftigungspolitik?, in: MittAB 1/87, S. 15-29

Cramer, U./Koller, M.: Gewinne und Verluste von Arbeitsplätzen in Betrieben - der "Job-Turnover"-Ansatz, in: MittAB 3/88, S. 361-377

Cuadrado, J. R./Rio, C. del: Structural Change and Evolution of the Services Sector in the OECD, in: The Services Industries Journal 3/1989, S. 439-468

Czada, P.: Wirtschaft. Aktuelle Probleme des Wachstums und der Konjunktur. Opladen 1984

Dahrendorf, R.: Die Arbeitsgesellschaft in der Krise, in: liberal 1/1986, S. 59-64

Dalhoff, M.: Das Gesetz zur Strukturreform im Gesundheitswesen und seine Auswirkungen auf die Versorgung älterer Menschen, in: Nachrichtendienst des Deutschen Vereins für öffentliche und private Fürsorge 10/1989, S. 346-349

Damkowski, W.: Sozialstationen - ein Konzept ambulanter Versorgung in der Bewährung, in: APuZ B 24-25/87, S. 13-28

Decker, F.: Einführung in die Dienstleistungsökonomie. Paderborn 1975 (= Uni-Taschenbücher 505)

Denia, W.: Arbeitssituation im Pflegedienst. Auswertung einer Umfrage der Deutschen Angestellten-Gewerkschaft. *Hrsg.: DAG-Bundesvorstand, Ressort Öffentlicher Dienst.* Hamburg 1988.

Dennebaum, E.-M.: Pflegebedürftigkeit im Alter als vordringliches soziales Problem, in: Theorie und Praxis der sozialen Arbeit Nr. 1/85, S. 2-8

Dettling, W./Jaeckel, M./Münder, J.: Zwischen Geld und Güte. Auf der Suche nach einem optimalen Ordnungsrahmen für soziale Dienste, in: *Fink, U. (Hrsg.)*: Der neue Generationenvertrag. Die Zukunft der sozialen Dienste. München 1988, S. 65-79

Deutsche Bundesbank: Reisen und Reiseausgaben im Ausland 1985/86. Ergebnisse einer Repräsentativ-Befragung von Reisenden aus der Bundesrepublik, in: Monatsbericht Januar 1988, S. 23-34

Deutsche Bundesbank: Entwicklung und Struktur der Ausgaben der Gebietskörperschaften für Sachinvestitionen, in: Monatsbericht August 1988, S. 32-39

Deutsche Bundesbank: Der Dienstleistungssektor in der Bundesrepublik Deutschland als Träger des wirtschaftlichen Wachstums, in: Monatsbericht August 1988, S. 40-48

Deutsche Bundesbank: Die Finanzentwicklung der Bundesanstalt für Arbeit seit Mitte der achtziger Jahre, in: Monatsbericht Januar 1989, S. 13-21

Deutsche Bundesbank: Die Zahlungsbilanz der Bundesrepublik im Jahre 1988, in: Monatsbericht März 1989, S. 19-27

Deutsche Bundesbank: Die Ausgaben für Sozialhilfe seit Beginn der achtziger Jahre, in: Monatsbericht April 1989, S. 34-43

Deutsche Gesellschaft für Freizeit: Freizeit-Lexikon. Erkrath 1986

Deutsche Gesellschaft für Freizeit (Hrsg.): 25 Jahre Deutsche Gesellschaft für Freizeit. Erkrath 1989

Deutsche Krankenhausgesellschaft: Anhaltszahlen. Empfehlungen für die Besetzung der Krankenhäuser mit Pflegekräften und Ärzten von 1951 bis 1979. Bonn 1980

Deutscher Gewerkschaftsbund: Investitionsoffensive für qualitatives Wachstum, in: Informationen zur Wirtschafts- und Umweltpolitik 7/1988

Deutscher Städtetag: Möglichkeiten und Grenzen der Privatisierung öffentlicher Aufgaben. Köln 1986 (= Reihe A, DST-Beiträge zur Kommunalpolitik 7)

Deutscher Verein für öffentliche und private Fürsorge: Empfehlungen des Deutschen Vereins zur Berücksichtigung der besonderen Belange alleinerziehender Mütter und Väter, in: Nachrichtendienst des Deutschen Vereins für öffentliche und private Fürsorge Nr. 11/1989, S. 367-368

Deutscher Verein für öffentliche und private Fürsorge: Zweite Empfehlungen zu den Kosten in Frauenhäusern und zur Übernahme dieser Kosten, Bundestagsdrucksache 11/2848, Anlage 4, S. 46-47

Deutsches Institut für Wirtschaftsforschung: Exportgetriebener Strukturwandel bei schwachem Wachstum. Analyse der strukturellen Entwicklung der deutschen Wirtschaft. Strukturberichterstattung 1987. Berlin 1988 (= Beiträge zur Strukturforschung 103)

Dieck, M./Naegele, G.: "Ältere Menschen in NRW". Zusammenfassung der wichtigsten Ergebnisse eines Gutachtens zur Lage der älteren Menschen und zur Altenpolitik in NRW, in: Sozialer Fortschritt 9/1989, S. 198-207

Dieck, M./Steinack, R.: Gesellschaftliche Integration, soziale Interaktion, materielle und immaterielle Ressourcen: Aspekte der Situation älterer Menschen in der Bundesrepublik Deutschland. Berlin (West) & Dublin: Deutsches Zentrum für Altersfragen e. V., Berlin (West)/Europäische Stiftung zur Verbesserung der Lebens- und Arbeitsbedingungen, Dublin, 1987

Dierkes, M./Wagner, P.: Investitionen im Energie- und Umweltbereich - Arbeitsplätze durch selektive Wachstumsförderung?, in: *Dierkes, M./Strümpel, B. (Hrsg.)*: Wenig Arbeit, aber viel zu tun. Neue Wege der Arbeitsmarktpolitik. Opladen 1985, S. 138-150

Dietz, F.: Strukturwandel auf dem Arbeitsmarkt. Entwicklung bei den sozialversicherungspflichtig beschäftigten Arbeitnehmern nach Wirtschaftszweigen, Berufen und Qualifikationen zwischen 1974 und 1986, in: MittAB 1/88, S. 115-136

Dittrich, W./Fuchs, G./Landenberger, M./Rucht, D.: Staatliche Teilzeitförderung in der privaten Wirtschaft und im öffentlichen Dienst: Regelungen, Interessen, Wirkungen, in: MittAB 2/89, S. 277-293

Döhrn, R.: Reiseverkehr, Freizeitkonsum und Wirtschaftsstruktur. Teil 2: Die Einbindung des Reiseverkehrs in Freizeitkonsum und Wirtschaftsstruktur, in: RWI-Mitteilungen, Jg. 33 (1982), S. 85-98

Döhrn, R.: Zur strukturellen Entwicklung des Privaten Verbrauchs seit 1960. Eine Neuberechnung der Konsumverflechtungstabellen des RWI, in: RWI-Mitteilungen, Jg. 39 (1988), S. 55-87

Döhrn, R.: Neue Beschäftigungsformen innerhalb und außerhalb der offiziellen Wirtschaft, in: *Arbeitsgemeinschaft deutscher wirtschaftswissenschaftlicher Forschungsinstitute e. V. (Hrsg.)*: Dienstleistungen im Strukturwandel. Bericht über den wissenschaftlichen Teil der 51. Mitgliederversammlung der Arbeitsgemeinschaft deutscher wirtschaftswissenschaftlicher Forschungsinstitute e. V. in Bonn am 5. und 6. Mai 1988. Berlin 1988 (= Beihefte der Konjunkturpolitik, Zeitschrift für angewandte Wirtschaftsforschung 35), S. 207-229

Dostal, W.: Informationstechnik und Informationsbereich im Kontext aktueller Prognosen, in: MittAB 1/86, S. 134-144

Dostal, W.: Telearbeit. Beispiele, Definitionen, Bewertungen, in: MatAB 4/1986

Dostal, W.: Informatisierung und Wandel der Berufsstruktur, in: *Arbeitsgemeinschaft deutscher wirtschaftswissenschaftlicher Forschungsinstitute e. V. (Hrsg.)*: Dienstleistungen im Strukturwandel. Bericht über den wissenschaftlichen Teil der 51. Mitgliederversammlung der Arbeitsgemeinschaft deutscher wirtschaftswissenschaftlicher Forschungsinstitute e. V. in Bonn am 5. und 6. Mai 1988. Berlin 1988 (= Beihefte der Konjunkturpolitik, Zeitschrift für angewandte Wirtschaftsforschung 35), S. 105-119

Dostal, W.: Arbeitsmarktwirkungen moderner Technologien. Neue Erkenntnisse aus der Meta-Studie?, in: MittAB 2/89, S. 187-201

Ehrenberg, H.: Mehr Arbeitsplätze ohne Lohnverzicht. Für einen neuen Konsens in der Wirtschaftspolitik. Stuttgart 1988

Ehrenberg, H.: Überlegungen zur Zukunft der Arbeit, in: APuZ B 3/90, S. 3-13

Einem, E. v.: Dienstleistungen und Beschäftigtenentwicklung. Discussion Paper IIM/LMP 86-6, Wissenschaftszentrum Berlin. Berlin 1986

Eisbach, J.: Der Aufstieg der internationalen Wettbewerbsfähigkeit zum Leitstern deutscher Wirtschaftspolitik, in: WSI-Mitteilungen 7/1986, S. 467-472

Eisold, H.: Gründe und Scheingründe gegen eine Flexibilisierung des Tarifvertragssystems, in: Wirtschaftsdienst 2/1989, S. 94-101

Eißel, D.: Herausforderungen und Möglichkeiten einer kommunalen Arbeitsmarktpolitik, in: APuZ B 38/88, S. 29-42

Engelbrech, G.: Erfahrungen von Frauen an der "dritten Schwelle". Schwierigkeiten bei der beruflichen Wiedereingliederung aus der Sicht der Frauen, in: MittAB 1/89, S. 100-113

Engelen-Kefer, U.: Der Arbeitsmarkt in der Bundesrepublik Deutschland - Zur aktuellen Lage und zu den Entwicklungstendenzen, in: Gewerkschaftliche Monatshefte 2/89, S. 76-84

Erichsen, R.: Zurückkehren oder bleiben? Zur wirtschaftlichen Situation von Ausländern in der Bundesrepublik Deutschland, in: APuZ B 24/88, S. 14-25

Ertel, R.: Entwicklungen im Dienstleistungsbereich: Bestandsaufnahme für Niedersachsen und qualitative Fragestellungen. Berlin 1979 (= Beiträge zur angewandten Wirtschaftsforschung, Band 6)

Ertel, R.: Was sind Dienstleistungen? Definitorische Anmerkungen, in: *Pestel, E. (Hrsg.)*: Perspektiven der Dienstleistungswirtschaft. Beiträge zu einem internationalen Dienstleistungssymposium der Niedersächsischen Landesregierung vom 13.-15. Mai 1985 in Hannover. Göttingen 1986, S. 15-23

Espenhorst, J.: Wege aus der Krise in die Zukunft der Arbeit. Von der Arbeits- in die Tätigkeitsgesellschaft, in: APuZ B 6/83, S. 16-27

Fachausschuß "Gesundheitspolitik" und Koordinierungskreis "Suchtkrankenhilfe" der Arbeiterwohlfahrt: Hilfen für Suchtkranke und Suchtgefährdete - Kernaussagen der Arbeiterwohlfahrt, in: Theorie und Praxis der sozialen Arbeit Nr. 6/89, S. 202-211

Felderer, B.: Wirtschaftliche Auswirkungen einer schrumpfenden Bevölkerung, in: Wirtschaftsdienst 6/1983, S. 291-297

Fels, G./Schatz, K.-W.: Sektorale Entwicklung und Wachstumsaussichten der westdeutschen Wirtschaft bis 1980, in: Die Weltwirtschaft 1/1974, S. 52-83

Fels, G./Schmidt, K.-D.: Die deutsche Wirtschaft im Strukturwandel. Tübingen 1980

Ferber, C. v.: Ehrenamtliche soziale Dienstleistungen, in: Sozialer Fortschritt 12/1986, S. 265-269

Ferber, C. v.: Neues Ehrenamt - altes Ehrenamt. Traditionelle Helfer, neue Helfer. Traditionelle Verbände, neue Initiativen, in: *Fink, U. (Hrsg.)*: Der neue Generationenvertrag. Die Zukunft der sozialen Dienste. München 1988, S. 117-131

Fetsch, C.: Neue Ansätze zur Wirtschafts- und Sozialpolitik, in: APuZ B 21-22/88, S. 36-46

Fialka, P.: Zur Notwendigkeit einer Weiterentwicklung der Sozialdienste, in: Informationsdienst zur Ausländerarbeit 1/1989, S. 20-21

Fink, U.: Der neue Generationenvertrag. Die Zukunft der sozialen Dienste, in: *Fink, U. (Hrsg.)*: Der neue Generationenvertrag. Die Zukunft der sozialen Dienste. München 1988, S. 9-22

Fink, U.: Zukunftsfelder der Arbeit, in: APuZ B 3/90, S. 14-20

Fisher, A. G. B.: A Note On Tertiary Production, in: The Economic Journal Vol. 62/1952, S. 820-834

Flachmann, C.: Inlandsreiseverkehr 1988. Ergebnis der Beherbergungsstatistik, in: Wirtschaft und Statistik 4/1989, S. 220-224

Fleischer, H.: Entwicklung der Ausländerzahl seit 1987, in: Wirtschaft und Statistik 9/1989, S. 594-599

Fleischer, H./Proebsting, H.: Aussiedler und Übersiedler - Zahlenmäßige Entwicklung und Struktur, in: Wirtschaft und Statistik 9/1989, S. 582-589

Fohrbeck, K.: Von der Industriegesellschaft zur Kulturgesellschaft? Kulturpolitische Entwicklungen in der Bundesrepublik Deutschland. München 1989 (= Schriftenreihe "Perspektiven und Orientierungen" des Bundeskanzleramtes, Band 9)

Fourastié, J.: Die große Hoffnung des zwanzigsten Jahrhunderts. Köln-Deutz 1954

Frerich, J./Pötzsch, R.: Tertiärer Sektor und Regionalpolitik. Göttingen 1975 (= Schriftenreihe der Kommission für wirtschaftlichen und sozialen Wandel, Band 62)

Fritsch, M.: Export-Basis-Theorie: Einige antikritische Anmerkungen zu einem Beitrag von A. Richmann, in: Raumforschung und Raumordnung 5-6/1980, S. 266-268

Fröhlich, H.-P./Schüle, U.: Außenwirtschaftliche Anpassungszwänge. Produktion und Beschäftigung im Strukturwandel. Köln 1987 (= Beiträge zur Wirtschafts- und Sozialpolitik des Instituts der deutschen Wirtschaft, Band 157)

Fromme, J./Nahrstedt, W./Oberpenning, D.: Berufsfeldforschung und Berufspolitik für Freizeitpädagogik und Kulturarbeit, in: BAG-Mitteilungen (Zeitschrift der Bundesarbeitsgemeinschaft der Diplom-Pädagogen e. V.) 31/88, April 1988, S. 28-36

Galler, H. P./Ott, N.: Familienlastenausgleich: effizientere Lösungen sind möglich, in: Wirtschaftsdienst 8/1987, S. 402-408

Gattinger, J.: Konjunkturreport: Arbeitsmarkt, in: Wirtschaftskonjunktur 8/1988, S. R1-R4

Geck, H.-M./Petry, G.: Die Förderung des Dienstleistungssektors im Rahmen der regionalen Strukturpolitik. Eine Untersuchung zur theoretischen Grundlage der regionalen Wirtschaftsförderung. Gutachten im Auftrag des Ministeriums für Wirtschaft, Mittelstand und Verkehr Baden-Württemberg. Tübingen: Institut für angewandte Wirtschaftsforschung 1980 (= Forschungsberichte aus dem Institut für angewandte Wirtschaftsforschung Tübingen, Serie A, Forschungsbericht Nr. 25)

Geller, H.: Die Wirkungen von Lohnnebenkosten auf dem Arbeitsmarkt. Überlegungen zur Reduktion der Massenarbeitslosigkeit, in: Sozialer Fortschritt 8/1985, S. 183-187

Geppert, K./Görzig, B./Kirner, W./Schulz, E./Vesper, D. (unter Mitarbeit von J. Bröcker): Die wirtschaftliche Entwicklung der Bundesländer in den siebziger und achtziger Jahren - Eine vergleichende Analyse. Gutachten im Auftrag des Bundesministers für Wirtschaft. Berlin 1986 (= Beiträge zur Strukturforschung 94)

Gerhardt, J.: Dienstleistungsproduktion. Eine produktionstheoretische Analyse der Dienstleistungsprozesse. Bergisch-Gladbach/Köln 1987

Gerken, E./Jüttemeier, K. H./Schatz, K.-W./Schmidt, K.-D.: Mehr Arbeitsplätze durch Subventionsabbau. Kiel: Oktober 1985 (= Kieler Diskussionsbeiträge Nr. 113/114)

Gerlach, K./Schmidt, E. M.: Unternehmensgröße und Entlohnung, in: MittAB 3/89, S. 355-373

Gershuny, J.: Post-Industrial Society. The myth of the service economy, in: Futures, April 1977, S. 103-114

Gershuny, J.: Die Ökonomie der nachindustriellen Gesellschaft: Produktion und Verbrauch von Dienstleistungen. Frankfurt am Main/New York 1981

Gershuny, J.: Beschäftigungsstruktur und nachindustrieller Wandel, in: *Pestel, E. (Hrsg.)*: Perspektiven der Dienstleistungswirtschaft. Beiträge zu einem internationalen Dienstleistungssymposium der Niedersächsischen Landesregierung vom 13.-15. Mai 1985 in Hannover. Göttingen 1986, S. 57-72

Gerstenberger, W.: Wachstumsfelder am Rande der offiziellen Wirtschaft, in: Ifo-Schnelldienst 26-27/86, S. 11-20

Gerstenberger, W.: Der Dienstleistungsbereich im Spannungsfeld divergierender Kräfte, in: Allgemeines Statistisches Archiv 1/1987, S. 38-46

Gerstenberger, W.: Dienstleistungen: Auf dem Weg zu einer neuen Arbeitsteilung, in: Ifo-Schnelldienst 14-15/87, S. 3-4

Gerstenberger, W.: Wettbewerbsfähige Strukturen gestatten Expansionspolitik. Zusammenfassung der Ergebnisse der Strukturberichterstattung 1987, in: Ifo-Schnelldienst 1/88, S. 5-22

Gerstenberger, W.: Entwicklung der Wettbewerbsfähigkeit der deutschen Industrie, in: Ifo-Schnelldienst 7/88, S. 3-16

Gerstenberger, W.: Zehn Jahre Strukturberichterstattung - die Ifo-Forschungsaktivitäten im Überblick, in: Ifo-Schnelldienst 10/88, S. 7-17

Geuenich, M.: Dienstleistungen und qualitatives Wachstum, in: *Deutscher Gewerkschaftsbund (Hrsg.)*: Informationen zur Wirtschafts- und Umweltpolitik 15/1988 vom 27. Oktober 1988

GEWOS Institut für Stadt-, Regional- und Wohnforschung, Hamburg: Schriftliche Stellungnahme zur Öffentlichen Anhörung des Bundestagsausschusses für Raumordnung, Bauwesen und Städtebau zu dem Antrag der Abg. Frau Oesterle-Schwerin, Frau Teubner und der Fraktion DIE GRÜNEN am 7. 12. 1988, Quelle: Bundestags-Drucksache 11/982, abgedruckt in: Gefährdetenhilfe 1/89, S. 24-26

Giarini, O.: Entwürfe zum "Reichtum der Nationen": Einige Kernpunkte und Definitionen zum Thema Dienstleistungswirtschaft, in: *Pestel, E. (Hrsg.)*: Perspektiven der Dienstleistungswirtschaft. Beiträge zu einem internationalen Dienstleistungssymposium der Niedersächsischen Landesregierung vom 13.-15. Mai 1985 in Hannover. Göttingen 1986, S. 41-56

Glastetter, W.: Investition und Beschäftigung, in: Wirtschaftsdienst 11/1988, S. 557-562

Glatzer, W./Zapf, W.: Lebensqualität in der Bundesrepublik, in: *Glatzer, W./Zapf, W. (Hrsg.)*: Lebensqualität in der Bundesrepublik. Objektive Lebensbedingungen und subjektives Wohlbefinden. Frankfurt am Main 1984, S. 391-401

Goergens, E.: Die Drei-Sektoren-Hypothese, in: Das Wirtschaftsstudium (WISU) 6/75, S. 287-292

Görhely, T./Rußig, V.: Bauvolumen: Trendwende erst Mitte der neunziger Jahre. Ausgewählte Ergebnisse der Ifo-Bauvorausschätzung 1988-1998, in: Ifo-Schnelldienst 35-36/88, S. 13-22

Gräb, C.: Krankenhäuser 1987, in: Wirtschaft und Statistik 6/1989, S. 373-376

Graichen, R.: Das öffentliche Transportunternehmen Deutsche Bundesbahn als Instrument beschäftigungssichernder Verkehrs- und Umweltpolitik, in: WSI-Mitteilungen 6/1988, S. 359-364

Gralla, M. u. a.: Umwelt im Steuerdschungel, in: Ökologische Konzepte, Nr. 30, Sommer 1989, S. 27-32

Gray, P.: Services and Comparative Advantage Theory, in: Giersch, H. (Ed.): Services in World Economic Growth: Symposium 1988. Kiel: Institut für Weltwirtschaft 1989, S. 85-103

Gretschmann, K.: Öko-Steuern - Zwischen Vision und Revision, in: WSI-Mitteilungen 8/1989, S. 423-431

Gretschmann, K./Heinze, R. G./Hilbert, J./Voelzkow, H.: Durch die Krise zur Reform: Finanzierungs- und Leistungsalternativen in der Sozialen Sicherung, in: *Heinze, R. G./ Hombach, B./Scherf, H. (Hrsg.)*: Sozialstaat 2000. Auf dem Weg zu neuen Grundlagen der sozialen Sicherung. Ein Diskussionsband. Bonn 1987, S. 15-52

Grohmann, H.: Vom theoretischen Konstrukt zum statistischen Begriff. Das Adäquationsproblem, in: Allgemeines Statistisches Archiv 1/1985, S. 1-15

Groser, M.: Beschäftigung und Arbeitsmarktpolitik im internationalen Vergleich, in: APuZ B 29/89, S. 3-12

Gross, P.: Die Verheißungen der Dienstleistungsgesellschaft: Soziale Befreiung oder Sozialherrschaft? Opladen 1983

Gross, P.: Zur gesellschaftlichen Bedeutung und Bewertung der Schattenwirtschaft, in: *Gross, P./Friedrich, P. (Hrsg.)*: Positive Wirkungen der Schattenwirtschaft. Baden-Baden 1988 (= Schriften zur öffentlichen Verwaltung und öffentlichen Wirtschaft, Band 112)

Gross, P.: Der neue Zeitvertrag. Eine Aufgabe für alle Bundesanstalten?, in: *Fink, U. (Hrsg.)*: Der neue Generationenvertrag. Die Zukunft der sozialen Dienste. München 1988, S. 133-145

Guggenberger, B.: Wenn uns die Arbeit ausgeht. Die aktuelle Diskussion um Arbeitszeitverkürzung, Einkommen und die Grenzen des Sozialstaats. München 1988

Gundlach, E.: Gibt es genügend Lohndifferenzierung in der Bundesrepublik Deutschland?, in: Die Weltwirtschaft 1/1986, S. 74-88

Gutenberg, E.: Grundlagen der Betriebswirtschaftslehre, Band 1: Die Produktion. 20. Auflage. Berlin/Heidelberg/New York 1973

Gutschmidt, G.: Armut in Einelternfamilien. Die "typisch weibliche Erwerbsbiographie" ist die zentrale Ursache für die Einkommensarmut alleinerziehender Mütter, in: Blätter der Wohlfahrtspflege 11-12/1989, S. 335-338

Haag, G./Schneider, U.: Armut im Alter. Einkommen, Wohnen, Gesundheit und soziale Kontakte alter Menschen in der Bundesrepublik, in: Blätter der Wohlfahrtspflege 11-12/ 1989, S. 321-330

Haberland, J.: Die Eingliederung von Aussiedlern und Zuwanderern, in: Nachrichtendienst des Deutschen Vereins für öffentliche und private Fürsorge Nr. 3/1989, S. 75-83

Härtel, H.-H.: Wachstums- und Struktureffekte des Umweltschutzes, in: Wirtschaftsdienst 5/1988, S. 245-252

Häußermann, H./Siebel, W.: Neue Urbanität. Frankfurt am Main 1987 (= edition suhrkamp, Neue Folge, Band 432)

Hagemann, H.: Freisetzungs- und Kompensationseffekte neuer Technologien: Zur Gefahr einer technologischen Arbeitslosigkeit, in: *Buttler, F./Kühl, J./Rahmann, B. (Hrsg.)*: Staat und Beschäftigung. Angebots- und Nachfragepolitik in Theorie und Praxis. Nürnberg 1985, S. 291-335 (= BeitrAB 88)

Hagemann, H./Sommerfeldt, K.: Flexible Teilzeitarbeit als Instrument der Arbeitsmarktentlastung. Zusammenfassung der Ergebnisse eines McKinsey-Forschungsprojektes. München 1987

Hagen, K./Meinhardt, V.: Aspekte der Sozialhilfe in der Bundesrepublik Deutschland, in: DIW-Wochenbericht 50/88, S. 665-673

Hahn, W./Ratzenberger, R.: Nachfragerückgang verlangt Reform des öffentlichen Personennahverkehrs, in: Ifo-Schnelldienst 16/89, S. 6-20

Hanesch, W.: "Hilfe zur Arbeit" statt Beschäftigungspolitik? - Beschäftigungsangebote in der kommunalen Armutspolitik, in: WSI-Mitteilungen 7/1985, S. 404-413

Hanesch, W.: Grundsicherung für Arbeitslose - Eine sozialpolitische Reformstrategie in der Beschäftigungskrise, in: *Heinze, R. G./Hombach, B./Scherf, H. (Hrsg.)*: Sozialstaat 2000. Auf dem Weg zu neuen Grundlagen der sozialen Sicherung. Bonn 1987, S. 171-182

Hardes, H.-D.: Vorschläge zur Differenzierung und Flexibilisierung der Löhne, in: MittAB 1/88, S. 52-73

Hardes, H.-D.: Langzeit-Arbeitslosigkeit und Arbeitsbeschaffungsmaßnahmen, in: Wirtschaftsdienst 9/1988, S. 463-469

Hasse, R./Eisold, H.: "Maschinensteuer". Ein Beitrag zur Finanzierung der Renten?, in: Das Wirtschaftsstudium (WISU) 12/85, S. 579-580

Hatzold, O.: Der Privathaushalt als Arbeitsplatz, in: Ifo-Schnelldienst 12/88, S. 20-27

Hegner, F.: Soziale Dienste zwischen Beruf und Freiwilligkeit, in: *Dierkes, M./Strümpel, B. (Hrsg.)*: Wenig Arbeit, aber viel zu tun. Neue Wege der Arbeitsmarktpolitik. Opladen 1985, S. 109-123

Heinelt, H.: Chancen und Bedingungen arbeitsmarktpolitischer Regulierung am Beispiel ausgewählter Arbeitsamtsbezirke. Zur Bedeutung der Kommunen beim Einsatz von Arbeitsbeschaffungsmaßnahmen (ABM), in: MittAB 2/89, S. 294-311

Heinze, J.: Jenseits der Drei-Sektoren-Hypothese: Zur Rolle der Dienstleistungen im Strukturwandel, in: Ifo-Schnelldienst 14-15/87, S. 5-10

Heinze, J./Schedl, H.: Eigenproduktion und Schwarzarbeit: Alternativen zur Deckung des Dienstleistungsbedarfs, in: Ifo-Schnelldienst 14-15/87, S. 49-54

Heinze, R. G.: Massenarbeitslosigkeit und neue Wege in der Arbeitsmarktpolitik, in: *Heinze, R. G./Hombach, B./Mosdorf, S. (Hrsg.)*: Beschäftigungskrise und Neuverteilung der Arbeit. Bonn 1984, S. 169-181

Heinze, R. G./Hilbert, J./Voelzkow, H.: Arbeit und Umwelt in der Kommunalpolitik, in: APuZ B 46-47/86, S. 14-28

Heinze, R. G./Olk, T./Hilbert, J.: Der neue Sozialstaat. Analyse und Reformperspektiven. Freiburg im Breisgau 1988

Hemmer, E.: Personalzusatzkosten im Produzierenden Gewerbe und im Dienstleistungsbereich, in: IW-Trends 1/1988, S. 16-23

Herrmann, A./Ochel, W.: Der internationale Handel mit Dienstleistungen - Entwicklung, Wettbewerbsfaktoren, Hemmnisse, in: Ifo-Schnelldienst 14-15/87, S. 55-65

Herrmann, H.: Frauen im Aufbruch. Köln 1988 (= Beiträge zur Gesellschafts- und Bildungspolitik des Instituts der deutschen Wirtschaft, Band 135)

Hesse, H.: Aufgaben und Beschränkungen der nationalen Wirtschaftspolitik in einer außenhandelsorientierten Volkswirtschaft, in: *Siebert, H. (Hrsg.)*: Perspektiven der deutschen Wirtschaftspolitik. Stuttgart 1983, S. 123-141

Hickel, R.: Technologische Arbeitslosigkeit oder langfristiger Aufschwung? Arbeitsplatzeffekte der Rationalisierung, in: WSI-Mitteilungen 6/1987, S. 327-337

Hickel, R.: Wirtschaften ohne Naturzerstörung. Strategien einer ökologisch-ökonomischen Strukturpolitik, in: APuZ B 29/87, S. 43-54

Hock, G./Krähmer, R.: Die Finanzierung kommunaler Umweltschutzinvestitionen - Probleme - Untaugliche Rezepte - Alternativen, in: WSI-Mitteilungen 8/1989, S. 444-453

Höft-Dzemski, R.: Ambulante gesundheits- und sozialpflegerische Dienste in der Bundesrepublik Deutschland - Anzahl, Personalstruktur, Leistungsspektrum, Versorgungsdichte, in: Nachrichtendienst des Deutschen Vereins für öffentliche und private Fürsorge Nr. 3/1988, S. 79-84

Höft-Dzemski, R./Deutscher Verein für Öffentliche und private Fürsorge: Bestandsaufnahme der ambulanten sozialpflegerischen Dienste (Kranken- und Altenpflege, Haus- und Familienpflege) im Bundesgebiet. Stuttgart 1987 (= Schriftenreihe des Bundesministers für Jugend, Familie, Frauen und Gesundheit, Band 195)

Höhnen, W.: Handlungsspielräume für mehr öffentliche Investitionen, in: WSI-Mitteilungen 6/1989, S. 334-341

Hölder, E.: Das Bruttosozialprodukt - ein zentraler Maßstab wirtschaftlichen Wachstums, in: Wirtschaftsdienst 10/1989, S. 486-490

Hoffmann, E.: Beschäftigungstendenzen im Dienstleistungssektor der USA und der Bundesrepublik Deutschland, in: MittAB 2/88, S. 243-265

Hollmann, E./Irskens, B.: Kindertagesstättenentwicklung - Bedarf und Flexibilisierung, in: Nachrichtendienst des Deutschen Vereins für öffentliche und private Fürsorge Nr. 12/1988, S. 383-389

Hopf, R.: Projektion des PKW-Bestandes für die Bundesrepublik Deutschland bis zum Jahr 2010, in: DIW-Wochenbericht 36/89, S. 425-432

Horn, E.-J.: Ist die BRD überindustrialisiert?, in: Wirtschaftsdienst 7/1976, S. 345-350

Huber, J.: Die Regenbogengesellschaft. Ökologie und Sozialpolitik. Frankfurt am Main 1985

Hummel, M.: Das Subventionsdickicht erfordert weitere Durchforstung, in: Ifo-Schnelldienst 18-19/88, S. 22-34

Hummel, M.: Finanzierung von Kunst und Kultur durch Unternehmen, in: Ifo-Schnelldienst 28/88, S. 3-10

Hummel, M./Berger, M.: Die volkswirtschaftliche Bedeutung von Kunst und Kultur, in: Ifo-Schnelldienst 24/88, S. 5-14

Iben, G.: Armut der Obdachlosen und Nichtseßhaften. Zur Problemgeschichte der Wohnungsnot - Ursachen und Perspektiven, in: Blätter der Wohlfahrtspflege 11-12/1989, S. 316-320

Inglehart, R.: Wertwandel in westlichen Gesellschaften: Politische Konsequenzen von materialistischen und postmaterialistischen Prioritäten, in: *Klages, H./Kmieciak, P. (Hrsg.)*: Wertewandel und gesellschaftlicher Wandel. Frankfurt am Main 1979, S. 279-316

Institut der deutschen Wirtschaft: IWD-Informationsdienste 18/1987, 25/1987, 18/1988, 20/1989

Institut der deutschen Wirtschaft: Teilzeitarbeit - Neuer Beschäftigungs-Mix, in: IWD-Informationsdienst Nr. 12/1988, S. 4

Institut der deutschen Wirtschaft: Zahlen zur wirtschaftlichen Entwicklung der Bundesrepublik Deutschland. Ausgabe 1989. Köln 1989

Institut für Freizeitwirtschaft: Wachstumsfelder im Freizeitbereich bis 1995. 3 Bände. München 1987

Institut für Weltwirtschaft: Zusammenfassung der Strukturberichterstattung 1987 des Instituts für Weltwirtschaft (IfW), Kiel. Abgedruckt in Bundestagsdrucksache 11/3017, S. 62-65

Institut Wohnen und Umwelt: Schriftliche Stellungnahme zur Öffentlichen Anhörung des Bundestagsausschusses für Raumordnung, Bauwesen und Städtebau zu dem Antrag der Abg. Frau Oesterle-Schwerin, Frau Teubner und der Fraktion DIE GRÜNEN am 7.12.1988, Quelle: Bundestags-Drucksache 11/982, abgedruckt in: Gefährdetenhilfe 1/89, S. 22-24

Irsch, N.: Die Eigenkapitalausstattung mittelständischer Unternehmen, in: Wirtschaftsdienst 10/1985, S. 525-530

Jäkel, S./Kirner, E.: Immer mehr Frauen im Beruf. Zur längerfristigen Entwicklung des Erwerbsverhaltens von Frauen, in: DIW-Wochenbericht 29/87, S. 393-402

Jänicke. M.: Staatsversagen - Die Ohnmacht der Politik in der Industriegesellschaft. München 1986

Jessen, J. u. a.: Arbeit nach der Arbeit. Schattenwirtschaft, Wertewandel und Industriearbeit. Opladen 1988

Kaiser, M.: "Alternativ-ökonomische Beschäftigungsexperimente" - quantitative und qualitative Aspekte. Eine Zwischenbilanz, in: MittAB 1/85, S. 92-104

Kapp, K. W.: Soziale Kosten der Marktwirtschaft. Das klassische Werk der Umweltökonomie. Frankfurt am Main 1979

Kastning, L.: Arbeitszeitverkürzung mit oder ohne vollen Lohnausgleich? Der Streit um die Thesen Oskar Lafontaines, in: Gegenwartskunde 2/1988, S. 231-241

Keppler, H.: Internationaler Austausch von Dienstleistungen - zur theoretischen Erklärung und politischen Regelung, in: *Arbeitsgemeinschaft deutscher wirtschaftswissenschaftlicher Forschungsinstitute e. V. (Hrsg.)*: Dienstleistungen im Strukturwandel. Bericht über den wissenschaftlichen Teil der 51. Mitgliederversammlung der Arbeitsgemeinschaft deutscher wirtschaftswissenschaftlicher Forschungsinstitute e. V. in Bonn am 5. und 6. Mai 1988. Berlin 1988 (= Beihefte der Konjunkturpolitik, Zeitschrift für angewandte Wirtschaftsforschung 35), S. 179-200

Kieselbach, T.: Die gesellschaftliche Verarbeitung von Massenarbeitslosigkeit: Gesundheits- und sozialpolitische Konsequenzen aus der Arbeitslosenforschung, in: Theorie und Praxis der sozialen Arbeit Nr. 4/85, S. 122-133

Kirner, E./Krupp, H.-J.: "Strukturreform " der gesetzlichen Rentenversicherung ohne Berücksichtigung des Wandels ökonomischer und gesellschaftlicher Strukturen? Ansatzpunkte für ein umfassendes Konzept, in: DIW-Wochenbericht 50/87, S. 661-666

Klages, H.: Wertorientierungen im Wandel. Rückblick, Gegenwartsanalyse, Prognosen. Frankfurt am Main 1984

Klauder, W.: Tendenzen und Entwicklung des Arbeitsmarktes und der Qualität der Arbeit, in: *Simonis, U. E. (Hrsg.)*: Mehr Technik - weniger Arbeit. Plädoyer für sozial- und umweltverträgliche Technologien. Karlsruhe 1984, S. 15-51

Klauder, W.: Technischer Fortschritt und Beschäftigung. Zum Zusammenhang von Technik, Strukturwandel, Wachstum und Beschäftigung, in: MittAB 1/86, S. 1-19

Klauder, W.: Langfristige Arbeitsmarktperspektiven, in: Arbeit und Sozialpolitik 6-7/1988, S. 196-202

Klauder, W.: Beschäftigungstendenzen der Dienstleistungen in den USA und in der Bundesrepublik Deutschland, in: *Arbeitsgemeinschaft deutscher wirtschaftswissenschaftlicher Forschungsinstitute e. V. (Hrsg.)*: Dienstleistungen im Strukturwandel. Bericht über den wissenschaftlichen Teil der 51. Mitgliederversammlung der Arbeitsgemeinschaft deutscher wirtschaftswissenschaftlicher Forschungsinstitute e. V. in Bonn am 5. und 6. Mai 1988. Berlin 1988 (= Beihefte der Konjunkturpolitik, Zeitschrift für angewandte Wirtschaftsforschung 35), S. 123-138

Klaus, J./Ebert, W.: Satellitensystem "Umwelt", in: Wirtschaftswissenschaftliches Studium (WiSt) 2/1989, S. 59-63

Klemm, K. u. a.: Bildungsgesamtplan '90. Ein Rahmen für Reformen. Weinheim und München 1990 (= Veröffentlichungen der Max-Traeger-Stiftung, Band 12)

Klipstein, M. v./Strümpel, B.: Wertewandel und Wirtschaftsbild der Deutschen, in: APuZ B 42/85, S. 19-38

Knirsch, R. R. (Hrsg.): Umwelterziehung in den USA. Einführung und Dokumentation für die Umwelterziehung in der Bundesrepublik Deutschland. Frankfurt am Main 1986

Koch, A.: Wirtschaftsfaktor Tourismus. Die binnen- und außenwirtschaftliche Bedeutung des Reiseverkehrs der Deutschen unter besonderer Berücksichtigung der Reiseveranstalter- und Reisemittlerbranche. Eine Grundlagenstudie der Reisebranche, erstellt von einer Projektgruppe des Deutschen Wirtschaftswissenschaftlichen Instituts für Fremdenverkehr an der Universität München (DWIF) im Auftrag des Deutschen Reisebüro-Verbandes e.V. (DRV). Frankfurt 1989

Koch, H. H.: Export-Basis-Theorie: Darstellung und Kritik, in: Das Wirtschaftsstudium (WISU) 5/83, S. 228-234

Köhler, J.: Zur Problematik der produktiven und der unproduktiven Arbeit sowie der Dienstleistungen, in: Wirtschaftswissenschaft 22. Jg. (1974), S. 852-886

Körner, H.: Konsequenzen des technischen Wandels für die Entwicklung der Wirtschafts- und Beschäftigungsstruktur. Vervielfältigtes Manuskript. Darmstadt 1986

Kolb, R.: Die geplante Neuregelung des Bundesanteils an der gesetzlichen Rentenversicherung, in: Wirtschaftsdienst 2/1989, S. 74-82

Kolb, R.: Bevölkerungsentwicklung und Auswirkungen auf die Rentenversicherung, in: APuZ B 18/89, S. 32-39

Kommission "Zukunftsperspektiven gesellschaftlicher Entwicklungen": Bericht der Kommission "Zukunftsperspektiven gesellschaftlicher Entwicklungen", erstellt im Auftrag der Landesregierung von Baden-Württemberg. Stuttgart 1983

Kosiol, E.: Einführung in die Betriebswirtschaftslehre. Wiesbaden 1968

Kramer, J.: Förderung ehrenamtlicher Hilfen - eine staatliche Aufgabe! Brauchen wir eine "Bundesanstalt für das Ehrenamt"?, in: *Fink, U. (Hrsg.)*: Der neue Generationenvertrag. Die Zukunft der sozialen Dienste. München 1988, S. 147-153

Kramer, W.: Umwelt im Unterricht. Köln: Deutscher Instituts-Verlag 1988 (= Beiträge zur Gesellschafts- und Bildungspolitik des Instituts der deutschen Wirtschaft, Band 141)

Kraus, R.: Integration von Aussiedlern in der Bundesrepublik Deutschland. Anmerkungen zur gegenwärtigen Ist- und Bedarfssituation, in: Nachrichtendienst des Deutschen Vereins für öffentliche und private Fürsorge Nr. 9/1988, S. 261-264

Krieger, H.: Arbeitsmarktsituation und politische Stabilität. Reaktionsformen abhängig Beschäftigter auf die Arbeitsmarktentwicklung 1977-1985, in: APuZ B 17/86, S. 3-18

Krug, P.: Gesellschaft im Wandel - Herausforderung für Kultur und Weiterbildung, in: *Bundeszentrale für politische Bildung (Hrsg.)*: Zukunft der Weiterbildung. Eine Standortbestimmung. Bonn 1988, S. 95-102

Krupp, H.-J.: Der Strukturwandel zu den Dienstleistungen und Perspektiven der Beschäftigungsstruktur, in: MittAB 1/86, S. 145-158

Krupp, H.-J.: Beschäftigungsperspektiven des Strukturwandels zu den Dienstleistungen. Referat auf der Sitzung des Kuratoriums der Friedrich-Ebert-Stiftung am 26. April 1986 in Düsseldorf/Neuss

Krupp, H.-J.: Gibt es in der Bundesrepublik Deutschland einen Rückstand in der Entwicklung von Dienstleistungen?, in: Allgemeines Statistisches Archiv 1/1987, S. 56-75

Krupp, H.-J.: Arbeitsmarktperspektiven des Strukturwandels zu den Dienstleistungen, in: *Bombach, G./Gahlen, B./Ott, A. E. (Hrsg.)*: Arbeitsmärkte und Beschäftigung. Fakten, Analysen, Perspektiven. Tübingen 1987, S. 173-195

Krupp, H.-J.: Perspektiven der wirtschaftlichen Entwicklung in der Bundesrepublik Deutschland, in: *Körner, H./Uhlig, C. (Hrsg.)*: Die Zukunft der Globalsteuerung. Karl Schiller zum 75. Geburtstag gewidmet. Bern und Stuttgart 1987, S. 17-43 (= Beiträge zur Wirtschaftspolitik, Band 44)

Krupp, H.-J.: Arbeitszeitverkürzung: Wie unterschiedlich sind eigentlich die Positionen?, in: Wirtschaftsdienst 4/1988, S. 183-187

Krupp, H.-J.: Der Beitrag der Dienstleistungen zur Lösung des Beschäftigungsproblems, in: *Arbeitsgemeinschaft deutscher wirtschaftswissenschaftlicher Forschungsinstitute e. V. (Hrsg.)*: Dienstleistungen im Strukturwandel. Bericht über den wissenschaftlichen Teil der 51. Mitgliederversammlung der Arbeitsgemeinschaft deutscher wirtschaftswissenschaftlicher Forschungsinstitute e. V. in Bonn am 5. und 6. Mai 1988. Berlin 1988 (= Beihefte der Konjunkturpolitik, Zeitschrift für angewandte Wirtschaftsforschung 35), S. 11-27

Kück, M.: Alternative Ökonomie in der Bundesrepublik. Entstehungsanlässe, wirtschaftliche Bedeutung und Probleme, in: APuZ B 32/85, S. 26-38

Kühl, J.: Bevölkerungsentwicklungen und öffentlicher Dienstleistungsbedarf, in: WSI-Mitteilungen 6/1988, S. 330-337

Kühl, J.: 15 Jahre Massenarbeitslosigkeit - Aspekte einer Halbzeitbilanz, in: APuZ B 38/88, S. 3-15

Kultusministerkonferenz: Prognose der Studienanfänger, Studenten und Hochschulabsolventen bis 2010. Ergebnisse einer Überprüfung der Berechnungen aus dem Jahre 1987. (Stand: März 1989), in: Westdeutsche Rektorenkonferenz: Informationsdienst - Dokumentation Nr. 16/1989

Kurz-Scherf, I.: Zum Stellenwert der Teilzeitarbeit in einer emanzipatorischen Arbeitszeitpolitik, in: WSI-Mitteilungen 11/1985, S. 659-668

Lakemann, U.: Das Aktivitätsspektrum privater Haushalte in der Bundesrepublik 1950 bis 1980. Zeitliche und inhaltliche Veränderungen von Erwerbstätigkeiten, unbezahlten Arbeiten und Freizeitaktivitäten. Eine vergleichende Auswertung empirischer Untersuchungen. Discussion Paper IIM/LMP 84-19, Wissenschaftszentrum Berlin. Berlin 1984

Lamberts, W.: Dienstleistungsproduzenten und Warenproduzenten in der Marktwirtschaft, in: RWI-Mitteilungen, Jg. 37/38 (1986/87), S. 503-525

Landenberger, M.: Flexible Arbeitszeitformen im Spannungsfeld von ökonomischer Liberalisierung und sozialem Schutzbedarf, in: APuZ B 21/87, S. 15-29

Langkau-Herrmann, M./Scholten, U.: Strategien zur Flexibilisierung der Arbeitszeit und zur Arbeitszeitverkürzung. Bonn 1986

Leciejewski, K.: Zur wirtschaftlichen Eingliederung der Aussiedler, in: APuZ B 3/90, S. 52-62

Leidinger, F.: Eine neue Psychiatrie für die Alten. Die Lage der Gerontopsychiatrie in der Bundesrepublik Deutschland, in: Blätter der Wohlfahrtspflege 10/1988, S. 233-236

Leipert, C.: Theoretische und wirtschaftspolitische Konsequenzen aus der Kritik an der Wachstumsgesellschaft, in: APuZ B 25/81, S. 31-52

Leipert, C.: Ökologische und soziale Folgekosten der Produktion. Zum Problem der zunehmenden Unwirtschaftlichkeit der industriegesellschaftlichen Produktionsweise, in: APuZ B 19/84, S. 33-47

Leipert, C.: Folgekosten des Wirtschaftsprozesses und Volkswirtschaftliche Gesamtrechnung - Zur Identifikation von steigenden kompensatorischen Ausgaben in der Sozialproduktrechnung. Discussion Paper IIUG rep 87-22, Wissenschaftszentrum Berlin. Berlin 1987

Leipert, C.: Defensive Ausgaben. Ist das Bruttosozialprodukt Wohlstandsindikator?, in: WZB-Mitteilungen 40, Juni 1988, S. 24-28

Leipert, C.: Grundfragen einer ökologisch ausgerichteten Wirtschafts- und Umweltpolitik, in: APuZ B 27/88, S. 29-37

Leipert, C.: Illusionäres Wachstum. Ökologisch und ökonomisch kontraproduktive Konsequenzen des herrschenden Wachstumskonzeptes, in: Scheidewege. Jahresschrift für skeptisches Denken. Jahrgang 18 (1988/89), S. 204-235

Leipert, C.: Bruttosozialprodukt und Wachstumsillusion, in: Wirtschaftsdienst 10/1989, S. 483-486

Leipert, C./Simonis, U. E.: Alternativen wirtschaftlicher Entwicklung. Problembereiche, Ziele und Strategien, in: *Simonis, U. E. (Hrsg.)*: Ökonomie und Ökologie. Auswege aus einem Konflikt. Karlsruhe 1980, S. 103-157

Leipert, C./Simonis, U. E.: Arbeit und Umwelt. Ansatzpunkte für eine integrierte Beschäftigungs- und Umweltpolitik, in: APuZ B 32/85, S. 3-15

Link, F. J.: Wachstum im Wandel. Chancen für mehr Qualität. Köln 1989 (= Beiträge zur Wirtschafts- und Sozialpolitik des Instituts der deutschen Wirtschaft, Band 165)

Löbbe, K.: 10 Jahre Strukturberichterstattung - Eine Zwischenbilanz, in: RWI-Mitteilungen, Jg. 37/38 (1986/87), S. 455-473

Löbbe, K.: Staatliche Eigenproduktion und öffentliche Unternehmen in der Bundesrepublik Deutschland, in: RWI-Mitteilungen, Jg. 39 (1988), S. 89-113

Lohmann, M.: Einführung in die Betriebswirtschaftslehre. 4., neu bearbeitete Auflage. Tübingen 1964

Lühr, H.-P.: Die Abwasserabgabe - Grundlagen und Auswirkungen, in: WSI-Mitteilungen 8/1989, S. 432-438

Lützel, H.: Statistische Erfassung von Dienstleistungen, in: Allgemeines Statistisches Archiv 1/1987, S. 17-37

Mai, H.: Dienstleistungen im Produzierenden Gewerbe - Testerhebung. Konzept und Ergebnisse, in: Wirtschaft und Statistik 2/89, S. 57-64

Maier, F.: Sozial- und arbeitsrechtliche Absicherung von Teilzeitbeschäftigten im internationalen Vergleich, in: Internationale Chronik zur Arbeitsmarktpolitik Nr. 36, April 1989, S. 3-14

Maier, F./Schettkat, R.: Beschäftigungspotentiale der Arbeitszeitpolitik, in: APuZ B 3/90, S. 37-51

Maier, H. E.: Arbeitsbeschaffungsmaßnahmen als Instrument aktiver Arbeitsmarktpolitik, in: *Scharpf, F. W. u. a. (Hrsg.)*: Aktive Arbeitsmarktpolitik. Erfahrungen und neue Wege. Frankfurt am Main/New York 1982, S. 119-140

Maier, H. E.: Schafft Energieeinsparung Arbeitsplätze? Qualitatives Wachstum durch kleine Unternehmen. Wiesbaden 1986

Majer, H.: Qualitatives Wachstum und Lebensqualität: definitorische und analytische Zusammenhänge, in: *Majer, H. (Hrsg.)*: Qualitatives Wachstum. Einführung in Konzeptionen der Lebensqualität. Frankfurt am Main/New York 1984, S. 32-49

Majer, H.: Wachstumskrise bis 2000, in: *Majer, H. (Hrsg.)*: Neue Wege der Wachstumsanalyse. Ein interdisziplinärer Ansatz. Frankfurt am Main/New York 1986, S. 47-86

Maleri, R.: Grundzüge der Dienstleistungsproduktion. Berlin/Heidelberg/New York 1973

Marburger Bund (Hrsg.): Ärztlicher Personalbedarf im Krankenhaus. 20 Jahre Anhaltszahlen. Köln 1989

Marx, K.: Das Kapital, Band 2, MEW 24. Berlin Ost 1971

Masberg, D.: Zur Entwicklung der Diskussion um "Lebensqualität" und "qualitatives Wachstum" in der Bundesrepublik, in: *Majer, H. (Hrsg.)*: Qualitatives Wachstum. Einführung in Konzeptionen der Lebensqualität. Frankfurt am Main/New York 1984, S. 11-31

Meißner, W.: Ökologie und Ökonomie, in: Ifo-Schnelldienst 18/83, S. 17-23

Meißner, W./Fassing, W.: Wirtschaftsstruktur und Strukturpolitik. München 1989

Meißner, W./Zinn, K. G.: Der neue Wohlstand. Qualitatives Wachstum und Vollbeschäftigung. München 1984

Mertens, D.: Gedanken zur Ambivalenz der Expansion des tertiären Sektors, in: *Arbeitsgemeinschaft deutscher wirtschaftswissenschaftlicher Forschungsinstitute e. V. (Hrsg.)*: Dienstleistungen im Strukturwandel. Bericht über den wissenschaftlichen Teil der 51. Mitgliederversammlung der Arbeitsgemeinschaft deutscher wirtschaftswissenschaftlicher Forschungsinstitute e. V. in Bonn am 5. und 6. Mai 1988. Berlin 1988 (= Beihefte der Konjunkturpolitik, Zeitschrift für angewandte Wirtschaftsforschung 35), S. 41-55

Meyer, D.: Liberalisierung des Ladenschlusses - pro und contra, in: Das Wirtschaftsstudium (WISU) 8-9/89, S. 464-466

Meyer-Abich, K. M.: Weiterbildung der Hochschule durch Weiterbildung an der Hochschule, in: Die Neue Gesellschaft/ Frankfurter Hefte 1/1987, S. 10-15

Meyer-Abich, K. M.: Von der Wohlstandsgesellschaft zur Risikogesellschaft. Die gesellschaftliche Bewertung industriewirtschaftlicher Risiken, in: APuZ B 36/89, S. 31-42

Middeke, J.-J.: Wachstumsfelder im Freizeitbereich, in: Der Verbraucher 12/88, S. 32-38

Miedaner, L./Schneider, K.: Zwischen Bildungsanspruch und Sozialabbau - Das Beispiel der Kindergartenpolitik, in: *Olk, T./Otto, H.-U. (Hrsg.)*: Der Wohlfahrtsstaat in der Wende. Umrisse einer zukünftigen Sozialarbeit. Weinheim und München 1985, S. 28-42

Möhlenbruch, D.: Mehr Freiheit für den Ladenschluß. Zur Diskussion um den Dienstleistungsabend, in: Wirtschaftswissenschaftliches Studium (WiSt) 8/1989, S. 411-412

Möller, C.: Flexibilisierung - Eine Talfahrt in die Armut. Prekäre Arbeitsverhältnisse im Dienstleistungssektor, in: WSI-Mitteilungen 8/1988, S. 466-475

Möller, G.: Ansätze zur Reduzierung überzyklischer Arbeitslosigkeit durch energiesparende Techniken. Dissertation: Darmstadt 1988

Müller, M.: Neue Ansätze zu einem alten Vorhaben: Zur Aktualität des Genossenschaftsgedankens, in: Die Neue Gesellschaft/Frankfurter Hefte 12/1984, S. 1132-1136

Müller-Dietz, H.: Aufgaben freier Straffälligenhilfe im Wandel sozialer Problemlagen, in: Bewährungshilfe 1-2/89, S. 124-136

Mundt, J. W./Studienkreis für Tourismus e. V. Starnberg: Urlaubsreisen 1988. Einige Ergebnisse der Reiseanalyse 1988. Kurzfassung. München 1989

Naegele, G.: Voran mit der familiären Pflege - Ein Weg zurück! - Neuere Praxiskonzepte zur Beseitigung des Pflegenotstandes, in: WSI-Mitteilungen 7/1985, S. 394-403

Nahrstedt, W.: Allgemeinbildung im Zeitalter der 35-Stunden-Gesellschaft. Lernen zwischen neuer Technologie, Ökologie und Arbeitslosigkeit - Plädoyer für eine Pädagogik der Zeit, in: Zeitschrift für Pädagogik 4/1986, S. 515-528

Nicklisch, H.: Wirtschaftliche Betriebslehre. 5. Auflage. Stuttgart 1922

Niedrig, H.: Daten und Tendenzen der freien Wohlfahrtspflege, in: Theorie und Praxis der sozialen Arbeit Nr. 12/87, S. 416-422

Nordhaus, W./Tobin, J.: Is Growth Obsolete? National Bureau of Economic Research. New York 1972

Novy, K.: Renaissance der Genossenschaften - Realismus oder Utopie?, in: *Berger, J. u. a. (Hrsg.)*: Selbstverwaltete Betriebe in der Marktwirtschaft. Bielefeld 1986, S. 79-94

Novy, K.: Ansprüche an den Neubau - Wohnungspolitik als Kulturpolitik, in: Gewerkschaftliche Monatshefte 11/88, S. 692-702

Nutzinger, H. G./Zahrnt, A. (Hrsg.): Öko-Steuern. Karlsruhe 1989

Ochel, W.: Produzentendienstleistungen: Auch in Europa ein wichtiger Wachstumsbereich, in: Ifo-Schnelldienst 14-15/87, S. 20-31

Ochel, W./Schreyer, P.: Beschäftigungsentwicklung im Bereich unternehmensorientierter Dienstleistungen: USA - Bundesrepublik im Vergleich, in: *Arbeitsgemeinschaft deutscher wirtschaftswissenschaftlicher Forschungsinstitute e. V. (Hrsg.)*: Dienstleistungen im Strukturwandel. Bericht über den wissenschaftlichen Teil der 51. Mitgliederversammlung der Arbeitsgemeinschaft deutscher wirtschaftswissenschaftlicher Forschungsinstitute e. V. in Bonn am 5. und 6. Mai 1988. Berlin 1988 (= Beihefte der Konjunkturpolitik, Zeitschrift für angewandte Wirtschaftsforschung 35), S. 139-173

Ochel, W./Schreyer, P.: Das amerikanische "Beschäftigungswunder" - ein Vorbild für die Bundesrepublik?, in: Ifo-Schnelldienst 30/88, S. 9-22

Ochel, W./Wegner, M.: Dienstleistungen in Europa. Ein Überblick über Wachstum, Beschäftigungs- und Produktivitätsentwicklung, in: Ifo-Schnelldienst 14-15/87, S. 11-15

Ökonomisches Lexikon (A-K). 2., neu bearbeitete Auflage. Berlin (Ost) 1970

Offe, C.: Sozialstaat und Beschäftigungskrise: Probleme der Sicherung der sozialen Sicherung, in: *Heinze, R. G./Hombach, B./Scherf, H. (Hrsg.)*: Sozialstaat 2000. Auf dem Weg zu neuen Grundlagen der sozialen Sicherung. Ein Diskussionsband. Bonn 1987, S. 53-66

Olson, M.: Aufstieg und Niedergang von Nationen. Ökonomisches Wachstum, Stagflation und soziale Starrheit. Tübingen 1985

Opaschowski, H. W.: Arbeit. Freizeit. Lebenssinn? Orientierungen für eine Zukunft, die längst begonnen hat. Opladen 1983

Opaschowski, H. W.: Der Struktur- und Wertewandel von Arbeit und Freizeit und seine Auswirkungen auf die Bildungsbedürfnisse von Erwachsenen, in: *Bundeszentrale für politische Bildung (Hrsg.)*: Zukunft der Weiterbildung. Eine Standortbestimmung. Bonn 1988, S. 222-241

Opaschowski, H. W.: Psychologie und Soziologie der Freizeit. Opladen 1988

Opaschowski, H. W./Stubenvoll, R.: Zukunftsaspekte des Freizeitsports. Sportlichkeit als neues Lebensgefühl, in: Der Verbraucher 17/88, S. 6-7

Otto, P./Sonntag, P.: Wege in die Informationsgesellschaft. Steuerungsprobleme in Wirtschaft und Politik. München 1985

Pawlowsky, P.: Arbeitseinstellungen im Wandel. Zur theoretischen Grundlage und empirischen Analyse subjektiver Indikatoren der Arbeitswelt. München 1986 (= Beiträge zur Sozialökonomik der Arbeit 8)

Peretzki-Leid, U.: Aufgabenbewältigung in den Bereichen Gesundheitswesen und soziale Dienste - jetzt und in Zukunft, in: WSI-Mitteilungen 6/1988, S. 337-343

Pestel, E.: Jenseits der Grenzen des Wachtums. Bericht an den Club of Rome. Stuttgart 1988

Pestel, E./Ertel, R.: Erörterungen und Ergebnisse des Symposiums, in: *Pestel, E. (Hrsg.)*: Perspektiven der Dienstleistungswirtschaft. Beiträge zu einem internationalen Dienstleistungssymposium der Niedersächsischen Landesregierung vom 13.-15. Mai 1985 in Hannover. Göttingen 1986, S. 127-140

Petersen, H. J. u. a.: Der internationale Handel mit Dienstleistungen aus der Sicht der Bundesrepublik Deutschland - Entwicklung, Handel, Politik. Berlin 1984 (= Beiträge zur Strukturforschung 78)

Picht, C.: Möglichkeiten einer verstärkten Verlagerung öffentlicher Dienstleistungen auf freiberuflich Tätige. Berlin 1984 (= Veröffentlichungen des Forschungsinstituts für Wirtschaftspolitik an der Universität Mainz, Band 46)

Pigou, A. C.: The Economics Of Welfare. Fourth Edition. London 1960

Piore, M. J./Sabel, C. F.: Das Ende der Massenproduktion. Studie über die Requalifizierung der Arbeit und die Rückkehr der Ökonomie in die Gesellschaft. Berlin 1985

Pommerehne, W./Frey, B. S.: Staatliche Förderung von Kunst und Kultur: Eine ökonomische Betrachtung, in: Jahrbuch für Sozialwissenschaft 38 (1987), S. 259-275

Priester, K.: Ambulant vor stationär? Möglichkeiten und Grenzen der Entlastung des Krankenhaussektors durch ambulante sozialpflegerische Dienste und häusliche Pflege, in: *Deppe, H.-U./Friedrich, H./Müller, R. (Hrsg.)*: Das Krankenhaus: Kosten, Technik oder humane Versorgung. Frankfurt am Main/New York 1989, S. 134-152

Puskeppeleit, J.: Entwicklungslinien und -perpektiven der Sozialdienste, in: Informationsdienst zur Ausländerarbeit 1/1989, S. 14-19

Putzhammer, H.: Personalbedarf im Bildungswesen - eine politische Größe, in: WSI-Mitteilungen 6/1988, S. 365-372

Rehfeld, U./Luckert, H.: Die versicherungsfremden Leistungen der Rentenversicherung - Eine Schätzung von Häufigkeiten und Volumen, in: Deutsche Rentenversicherung 1-2/1989, S. 42-71

Reich, U. P./Stahmer, C. u. a.: Satellitensysteme zu den Volkswirtschaftlichen Gesamtrechnungen. Stuttgart/Mainz 1988

Reidenbach, M./Knopf, C.: Der kommunale Investitionsbedarf Mitte der 80er Jahre. Eine Einschätzung, in: *Deutsches Institut für Urbanistik (Hrsg.)*: Aktuelle Information April 1985

Reim, U.: Zum Ausbau statistischer Informationen über Dienstleistungen, in: Wirtschaft und Statistik 12/1988, S. 842-848

Rein, M.: Women in the Social Welfare Labor Market. Discussion Paper IIM/CMP 85-18, Wissenschaftszentrum Berlin. Berlin 1986

Reissert, B.: Langfristarbeitslosigkeit und "temporärer Ersatzarbeitsmarkt". Modellrechnung zu einem arbeitsmarktpolitischen Sofortprogramm, in: Wirtschaftsdienst 4/1983, S. 178-184

Reissert, B./Scharpf, F. W./Schettkat, R.: Eine Strategie zur Beseitigung der Massenarbeitslosigkeit, in: APuZ B 23/86, S. 3-21

Reitz, R.: "Zweiter" Arbeitsmarkt und unkonventionelle Beschäftigungsinitiativen, in: Die Neue Gesellschaft/Frankfurter Hefte 11/1984, S. 1067-1072

Restle, D.: Aussiedlerintegration: Herausforderung und Chance, in: Bundesarbeitsblatt 5/1989, S. 25-28

Richmann, A.: Kritik der Export-Basis-Theorie als "Basis" der regionalen Wirtschaftspolitik in der Bundesrepublik Deutschland, in: Raumforschung und Raumordnung 6/1979, S. 268-273

Riede, T./Schott-Winterer, A./Woller, A.: Soziale Dienstleistungen und Wohlfahrtsstaat. Vergleichende Analysen zur Beschäftigung im Arbeitsmarktsegment "Soziale Dienstleistungen" in der Bundesrepublik Deutschland und den USA, in: Soziale Welt 3/1988, S. 292-314

Rieger, W.: Einführung in die Privatwirtschaftslehre. 3. Auflage. Erlangen 1964

Rittenbruch, K.: Zur Anwendbarkeit der Exportbasiskonzepte im Rahmen von Regionalstudien. Berlin 1968

Rössle, K.: Allgemeine Betriebswirtschaftslehre. 5. Auflage. Stuttgart 1956

Rolff, H.-G.: Schule und gesellschaftlicher Wandel. Anforderungen an die Schule in den neunziger Jahren, in: APuZ B 27/89, S. 14-25

Roth, R. A.: Dispositionen politischen Verhaltens bei arbeitslosen Jugendlichen, in: APuZ B 29/89, S. 25-38

Rothkirch, C. v./Tessaring, M.: Projektionen des Arbeitskräftebedarfs nach Qualifikationsebenen bis zum Jahre 2000, in: MittAB 1/86, S.105-118

Rückert, W.: Personelle Rahmenbedingungen für eine angemessene Pflege von Heimbewohnern, in: *Brandt, H./Dennebaum, E.-M./Rückert, W.*: Stationäre Altenhilfe. Problemfelder - Rahmenbedingungen - Perspektiven. Freiburg im Breisgau 1987, S. 107-118

Rückert, W.: Die Situation der Altenpflege im internationalen Vergleich, in: *Der Bundesminister für Jugend, Familie, Frauen und Gesundheit (Hrsg.)*: Ehrenamtliche soziale Dienstleistungen. Bericht eines Arbeitskreises der Gesellschaft für sozialen Fortschritt. Stuttgart 1989, S. 131-158

Rürup, B.: Aktive Beschäftigungspolitik durch staatliche Unternehmen, in: Wirtschaftsdienst 7/1977, S. 339-346

Rürup, B.: Plädoyer für eine expansive Personalpolitik des Staates zur Wiedergewinnung der Vollbeschäftigung, in: *Markmann, H./Simmert, D. B. (Hrsg.)*: Krise der Wirtschaftspolitik. Köln 1978, S. 435-454

Rürup, B.: Soziale Dienste. Notwendiger Ausbau der Sozialpolitik und beschäftigungspolitische Chancen, in: *Simmert, D. B. (Hrsg.)*: Wirtschaftspolitik - Kontrovers. Köln 1980, S. 259-274

Rürup, B.: Der Bundeszuschuß an die Rentenversicherung. Vorschläge für eine Reform, in: Wirtschaftsdienst 6/1981, S. 276-282

Rürup, B.: Chancen und Risiken der elektronischen Revolution, in: Wirtschaftsdienst 6/1984, S. 267-270

Rürup, B.: Strukturpolitische Aspekte eines Wertschöpfungsbeitrags. Gutachten im Auftrag der SPD-Fraktion des Deutschen Bundestages. Darmstadt 1986

Rürup, B.: Konsequenzen des technologischen Wandels für das System der sozialen Sicherung, in: *Körner, H./Rürup, B. (Hrsg.)*: Sozioökonomische Konsequenzen des technischen Wandels. Beiträge zu einem von der Technischen Hochschule Darmstadt vom 20. bis zum 22. Oktober 1986 veranstalteten interdisziplinären Symposium. Darmstadt 1987, S. 139-156

Rürup, B.: Arbeitszeitflexibilisierung: Chancen, Risiken, Optionen, in: Orientierungen zur Wirtschafts- und Gesellschaftspolitik 2/1987, S. 8-13

Rürup, B.: Zusammenhänge zwischen Frauenerwerbstätigkeit und Geburtenentwicklung: Fakten - Hypothesen - Optionen, in: Evangelische Aktionsgemeinschaft für Familienfragen: Familienpolitische Informationen Nr. 6/1987, S. 41-44

Rürup, B.: Wirtschaftliche und gesellschaftliche Perspektiven der Bundesrepublik Deutschland. München 1989 (= Schriftenreihe "Perspektiven und Orientierungen" des Bundeskanzleramtes, Band 7)

Rürup, B.: Mittel- und langfristige Perspektiven der soziodemographischen Entwicklung der Bundesrepublik Deutschland: Herausforderung und Optionen. in: ZAR 3/1989, S. 99-102

Rüter, G.: Regionalpolitik im Umbruch. Ordnungstheoretische und -politische Überlegungen zur regionalen Wirtschaftspolitik in der Bundesrepublik Deutschland unter besonderer Berücksichtigung der Situation der Freien Hansestadt Bremen. Bayreuth 1987

Sachverständigenrat für die Konzertierte Aktion im Gesundheitswesen: Jahresgutachten 1988. Medizinische und ökonomische Orientierung. Vorschläge für die konzertierte Aktion im Gesundheitswesen. Baden-Baden 1988

Saekel, R.: Gesellschaftliches Defizit: Ambulante soziale Dienste, in: WSI-Mitteilungen 5/1978, S. 288-297

Schädle, J.: Armut unter psychisch Kranken. Chronisch psychisch Kranke Menschen haben ein Recht auf ein eigenständiges Leben ohne Armut, in: Blätter der Wohlfahrtspflege 11-12/1989, S. 310-312

Schäfer, C.: Finanzpolitik und Arbeitslosigkeit. Beschäftigungswirkungen öffentlicher Ausgaben, in: APuZ B 7/78, S. 29-45

Schäfer, D.: Haushaltsproduktion in gesamtwirtschaftlicher Betrachtung, in: Wirtschaft und Statistik 5/1988, S. 309-318

Schäfer, E.: Die Unternehmung. 9. Auflage. Wiesbaden 1978

Schäfer, H. B.: Fortschritt '90. Eckpunkte für den ökologischen Umbau der Industriegesellschaft - das neue umwelt- und energiepolitische Konzept der SPD, in: Sozialdemokratischer Informationsdienst, Umweltpolitik, Nr. 2/89

Schär, J. F.: Allgemeine Handelsbetriebslehre. 5., erweiterte Auflage. Leipzig 1923

Schätzl, L.: Wirtschaftsgeographie. 3. Auflage. Paderborn 1988 (= UTB Uni-Taschenbuch 782)

Schaft, W.: Finanzprobleme der Bundesanstalt für Arbeit, in: Wirtschaftdienst 6/1988, S. 298-301

Schaper, K.: Sozial- und arbeitsmarktpolitische Auswirkungen neuer sozialer Bewegungen, in: APuZ B 44/86, S. 19-29

Scharpf, F. W.: Strukturen der post-industriellen Gesellschaft, oder: Verschwindet die Massenarbeitslosigkeit in der Dienstleistungs- und Informations-Ökonomie? Discussion Paper IIM/LMP 84-23, Wissenschaftszentrum Berlin. Berlin 1984

Scharpf, F. W.: Beschäftigung in der Dienstleistungsgesellschaft: Nur begrenzte Hoffnung auf Beseitigung der Massenarbeitslosigkeit, in: Internationale Chronik zur Arbeitsmarktpolitik Nr. 20, April 1985, S. 1-5

Scharpf, F. W.: "Modell Deutschland" nach zehn Jahren. Erklärungen und Folgerungen für die Beschäftigungspolitik. Vortrag vor der Klaus-Dieter-Arndt-Stiftung am 12. November 1986 im Wissenschaftszentrum Bonn. Bonn 1986

Scherf, H.: Grundsicherung und Sozialstaat - Aspekte einer bedarfsbezogenen sozialen Neuorientierung, in: *Heinze, R. G./Hombach, B./Scherf, H. (Hrsg.)*: Sozialstaat 2000. Auf dem Weg zu neuen Grundlagen der sozialen Sicherung. Bonn 1987, S. 151-158

Schettkat, R.: Dynamik der Erwerbsbeteiligung in Schweden und der Bundesrepublik Deutschland, in: Internationale Chronik zur Arbeitsmarktpolitik Nr. 29/1987, S. 1-4

Schettkat, R.: Neue Muster der Erwerbsbeteiligung, in: APuZ B 43/87, S. 37-46

Schierenbeck, H.: Grundzüge der Betriebswirtschaftslehre. 7., erweiterte und verbesserte Auflage. 2. Nachdruck. München 1985

Schiller, R.: Existenzgründungen. Fördermaßnahmen und Ergebnisse. Köln 1986 (= Beiträge zur Wirtschafts- und Sozialpolitik des Instituts der deutschen Wirtschaft, Band 140)

Schlaffke, W.: Wertewandel und zukünftige Entwicklung der Gesellschaft, in: Management heute 10/88, S. 5-9

Schlecht, O.: Dienstleistungsexpansion als Herausforderung für die Wirtschaftspolitik, in: *Arbeitsgemeinschaft deutscher wirtschaftswissenschaftlicher Forschungsinstitute e. V. (Hrsg.)*: Dienstleistungen im Strukturwandel. Bericht über den wissenschaftlichen Teil der 51. Mitgliederversammlung der Arbeitsgemeinschaft deutscher wirtschaftswissenschaftlicher Forschungsinstitute e. V. in Bonn am 5. und 6. Mai 1988. Berlin 1988 (= Beihefte der Konjunkturpolitik, Zeitschrift für angewandte Wirtschaftsforschung 35), S. 233-242

Schmid, G.: Steuer- oder Beitragsfinanzierung der Arbeitsmarktpolitik?, in: Wirtschaftsdienst 3/1986, S. 141-147

Schmid, G.: Arbeitsmarktpolitik im Wandel. Entwicklungstendenzen des Arbeitsmarktes und Wirksamkeit der Arbeitsmarktpolitik in der Bundesrepublik Deutschland. Discussion-Paper IIM/LMP 87-17, Wissenschaftszentrum Berlin. Berlin 1987

Schmid, G.: Aktive Arbeitsmarktpolitik. Wesentlich zur Wiederherstellung der Vollbeschäftigung, in: WZB-Mitteilungen 40, Juni 1988, S. 16-20

Schmid, G.: Modell Schweden ein Vorbild? Licht- und Schattenseiten der schwedischen Arbeitsmarkt- und Beschäftigungspolitik, in: MittAB 1/89, S. 75-84

Schmidt, K.-D.: Im Anpassungsprozeß zurückgeworfen. Die deutsche Wirtschaft im Strukturwandel. Tübingen 1984

Schmidt, K.-D.: Lohnhöhe, Regulierungsdichte und Beschäftigungschancen im Dienstleistungssektor, in: *Arbeitsgemeinschaft deutscher wirtschaftswissenschaftlicher Forschungsinstitute e. V. (Hrsg.)*: Dienstleistungen im Strukturwandel. Bericht über den wissenschaftlichen Teil der 51. Mitgliederversammlung der Arbeitsgemeinschaft deutscher wirtschaftswissenschaftlicher Forschungsinstitute e. V. in Bonn am 5. und 6. Mai 1988. Berlin 1988 (= Beihefte der Konjunkturpolitik, Zeitschrift für angewandte Wirtschaftsforschung 35), S. 29-40

Schmidtchen, G.: Die Kälte der rationalen Gesellschaft. Das Unbehagen in der Modernität, in: *Fink, U. (Hrsg.)*: Der neue Generationenvertrag. Die Zukunft der sozialen Dienste. München 1988, S. 23-34

Schmieder, A.: Der Tag geht, die Alkoholiker kommen, in: Psychologie Heute 9/1989, S. 62-67

Schneider, K.: Tagesangebote für Kinder unter drei Jahren. Standard und Bedarf in der Bundesrepublik Deutschland, in: Blätter der Wohlfahrtspflege 5/1989, S. 115-119

Schnurr, J./Büscher, R.: Private Dienste: Arbeitgeber Haushalt, in: Wirtschaftswoche Nr. 9/1988, S. 48-50

Schober, K.: Die soziale und psychische Lage arbeitsloser Jugendlicher, in: MittAB 4/87, S. 453-478

Schöpp-Schilling, H. B.: Und den Frauen wieder das Ehrenamt? Der Ausbau freiwilliger sozialer Dienste und Emanzipationsinteressen von Frauen, in: *Fink, U. (Hrsg.)*: Der neue Generationenvertrag. Die Zukunft der sozialen Dienste. München 1988, S. 99-115

Scholz, L.: Auf dem Weg in die "Informationsgesellschaft"?, in: Ifo-Schnelldienst 20/85, S. 7-13

Scholz, W.: Dollarkurs, außenwirtschaftliches Gleichgewicht und soziale Sicherung, in: Arbeits- und Sozialpolitik 1/1988, S. 2-7

Schott-Winterer, A./Riede, T.: Der Begriff "Dienstleistung" - oft benutzt, aber wenig geklärt. Versuch einer soziologischen Bestimmung von Dienstleistungen und sozialen Dienstleistungen als Kategorien für Analysen zentraler sozialstruktureller Entwicklungen moderner Gesellschaften. Arbeitspapier Nr. 201 des SfB 3 "Mikroanalytische Grundlagen der Gesellschaftspolitik". J. W. Goethe-Universität Frankfurt und Universität Mannheim 1986

Schreyer, M./Sprenger, R.-U.: Umwelttechnik: Marktchancen durch den ökologischen Umbau unserer Industriegesellschaft, in: Ifo-Schnelldienst 10/89, S. 3-10

Schröder, K. T./Eckert, U./Georgieff, P./Harmsen, D.-M.: Die Bundesrepublik Deutschland auf dem Weg zur Informationsgesellschaft?, in: APuZ B 15/89, S. 17-24

Schrumpf, H.: Zur Entwicklung der Zahl der Selbständigen in der Bundesrepublik Deutschland, in: RWI-Mitteilungen, Jg. 37/38 (1986/87), S. 475-488

Schulz, E.: Zur langfristigen Entwicklung der Bevölkerung in der Bundesrepublik Deutschland, in: DIW-Wochenbericht 32/88, S. 397-408

Schumacher, D.: Dienstleistungsausfuhr und Beschäftigung in der Bundesrepublik Deutschland, in: DIW-Wochenbericht 32/84, S. 399-404

Schwarze, J./Wagner, G.: Geringfügige Beschäftigung - empirische Befunde und Reformvorschläge, in: Wirtschaftsdienst 4/1989, S. 184-191

Schwendter, R.: Alternative Ökonomie. Geschichte, Struktur, Probleme, in: APuZ B 26/89, S. 41-53

Seffen, A.: Soziale Sicherung bei Pflegebedürftigkeit. Köln: Deutscher Instituts-Verlag 1989 (= Beiträge zur Wirtschafts- und Sozialpolitik des Instituts der deutschen Wirtschaft, Band 167)

Seidel, B.: Die öffentlichen Haushalte im internationalen Vergleich, in: DIW-Wochenbericht 24/85, S. 283-289

Seifert, H.: Arbeitsbeschaffungsmaßnahmen - Beschäftigungspolitische Lückenbüßer für Krisenregionen?, in: Sozialer Fortschritt 6/1988, S. 121-128

Semlinger, K.: Qualifikation und Qualifizierung als Ansatzpunkte beschäftigungsorientierter Strukturpolitik - Finanzhilfen versus Realtransfers. Discussion Paper IIM/LMP 85-12, Wissenschaftszentrum Berlin. Berlin 1985

Sengenberger, W.: Mehr Beschäftigung in Klein- und Mittelbetrieben: Ein Flexibilitätsgewinn?, in: WSI-Mitteilungen 8/1988, S. 493-501

Siewert, H. J.: Soziale und kulturelle Aufgaben der Stadterneuerung, in: APuZ B 29/88, S. 22-28

Simm, R.: Junge Frauen in Partnerschaft und Familie, in: APuZ B 28/89, S. 34-39

Simonis, U. E.: Kriterien qualitativen Wirtschaftswachstums - Neuere Forschungsrichtungen, in: Universitas 2/1982, S. 157-165

Soltwedel, R. u. a.: Deregulierungspotentiale in der Bundesrepublik. Tübingen 1986 (= Kieler Studien 202)

Sozialdemokratische Partei Deutschlands (Hrsg.): Sondervermögen Arbeit und Umwelt. Ein Weg zur umweltverträglichen Industriegesellschaft, in: Aktuelle Informationen der Sozialdemokratischen Partei Deutschlands Nr. 4, April 1984

Späth, L.: Wende in die Zukunft. Die Bundesrepublik auf dem Weg in die Informationsgesellschaft. Reinbek bei Hamburg 1985

Specht, T., Bundesarbeitsgemeinschaft für Nichtseßhaftenhilfe, Bielefeld: Obdachlosigkeit und Wohnungsnot in der Bundesrepublik Deutschland und Maßnahmen zu ihrer Bekämpfung. Schriftliche Stellungnahme zur Öffentlichen Anhörung des Bundestagsausschusses für Raumordnung, Bauwesen und Städtebau zu dem Antrag der Abg. Frau Oesterle-Schwerin, Frau Teubner und der Fraktion DIE GRÜNEN am 7.12.1988, Quelle: Bundestags-Drucksache 11/982, abgedruckt in: Gefährdetenhilfe 1/89, S. 19-21

Sperber, H.: Dienstleistungen im EG-Raum: Bedeutung und Perspektiven, in: Wirtschaftsdienst 3/1988, S. 157-162

Spitznagel, E.: Arbeitsmarktpolitische Maßnahmen: Entlastungswirkung und Kostenvergleiche, in: MittAB 1/85, S. 20-29

Sprenger, R.-U.: Umwelttechnik: Traditionsreicher Markt mit neuen Konturen, in: Ifo-Schnelldienst 5/86, S. 3-6

Sprenger, R.-U.: Keine beschäftigungspolitische Wende durch die Umweltpolitik, in: Ifo-Schnelldienst 15/89, S. 3-15

Stalder, O./Durrer, P.: Bahn 2000 - Ein flächendeckendes Angebotskonzept der SBB, in: Die Bundesbahn 3/1988, S. 195-202

Stark, J.: Teilzeitarbeit in der Bundesrepublik Deutschland und in anderen OECD-Ländern, in: Sozialer Fortschritt 3/1987, S. 66-70

Statistisches Bundesamt (Hrsg.): Statistisches Jahrbuch 1988 für die Bundesrepublik Deutschland. Stuttgart und Mainz 1988

Staudt, E./Schepanski, N.: Innovation, Qualifikation und Organisationsentwicklung. Folgen der Mikrocomputertechnik für Ausbildung und Personalwirtschaft. 1. Teil, in: Zeitschrift Führung und Organisation 5-6/1983, S. 304-316

Steinjan, W.: Zweiter Arbeitsmarkt. Möglichkeiten und Grenzen. Köln 1986 (= Beiträge zur Wirtschafts- und Sozialpolitik des Instituts der deutschen Wirtschaft, Band 144)

Stille, F.: Strukturwandel und Dienstleistungen, in: DIW-Wochenbericht 34/87, S. 460-468

Stille, F.: 10 Jahre Strukturberichterstattung des DIW, in: DIW-Wochenbericht 3/88, S. 31-36

Stille, F.: Dienstleistungsproduktion und Dienstleistungssektor, in: *Arbeitsgemeinschaft deutscher wirtschaftswissenschaftlicher Forschungsinstitute e. V. (Hrsg.)*: Dienstleistungen im Strukturwandel. Bericht über den wissenschaftlichen Teil der 51. Mitgliederversammlung der Arbeitsgemeinschaft deutscher wirtschaftswissenschaftlicher Forschungsinstitute e. V. in Bonn am 5. und 6. Mai 1988. Berlin 1988 (= Beihefte der Konjunkturpolitik, Zeitschrift für angewandte Wirtschaftsforschung 35), S. 73-100

Stille, F.: Innovationsprobleme und Strukturwandel in der Bundesrepublik Deutschland, in: APuZ B 10/89, S. 41-53

Stille, F.: Umorientierung der Subventionspolitik des Bundes?, in: DIW-Wochenbericht 35/89, S. 417-424

Stille, F./Teichmann, D.: Subventionspolitik - Bestandsaufnahme und Bewertung. Zur Entwicklung der Subventionen seit 1970, in: DIW-Wochenbericht 20/84, S. 231-239

Stille, F. u. a.: Strukturverschiebungen zwischen sekundärem und tertiärem Sektor. Berlin 1988. (= DIW-Beiträge zur Strukturforschung 107)

Strübel, M.: Umweltpolitik in Europa - Möglichkeiten und Grenzen, in: APuZ B 27/88, S. 15-28

Strümpel, B. u. a.: Teilzeitarbeitende Männer und Hausmänner. Motive und Konsequenzen einer eingeschränkten Erwerbstätigkeit von Männern. Berlin 1988 (= Beiträge zur Sozialökonomik der Arbeit, Band 16)

Stürmer, W.: Zukünftige Anforderungen an die ambulanten und stationären Einrichtungen der Suchtkrankenhilfe auf Grund vorliegender Planungsdaten, in: *Deutsche Hauptstelle gegen die Suchtgefahren (Hrsg.)*: Mitarbeit in der Suchthilfe. Motive - Konflikte - Impulse. Hamm 1988, S. 97-107 (= Schriftenreihe zum Problem der Suchtgefahren, Band 30)

Süssmuth, R.: Die Zukunft sozialer Dienste, in: *Fink, U. (Hrsg.)*: Der neue Generationenvertrag. Die Zukunft der sozialen Dienste. München 1988, S. 55-63

Suntum, U. v.: Arbeitsmarktpolitik als Instrument der Beschäftigungspolitik, in: APuZ B 29/89, S. 13-24

Tessaring, M.: Arbeitslosigkeit, Beschäftigung und Qualifikation: Ein Rück- und Ausblick, in: MittAB 2/88, S. 177-193

Teufel, D.: Vorschläge zu einer ökologischen Steuerreform, in: WSI-Mitteilungen 11/1988, S. 641-648

Teufel, D.: Argumente und Gegenargumente zur ökologischen Steuerreform, in: Ökologische Konzepte, Nr. 30, Sommer 1989, S. 33-38

Thiede, R.: Die Erhöhung der Frauenerwerbsquote zur Entlastung der sozialen Sicherung im demographischen Wandel, in: Sozialer Fortschritt 11/1986, S. 251-254

Tietz, B.: Wege in die Informationsgesellschaft. Szenarien und Optionen für Wirtschaft und Gesellschaft. Ein Handbuch für Entscheidungsträger. Stuttgart 1987

Timm, R.: Regierungskommission Bundesbahn soll Abschlußbericht 1991 vorlegen, in: Die Bundesbahn 8/1989, S. 615-618

Tofaute, H.: Aufgabenwandel und Beschäftigung im öffentlichen Dienst, in: WSI-Mitteilungen 5/1987, S. 269-280

Tofaute, H.: Möglichkeiten und Bedingungen einer zukunftsorientierten Personaleinsatzpolitik im öffentlichen Dienst, in: WSI-Mitteilungen 6/1988, S. 310-320

Tofaute, H.: Mit Öko-Steuern Umwelt steuern?, in: WSI-Mitteilungen 8/1989, S. 421-423

Tränhardt, D.: Die Bundesrepublik Deutschland - ein unerklärtes Einwanderungsland, in: APuZ B 24/88, S. 3-13

Vesper, D.: Beschäftigung im öffentlichen Dienst, in: DIW-Wochenbericht 23/84, S. 263-270

Vesper, D.: Zur gesamtwirtschaftlichen Bedeutung öffentlicher Unternehmen, in: DIW-Wochenbericht 11/85, S. 133-140

Vesper, D.: Tendenzen der Beschäftigungsentwicklung im staatlichen Sektor, in: WSI-Mitteilungen 6/1988, S. 320-329

Vesper, D.: Finanzpolitische Probleme am Ende der 80er Jahre, in: DIW-Wochenbericht 25/89, S. 279-285

Vesper, D./Zwiener, R.: Finanzierungsalternativen und mögliche Auswirkungen der Steuerreform 1990 auf Gesamtwirtschaft und öffentliche Haushalte, in: DIW-Wochenbericht 41/87, S. 549-557

Vilmar, F./Runge, B.: Soziale Selbsthilfe - Privatisierung oder Vergesellschaftung des Sozialstaats? Ergebnisse einer Studie über die Sozialen Selbsthilfegruppen in der Bundesrepublik Deutschland, in: APuZ B 44/86, S. 3-18

Völker, A.: Allokation von Dienstleistungen. Ein Beitrag zur begrifflichen Klärung und theoretischen Fundierung. Frankfurt am Main/New York 1984

Voelzkow, H./Heinze, R. G./Hilbert, J.: Ökosoziale Modernisierung des Wohlfahrtsstaates? Konzeptionelle und politische Probleme einer Integration der Umwelt-, Beschäftigungs- und Sozialpolitik, in: Soziale Welt 4/1986, S. 427-445

Vogel, H.-J.: Genossenschaftsidee und solidarische Gesellschaft, in: Die Neue Gesellschaft/Frankfurter Hefte 2/1986, S. 113-121

Vogler-Ludwig, K.: Dynamik der Dienstleistungsproduktion in der Bundesrepublik Deutschland, in: Ifo-Schnelldienst 14-15/87, S. 32-41

Vogler-Ludwig, K.: Datenmangel im Datenüberfluß. Zur Problematik der Dienstleistungsstatistik, in: Ifo-Schnelldienst 14-15/87, S. 66

Voss, G.: Trend zur Dienstleistungsgesellschaft oder Re-Industrialisierung? Zu einer Fragestellung der Strukturberichte, in: APuZ B 22/82, S. 36-46

Wahl, S.: Vermögen älterer Menschen, in: Bank Information 8/88, herausgegeben vom Bundesverband der Deutschen Volksbanken und Raiffeisenbanken e. V., S. 8-10

Walz, I.: Pflegenotstand in Deutschland. Kollaps in der Altenpflege durch ein Bündel von Maßnahmen verhindern, in: Berufsverband Altenpflege 5/89, S. 78

Wegner, M.: Die Schaffung von Arbeitsplätzen im Dienstleistungsbereich. Ein Vergleich zwischen den USA und der Bundesrepublik, in: Ifo-Schnelldienst 6/85, S. 3-13

Wegner, M.: Verbraucherdienstleistungen in Europa: Nur bescheidene Ausweitung, in: Ifo-Schnelldienst 14-15/87, S. 16-19

Weiss, F. D.: Dienstleistungen in der internationalen Arbeitsteilung, in: Die Weltwirtschaft 1/1983, S. 134-143

Weitzel, G.: Bescheidene Beschäftigungswirkungen durch Neugründungen, in: Ifo-Schnelldienst 7/86, S. 5-13

Weizsäcker, E. U. v.: Plädoyer für eine ökologische Steuerreform, in: Scheidewege. Jahresschrift für skeptisches Denken. Jahrgang 18 (1988/89), S. 197-203

Welsch, J.: Ansätze der Strukturpolitik als Beschäftigungspolitik - "Mehr Markt" oder beschäftigungsorientierte Strukturpolitik?, in: WSI-Mitteilungen 5/1985, S. 263-274

Welsch, J.: Zehn Jahre Strukturberichterstattung, in: Wirtschaftsdienst 7/1987, S. 355-362

Welzer, H./Wacker, A./Heinelt, H.: Leben mit Arbeitslosigkeit. Zur Situation einiger benachteiligter Gruppen auf dem Arbeitsmarkt, in: APuZ B 38/88, S. 16-28

Welzmüller, R.: Bedarfsbezogene Grundsicherung - Element einer Anti-Krisenpolitik, in: WSI-Mitteilungen 7/1985, S. 413-424

Welzmüller, R.: Personalzusatzkosten - Gefahr für die Wettbewerbsfähigkeit oder Nebenschauplatz im Verteilungskonflikt?, in: Soziale Sicherheit 3/1988, S. 71-77

Welzmüller, R.: Flexibilisierung der Lohnstruktur: Eine wirtschafts- und arbeitsmarktpolitische Sackgasse, in: WSI-Mitteilungen 10/1988, S. 579-590

Wicke, L.: Die ökologischen Milliarden - Das kostet die zerstörte Umwelt und so könnten wir sie retten. München 1986

Wicke, L./Schulz, E./Schulz, W.: Entlastung des Arbeitsmarktes durch Umweltschutz?, in: MittAB 1/87, S. 89-98

Wöhe, G.: Einführung in die Allgemeine Betriebswirtschaftslehre. 11. Auflage. München 1973

Wohlers, E.: Die Beschäftigungsentwicklung in den USA, Japan und der EG, in: Wirtschaftsdienst 4/1986, S. 187-193

Wolf, W.: Eisenbahn und Autowahn. Personen- und Gütertransport auf Schiene und Straße. Geschichte, Bilanz, Perspektiven. Hamburg 1986

Zameck, W. v./Schäfer, D.: Soziales Pflichtjahr für junge Frauen?, in: Sozialer Fortschritt 1/1989, S. 17-20

Ziegler, H.: Jahrestatistik 1988. Zur Versorgung Suchtkranker, in: *Deutsche Hauptstelle gegen die Suchtgefahren e. V. (Hrsg.)*: Infodienst 1989

Zimmermann, H.: Grenzen einer Erweiterung der Volkswirtschaftlichen Gesamtrechnung, in: Wirtschaftsdienst 10/1989, S. 493-496

Zimmermann, K.: Beschäftigungspolitik mit der Umwelt? Eine angebotsorientierte Kritik und umweltpolitische Perspektive, in: Zeitschrift für Wirtschafts- und Sozialwissenschaften 106 (1986), S. 44-61

Zinn, K. G.: Die Langfristschäden angebotsorientierter Wirtschaftspolitik, in: Gewerkschaftliche Monatshefte 4/1988, S. 231-246

Zweifel, P.: Dienstleistungen aus ökonomisch-theoretischer Sicht, in: Allgemeines Statistisches Archiv 1/1987, S. 1-16

SOZIALÖKONOMISCHE SCHRIFTEN

Herausgegeben von Professor Dr. Bert Rürup

Band 1 Marietta Jass: Erfolgskontrolle des Abwasserabgabengesetzes. Ein Konzept zur Erfassung der Gesetzeswirkungen verbunden mit einer empirischen Untersuchung in der Papierindustrie. 1990.

Band 2 Frank Schulz-Nieswandt: Stationäre Altenpflege und "Pflegenotstand" in der Bundesrepublik Deutschland. 1990.

Band 3 Helmut Böhme, Alois Peressin (Hrsg.): Sozialraum Europa. Die soziale Dimension des Europäischen Binnenmarktes. 1990.

Band 4 Stephan Ruß: Telekommunikation als Standortfaktor für Klein- und Mittelbetriebe. Telekommunikative Entwicklungstendenzen und regionale Wirtschaftspolitik am Beispiel Hessen. 1991.

Band 5 Reinhard Grünewald: Tertiärisierungsdefizite im Industrieland Bundesrepublik Deutschland. Nachweis und politische Konsequenzen. 1992.